한국 국제사법

- 법적용법을 중심으로

「이 저서는 인하대학교의 지원에 의해 연구되었음」

Ⅰ

한국 국제사법

- 법적용법을 중심으로

최흥섭(崔興燮) 지음

머리말

고백하건대, 1990년 대학에서 처음 섭외사법 강의를 시작하기 이전에 필자는 섭외사법의 내용에 대해서 전혀 아는 바가 없었다. 발등에 불이 떨어진 섭외사법 강의를 위해 독학으로 공부하고 스스로 연구한 지 어언 30년이 흘러간다. 그간 필자는 전공인 민법보다 국제사법 연구에 더 많은 시간과 노력을 쏟았던 것 같다. 그렇지만 아직도 국제사법은 필자에게 어렵다. 첫째로 민법을 넘어 사법 전체를 알아야 하는 점이 어렵고, 둘째로 소송 실무에 문외한이어서 어렵고, 셋째로 외국법에 대한 방대한 자료에 접근하는 것이 어렵다. 그럼에도 불구하고 조그만 개론서라도 한번 내보자고 욕심을 부린 이유는, 부족하나마 근 30년의 연구를 결산할 때가 왔다고 생각했기 때문이다.

필자는 이 책을 쓰면서 다음 몇 가지에 특히 주의를 기울이고자 했다. 첫째, 용어 문제이다. 필자가 외국의 국제사법을 공부하면서 제일 어려웠던 점은 각국마다, 심지어 학자마다 사용하는 용어가 달랐다는 점이다. 학설법으로 발전되어 온 국제사법이라 그런지 몰라도 외국에서도 국제사법의 용어는 여전히 확립되어 있지 못한 듯하다. 더구나 이런 외국 용어들을 우리말로 바꾸어놓는 것도 쉽지 않은 문제였다. 그나마 일본 학자들이 번역해놓은 용어를 그대로사용하는 것이 일반적이지만, 필자로서는 개인 취향일지는 몰라도 우리식으로 바꾸어보고자 노력하였다. 다만, 그런 번역 용어가 아직 일반화되어 있지 않은 점을 고려하여 현재로서는 일반적으로 사용되고 있는 용어와 함께 사용할 수밖에 없었음을 밝힌다.

둘째, 현행 국제사법의 규범을 설명하면서는 규정 자체의 내용을 넘어 규정을 그렇게 결정하게 된 이유와 논리 및 배경을 보여주고자 노력하였다. 사실, 국제사법의 현행 규범을 이해하고 적용하는 일은 그렇게 어려운 일이 아니다. 오히려 중요한 것은, 국제사법이 특성상 유동적인 법이기 때문에 사안에 따라 그 규범을 변형할 수 있는 능력을 키우는 일이다. 이런 능력은 현행법의 이해만으로는 불충분하고 이를 넘어 규범의 입법 이유와 결정 논리를 이해해야만 얻어질 수 있다고 생각하여 이 부분에 주의를 기울이고자 하였다.

셋째, 국제사법(법적용법)에 대한 접근방법을 지금까지와는 달리 조금은 바꿔보고자 시도해보았다. 그 예가, 국제사법에 대한 실질법의 관계와 그 영향을 강조한 점이고, 또한 준거법의 결정문제 이외에 준거법의 적용문제에도 관심을 돌리고자 한 점이다. 물론, 전자에 대해서는 다양한 논란이 있을 수 있다고 본다. 그러나 일단은 필자가 그러한 방향을 지향하고 있다는 관점에서 바라봐주기를 기대해본다.

넷째, 이 책의 서술 체계를 가능한 한 본문과 각주로 구별해두고자 했다. 본문에는 기본적인 내용을 서술하고, 조금 더 깊은 내용이나 학자들의 논란은 가능한 한 각주로 돌리고자 했다. 그렇다고 이 책이 무슨 심오한 이론을 담고 있는 것은 아니다. 그저 일반적인 내용 중에서도 조금 복잡하다고 생각하면 각주로 빼고자 했다는 것뿐이다. 그럼으로써 국제사법의 초학자들이 국제사법에 조금이나마 쉽게 접근할 수 있도록 도움을 주고자 했으나 얼마나 실현되었는지는 미지수이다.

이 책의 내용을 보면 금방 알겠지만, 필자는 주로 독일 학자들의 글을 통해 국제사법을 공부하였다. 그중에서도 특히 Junker 교수의 교과서와 Kropholler 교수의 교과서에서 배운 바가 아주 크다. 전자의 교과서는 복잡한 국제사법 이론을 간단명료하고 이해하기 쉽게 설명하면서도 교과서로서의 품위를 잃지 않고 있으며, 후자의 교과서는 국제사법의 깊고 넓은 이론을 심오하면서도 유연하게 그리고 아주 매력적으로 알려준다. 이에 비해, 필자의 능력 부족으로 영미법계나 프랑스법계의 국제사법 이론은 충분히 섭렵하지 못했음을 솔직히 고백하고자 한다. 이 점은 개인적으로도 부끄럽게 생각하지만 또한 이 책의 결함이기도 하다. 차후에 젊은 연구자들의 활약을 기대해본다.

더구나 국제사법에 대한 온전한 내용을 담지 못하고 법적용법만 다루고 있는 것도 이 책의 불충분한 점이다. 굳이 변명을 하자면,

우리에게 국제재판관할에 대한 상세한 개정안까지 나와 있는 지금, 현행 국제사법의 간단한 관할 규정만을 다루기도 그렇고, 그렇다고 아직 국회에 계류 중인 개정안을 자세히 설명하기도 망설여졌기 때문이다. 그래서 국제관할과 외국판결의 승인 및 집행에 관한 국제민사소송법에 대한 내용은 차후에 개정안이 통과되면 다루기로 하고, 이번에는 현행법상 대부분을 차지하고 있는 법적용법에 대해서만 한 권의 책으로 만들기로 하였다. 그래서 이 책의 제목도 『한국 국제사법(Ⅰ) - 법적용법을 중심으로 -』가 된 것이다. 따라서 조만간 여건이 마련된다면 『한국 국제사법(Ⅱ) - 국제민사소송법을 중심으로 -』도 준비할 생각이다.

마지막으로, 지금까지 필자를 학문 세계로 인도하고 가르쳐주신 분들에게 고마움을 표하지 않을 수 없다. 많은 분들이 계시지만 특히, 학부시절에 민법을 가르쳐주신 김기선 교수님, 독일 오스나브뤼크(Osnabrück)대학의 크리스티안 폰 바(Christian von Bar) 지도교수님, 그리고 늘 필자를 걱정하며 돌보아주시는 배경숙 교수님께 감사드린다. 끝으로, 돌아가신 부모님과 우리 가족에게도 고맙다는 말을 전하고자 한다.

2019. 5. 17.

최흥섭 씀

참고문헌

<국내문헌>

김연/박정기/김인유, 『국제사법(제3판 보정판)』, 법문사, 2014.
김용한/조명래, 『국제사법(전정판)』, 정일출판사, 1992.
법무부, 『국제사법 해설』, 2001.
서희원, 『국제사법강의(개정신판)』, 일조각, 1998.
석광현, 2001년 개정『국제사법 해설(제2판)』, 지산, 2003. (부록에 각국의 국
　　　제사법 자료 풍부).
＿＿＿, 『국제사법 해설』, 박영사, 2013. (「석광현, 국제사법 해설」로 인용).
신창선/윤남순, 『신국제사법(제2판)』, fides, 2016.
신창섭, 『국제사법(제3판)』, 세창출판사, 2015.
안춘수, 『국제사법』, 법문사, 2017.
윤종진, 『개정 현대국제사법』, 한올출판사, 2003.
이호정, 『국제사법』, 경문사, 1981.

<국내자료>

이 책의 각주에 언급된 외국의 국제사법들에 대해서는 특히 석광현 교수의
위에 언급한 저서 두 권의 부록을 참조하기 바란다. 필자가 보기에, 그 어느
문헌보다 정확한 번역과 충실한 내용을 자랑한다.

<외국문헌>

v. Bar/Mankowski, Internationales Privatrecht Band I Allgemeine Lehren, 2.
　　　Auflage, 2003, Beck.
Basedow/Ruehl/Ferrari/Asensio(eds.), Encyclopedia of Private International
　　　Law Vol. 1 and Vol. 2, 2017, Edward Elgar.

Heini/Keller/Siehr/Vischer/Volken(Hrsg.), IPRG Kommenar, Schulthess, 1993. (Henri/필자, IPRG Kommentar로 인용).

v. Hoffmann/Thorn, Internationales Privatrecht, 8. Auflage, 2005, Beck. (v. Hoffmann/Thorn, IPR로 인용).

Honsell/Vogt/Schnyder/Berti(Hrsg.), Internationales Privatrecht, 3. Auflage, Helbing Lichtenhahn, 2013.

Junker, Internationales Privatrecht, 1998, Beck. (Junker, IPR(1)로 인용).

_____, Internationales Privatrecht, 2. Auflage, 2017, Beck. (Junker, IPR(2)로 인용).

Kegel/Schurig, Internationales Privatrecht, 9. Auflage, 2004, Beck. (Kegel/Schurig, IPR로 인용).

Kropholler, Internationales Privatrecht, 6. Auflage, 2006, Mohr. (Kropholler, IPR로 인용).

Siehr, Internationales Privatrecht, 2001, C. F. Mueller. (Siehr, IPR로 인용).

목차

제2편 법적용법 일반론

제3편 법적용법 총론

제4편 법적용법 각론

제5편 국제사법의 과거와 미래

■■■ 제1편

국제사법 서론

§1 국제사법이란 어떤 법인가

우리는 한국에서 한국 사람들끼리 사인 간의 법적 분쟁이 발생한 경우에 한국 법원에 소를 제기하며 법원은 이에 대해 한국의 민상법과 같은 사법을 적용하는 것을 당연하게 여긴다. 그러나 당사자 일방 또는 쌍방이 외국인이거나 또는 외국에서 발생한 법적 행위처럼 무언가 외국과 관련된 요소를 가진 법적 분쟁이 한국 법원에 제소되는 경우에는 어떻게 될까? 이런 경우에도 당연히 한국 법원에서 그것도 한국법이 적용된다고 하기에는 무언가 망설여진다. 왜냐하면 그 외국적 요소 때문에 관련된 외국의 법원이나 외국법을 그저 무시해버릴 수는 없기 때문이다. 물론, 한국 법원에 제소되는 분쟁이고 한국의 법관이 한국에서 내리는 판결이므로 그 판결의 법적 근거는 당연히 한국법이어야 한다고 볼 수도 있다. 그러나 문제는, 외국적 요소를 가진 분쟁문제에 이렇게 일률적으로 한국법을 적용하여 내린 판결의 결과가 과연 당사자들뿐만 아니라 누가 보아도 합리적인 것으로 수긍할 수 있는 내용이 될지는 의문이라는 점이다. 예컨대, 일부다처제인 이슬람국가에서 여러 명의 배우자를 둔 남자가 직장생활을 위해 가족이 모두 한국으로 건너와 살다가 한국에 재산을 남겨놓고 사망하였다고 하자. 만약 잔존배우자들 및 그 자녀들 간에 상속 분쟁이 발생하여 한국 법원에 소가 제기되었을 때 여기에 일부일처제를 전제로 한 한국의 상속법을 적용한다면 과연 타당한 해결이 가능할 수 있을지 의문이라는 것이다.

그러면 위와 같은 문제를 해결하기 위해서는 어떤 방법이 있을까? 우리는 직감적으로 위의 사례에는 한국법보다는 이슬람국가의 법을 적용할 때 더 타당한 결과가 나오리라고 예상할 수 있다. 왜냐하면 일부다처제를 위한 법은 한국법에는 없고 이슬람국가의 법에는 있을 것이기 때문이다. 그러나 한국 법원에서 이슬람국가의 법을 적용하기 위해서는 한국법에 그 이슬람국가의 법을 적용할 수 있는 법적 근거(즉, 규범)가 존재해야 한다. 이것을 일반화해서 말하면, 외국적 요소를 가진 분쟁에서 타당한 결과를 얻기 위해서는 「어느 나라의 법을 적용하면 될는지(국제사법에서는 이 법을 「준거법」이라고 부른다)를 결정해주는 규범」이 한국법에 존재해야 한다는 것이다. 바로 이런 목적을 가진 법이 한국의 국내법으로서 국제사법이다. 더 나아가 이렇게 결정된 준거법은 한국 법원에 제기된 사건이므로 비록 이슬람국가의 법이라고 해도 한국의 법관에 의해 적용되어야 한다. 이 것도 국제사법의 영역인데, 특히 준거법이 외국법인 경우에 그 외국법을 한국 법원에서 적용하는 문제는 그리 쉬운 일이 아니다.

그러나 국제사법은 외국적 요소를 가진 사적 분쟁문제에 어느 국가의 법을 어떻게 적용하는가에 대해서만 다루지 않는다. 외국적 요소를 가진 분쟁문제는 순수하게 한국적 요소만 가진 분쟁사건이 아니므로 당연히 한국 법원에 소가 제기된다고 볼 수도 또한 없다. 따라서 이런 분쟁문제에 대해 어느 국가의 법을 적용할 것이냐의 문제와 마찬가지로, 아니 그보다 먼저 한국 법원에 이에 관한 소를 제기할 수 있는지 여부를 판단해야 한다. 위의 예에서 잔존배우자와 그 자녀들 간의 상속 분쟁에 대해 한국 법원에 소를 제기할 수 있는가, 달리 말하면 한국 법원이 이 소를 받아들여 판결을 내릴 수 있는가 하는 것이다. 이를 일반화시켜 말하면, 「외국적 요소를 가진 분쟁사건은 어느 국가의 법원에 소를 제기할 수 있느냐」의 문제이다. 이것을 국제재판관할의 문제라고 하는데 이에 대해 판단해줄 규범도 필요한 것이다. 물론, 국제재판관할 규범은 국제협약 규범이 아닌 한 우리의 관할 규범을 외국 법원에 강요할 수는 없으므로 앞서의 준거법결정 규범과 달리, 보통은 우리 법원은 어느 경우에 국제재판관할권이 있는가에 대해서 규정한다. 이 규범 역시 우리의 국내법인 국제사법의 일부로 본다.

또, 외국의 법원도 앞에서 설명한 것과 똑같이 우리 법원과 동일한 문제에 직면한다. 이때에도 그 외국의 법원은 우리 법원과 동일하게 자국의 국제사법을 적용하여 판결을 내리게 된다. 그러나 종종 이 외국판결에 한국과 관련된 문제가 존재하기 때문에 한국에서 효력을 인정받아야 할 필요가 생기기도 한다. 예컨대, 한국인에 대한 이혼판결이 외국 법원에서 내려졌다면 그 한국인의 이혼이 한국의 가족등록부에 등재되기 위해서는 외국 법원의 이혼판결이 한국에서 인정받을 필요가 있다. 그러나 외국 법원의 판결은 한국의 법원이 내린 판결이 아니기 때문에 한국에서는 바로 그 효력을 인정받지 못한다. 그 효력을 인정받기 위해서는 한국에서 새로운 법적 절차가 필요한데 그것이 외국판결의 승인절차이다. 또 한편으로, 외국에서 내려진 판결을 집행하기 위해 한국에 소재하는 재산에 대해 강제집행을 해야 할 때도 있다. 이때에도 그 외국판결은 한국에서 바로 효력을 인정받지 못하며, 인정받기 위해서는 한국에서 새로운 법적 절차가 필요하다. 이것을 외국판결의 집행절차라고 한다. 이처럼 외국판결의 승인이나 집행을 위해서는 한국법에 그 승인이나 집행을 허용해주는 규범이 필요하다. 이것 역시 외국적 요소를 가진 사건이므로 이 규범 역시 국제사법의 일부가 된다.

따라서 지금까지의 설명을 요약하자면, 국제사법이란 외국적 요소를 지닌 사법상의 분쟁사건에 대해 한국 법원에 소를 제기할 수 있는지 없는지를 결정하고(국제재판관할), 한국 법원에 소가 제기된 경우에는 어느 국가의 법을 적용하여 이 분쟁사건을 어떻게 해결하는지를 다루며(준거법의 결정 및 적용), 또 외국 법원의 판결에 대해 한국에서 승인이나 집행이 요구될 때는 그 허부를 결정해주는 (외국판결의 승인 및 집행) 한국의 국내법이라고 말할 수 있다. 넓게 말하면, 외국적 요소를 가진 사법적 문제를 다루는 국내법이다.

§2 국제사법의 내용과 범위

앞에서 국제사법이란 어떤 법인가를 설명하면서 이미 국제사법의 주된 내용 세 가지를 소개하였다. 즉, 국제재판관할, 준거법의 결정 및 적용, 외국판결의 승인 및 집행이다. 그러나 국제사법이 다루는 범위는 이 외에도 다양하다.

국제사법의 내용을 일단 크게 분류해보자면 준거법 영역과 절차법 영역으로 나누어진다. 준거법 영역에는 준거법의 결정 문제와 준거법의 적용 문제로 나누어지고, 절차법 영역은 국제민사소송절차 문제와 국제비송절차 문제로 나누어진다. 여기서 국제민사소송 문제는 국제재판관할, 외국판결의 승인 및 집행, 국제송달, 국제증거조사 등으로 구성되며, 국제비송절차 문제는 국제실종선고, 국제후견심판 등을 내용으로 한다.[1]

앞에 설명한 내용을 보통 실질적 의미의 국제사법이라고 부른다. 이에 반해, 형식적 의미의 국제사법은 우리 국내법으로서 국제사법의 명칭을 가진 법률을 가리킨다. 그러나 형식적 의미의 현행 국제사법은 국제재판관할에 관한 원칙과 준거법 문제만을 다루고 있다. 국제사법 제1조[2]에 의하면 "이 법은 외국적 요소가 있는 법률관계에 관하여 국제재판관할의 원칙과 준거법을 정함을 목적으로 한다"

---

1) 국제사법의 범위는 각 국가마다 다르다. 예컨대, 우리는 국제사법과 별도로 국제거래법을 인정하고 있기 때문에 유엔매매협약, 국제중재, 국제도산 등은 국제거래법이 다룰 내용으로 보고 있다. 그러나 국제거래법이라는 분과를 별도로 인정하지 않는 외국(예컨대, 독일)에서는 이들 문제 모두 국제사법이 다루어야 할 내용으로 보고 있다. 더구나 용어 사용에서도 차이가 있음을 주의해야 한다. 예컨대, 독일 법에서는 용어상 국제사법과 국제민사소송법을 구별하여 쓴다. 후자가 절차법 문제인데 반해, 전자는 준거법 문제만을 다룬다. 이와 달리 우리 법은 특히 2001년 국제사법 개정 이후에는 현행법상 준거법 문제와 국제재판관할 문제를 모두 국제사법이라는 법률 아래 함께 다루고 있다.

2) 이하에서 법률 명칭이 없는 법조문은 국제사법의 조문을 의미한다.

고 명시하고 있는 데에서도 이를 알 수 있다. 그나마 국제재판관할의 원칙이 국제사법에 명시적인 규정을 가지게 된 것도 2001년에 종래의 섭외사법이 국제사법으로 개정되면서부터였다. 그러나 지금도 현행 국제사법은 여전히 거의 대부분은 준거법에 관한 규정이며, 그것도 「준거법의 결정」에 관한 규정들이다.3) 이와 달리, 외국판결의 승인 및 집행에 관하여는 이미 오래전부터 민사소송법 등4)에 규정을 두고 있었다. 따라서 외국판결의 승인 및 집행 문제는 실질적 의미의 국제사법에 포함되지만, 형식적 의미의 국제사법인 현행 국제사법에는 규정이 없다는 사실을 기억해둘 필요가 있다.

§3 국제사법의 명칭

국제사법은 「국제」라는 이름이 붙었지만 국제법이 아니고 국내법이다. 또 「사법」이라는 이름이 붙었지만 민상법이나 민사소송법처럼 사법적 분쟁에 직접 적용되는 법도 아니다. 더구나 국제적 통일법은 더욱 아니다. 국제사법은 원칙적으로 각국마다 서로 다르며 독자적으로 존재하기 때문이다. 따라서 국제사법이라는 명칭은 「법의 성격」 때문이 아니라, 오히려 「법적 문제의 성격」 때문에 붙여진 이름이라고 보는 것이 옳을 것이다. 왜냐하면 국제사법은 그 적용대상인 법적 문제가 국제적 성격과 함께 사법적 성격을 가지고

---

3) 종래 섭외사법에도 존재했고 현행 국제사법에도 존재하는 실종선고(제12조)와 후견심판(제14조; 종래 섭외사법의 한정치산 및 금치산선고 규정)에 관한 규정은 핵심이 준거법결정 규정이지 국제비송절차 규정이 아니라고 필자는 본다. 물론, 이 규정들이 국제비송절차와 관련이 없는 것은 아니지만 간접적인 것이라고 필자는 본다.

4) 현행법상 외국판결의 승인규정은 민사소송법 제217조에, 외국판결의 집행규정은 민사집행법 제27조에 나누어 규정되어 있다. 그러나 종래에는 이 두 규정이 민사소송법에 함께 규정되어 있었다.

있기 때문이다. 이처럼 국제사법이라는 명칭은 불완전한 명칭이다. 그럼에도 불구하고 국제적으로 널리 통용되고 있기 때문에 우리 법은 이 명칭을 법률 명칭으로까지 채택하고 있는 것이다.

국제사법은 국내법이기 때문에 각국이 각자 자국의 국제사법을 가지고 있다. 한국의 국제사법이 있는 한편에는 일본의 국제사법, 중국의 국제사법, 독일의 국제사법, 프랑스의 국제사법 등이 있는 것이다. 따라서 국제사법이라는 명칭은 일반적인 통칭이라고도 할 수 있을 것이다. 다만, 한국의 국제사법은 동시에 법률 명칭이기도 하다.

그러나 각국은 국제사법에 대해 자기 나름대로 명칭과 범위를 달리 정하고 있어서 매우 복잡하고 혼란스럽다. 예컨대, 영미법계에서는 충돌법(the Law of Conflict of Laws)이라는 용어가 자주 사용되며, 대륙법계에서도 이를 저촉법(Kollisionsrecht; 그 규범은 저촉규범)이라고 하여 법의 충돌(저촉)을 전제로 하는 법들의 상위개념으로 자주 사용하는데5) 이것도 정확한 용어는 아니다. 국제사법은 각국의 법들이 충돌(저촉)하는 것을 전제로 출발하는 것이 사실이지만, 국제사법의 일차적인 목적은 그 충돌(저촉)을 해결하고자 하는 데 있기 때문이다. 그래서 대륙법계에서는 국제사법을 법적용법(Rechtsanwendungsrecht; 그 규범은 법적용규범) 또는 지시법(Verweisungsrecht; 그 규범은 지시규범)이라고도 부른다. 그러나 일반적으로는 저촉법(저촉규범)이라는 용어가 자주 사용되고 있다. 반면에, 영미법계에서는 적용할 법을 선택한다는 의미에서 이를 법선택법(the Law of Choice of Laws)이라고 칭하기도 하지만, 대륙법계에서는 국제사법상의 당사자자치를 의미

---

5) 저촉법(또는 충돌법)이라는 용어의 포섭범위에 대해서도 나라마다 차이가 있다. 예컨대, 독일법에서는 준거법에 대해서만 이 용어를 사용하고 있는 데 반해, 영미법이나 프랑스법에서는 넓은 의미로 국제사법 전체에 대한 용어로 사용하고 있다(이에 대해서는 Junker, Internationales Zivilprozessrecht, 2012, §1 옆 번호 13, 25, 26 참조).

하는 법선택(Rechtswahl)이라는 용어와 혼동할 여지가 있어서 사용되지 않는다.

그러나 대륙법계에서도 국제사법이라는 용어가 동일한 의미로 사용되는 것도 아니다. 예컨대, 독일법에서는 국제사법이라는 용어와 국제민사소송법이라는 용어를 별개로 나누어 쓴다. 후자가 절차법 문제인 데 반해, 전자인 국제사법은 준거법 문제만을 다룬다. 따라서 독일법에서 국제사법이란 원칙적으로 준거법 문제만을 지칭한다. 더구나 준거법 문제만을 다루는 국제사법도 각국마다 종종 그 국가의 독특한 법률 명칭을 지니고 있다. 예컨대, 일본 국제사법의 법률 명칭은 「법의 적용에 관한 통칙법」6)이고, 중국 국제사법의 명칭은 「섭외민사관계 법률적용법」이며, 독일 국제사법은 「민법시행법(EGBGB)」이라는 법률 명칭을 가지고 있다. 심지어 독립적인 국제사법이 없는 국가도 다수이며, 이때에는 주로 민법 속에 함께 규정되어 있다.

이와 달리 우리 법은 독자적인 국제사법을 갖고 있으며, 특히 2001년 종래의 섭외사법을 개정한 이후에는 준거법 문제뿐만 아니라 국제재판관할 문제도 함께 규정하고 있고, 이 법률의 이름으로 국제사법이라는 명칭을 택하고 있다. 2001년 법 개정 시에 본래 준거법 문제만을 다루어왔던 섭외사법에서 법률 명칭을 국제사법으로 바꾼 이유도 이와 무관치는 않으리라고 본다. 그러나 준거법 문제와 절차법 문제는 종종 그 목적, 기능, 적용 원리, 논리적 구조 등이 서로 다를 수 있다. 그래서 양자를 구분하여 논할 필요도 종종 생긴다. 이 때문에 국제사법을 넓은 의미와 좁은 의미로 나누고, 모든 영역을 포함하는 국제사법을 넓은 의미의 국제사법이라 하고 준거법 문제만을 다루는 국제사법을 좁은 의미의 국제사법이라고 오

---

6) 그러나 2006년 개정되기 전에는 「법례(法例)」라는 법률 명칭을 달고 있었다.

래전부터 불러오고 있다.7) 그러나 이러한 명칭 구분은 타당하기는 하지만 준거법 문제와 절차법 문제를 상호 구분하는 용어로는 기능을 하지 못한다. 따라서 필자는 국제사법이라는 용어와 명칭은 우리 법률과 마찬가지로 넓게 이해하되, 이 국제사법의 개별적인 부분에 대해서는 별도의 용어를 부여해주는 것이 앞으로의 논의를 위해서는 필요할 것으로 생각한다. 그래서 국제사법이라는 용어는 일단 넓은 의미로 사용하며 또한 각국의 통칭적 의미로도 사용하고, 우리 법률의 명칭으로도 사용해보고자 한다. 그러나 이 넓은 의미의 국제사법을 크게 세 부분으로 나누면, 국제관할 영역에 대해서는 「국제관할법」(줄이면 관할법), 준거법 영역에 대해서는 「법적용법」(줄이면 적용법),8) 외국판결의 승인 및 집행 영역에 대해서는 「승인집행법」(줄이면 승인법)으로 각각 부르는 것이 좋지 않을까 생각해본다.

이러한 용어구분에 따르면, 이 책의 목적은 한국의 국제사법이 아니라 그중에서 한국의 법적용법만을 다루는 데 두고 있는 셈이다. 그러나 법적용법(그 규범은 법적용규범)이라는 용어는 우리나라에서 이 책이 처음 사용하는 것이라 아직 익숙하지 않아서 혼란을 초래할 여지가 없지 않다. 그래서 현재로서는 일반적으로 사용되는 국제사법(즉, 좁은 의미의 국제사법)이라는 용어도 함께 사용하기로 하며, 또한 관행상 자주 쓰이고 있는 저촉법(그 규범은 저촉규범)이나 준거법(준거법은 주로 법적용법에서 문제가 된다)이라는 용어도 같은 의

---

7) 김용한/조명래, 『국제사법』, 39면 이하; 석광현, 『국제사법 해설』, 3면.

8) 법적용법(Rechtsanwendungsrecht)이라는 용어는 오래전부터 존재했었으나 법률 명칭으로 사용된 것은 극히 최근이다. 특히 최근에 중국, 대만, 일본의 국제사법이 자신의 준거법에 관한 법률 명칭으로 법적용법이라는 용어를 사용하고 있다(준거법만 다루고 있는 중국 국제사법의 법률 명칭은 "섭외민사관계법률적용법", 대만은 "섭외민사법률적용법", 일본은 "법의 적용에 관한 통칙법"이다). 이를 고려하여 필자 역시 준거법 영역을 가리키는 명칭으로 이 책에서 "법적용법"이라는 용어를 사용하고자 한다.

미로 함께 사용하기로 한다. 차후에는 준거법 영역의 법으로서 법적용법이라는 용어가 우리 국제사법에서도 정착되기를 기대해본다.

§4 국제사법의 존재형식

국제사법은 각국마다 그 명칭과 범위 및 내용이 다르듯이 그 존재형식도 다르다. 국제사법을 단행법으로 갖고 있는 국가(한국, 일본, 스위스, 오스트리아, 이탈리아)도 있지만, 민법전에 규율하고 있는 국가(프랑스, 스페인, 포르투갈)도 많으며,[9] 영미법에서는 전통적으로 성문규정 없이 주로 판례에 의해 해결해왔다.

그러나 오늘날 각국의 국제사법은 국내법의 형식으로만 존재하는 것이 아니다. 종종 국제적인 협약(예컨대, 헤이그 국제사법협약) 또는 지역적인 협약(예컨대, 중남미의 부스타만테협약, 유럽연합의 국제사법규칙)에 가입함으로써 이 협약의 내용을 자국의 국제사법규범으로 받아들이고 있기 때문이다. 외국에서는 이 양자를 구분하여 국내법상의 국제사법을 「자체국제사법(autonomes IPR)」[10]이라고 부르고 협약상의 국제사법을 「협약국제사법」이라고 부른다. 만약 어느 국가가 협약국제사법을 비준했다면 양자 모두 자국의 국제사법으로 되는 것은 물론이다.

이러한 외국의 국제사법의 존재방식은 단지 그 국가의 국제사법으로서만 의미가 있는 것이 아니라 우리에게도 무척 중요하다. 그 이유는, 우리 국제사법에서 외국법을 준거법으로 지정하는 경우에

---

9) 독일의 국제사법은 민법시행법(EGBGB)에 들어가 있다.

10) 「자치국제사법」이라고 번역할 수도 있으나 「자체국제사법」이라는 번역이 더 명확하게 느껴져 이를 택했다.

그 지시되는 외국법은 일차적으로 그 국가의 국제사법이기 때문이다(반정 규정인 제9조 참조). 따라서 우리 법원에서 외국의 국제사법을 적용하기 위해서는 그 외국 국제사법의 존재방식에 대한 이해와 검토가 우선되어야 한다.

우리 법에서도 국제사법의 법원은 크게 두 가지로 나누어진다. 하나는 우리 입법자가 만든 국제사법 규범(자체국제사법)이고, 다른 하나는 국제협약상의 국제사법 규범(협약국제사법)이다. 우선, 자체국제사법 규범으로 가장 중요한 법원천은 국내에서 단일법으로 제정된 국제사법이다. 그러나 이 외에 다른 법에도 부분적으로 국제사법적 규범이 존재한다. 예컨대, 중재법 제29조[11]가 그 예이다. 또한 외국판결의 승인 및 집행도 우리 국제사법의 일부로 보므로 이에 관한 민사소송법 제217조와 민사집행법 제27조도 우리의 자체국제사법의 법원천이 될 것이다.

국제협약상의 국제사법 규범은 양국 간의 협약(양자협약) 또는 다국 간의 협약(다자협약)에 의해 발생한다. 양자협약으로는 우리나라가 오스트레일리아(2000년 발효), 중국(2005년 발효), 몽골(2010년 발효), 우즈베키스탄(2013년 발효)과 각각 체결한「민사 및 상사 사법공조협약」이 있으나, 이 역시 민사사법에 관한 상호 협력을 목적으로 하는 협약이므로 우리 국제사법 규범과 충돌하는 경우는 없다.

다국 간의 협약으로 가장 중요한 것은 19세기 말에 창설된「헤이그 국제사법회의」[12]에 의해 만들어진 국제사법 관련 협약들이다.

---

11) 예컨대, 중재법 제29조(분쟁의 실체에 적용될 법):
　　① 중재판정부는 당사자들이 지정한 법에 따라 판정을 내려야 한다. 특정 국가의 법 또는 법체계가 지정된 경우에 달리 명시된 것이 없으면 그 국가의 국제사법이 아닌 분쟁의 실체(實體)에 적용될 법을 지정한 것으로 본다.
　　② 제1항의 지정이 없는 경우 중재판정부는 분쟁의 대상과 가장 밀접한 관련이 있는 국가의 법을 적용하여야 한다.
12) 네덜란드인 Asser에 의해 주창되어 1893년에 제1차 회의가 개최된 이래 지금도 공식회의는 4년에 한 번씩 열리고 있으며, 이 회의에서 국제사법에 관련된 협약을

만약 우리나라가 이들 협약에 비준, 가입한다면 이는 우리나라의 국제사법 규범이 되며, 더구나 이들은 특별법으로서 국내의 국제사법 규범보다 그 적용에서도 우선하는 것이 원칙이다. 특히 준거법에 관한 헤이그협약들은 대부분 loi uniforme(보편 적용법)이기 때문에 협약의 비준, 가입국 간에만 적용되는 것이 아니라 일단 비준, 가입하여 자국의 법이 되면 이 법에 의해 지정되는 비체약국의 법도 모두 적용된다. 우리나라는 1997년 헤이그 국제사법회의의 회원국이 된 이후 지금까지 비준, 가입한 헤이그협약으로는 송달협약(우리나라에서는 2003년에 발효), 민상사에 관한 증거조사협약(우리나라에서는 2010년에 발효), 국제아동탈취협약(우리나라에서는 2013년에 발효)이 있다.[13] 그러나 이들은 준거법협약이라기보다는 주로 절차적 측면에서 상호 협력을 목적으로 하는 협약이므로 이 협약들에 의해 현행 국제사법 규범이 배제되는 경우는 드물다. 그러나 앞으로 우리가 국제사법에 관한 국제협약(관할법이든, 적용법이든, 승인법이든)에 다수 가입하게 되면 현행 국제사법과 이들 규범 간에는 상호 간의 적용범위 문제가 다양하게 문제로 될 것이다.

§5 국제사법의 특징

넓은 의미의 국제사법은 여러 가지 특징을 가지고 있다. 그중에서 기본적이고 중요한 특징 몇 가지를 아래에서 설명하기로 한다.

성안하여 공표하고 있다. 우리나라는 1997년에 이 국제기구의 회원국으로 가입하였다.

13) 그 외에 헤이그 국제아동입양협약은 우리나라가 이미 2013년에 서명하였으나 국회에서 아직 비준되지 않고 있는 상태이다.

Ⅰ. 외국적 요소

국제사법의 적용대상이 되는 사법적 문제에는 외국적 요소 (foreign element)가 존재해야 한다(제1조). 외국적 요소가 존재하지 않는 법적 문제는 순수한 국내사건이므로 국제사법의 적용이 없이 바로 국내법이 적용된다는 것이 우리의 판례이자 통설이다.14) 반면에, 내국과 관련이 없는 순수한 외국적 사건인 경우에도 한국 법원에서 문제가 되는 한 국제사법은 적용된다.

그러면 외국적 요소란 무엇인가? 법적 문제에 외국과 관련된 사실이 있으면 모두 외국적 요소로 보아야 하는가? 오늘날 인적·물적으로 국제적 교류가 빈번해져 국내에서 발생하는 사법상의 법적 문제에 외국과 관련된 사실이 없는 경우란 오히려 드물고 예외적이다. 예컨대, 국내에서 매매되는 물품은 많은 경우 외국에서 수입한 물품이다. 이 물품을 국내에서 한국인 간에 거래하여 법적 문제가 발생했다면 물품의 제조지가 외국이고 제조자가 외국인이므로 이때에도 외국적 요소가 있는 것인가? 또 오늘날 한국에 거주하는 외국인도 수백만에 이른다. 이들이 국내에서 구입하는 물품에 대해 법적 문제가 발생했다면 외국인이 구입했으므로 이때에도 모두 외국적 요소가 있다고 볼 것인가?

그러나 제1조에서 말하는 외국적 요소는 사실적 개념이 아니라 법률적 개념이다. 더구나 여기서의 외국적 요소는 국제사법을 적용하기 위한 전제 요건이다. 그렇다면 제1조의 외국적 요소는 목적론

---

14) 그러나 순수한 국내사건에도 국제사법이 적용된다는 견해도 외국에는 적지 않다 (예컨대, Kropholler, IPR, S. 7). 국제사법은 모든 국내법의 적용근거를 정하는 법이어서, 순수한 국내사건도 국제사법을 적용한 결과 준거법이 국내법이라는 결과가 나왔기 때문에 국내법을 적용하는 것이라는 주장이다. 필자 역시 이론적으로는 이 견해에 호의적이다. 다만, 어느 견해를 따르든 결과에는 차이가 없고 이론적 논거에 차이가 있을 뿐이라고 생각한다.

적으로 해석되어야 한다. 따라서 외국적 요소란 그저 외국과 관련되는 요소라는 단순한 의미가 아니라「국제사법을 적용할 필요가 있도록 하는 특별한 외국적 요소」를 의미한다고 보아야 할 것이다. 다만, 그 내용에 대해서는 일률적으로 대답할 수 없고 법적 문제에 따라 그때그때 판단하는 수밖에 없을 것이다. 물론, 외국의 국적이나 외국의 주소, 외국의 행위지 등은 모두 외국적 요소가 될 가능성은 있다. 그러나 이러한 사실들이 사안마다 평가적 검토를 통해 제1조의 외국적 요소가 되는지 안 되는지가 결정되어야 한다. 따라서 국내에서 외국인이 물품을 구매하여 발생한 사안에서도 제1조의 외국적 요소가 있는 법률관계도 있겠지만(예컨대, 매매에서 외국인의 행위능력이 문제로 된 경우), 외국적 요소가 없는 법률관계도 있을 수 있는 것이다(예컨대, 이 매매에서 하자담보책임이 문제로 된 경우).

II. 국내법

국제사법은 국내법이다. 예컨대, 외국적 요소를 가진 법적 분쟁에 대해 국내 법원에 소를 제기할 수 있는지 없는지, 또한 그 법적 문제에 국내법을 적용할지 외국법을 적용할지를 결정하는 규범을 만드는 것은 전적으로 각국의 입법자에게 맡겨져 있다. 따라서 각 국가마다 별도로 자신의 국제사법을 가지게 되며 그 내용도 서로 동일하지 않다.

그 결과, 소송을 제기하는 자가 자기에게 유리한 결과를 얻기 위해 소를 제기할 국가(이를「법정지」라고 한다)의 법원을 골라 다니는 경우도 발생하며(이를 forum shopping이라고 한다), 또한 A국에서 인정된 혼인, 이혼, 부양 등이 B국에서는 부정되는 경우(이를「파행적 법률관계」라고 한다)도 종종 발생한다. 따라서 국제사법은 국내법이지만 이러한 문제들을 방지하고 피하기 위해서는 학문적으로든 실무적으로든 국제적인 연구와 협력이 매우 필요한 분야이다.

더구나 국제사법은 국내법이지만 지금까지 배워왔던 국내의 민상법이나 민사소송법(국제사법에서는 이들을 「실질법」이라고 부른다)과는 성격이 아주 다르다. 이들 국내법(즉, 실질법)이 법적 분쟁에 대해 실체적으로 또는 절차적으로 직접 적용되는 법인 데 반해, 국제사법은 제기되는 소송이 한국 법원에 제기될 수 있는지 없는지를 결정하는 법이며, 그 사안에 한국법을 적용할지 외국법을 적용할지를 결정하는 법이다. 따라서 앞으로 우리는 일국의 국내법은 두 가지 종류의 법, 즉 국제사법과 실질법으로 나누어져 있다는 사실을 항상 염두에 두어야 한다(용어상으로는 이것을 흔히 저촉법과 실질법으로 구분하기도 한다).

III. 국제적 사법관계의 일반법

국제사법은 외국적 요소를 가진 법적 문제에 적용되므로 순수한 국내사건에서는 원칙적으로 그 적용이 없다. 따라서 국제사법을 일반적으로 표현하면 국제적 사법관계에 적용되는 법이라고 할 수 있다. 그러나 국제적 사법관계에 적용되는 법은 국제사법만 있는 것이 아니다. 특히 국제거래법의 대상인 국제적으로 통일된 실질법들이 여럿 존재한다. 그러나 이러한 국제적 통일법은 아직 그 수도 적고 적용범위도 제한적이다. 따라서 국제적 통일법이 존재하지 않거나 적용될 수 없는 영역에서는 그것이 국제적 사법관계인 한 다른 국내법보다 먼저, 그리고 반드시 국제사법을 적용해야 한다. 따라서 국제적 사법관계의 법적용이라는 측면에서 볼 때, 국제적으로 통일된 실질법을 특별법이라고 보면 국제사법은 그것이 없을 때 반드시 적용되어야 하는 일반법이 된다. 그만큼 국제사법은 일국의 사법체계에서 중요하고 의미가 크다. 그럼에도 불구하고 우리나라에서는 아직까지 국제사법의 중요성이 정확히 인식되고 있지 않은 것 같아 안타깝다.

Ⅳ. 직권적용법

국제사법은 원칙적으로 강행적으로 적용된다. 그러나 여기서 강행적이라는 의미는 법원에 의해 직권으로 적용된다는 의미이다. 다만, 예외적으로 소송 당사자에게 소송을 제기할 국가의 법원(즉, 법정지)이나 그 법적 분쟁문제에 적용할 국가의 법(즉, 준거법)을 선택할 가능성이 없지는 않다. 그러나 이러한 선택 가능성도 국내법인 각국의 국제사법이 그 선택을 허용하기 때문에 가능한 것이다. 그 결과, 그 선택 가능성을 인정할지 여부, 인정한다면 그 범위를 어디까지로 할 것인지 등은 모두 각 국가에 맡겨져 있으므로 각국의 국제사법마다 그 인정 여부와 범위에 차이가 있음을 주의해야 한다.

그러나 이것을 제외하고는 국제사법은 법원에 의해 직권으로 적용되는 것이지, 소송당사자의 원용에 의해 비로소 적용되는 법은 아니다.[15] 물론, 소송당사자가 소송에서 어느 국제사법 규정을 원용할 수는 있다. 그러나 그 원용된 국제사법 규정을 적용할지 여부는 전적으로 법원(법관)의 재량에 달려 있다. 다만, 법원(법관)이 그 국제사법 규정을 적용해야 하는데도 불구하고 적용하지 않았다면

---

15) 그러나 이것은 대륙법계 법적용법의 일반적인 모습이고, 영미법계에서는 그렇지 않음을 주의해야 한다. 특히 영국의 법원은 법적용규범을 소송당사자가 법정에서 원용해야 비로소 이를 고려하고, 주장하지 않으면 영국의 국내 실질법을 적용한다. 대륙법계에서는 이러한 법적용법을 가리켜 「임의적 저촉법(fakultatives Kollisionsrecht)」이라고 부른다.

상고의 이유가 될 뿐이다.

§6 국제사법의 인접 법 영역

Ⅰ. 비교법

국제사법에서는 외국법에 대한 지식이 필수적으로 요구된다. 특히 법적용법에서는 준거법이 외국법으로 지정되는 경우가 비일비재하며, 이때에는 우리 법원에서 그 지정된 외국 실질법을 적용해야 하기 때문이다. 더구나 우리의 법적용법에서 외국법의 지정은 원칙적으로 외국의 국제사법도 함께 지정하는 것이므로(이를「총괄지정」이라고 부른다; 제9조의 반정 참조) 이때에는 외국의 국제사법에 대한 지식도 요구된다.

외국법의 지식을 전제로 하기는 하지만 이것을 넘어서는 법 분야로 비교법이 있다. 비교법은 서로 다른 국가의 법들이 적용되어 도달된 결과와 그에 이르는 과정을 비교하여 연구한다. 그럼으로써 자국법에 대한 이해와 발전에 기여하고 또한 법의 통일을 위해서도 활용된다. 이러한 비교법은 국제사법에서 특히 중요하다. 우선 실질법의 비교가 중요한데, 국제사법의 적용대상인 사안은 외국적 요소를 가진 사안이므로 불가피하게 우리 법과는 다른 그 외국의 법적 개념 및 제도와 관련을 갖지 않을 수 없기 때문이다. 그 결과, 국제사법은 규범의 설정(예컨대, 혼인, 이혼, 부양, 상속 등)도, 그리고 규범의 해석과 적용도 외국법을 우리 법과 비교하는 과정을 거친 후에야 비로소 가능해진다. 이는 국제관할법에도 해당되지만 특히 법적용법에서 성질결정 문제, 조정 문제, 공서 문제, 상호 유불리를 판단하는 문제 등에서 전형적으로 나타난다. 또한 국제사법 자체의 비교도 중요한데, 이는 우리 국제사법의 입법적 발전을 위해서뿐만 아니라 특히 우리 국제사법의 해석과 적용 시에 외국 국제사법과의 판결일치를 얻는 데도 크게 기여하기 때문이다. 결국, 국제사법에서 비교법은 떼려야 뗄 수 없는 동반자관계에 있다는 사실을 기억해두어야 할 것이다.

II. 국제거래법

국제거래법은 국제거래에 관한 법으로서 주로 국제적인 통일 규범을 그 대상으로 한다. 특히 매매, 운송, 대금지급, 분쟁해결 등의 분야에서 국제거래관계에 직접 적용되는 국제적인 통일 규범이 다수 존재하는데 이를 대상으로 하는 법 분야가 국제거래법이다. 예컨대, 국제매매에서 유엔국제매매협약과 INCOTERMS, 국제적인 해상운송에서 함부르크 규칙, 국제적인 대금지급에서 신용장통일규칙(UCP) 등이 이에 속한다. 그러나 아직 그 수는 많지 않다. 이 외에도 국제적인 상거래관계의 분쟁 해결방법으로는 국제중재법원이 자주 이용되는데 이 역시 우리 법에서는 국제거래법이 다루는 영역으로 분류된다.

따라서 국제사법은 국제거래법과 서로 다른 법 분야이다. 국제사법이 국내법인 데 반해 국제거래법은 원칙적으로 국제적 통일 규범을 다루며, 이 국제적 통일 규범은 국제적인 사법적 분쟁에 직접 적용되는 실질법인 것이 보통이다. 더구나 국제거래법이 다루는 국제적 통일 규범은 대부분 당사자 간에 적용하기로 하는 합의가 있어야 비로소 적용되는 데 반해(다만, 유엔국제매매협약은 예외), 국제사법은 법원에 의해 반드시 적용되어야 하는 직권적용법이다.

물론, 법의 적용대상이 되는 법적 문제는 두 법이 동일하다. 즉, 모두 국제적인 사법적 분쟁문제이다. 따라서 우리 법원에서 이러한 국제적인 분쟁이 문제로 되는 경우에는 우선 당사자가 적용하기로 합의한 국제적 통일 규범이 존재하는지를 확인해보아야 하며, 그것이 없다면 다음 순서로 국제사법을 적용하여 그 분쟁에 적용될 실질법인 준거법을 찾아야 한다. 우리 법원은 이렇게 찾아낸 실질법을 적용함으로써 제기된 국제적인 분쟁 문제를 종국적으로 해결하게 된다. 이러한 법적용의 과정을 살펴볼 때, 국제적이자 사법적인 분쟁 사건에 적용될 법으로서 국제거래법이 특별법이라고 한다면 국제사법은 그에 대한 일반법이라고 할 수 있다. 그 국제적 사안에 적용될 당사자가 합의한 국제적 통일 규범이 없다면 반드시 국제사법이라는 통과장치를 거쳐야 비로소 그 사안을 해결해줄 실질법을 찾을 수 있기 때문이다. 더구나 현재로서는 국제적 통일 규범의 수가 많지도 않거니와 각 통일 규범의 적용범위도 제한적이기 때문에, 국제사법이 국내법임에도 불구하고 국제적 사안에서 국제사법이 갖는 의미는 실로 크다는 사실에 유의할 필요가 있다.

III. 국제법

국제법은 국제기구를 포함하여 국가 간의 상호 관계를 다루는 법이다. 따라서 국제법은 사인 간의 관계를 대상으로 하는 국제사법과는 다른 법 영역이다. 비록 국제협약(다자협약)이나 국가 간의 협약(양자협약)이라 하더라도 협약의 내용이 사인 간의 관계를 규율하는 법에 관한 것(예컨대, 유엔국제매매협약, 헤이그 국제사법협약 등)이라면 이는 국제법이 아니라 국제거래법이나 국제사법에서 다루어진다.

더구나 국제법과 국제사법에서 동일한 용어를 사용한다 하더라도 그 의미가 같지 않다는 점에도 유의해야 한다. 국제법에서는 국가나 정부의 승인을 전제로 국가, 국적, 국가법 등의 용어를 사용한다. 그러나 국제사법에서는 국가나 정부의 승인이 없더라도 그 국가가 국가로 인정되고 그 국가의 법을 외국법으로 인정하며 이 국가에 본적을 두고 있는 사람에게 국적도 인정해준다. 예컨대, 어느 분쟁국가에서 국제법적으로 인정받지 못한 단체가 그 국가의 일정 지역을 유효하게 지배하고 독자적인 법을 시행하고 있다면, 국제사법에서는 이 단체가 지배하는 지역이 국가로 인정되며 그 시행 중인 법이 그 국가의 법이 되고 그 지역의 주민은 그 국가의 국적을 갖는 것으로 인정될 수 있는 것이다. 결국, 국제사법에서 「국가」(예컨대 본국, 상거소지국, 행위지국, 소재지국, 법정지국 등)란 정치적 의미는 없고 단지 「통일적인 법질서를 가진 영역」을 의미할 뿐이며, 「법」(예컨대 본국법, 상거소지법, 행위지법, 소재지법, 법정지법 등)의 개념 역시 「그 지역에서 사실상 유효하게 적용되는 법」을 의미할 뿐이다.

이렇게 국제법과 국제사법은 서로 다른 영역이지만, 그렇다고 전혀 관계가 없는 것은 아니다. 종종 국제사법에 전제된 개념을 확정하기 위해서 국제법이 개입해야 할 필요가 있을 수 있다. 예컨대, 선박충돌이라는 국제사법적 문제(제61조)에서 충돌지가 공해인지 영해인지 문제 되는 경우에 이는 먼저 국제법에 의해서 판단되어야 한다. 또한 어느 분쟁지역에서 불법행위가 발생하여 이 불법행위가 국제사법적 문제(제32조)로 된다면 그 불법행위지가 어느 국가에 속하는가도 먼저 국제법에 의해 판단되어야 한다.

■■■ 제2편

법적용법 일반론

종래 좁은 의미의 국제사법으로 불려온 법적용법은 크게 두 영역으로 나누어진다. 하나는 「준거법의 결정」 영역이고, 또 하나는 「준거법의 적용」 영역이다. 물론, 순서상으로는 준거법의 결정이 먼저 이루어져야 하고, 그다음에 결정된 준거법을 적용하는 단계에 들어가게 된다. 그러나 우리의 현행 국제사법은 법적용규범을 총칙과 각칙으로 나누어 규정하고 있다. 총칙에서는 「준거법결정 규범」과 「준거법적용 규범」이 함께 규정되어 있으나, 국제사법의 대부분을 차지하는 각칙은 거의 준거법결정 규범으로 이루어져 있다.[1] 그러다 보니 국제사법에서 법적용법을 자칫 「준거법 결정법」만인 것으로 잘못 이해하게 된다. 이러한 오해를 불식시키기 위해 필자는 아래에서 법적용법을 크게 「준거법의 결정」과 「준거법의 적용」으로 나누어 검토해보고자 한다. 다만, 개론서인 이 책이 현행 국제사법의 구성 체계를 벗어나기는 쉽지 않으므로, 일단은 현행법에 따라 법적용법 총칙과 각칙으로 나누어 조문 순서에 따라 기술하기로 한다. 다만, 법적용법 총칙에서만은 준거법의 결정 문제와 준거법 적용문제로 나누어 기술해보기로 한다.

그러나 그 전에 법적용법에 관한 기본적인 내용을 일반론으로 묶어 이 자리에서 먼저 설명하기로 한다.

§7 법적용법의 개념과 범위

법적용법이란 넓은 의미의 국제사법에서 국제절차법을 제외하고 준거법 문제만을 다루는 법 영역이다. 종래 우리 법은 섭외사법이

---

1) 그러나 제27조 제1항, 제28조 제1항, 제32조 제4항은 준거법결정 규범이 아니라 준거법 적용규범이라고 필자는 본다.

라고도 불렀으며, 독일법에서는 흔히 저촉법으로 불리고 있는 법 영역이다.

법적용법(Rechtsanwendungsrecht)이란, 말 그대로 섭외적 사안에 대해 준거법을 지정하며 그 준거법을 적용하라고 명령을 내리는 법이다. 외국에서는 예전부터 존재했던 명칭이지만 그다지 인기 있는 명칭은 아니었다. 그러나 최근 우리 주변 국가들에서 준거법 문제를 다루는 좁은 의미의 국제사법의 법률 명칭으로 채택하는 모습이 보인다. 예컨대, 일본의 국제사법에서 준거법 문제를 다루는 법률의 명칭을 「법의 적용에 관한 통칙법」으로 변경하였으며, 중국의 국제사법에서 준거법 문제만을 다루는 법률 명칭이 「섭외민사관계 법률적용법」이고, 대만의 국제사법에서도 준거법 문제만을 다루는 법률 명칭이 「섭외민사법률적용법」이다.

법적용법이 다루는 범위는 준거법에 관한 문제로서 종래와 차이가 없다. 그러나 종래에는 주로 「준거법의 결정 문제」에 집중하여 다루어져 왔다. 물론, 법적용법에서 준거법의 결정 문제가 일차적인 문제이고 여전히 중요한 것은 부정할 수 없다. 우리의 국제사법 규정을 보아도 대부분 이에 관한 규정들이다. 그러나 법적용법에는 「준거법의 적용 문제」도 존재하고 또 준거법의 결정 문제 못지않게 중요한 문제라고 생각한다. 그럼에도 불구하고 지금까지 여기에는 크게 관심을 기울이지 않았던 것으로 보인다. 이에 필자는 법적용법의 적용범위를 준거법의 결정과 적용으로 양분하여 접근해보고자 한다. 그럼으로써 지금까지 등한시되어 온 준거법의 적용 문제를 부각시켜 법적용법을 새롭게 바라볼 수 있는 계기를 마련했으면 하는 바람이다.2)

---

2) 눈이 밝은 독자들은 여기서 자꾸 중복된 설명이 나오는 것을 알아챌 것이다. 그럼에도 불구하고 그대로 둔 이유는, 이 용어나 개념들이 우리나라 학계나 간행물에서 필자가 처음 사용하는 용어나 개념들이라 독자의 이해를 위해 반복 사용하고자 했

§8 법적용법의 특징

법적용법도 국제사법의 일부이므로 앞에서 설명한 국제사법의 특징은 당연히 법적용법에도 해당된다. 그러나 여기서는 법적용법이 갖는 특유한 특징에 대해 몇 가지 추가로 언급해두고자 한다.

Ⅰ. 지시법(법 위의 법/간접법)

법적용법의 일차적 기능은 준거법을 지정(또는 지시)하는 데에 있다. 외국적 요소를 가진 법적 분쟁이 우리 법원에 소로써 제기된 경우에 법원은 이 외국적 요소를 가진 법적 문제에 어느 국가의 법(즉, 준거법)을 적용할 것인가를 지시해준다. 따라서 법적용법은 지시법이다.

이런 면에서 법적용법은 국내법이지만 민상법 등 국내의 다른 사법과 구별된다. 민상법이 사법적 분쟁 문제를 해결하기 위해 사안에 직접 적용되는 법인 데 반해, 법적용법은 분쟁 해결을 위해 적용될 어느 국가의 민상법 등을 적용하라고 지시하는 것이 일차적인 역할이다. 이 때문에 법적용법을 법 위의 법(즉, 상위법)[3) 또는 간접법(간접적으로 적용되는 법)이라고도 부른다. 이에 반해, 분쟁문제를 해결하기 위해 직접 적용되는 법을 법적용법과 구별하여 특별히 「실질법」(그 규범은 실질규범)이라고 부른다.

이처럼 법적용법이 간접성과 지시성을 특징으로 하는 결과, 법적

기 때문이다.

3) 그러나 법적용법이 일국의 법체계에서 다른 법률보다 상위에 있다는 것은 효력의 측면에서가 아니라 법적용이라는 기능적인 측면에서일 뿐이다.

용법은 고도의 추상성을 띠게 된다. 어느 나라나 사법 문제 전체에 적용되는 법적용법 규범이 일국의 사법 규범 전체와 비교해볼 때 매우 적은 숫자임에도 불구하고 이를 가지고 섭외적 문제를 대부분 해결하고 있다는 사실이 이를 보여준다. 그러나 이 고도의 추상성 때문에 법적용법은 논리가 복잡하고 기교적이며, 결과는 불확실하다는 특성도 가지게 된다.

II. 불확실한 법

법적용법은 불확실하며 불투명하고, 불안정하며 유동적인 법이다. 이것을 상징적으로 보여주는 현행법의 규정이 제8조의 예외조항이다. 국제사법 총칙에 존재하는 이 예외조항의 의미는, 입법자가 정해놓은 각칙상의 준거법결정의 규범은 사안의 내용에 따라 언제든지 바뀔 수 있다는 것을 인정한 것이다. 입법자 스스로 이렇게 인정한 이유는, 발생할 수 있는 섭외적 사안이 워낙 다종다양해서 이들에 대한 연결의 타당성이나 적합성을 입법자가 미리 규범으로써 예측해두기가 어려웠기 때문이다. 그래서 입법자는 자기의 한계를 인정하고 뒤로 물러나면서 대신 사안을 직접 다루고 판단할 법관에게 적절한 연결 관계를 찾을 임무를 맡긴 것이다.

또 법적용법이 가진 불확실성 때문에 종래에도 그랬지만 현재에도 없어서는 안 되는 국제사법상의 제도가 제10조의 공서제도이다. 섭외적 분쟁사건에서는 지정된 준거법을 적용할 때 그 결과가 어떻게 나올지 모르기 때문에 판결의 부당한 결과를 최종적으로 배제시킬 방법을 가지고 있어야 한다. 그것이 바로 공서조항이 해온 역할이다. 물론, 그래서 끊임없이 비판도 받아왔지만, 법적용법이 갖는 불확실성 때문에 여전히 법적용법의 필수적인 제도이고 앞으로도 그럴 것이다. 이와 더불어, 국제사법 총론에서 다루고 있는 조정(또는 적용)문제도 법적용법이 얼마나 불확실한가를 단적으로 보여주는 문제이다. 뒤에 본론에서 자세히 설명하겠지만, 조정 문제는 준거법 적용의 결과가 서로 일치하지 않으면 사후적으로 그 내용을 조정해주는 문제이다. 그렇다고 불일치를 조정해주는 확실한 기준이나 방법이 있는 것도 아니다.

더구나 국제사법의 총론에서 다루고 있는 다수의 법적용법의 문제들이나 학설들을 보기로 하자. 이들이 여전히 학설로 머물러 있고 국제사법의 법규범으로 정착하지 못하는 이유는 아직 확고하게 그 이론적·실천적 타당성을 입증할 수 없어서이다. 심지어, 결과를 알 수 없다는 사실을 누구나 알고 있는 문제(예컨대, 적용문제)까지 있을 정도다. 또한 국제사법의 각칙 규정들 자체도 불확실하기는 마찬가지다. 종래의 섭외사법에 비해 현행 국제사법의 채권준거법에 관한 규정이 비약적으로 늘어난 예가 보여주듯이, 현행 국제사법의 각칙 규정도 더욱 세분되어 확대되어 나갈 가능성이 농후하다. 다른 영역도 예외는 아니지만 특히 불법행위 준거법 영역에서 당장 벌어질 가능성이 크다. 국제사법에서 이러한 추세는 멈출 수 없는 상황인데, 그 이유는 법적용법에는 여전히 미답지역이 광범하기 때문이다.

§9 법적용법이 추구하는 정의

법은 적용을 목적으로 한다. 그리고 그 적용의 결과는 개개 사안에 대해 구체적으로 타당해야 한다. 이것을 보통 실질법에서 추구하는 정의라고 한다. 이에 반해, 법적용법(또는 저촉법)은 실질법과 엄격히 구별된다는 전제하에서, 공간적으로 최선의 법을 적용하는 것이 법적용법의 목적이므로 그러한 법을 찾는 것이 저촉법적 정의라는 생각이 지배해왔다.[4]

그러나 이러한 생각은 최근 조금씩 바뀌어가는 듯하다. 예컨대, 다음과 같은 설명이 눈에 띈다. "국제사법적 정의가 공간적으로 최선의 법을 적용하는 것임에는 변함이 없다. 그러나 … 국제사법적 정의의 개념은 실질법적 가치의 고려도 내포되는 것으로서 확대되어져야 할 것이다. … 현재의 대륙법적 국제사법체계에서는 저촉법적 정의와 실질법적 정의의 관념이 공존한다 할 수 있으며, 그 구별의 실익은 여전히 존재한다. 다만 저촉법적 정의의 관념이 확대되어야 할 것이다."[5]

그러나 필자는 한 발자국 더 나가야 한다고 생각한다. 우선, 실질법과 법적용법(저촉법)은 모두 한 국가의 동일한 국내법이다. 서로 분야가 다를 뿐이다. 따라서 실질법적 정의가 개개 사안에 대한 구체적 타당성을 목표로 한다면 동일한 국내법인 법적용법 역시 이와 다를 이유가 없다. 즉, 저촉법적 정의 역시 개개 사안에 대한 구체적 타당성이어야 한다는 것이다. 물론, 실질법과 저촉법 간에는 특징적인 차이가 분명히 존재한다. 그러나 일국의 법률들 간의 특징적인 차이가 법적 정의의 관념에까지 차이를 낳는다는 생각은 너무 무리인 것으로 보인다. 이러한 오해는 법적용법이 포섭하고 있는 전체 범위에서 일부분만 너무 강조하고 다른 일부는 너무 소홀히 한 데에서 기인하는 것으로 필자는 본다. 아래에서 그 근거를 따져보기로 하자.

준거법 문제를 다루는 법적용법은 크게 두 영역으로 이루어져 있

---

4) 이에 대해서는 신창선, 「국제사법의 목적과 이념」, 『국제사법연구』 제5호, 2000년, 78면 이하.

5) 신창선, 앞의 논문, 95면 이하.

다. 하나는 「준거법결정」 영역이고, 다른 하나는 「준거법적용」 영역이다. 준거법결정 영역의 기본원칙은 「사안에 가장 밀접한 관계를 가진 법」을 찾는 것이다.[6] 이는 우리 국제사법에도 여러 곳에서 언급되어 있다.[7] 그러나 이에 대한 예외도 다수 존재한다. 전형적인 것이 약자보호를 위한 규정(제27조, 제28조, 제46조 등)과 준거법선택(당사자자치)을 인정하는 규정이고, 그 외에도 우리 국제사법이 규정하고 있는 선택적 연결, 보충적 연결, 중첩적 연결 등의 다양한 연결방법은 「가장 밀접한 관계를 가진 법」에 대한 예외가 된다. 이 예외들이 존재하는 이유는 종국적으로 사안에 적합한 구체적 타당성을 얻기 위한 것이다.

한편, 준거법(특히 외국법) 적용의 기본원칙은 「그 국가의 법원에서 자국의 법을 적용하듯이 한국 법원에서 똑같이 그 국가의 법을 적용한다」는 것이다.[8] 여기에도 다수의 예외가 존재하는데, 특히 중요한 것은 사안에 가장 밀접한 관계가 있는 법을 적용하면서도 이를 적극적으로 변형시켜 적용한다는 점이다. 전형적인 사례가 앞에서 이미 언급한 법적용법상의 적용 또는 조정문제와 공서문제에서 나타난다. 이들이 법적용을 변형시키는 목적도 결국은 사안에 적합한 구체적 타당성을 확보하기 위해서이다.

결국, 종래 저촉법적 정의로 일컬어졌던 공간적으로 최선의 법, 더 정확히는 「사안에 가장 밀접한 관계를 가진 법」을 적용한다는 것은, 법적용법 중 일부영역인 준거법결정 영역에서나 어느 정도 들어맞는 내용일 것이다. 오히려 법적용법의 전체 영역에서 저촉법

---

6) 주의할 것은, 공간적(장소적)으로 가장 밀접한 관련이 있는 법이 아니라 「사안에 가장 밀접한 관련이 있는 법」이라는 점이다. 좀 더 구체적으로는 「사항적으로 또는 인적으로(공간적으로가 아니라) 사안에 가장 밀접한 관련이 있는 법」이다(이에 대해서는 Kropholler, IPR, S. 25).

7) 예컨대, 제8조(예외조항)와 제26조(계약준거법의 객관적 연결) 등이 그것이다.

8) 이에 대해서는 뒤에 설명할 「§24 외국법의 적용」 참조.

이 추구하는 바는 전반적으로 볼 때 실질법적 정의와 동일하게 구체적 타당성을 확보하고자 하는 일이다. 가장 밀접한 관련을 가진 법을 찾는 이유도 결국은 사안에 대해 구체적으로 타당한 결과를 얻기 위한 것일 것이다. 따라서 저촉법적 정의를 굳이 언급하자면 실질법적 정의와 동일하게 구체적 타당성을 확보하는 데 있다고 보는 것이 옳다. 그럼에도 불구하고 종래 저촉법적 정의를 실질법적 정의와 구분하여 공간적으로 최선의 법을 적용하는 데 두었던 것은 법적용법의 중요한 영역인 「준거법의 적용」 영역을 고려하지 않고 오로지 「준거법의 결정」 영역에만 시야를 좁혀본 결과일 것으로 필자는 본다. 물론, 준거법결정 영역은 오늘날에도 여전히 중요하다. 그러나 발전된 현대의 법적용법은 이 영역의 중요성을 상당히 상대화시켜 버렸다. 더구나 현대 법적용법의 흐름은 명백히 구체적 타당성을 확보하는 방향으로 가고 있다는 사실에 주목해야 한다. 예컨대, 법적용법에서 법률관계의 수많은 세분화, 준거법선택(당사자자치)의 확대, 다양한 연결방법, 주된 연결점이 국적으로부터 보다 유연한 상거소로 바뀌고 있는 점 등에서 이를 알 수 있다. 요컨대, 현대의 저촉법적 정의는 실질법과 동일하게 사안에서 구체적 타당성을 확보하는 데 있다고 보아야 한다.

그렇다면 저촉법적 정의를 이렇게 단순히 「가장 밀접한 관련을 가진 법」이라는 측면에서 「구체적 타당성의 확보」라는 측면으로 바꾸어보아야 할 이유는 무엇인가? 무슨 의미가 있는 것인가? 이는 법적용법의 입법에서뿐만 아니라 그 해석과 적용에서도 중요한 의미가 있다고 필자는 본다. 지금까지도 우리 법적용법의 영역에서는 학설이든 판례든 저촉법 규정을 너무 고정적이고 도식적으로 해석하고 적용하는 것이 일반적인 경향이다. 발생된 섭외적 사안에 대해 법적용법을 적용하면서 별로 의문을 제기하거나 이의를 제기하지 않는다. 당연한 듯이 그 규정을 기계적으로 적용하고 마는 것이다. 왜 이렇게 되었을까? 필자는 우리가 법적용법의 임무를 단순히 연결 관계로만 이해하고 준거법의 적용과 그 결과에 대해서는 크게 관심을 기울이지 않기 때문이라고 본다. 물론, 그러한 노력이 전혀 없었던 것은 아니다. 예컨대, 법적용법에서 공서제도(제10조)는 전형적으로 실질법적 정의를 추구하는 제도이며 이를 통해 많은 노력을 해온 것은 사실이다. 그러나 이것만으로는 턱없이 부족하다는 것이 필자의 생각이다. 따라서 우리가 먼저 할 일은 저촉법적 정의 개념을 근본적으로 바꾸어보는 것이다. 즉, 저촉법적 정의 개념을 실질법적 정의와 동일하게 개개 사안에 대한 구체적 타당성으로 확정시켜 정립해보는 것이다. 이렇게 법적용법에서 정의 관념의 전환이 이루어진다면, 섭외적 사안에서 준거법결정을 넘어 준거법적용과 그 적용 결과의 타당성에도 많은 관심을 기울이지 않을 수 없으리라고 보는 것이다.

그러나 주의할 점도 있다. 저촉법적 정의를 실질법적 정의와 동일하게 보고 구체적 타당성을 추구한다 하더라도 적어도 준거법의 결정영역에서는 그 결정의 기준이 「최선의 실질법」이 되어서는 안 된다. 실천적 목표를 이렇게 두는 한 법적 안정성은 무참히 희생될 것이기 때문이다. 오히려 이 영역에서의 구체적 타당성은 직접 실질법 자체에서 구하는 것이 아니라 그 저촉법적 특성으로 인해 주로 저촉법적 방법을 통해 이루어져야 할 것이다. 다만, 준거법의 결정영역에서도 구체적 타당성은 추구해야 할 이상으로 정립할 필요가 있다는 것이다.

§10 법적용법과 연결되어 있는 국내법

법적용법과 관련하여 상당히 밀접한 관련을 갖고 있어서 미리 그 존재의 의미를 알고 있어야 할 국내법이 두 가지 있다. 하나는, 지금까지의 법적용법을 국제적인 저촉법이라고 부르는 데 대응해 국내적인 저촉법이라고 불리는 역제사법, 인제사법, 시제사법이다. 다만, 이들에 대해 필자는 법적용법의 관점에서 볼 때, 국제적인 저촉법을 「외부적(또는 외적) 법적용법」으로, 국내적인 저촉법을 「내부적(또는 내적) 법적용법」으로 부르는 것이 타당할 것으로 보아 아래에서는 이 용어도 함께 사용하기로 한다. 그 외에 또 다른 하나는 국적법이다. 아래에서는 이 양자에 대해 간단히 설명해보기로 한다.

Ⅰ. 내부적(내적) 법적용법
- 역제사법(준국제사법), 인제사법, 시제사법

한 국가에서 법은 하나로 통일되어 있다고 보는 것이 일반적이지만, 지역에 따라 또는 종교(이슬람교, 힌두교, 유대교, 가톨릭교 등)나 종족에 따라 서로 다른 내용의 사법을 적용하는 국가도 의외로 많다. 이런 국가를 다수법국(Mehrrechtsstaat)9)이라고 부르는데, 지역에 따라 다른 법이 적용되는 국가를 「지역적(또는 장소적) 다수법국」, 종교나 종족에 따라 다른 법이 적용되는 국가를 「인적 다수법국」이라고 한다. 지역적 다수법국에는 미국, 영국, 캐나다, 오스

---

9) 일본에서는 불통일법국 또는 일국수법국이라고도 부르며, 다른 외국에서는 법분열국이라고도 부른다.

트레일리아, 스페인 등이 있고, 인적 다수법국에는 인도, 레바논, 나이지리아, 이슬람국가들이 있다. 한 가지 유의해두어야 할 점은, 우리는 대한민국이 북한까지 포함해 하나의 통일된 법을 가지고 있는 국가로 보는 데 반해, 외국에서는 국제사법상 한국을 지역적 다수법국으로 보고 있다는 점이다. 즉, 남한법과 북한법이 따로 존재하는 지역적 다수법국으로 보는 것이다.

지역적 다수법국에서는 각 지역마다 법이 다른 결과, 서로 다른 지역의 주민들 간에 발생하는 사법적 분쟁에 대해 어느 지역의 법을 적용할 것이냐의 문제가 발생한다. 이 문제를 해결해주기 위해 지역적 다수법국은 흔히 국내법상의 저촉법(법적용법)을 두고 있는데 이를 역제사법이라 한다. 역제사법은 한 국가 내에서 지역 간에 발생하는 법의 충돌문제를 해결해주는 법이므로 국가 간에 발생하는 법의 충돌문제를 해결해주는 법적용법과 유사하다. 양자 모두 장소적 저촉법인 것이다. 그래서 종래 사용해오던 국제사법이라는 명칭에 덧붙여 국내법상의 역제사법을 종종 준국제사법이라고도 부른다.

인적 다수법국에서는 한 국가 내에 종족이나 종교가 서로 다른 사람들 간에 발생하는 사법적 관계(예컨대, 혼인, 이혼, 상속 등)에 대해 어느 종족법 또는 어느 종교법을 적용할 것이냐의 문제가 발생한다. 이 문제를 해결하기 위해서도 인적 다수법국은 흔히 국내법상의 저촉법을 가지고 있는데 이를 인제사법이라고 한다. 인제사법은 결국 인적 저촉법이 되는 것이다.

국내법상으로는 이 외에도 시제사법이라는 시간적 저촉법이 존재한다. 국내의 법규가 개정될 때 보통 경과규정을 두게 되는데 이는 개정의 전후에 따라 구법과 신법 중 어느 법을 적용할 것인가를 정하는 규정이므로 이를 시간적 저촉법인 시제사법이라고 부른다.

이들 내부적인 저촉법들은 법적용법에서 의외로 중요하다. 법적용법은 일단 어느 국가의 법을 지시하게 되는데, 이 지시된 국가가 지역적으로 또는 인적으로 다수법국인 경우에는 다시 한번 그 국가 내에서 적용될 법을 결정해야 준거법이 정해진다. 이런 경우에 다수법국의 역제사법이나 인제사법은 중요한 역할을 하게 된다. 또 시제사법도 마찬가지이다. 예컨대, 국제사법 각칙상의 저촉규범에 정해진 준거법의 연결시점이 불변경주의(또는 고정주의)인 경우(예컨대, 제49조의 상속에서 사망 당시의 본국법)에는 실무상으로는 보통 과거의 법이 준거법으로 지정된다. 이 경우에 그동안 그 법이 바뀌지 않았으면 괜찮은데 바뀐 경우에는 그 국가의 시제사법은 중요한 역할을 하게 되는 것이다.

II. 국적법

1. 국적법의 의의

국적법은 어느 국가의 국민이 되는 자격에 관한 사항을 구체적으로 정하고 있는 국내법이다. 즉, 국적을 취득 또는 상실하는 요건이나 그에 관한 제도와 절차 등을 규정한다. 예컨대, 우리 헌법 제2조 제1항은 "대한민국의 국민이 되는 요건은 법률로 정한다"고 규정하고 있는데, 헌법에서 위임된 이 대한민국 국민이 되는 자격에 관한 사항을 구체적으로 정하고 있는 법이 한국의 국적법이다. 따라서 각국은 형식은 어떻든 각자 자국의 국적법을 갖고 있기 마련이다.

국제사법에서 국적법이 중요한 이유는 국제관할법과 법적용법에서 중요한 연결점인 본국(본국관할 또는 본국법)을 결정하는 데 유일한 법적 근거를 제공하기 때문이다. 따라서 아래에서는 우리의 현행 국적법의 중요한 내용인 국적의 취득과 상실에 대해 간략하게 소개해두기로 한다.

2. 현행 국적법의 중요 내용

1) 국적의 취득사유

현행 국적법은 주로 다음과 같은 사유로 한국 국적을 취득한다고
정하고 있다.

(1) 출생에 의한 국적취득(국적법 제2조)

다음 중 어느 하나에 해당하면 출생과 동시에 한국 국적을 취득
한다(당연취득). 첫째, 출생 당시에 부 또는 모가 한국 국민인 자
(이것을 「부모 양계혈통주의」라고 한다). 둘째, 만약 출생하기 전에
부가 사망한 경우에는 그 사망 당시에 부가 한국 국민이었던 자.
셋째, 부모가 모두 분명하지 않거나 국적이 없는 경우에는 한국에
서 출생한 자이다(국적법 제2조 제1항).

(2) 인지에 의한 국적취득(국적법 제3조)

외국인으로서 한국 국민인 부 또는 모에 의해 인지된 자가, 한국
민법상 미성년자이고 또한 출생 당시에 부 또는 모가 한국 국민이
었으면 법무부장관에게 신고함으로써 한국 국적을 취득한다.

(3) 귀화에 의한 국적취득(국적법 제4조 내지 제7조)

한국 국적을 취득한 사실이 없는 외국인은 법무부장관의 귀화허
가를 받아 한국 국적을 취득할 수 있다(국적법 제4조 제1항). 그러
나 이러한 귀화에는 요건이 서로 다른 세 가지 종류가 있다. 즉, 일

반귀화, 간이귀화, 특별귀화이다.

「일반귀화」란 간이귀화나 특별귀화가 아닌 경우로서, 5년 이상 계속하여 한국에 주소가 있었던 한국 민법상의 성년자에게 인정하는 귀화이다(국적법 제5조). 「간이귀화」란 보통 3년 또는 그보다 짧은 기간 동안 한국에 주소를 두더라도 귀화를 인정하는 제도로서, 보통 한국인 배우자와 혼인한 경우(국적법 제6조 제2항)나 또는 과거 부 또는 모가 한국 국적을 가졌던 경우나 또는 부 또는 모와 그 자녀가 모두 한국에서 출생한 경우(국적법 제6조 제1항) 등에 인정한다. 「특별귀화」란 한국에 주소를 둔 기간에 상관없이 한국에 특별한 공로가 있거나 또는 특정 분야에 매우 우수한 능력을 지녀서 한국의 국익에 기여할 자에게 인정하는 귀화이다(국적법 제7조).

(4) 수반취득(국적법 제8조)

외국인의 자녀로서 한국 민법상 미성년인 자는 부 또는 모가 귀화허가를 신청할 때 함께 국적취득을 신청할 수 있고(국적법 제8조 제1항), 이 경우에 부 또는 모에게 귀화를 허가한 때에 이 자녀는 함께 한국 국적을 취득한다(국적법 제8조 제2항). 그러나 이 내용은 신청자의 권리를 규정한 것이지 의무를 규정한 것이 아니다(이 것을 「가족국적 개별주의」라고 한다).

한편, 종래 존재하던 처에 대한 수반취득제도는 폐지되었으므로 현행 국적법은 「가족국적 개별주의」뿐만 아니라 「부부국적 개별주의」도 함께 취하고 있다.

2) 국적의 상실사유

현행 국적법은 주로 다음과 같은 사유로 한국 국적을 상실한다고 정하고 있다.

(1) 한국 국적 취득에 따른 외국 국적의 상실 또는 한국 국적
의 상실(국적법 제10조)

한국 국적을 취득한 외국인으로서 외국 국적을 가지고 있는 자는
한국 국적을 취득한 날부터 1년 내에 외국 국적을 포기하여야 한
다. 외국 국적의 포기나 또는 외국국적불행사의 서약[10]을 하지 않
고 이 기간이 지나면 한국 국적은 상실된다(이것을 「단일국적주의
원칙」이라고 한다).

(2) 복수 국적자의 국적 상실(국적법 제12조 내지 제14조)

만 20세가 되기 전에 복수 국적자가 된 자는 만 22세가 되기 전
까지, 만 20세가 된 후에 복수 국적자가 된 자는 그때부터 2년 내
에 하나의 국적을 선택해야 한다. 다만, 법무부장관에게 외국국적
불행사의 서약을 한 경우에는 복수 국적자로 남을 수 있다(제12조
제1항).

이 기간이 지나도 국적을 선택하지 않는 자에게는 법무부장관이
1년 내에 하나의 국적을 선택할 것을 명령하여야 한다(제14조의2
제1항). 그럼에도 불구하고 이에 따르지 않는 자는 이 기간이 지난
때에 한국 국적을 상실한다(제14조의2 제4항).

(3) 외국 국적 취득에 따른 국적상실(국적법 제15조)
    - 자진 취득과 비자진 취득

한국 국민으로서 자진하여 외국 국적을 취득한 자는 그 외국 국
적을 취득한 때에 한국 국적을 상실한다(국적법 제15조 제1항).

이에 반해, 한국 국민으로서 자진하지 않았는데도(흔히 자동적으
로) 외국 국적을 취득하게 된 경우에는 그 외국 국적을 취득한 때

---

10) 외국국적불행사의 서약을 하는 경우에는 예외적으로 복수 국적자가 되는데, 누가
    이 서약을 할 수 있는지에 대해서는 국적법 제10조 제2항이 규정하고 있다.

부터 6개월 내에 법무부장관에게 한국 국적을 보유할 의사가 있다는 뜻을 신고하지 않으면 그 외국 국적을 취득한 때부터 소급하여 한국 국적을 상실한다. 예컨대, 외국인과의 혼인으로 그 배우자의 국적을 취득하게 된 자, 또는 외국인에게 입양되어 그 양부 또는 양모의 국적을 취득하게 된 자, 또는 외국인인 부 또는 모에게 인지되어 그 부 또는 모의 국적을 취득하게 된 자 등이다(국적법 제15조 제2항). 따라서 이 기간 내에 한국 국적의 보유의사를 신고한 자는 복수 국적자로 되지만, 국적법 제12조 내지 제14조에 의해 추후에는 하나의 국적을 선택하거나 또는 외국국적불행사의 서약을 해야 한다. 물론, 외국국적불행사의 서약을 한 자는 결국 복수 국적자로 남게 될 것이다.[11]

---

11) 누가 외국국적불행사의 서약을 할 수 있는가에 대해서는 국적법 제10조 제2항이 규정하고 있다.

■■■ **제3편**

법적용법 총론

제1장 준거법의 결정

제1절 준거법결정의 기본문제

§11 준거법결정의 방법론

법적용법에서 준거법결정의 방법론에는 대립하는 두 가지 방법이 공존하고 있다.[1] 하나는 지금도 일반적으로 통용되고 있는 고전적인 준거법결정 방법이고, 다른 하나는 이 고전적인 방법과 정반대로 접근하는 방법이다. 전자를 「법률관계(또는 사안)에서 출발하는 방법」이라고 하고, 후자를 「법률에서 출발하는 방법」이라고 한다.

Ⅰ. 법률관계(또는 사안)에서 출발하는 방법

우리 법적용법의 준거법 지시규범은 어느 법률관계(예; 대리, 계약, 불법행위, 이혼, 부양 등)에 대해 어느 국가의 법(준거법)을 적용할 것인가에 대해 규율하고 있다. 이는 독일의 사비니에서 시작된 방법으로 알려져 있는데, 법률관계 또는 사안에서 출발하여 이 법률관계 또는 사안과 가장 밀접한 관련을 갖는 국가의 법을 준거법으로 정하는 방법이다. 현행법 역시 거의 대부분 이런 규정으로

---

1) Kropholler, IPR, S. 16 ff.

이루어져 있으며 이를 고전적인 저촉법 규범이라고 부른다. 따라서 여기서는 사안에 가장 밀접한 관련을 가진다는 의미가 매우 중요한데, 이에 대해서는 뒤에 따로 설명하기로 한다.

II. 법률에서 출발하는 방법

위와 정반대로, 법률에서 출발하여 그 법률 자체를 검토한 후에, 발생된 섭외적 사안이 이 법률에 포섭될 수 있느냐를 묻는 방법이 있다. 따라서 이 방법은 법률이 스스로 자신의 국제적(또는 섭외적) 적용범위를 정하고 있을 때 가능하다. 이 방법은 위의 고전적인 연결체계와는 관계가 없으며, 또한 보통은 고전적 저촉법의 지시규범에 앞서 우선적으로 적용된다. 이 방법에서는 국내법인 법률 자체의 해석이 중요한 문제로 된다. 우리 법에서 이 방법이 적용되는 전형적인 예가 제7조의 국제적 강행규범 규정이다. 국제적 강행규범은 국내적 강행규범과 대비되는 용어로서, 강행적으로 사법관계에 개입(간섭)한다는 의미에서 개입규범(또는 간섭규범)(Eingriffsnorm)이라고도 부른다. 국제적 강행규범에 대해서는 뒤에 자세히 설명하기로 한다.

§12 준거법결정의 기본원칙과 고려요소

법적용법에서 준거법을 결정하는 데에는 기본적 원칙으로 「가장 밀접한 관련의 원칙」이 존재한다. 또 그 외에도 준거법결정에 영향을 주는 요소들이 다수 존재하는데 아래에서 이에 대해 각각 설명하기로 한다.

I. 가장 밀접한 관련의 원칙

법적용법에서 준거법결정 규범은 사안에 가장 밀접한 관련을 가진 법을 적용한다고 하는 소위 「가장 밀접한 관련의 원칙」이 지배하고 있다. 준거법결정에서 가장 중요하고 기본적인 원칙이다. 이 원칙은 사안을 가장 합리적으로 해결할 법을 적용한다는 의미가 아니라, 인적으로 또는 사항적으로 사안에 가장 가까운 법을 적용한다는 의미이다.[2] 그럼으로써 그 법이 사안을 가장 합리적으로 해결할 것이라고 추정하는 것이다.

따라서 가장 밀접한 관련의 원칙은 두 가지 사실을 전제로 하고 있다.[3] 첫째, 내국법과 외국법이 차별 없이 모두 평등하다고 전제한다(내외국법의 평등성). 그래서 자국법을 우선시하지 않고 가장 밀접한 관련을 가진 법을 찾을 수 있게 되는 것이다. 둘째, 법률관계는 어느 국가에서나 유사하게 발생한다고 전제한다(법률관계의 보편성). 예컨대, 계약, 불법행위, 혼인, 이혼, 부양 등의 법률관계와 그에 따른 분쟁은 어느 나라에서나 존재한다는 것이다. 그래서 어느 법률관계에 대해 다수 국가의 법 중에서 가장 밀접한 관련을 가진 국가의 법을 찾을 수 있게 되는 것이다.

우리 법에서도 이 원칙은 제3조 제1항(본국법), 제8조(예외조항), 제26조(계약준거법의 객관적 연결), 제37조 3호(혼인의 일반적 효력)에서 개별적이고 부분적이긴 하지만 명시적으로 선언되어 있다.

---

2) Kropholler, IPR, S. 25.

3) Junker, IPR(1), 옆 번호 84와 85.

II. 준거법결정의 고려요소들

전통적으로 준거법결정에 영향을 미치는 요소들도 다수 거론되어 왔다. 그중 중요한 몇 가지만 아래에서 설명하기로 한다. 물론, 이들 사이에 우열은 존재하지 않는다. 각 요소의 의미와 중요성은 사안 사안에 따라 각각 달리 평가될 수 있기 때문이다. 더구나 어떤 요소들은 서로 충돌하기도 하고 어떤 요소들은 서로 겹치기도 하므로, 준거법을 결정할 때에는 사안에 따라 이들 요소를 서로 형량하여 결정하게 된다.

1. 국제적 판단일치

국제적 판단일치(internationaler Entscheidungseinklang)[4]란 외국적 요소를 가진 하나의 사안(법률관계)이 어느 국가에서든 동일하게 판단되는 것을 말한다. 법적용법의 전통적 이념 중의 하나이다. 각국은 국제관할 원칙이 동일하지 않기 때문에 어느 하나의 섭외적 사안이 여러 국가에서 문제가 될 수 있다. 이때 각국마다 자국의 법적용법에 따라 서로 달리 판단하는 경우가 종종 생기는데, 이를 파행적 법률관계라고 한다. 예컨대, 일국에서는 국제적인 혼인, 이혼, 입양 등이 성립했다고 판단하는 데 반해, 타국에서는 성립하지 않았다고 판단하는 것이다. 섭외적 사안에서 이러한 파행적 법률관계가 발생하는 것은 바람직스럽지 못하므로 가능한 피해야 한다. 그래서 법적용법의 이념으로 국제적 판단일치가 주장되는 것이다.

국제적 판단일치를 도모하는 방법으로는 우선 국제사법의 통일

---

4) 외적 판단일치(aeusserer Entscheidungseinklang)라고도 한다. 번역상으로는 국제적 판결일치라고도 할 수 있을 것이다.

협약을 만들고 이에 가입하여 적용하는 방법이 있다. 그러나 그것이 어렵다면 자국의 국제사법 제정 시에 가능한 많은 국가에서 인정하고 있는 법적용법의 원칙과 기준을 따르는 방법이 있다(예컨대, 부동산물권은 부동산소재지법, 불법행위는 불법행위지법). 또한 법적용법을 적용하고 해석하는 경우에도 많은 국가에서 인정하고 있는 합리적 이론에 따르는 것도 하나의 방법이다. 그래서 법적용법에서는 다른 국내법의 어느 분야보다 비교법 연구가 중요하고 필요한 것이다.

그러나 국제적 판결일치를 도모한다고 해도 각국의 일치된 내용을 고정적인 것으로 여겨서는 안 된다. 국제적 판단일치는 구체적인 내용이 있는 것도 아니며, 또 다수가 꼭 옳다는 보장도 없기 때문이다. 특히 이것이 국제사법의 발전을 가로막아서는 더욱 안 된다. 구체적 타당성을 위해 국제사법의 법률관계는 앞으로 계속 분화되어 갈 가능성이 있기 때문이다.

2. 국내적 판단일치

국내적 판단일치(interner Entscheidungseinklang)[5]란 어느 섭외적 법률관계가 어떤 영역에서 제기되든 한 국가 안에서는 가능한 한 동일하게 판단하는 것을 말한다. 앞의 국제적 판단일치에 대응하는 개념이다. 뒤에 자세히 설명하겠지만, 국제사법상 법률관계의 성질결정을 법정지법에 의해 판단한다든가, 또는 선결문제에 대해 법정지법설에 의해 해결하는 태도는 국내적 판단일치를 도모하기 위한 것이다.

예컨대, 어느 섭외적 사안에서 혼인이 유효한가라는 문제가 제기

---

5) 내적 판단일치(innerer Entscheidungseinklang)라고도 한다.

될 때 이 자체의 문제(「본문제」라고 한다)로 제기되든, 아니면 부양을 받기 위해 먼저 결정해야 할 문제(「선결문제」라고 한다)로 제기되든 양자 모두 법정지국의 국제사법에 의하게 되면 법정지국에서는 그 혼인의 유효성에 대해 어느 경우나 모두 동일하게 법정지 국제사법의 혼인의 효력규범에 의해 혼인의 유효성을 판단하게 되어 동일한 결론이 나오게 된다. 이로써 국내적 판단일치가 도모되는 것이다. 이에 반해, 혼인의 유효성 문제가 본문제로 제기될 때는 법정지 국제사법에 의해 판단하지만, 부양의 선결문제로 제기될 때는 본문제인 부양준거법의 국제사법에 의해 판단한다면 법정지 법원에서 동일한 사람의 혼인의 유효성에 대해 서로 다른 판결을 내리게 될 수 있어(예컨대, 한쪽 법은 혼인이 유효하다고 보는 데 반해, 다른 쪽 법은 혼인을 무효라고 하는 경우) 국내적 판단일치는 깨지게 되는 것이다.

3. 법정지법(또는 내국법)의 적용

고전적인 법적용법이 내외국법의 평등을 전제로 삼고 있음에도 불구하고 각국의 법원은 섭외적 사건에 자국법(내국법 또는 법정지법)을 적용하고자 하는 경향이 강하다. 이를 「내국법 적용의 경향(Heimwaertsstreben)」이라고 부르는데, 이는 국수주의적 태도에서 나온 것이라기보다는 주로 외국법의 발견과 적용의 어려움에 기인한 것이다.[6] 그렇기 때문에 이런 경향이 법적용법의 지금까지의 전통에 어긋나며 국제적 판단일치의 이념에도 배치되는 것은 사실이지만, 그렇다고 부정할 수만은 없는 측면도 있다. 외국법을 찾아내기도 어렵거니와 제대로 적용하기는 더욱 어렵기 때문이다. 그래서

---

6) Kropholler, IPR, S. 42 f.

외국법을 잘못 적용하느니보다는 차라리 자국법(즉, 법정지법)을 제대로 적용하는 것이 더 낫다는 주장도 나오는 것이다.

우리 법에서도 제9조 제1항의 직접반정에서 이런 경향이 나타나고, 또 준거법인 외국법을 발견하지 못하거나 또는 그 외국법의 적용이 공서(제10조)에 위반될 경우에는 우선적으로 내국법을 적용하는 경향이 강한데, 이것이 바로 내국법적용의 경향을 보여주는 사례들이다. 심지어 외국에서는 "법정지법 이론(lex-fori Theorie)"[7]이나 "임의적 저촉법론(die Lehre vom fakultativen Kollisionsrecht)"[8]처럼 준거법으로서 외국법보다 내국법을 우선시하는 이론도 있다. 물론, 우리 법에서 이 이론들을 인정하기는 어렵겠지만, 장차 연결점을 국적 대신 상거소로 변경하거나 또는 당사자자치의 허용을 확대하는 등의 방법으로 내국법의 적용 가능성을 늘려나갈 수는 있을 것이다.

4. 예측 가능성

법적용법에서 예측 가능성이란, 소송이 제기된 후에 법원에서 준거법이 결정되기보다는 사전에 당사자들이 고려할 수 있는 기준에 의해 준거법이 미리 예견될 수 있어야 한다는 것이다.[9] 법적용법은 특성상 불완전하고 불확실한 법이며, 불가피하게 사후에 법관이 개입해야 할 여지가 많은 분야이다. 따라서 사건이 발생한 후에 지루한 재판과정을 거쳐 비로소 준거법이 결정되고 적용되어 해결되기보다는, 사전에 당사자들이 준거법이 어떻게 될 것인가를 알 수 있

---

7) 미국의 국제사법학자인 Ehrenzweig의 이론이다. 이에 대해서는 뒤에 「§56 국제사법의 역사」참조.

8) 적어도 소송당사자의 일방이 외국법의 적용을 주장하지 않는 한, 법원은 직권으로 준거법을 찾지 않고 원칙적으로 법정지법을 적용한다는 이론이다. 영국 법원이 부분적으로 이 이론을 채용하고 있다.

9) Kropholler, IPR, S. 149 f.

다면 분쟁도 예방할 수 있을 뿐만 아니라 굳이 소모적인 소송에 휘말리지도 않으며 분쟁도 단시일에 명확하게 종결될 수 있을 것이다.

우리 법에서 이렇게 준거법에 대한 예측 가능성을 확보해주는 전형적인 모습으로는 당사자자치를 허용해주는 것이다. 그 외에도 계약준거법에서 특징적 이행을 기준으로 하고 있는 규정(제26조 제2항), 준거법선택계약을 본계약에 일치시키고 있는 규정(제25조 제5항), 종속적 연결을 인정하는 규정(제30조 제1항 단서, 제31조 단서, 제32조 제3항) 등은 당사자들에게 준거법에 대한 예측 가능성을 부여해주는 규정들일 것이다.

5. 신뢰보호

법적용법에서 준거법결정 규범을 설정할 때에는 당사자들의 위와 같은 예측 가능성을 인정해주고 보호해주는 것이 필요하다. 이를 신뢰보호라고 부르는데, 예컨대 우리 법에서 제13조 제2항의 이미 취득한 행위능력은 국적의 변경에 의해 상실되거나 제한되지 않는다는 규정은 전형적인 신뢰보호 규정이다. 또 제15조와 제38조 제3항의 거래보호 규정도 중요한 신뢰보호 규정에 해당한다. 더 나아가 국제소비자계약과 국제근로계약에서 준거법을 소비자의 상거소지법(제27조 제2항)과 근로자의 일상노무제공지법(제28조 제2항)으로 정하고 있는 규정도 이에 해당할 것으로 본다. 소비자나 근로자가 분쟁이 발생하면 적용되리라 믿고 있는 법을 준거법으로 정해주고 있기 때문이다.

또한 준거법을 적용할 때에도 당사자의 신뢰를 보호할 필요가 있다. 예컨대, 준거법이 변경되는 경우(뒤에 「§19 준거법의 변경」 참조)에는 보통 변경된 후의 새로운 준거법이 적용된다. 그러나 변경되기 전의 준거법에 의해 인정된 사실에 대해서는 당사자가 이미 인정되었다고 믿고 있을 것이므로 변경 후의 새로운 준거법에 의해 이를 부정하는 일은 가급적 피해야 한다는 것이다.

§13 법적용규범(또는 저촉규범)의 분류와 구조

Ⅰ. 법적용규범(저촉규범)의 분류

1. 독립적(저촉) 규범과 비독립적(저촉) 규범

법적용규범은 우선 독립적 규범과 비독립적 규범으로 나누어진다. 독립적 규범이란 혼자서 자체적으로 준거법을 지시하는 규범을 말한다. 예컨대, 제49조 제1항처럼 "상속은 사망 당시 피상속인의 본국법에 의한다"는 규정이다. 이에 반해, 비독립적 규범은 혼자서는 준거법을 지시하지 못하고 독립적 규범을 단지 도와주거나 보조하는 역할만 하는 규범이다. 예컨대, 제4조처럼 "당사자의 상거소지법에 의하여야 하는 경우에 당사자의 상거소를 알 수 없는 때에는 그의 거소가 있는 국가의 법에 의한다"는 규정이다.

우리 국제사법에서 각칙에 있는 규정은 거의 독립적 규범이다. 이에 반해, 비독립적 규범은 보통 총칙에 위치한다. 비독립적 규범이 각칙의 독립적 규범을 보조하는 역할로 인해 각칙 규정에 공통적으로 적용되기 때문이다. 예컨대, 본국법을 결정하는 제3조, 상거소지법을 결정하는 제4조, 반정조항인 제9조, 공서조항인 제10조가 비독립적 규범이다.

2. 전면적(저촉) 규범과 일면적(저촉) 규범

독립적 법적용규범은 다시 전면적 규범과 일면적 규범으로 나누어진다. 전면적 규범은 준거법이 어느 국가의 법이라도 될 수 있는 법적용규범이다. 따라서 준거법이 내국법이 될 수도 있고 외국법이 될 수도 있다. 예컨대, 제48조 제1항처럼 "후견은 피후견인의 본국법에 의한다"는 규정이다. 이에 반해, 일면적 규범은 어느 한 국가의 법만 준거법으로 될 수 있는 법적용규범이다. 이때, 어느 한 국가의 법은 보통 내국법이다. 예컨대, 제48조 제2항처럼 "대한민국에 상거소 또는 거소가 있는 외국인에 대한 후견은 다음 각호 중 어느 하나에 해당하는 경우에 한하여 대한민국 법에 의한다"는 규정이다.

우리의 법적용법에서는 전면적 규범이 원칙이고, 일면적 규범은 예외적이다. 우리 법에서 일면적 규범으로는 제12조(실종선고), 제14조(후견개시 심판), 제16조 단서(법인), 제33조(준거법의 사후적 선택), 제36조 제2항 단서(혼인의 방식), 제39조 단서(이혼), 제46조 제4항(부양), 제48조 제2항(후견) 등이 있다. 이들 일면적 규범은 사실 다양한 법정책적 이유 때문에 존재한다. 물론, 이 법정책적 이유들이 과연 타당한 것인지도 검토가 필요하겠지만, 그러나 일면적 법적용규범에서 실무상으로 보다 중요한 문제는 이 일면적 규범이 전면적 규범으로 해석되어 확대 적용될 수 있느냐에 놓여 있다.[10] 우리 국제사법에서 전면적 규범이 원칙이며 또 규정의 대부분을 차지하고 있고 일면적 규범은 극히 예외적으로 인정되고 있으므로, 일면적 규범을 전면적 규범으로 확대 해석해야 할 필요성과 가능성은 극히 적다. 그러나 예컨대, 부부재산제 규정인 제38조 제3항은

---

10) Junker, IPR(1), 옆 번호 110.

일면적 규범으로 규정되어 있으나 규범의 의미나 목적으로 보아 전면적 규범으로 해석해도 무방할 것으로 본다.

3. 숨은 저촉규범

저촉규범은 국내의 소송법에도 실체법에도 존재할 수 있다. 그러나 여기서 저촉규범은 들어나지 않고 속에 숨어 있다고 해서 숨은 저촉규범(versteckte Kollisionsnormen)이라고 불린다. 먼저, 소송법에서는 관할규정 속에 숨은 저촉규범이 존재할 수 있다. 예컨대, 어느 국가의 법원이 자국에 국제관할권이 있는 한 항상 자국의 국내법을 적용한다면 이 관할규범 속에는 저촉규범이 숨어 있다고 보는 것이다. 이에 대해서는 뒤에 「숨은 반정」을 설명하면서 자세히 언급하기로 한다.

다음으로, 실체법에서도 숨은 저촉규범이 존재할 수 있다. 예컨대, 민법 제378조의 외화채권 규정을 외화채권의 이행지가 우리나라인 경우에는 채권준거법이 외국법이더라도 우리나라 통화로 지급할 수 있다는 규정으로 이해한다면, 이 규정 속에 저촉규범이 숨어 있다고 보게 된다.[11][12]

---

11) Kropholler, IPR, S. 108.

12) 그러나 민법 제378조는 준거법이 한국법일 때에만 적용되는 순수한 실질규범으로 이해하는 견해도 있다. 또한 외화채권의 지급방법을 이행의 모습과 방법으로 보아 이 경우에 이행지법을 고려해야 하므로(이에 대해서는 뒤에 「계약의 적용범위」 참조) 이행지가 한국인 경우에는 이행지법인 민법 제378조가 적용된다고 보는 견해도 있다(이런 견해들의 대립에 대해서는 MuenchKomm-Martiny Art. 34 Anh. I, Rn. 25 f.).

II. 독립적 법적용규범(또는 저촉규범)의 구조

모든 규범이 그렇듯 법적용규범도 구성요건과 법률효과로 이루어져 있다. 그러나 독립적 규범을 좀 더 자세히 구분하면 세 부분으로 나누어진다. 「연결대상」과 「지시되는 법」, 그리고 이 양자를 연결시켜 주는 「연결근거(또는 연결요소)」이다. 예컨대, 제49조 제1항의 "상속은 피상속인의 사망 당시의 본국법에 의한다"는 독립적 규범에서 「상속」은 하나의 법률관계로서 연결대상이 되며, 「피상속인의 사망 당시의 국적」이 연결근거(연결요소)가 되고, 그 결과 「본국법」이라는 지시되는 법(또는 준거법)이 나온다. 아래에서는 법적용규범의 이 세 부분에 대해 간단히 설명하기로 한다.

1. 연결대상

연결대상은 이에 대한 준거법이 무엇인가를 묻는 「법적 문제의 복합체」이다.[13] 계약, 상속, 후견 등 일정한 법체계를 가리킨다는 의미에서 체계개념(Systemsbegriff)이라고도 부른다. 이처럼 연결대상은 종종 하나의 법률관계로 구성되기 때문에 「단위법률관계」라고 부르는 사람도 있다.[14] 그러나 연결대상은 저촉규범의 구성요건으로서 그 적용범위를 결정할 뿐만 아니라, 저촉규범의 법률효과인 지시된 법(즉, 준거법)의 적용범위도 결정한다. 이런 의미에서 지시개념(Verweisungsbegriff)이라고도 부른다.[15]

우리의 법적용규범에서 연결대상들을 일별해보면 다음과 같다.

---

13) Junker, IPR(2), §6 옆 번호 3.

14) 김연/박정기/김인유, 『국제사법』, 120면 이하.

15) 이에 대해서는 Junker, IPR(2), §6 옆 번호 3.

권리능력, 행위능력, 법인, 법률행위의 방식, 임의대리, 물권, 계약, 사무관리, 부당이익, 불법행위, 혼인의 성립, 혼인의 일반적 효력, 부부재산, 이혼, 혼인중의 친자관계의 성립, 혼인 외의 친자관계의 성립, 입양, 친자관계의 효력, 부양, 후견, 상속, 유언 등이다. 이렇게 저촉규범의 연결대상은 실질법과 명확히 구분된다. 실질법의 구성요건이 구체적이고 세분되어 있는 데 반해, 저촉규범의 구성요건인 연결대상은 광범위하고 추상적이다. 때문에 여기서 국제사법에 특유한 성질결정의 문제가 제기된다. 이 성질결정에 대해서는 뒤에 자세히 설명할 것이다.

2. 연결근거(또는 연결요소) - 연결주체, 연결시점, 연결점

연결근거는 연결대상을 어느 국가의 법(준거법)에 연결시켜 주는 요소들이다. 그래서 연결요소라고도 부른다. 예컨대, 사람의 국적(제11조), 목적물의 소재지(제19조 제1항), 양친의 국적(제43조), 부양권리자의 상거소(제46조 제1항 본문), 피상속인의 사망 당시 국적(제49조 제1항) 등을 말한다. 이 연결근거는 세 가지 요소로 나누어진다. 연결주체, 연결시점 그리고 연결점이다. 예컨대, 제49조 제1항에서 "상속은 사망 당시 피상속인의 본국법에 의한다"고 할 때, 「피상속인」은 연결주체이고, 「사망 당시」는 연결시점이며, 본국법은 「국적」을 연결점으로 한 것이다. 이 세 가지 연결요소에 대해 아래에서 간단히 보기로 한다.

1) 연결주체

연결주체는 보통 사람이다. 그러나 제19조의 물권준거법의 규정처럼 목적물인 경우도 있고 제32조의 불법행위 준거법처럼 행위인 경우도 있다. 연결주체가 사람인 경우에는 그 법률관계에 다수의 사람이 관련되어 있을 수가 있다. 이때는 우선 누구를 연결주체로 할 것인지를 결정해야 한다. 예컨대, 부양의 경우에는 부양권리자인지 부양의무자인지를, 친자관계에서는 부모인지 자녀인지를, 후견에서는 후견인인지 피후견인인지를, 상속에서는 상속인인지 피상속인인지를 결정해야 한다. 그러나 혼인의 경우(제37조, 제38조, 제39조)처럼 남녀평등의 원칙에 기해 부부 모두를 연결주체로 하는 경우도 있다.

2) 연결시점

연결시점은 중요하다. 준거법의 변경이 발생하느냐 아니냐가 갈리기 때문이다. 법적용규범에는 연결시점을 정해놓은 경우도 있고, 언급이 없는 경우도 있다. 전자의 경우에는 연결시점이 고정되어 준거법의 변경이 발생하지 않는다. 이를 고정주의 또는 불변경주의라고 부른다. 예컨대, 상속준거법(제49조 제1항)에서는 피상속인의 사망 당시의 본국법으로 연결시점을 고정시켰으므로 이후 준거법이 변경되는 상황은 발생하지 않는다. 이에 반해, 법적용규범에 연결시점에 대한 언급이 없는 경우에는 보통 준거법의 변경이 발생한다. 이를 변경주의라고 부른다. 예컨대, 혼인의 일반적 효력의 준거법(제37조)에서 부부가 처음에는 동일한 본국법을 가졌다가 그 후에 부부 중 일방이 국적을 바꾸었다면 그 순간부터 준거법은 부부의 본국법에서 상거소지법으로 변경된다. 그 결과, 부부 간의 권리와 의무에 적용되는 법이 국적 변경을 전후로 해서 서로 달라진다. 이러한 준거법의 변경은 여러 가지 어려운 문제를 야기하는데 자세히는 뒤에 「§19 준거법의 변경」에서 설명하기로 한다.

3) 연결점

연결점은 연결근거에서 가장 중요한 요소이며, 독립적 저촉규범에서도 가장 중요한 요소가 된다. 사람에 관련된 연결점으로는 국적, 주소, 상거소가 있다. 그러나 장소에 관련된 연결점으로 목적물소재지(제19조), 사무관리지(제30조), 부당이득지(제31조), 불법행위지(제32조 제1항)도 있다. 그 외에 당사자의 의사가 연결점이 되는 준거법선택의 경우도 다수 존재한다. 연결점은 중요하므로 중요한 연결점에 대해서는 뒤에 별도로 설명하기로 한다(§17「중요한 연결점」참조).

3. 지시되는 법(또는 준거법)

독립적 저촉규범은 어느 국가의 법이 적용된다고 선언하는 법률효과를 갖는다. 연결요소가 지시하는 어느 국가의 법 아래에 연결대상을 놓는 것이다. 즉, 저촉규범은 연결요소의 도움으로 어느 국가의 법이 연결대상을 지배할지를 결정하는 것이다.

흔히 독립적 저촉규범에 의해 지시되는 법을 준거법이라고 부르지만,[16] 엄밀히 말해 지시되는 법과 준거법은 다른 개념이다. 준거법(Statut)이란 독립적 저촉규범이 지시하는 법이라기보다는 섭외적 사안에 구체적으로 적용되는 어느 국가의 실질법을 의미한다.[17] 이와 비교해, 지시된 법은 구체적인 실질법이 아니라 지시된 추상적인 법이라고 말할 수 있다. 따라서 저촉규범의 지시된 법만 가지고는 아직 준거법이 되지 않는다. 지시된 법이 국제사법 총칙상의 보조규범의 도움을 받아 어느 국가의 구체적인 실질법으로 결정되었을 때 비로소 준거법이 되는 것이다. 예컨대, 지시된 법이 한국법이

---

16) 우리 법 제9조 제1항에서도 이런 의미로 준거법을 사용하고 있는 듯하다.

17) Junker, IPR(2), §6 옆 번호 9.

라면 그것이 바로 준거법이 되지만(제9조 제1항의 유추해석), 지시된 법이 외국법이라면 다시 제9조의 반정을 검토하여야 한다. 여기서 다시 복잡한 과정을 거쳐(이에 대해서는 뒤에「반정」에서 설명) 사안에 적용될 법으로서 한국법 또는 어느 외국의 실질법이 결정되는데 이것이 바로 준거법이다. 따라서 법적용법 또는 국제사법이 준거법을 지정하거나 결정한다는 표현은 타당하지만, 법적용규범이 준거법을 지정하거나 결정한다는 표현은 정확한 용어사용이 아닐 것이다.[18]

여기서 또 한 가지 주의할 점은 준거법의 범위이다. 준거법은 어느 국가의 법으로 지정되는 경우에도 단순히 그 국가의 법 전체를 의미하지 않는다. 정확히는「연결대상과 관련된 그 국가의 법규범 전체」를 의미한다.[19] 예컨대, 제49조의 상속준거법에서 피상속인인 중국인의 본국법으로 중국법이 지정되었을 경우에 준거법은 중국법(또는 중국사법) 전체가 아니라 원칙적으로 중국의 상속법(정확히는 상속규범 전체)을 의미한다는 것이다.

§14 법률관계의 유형화와 세분화

사비니에 기원을 둔 고전적인 법적용법은 법률관계를 전제로 하여 그 본거(Sitz)를 찾는 작업에서 시작되었다. 그러나 20세기 초까지도 이 법률관계는 그다지 다양하지 않았다. 물론, 속인법 분야나 물권, 계약이나 불법행위 등으로는 어느 정도 구분을 두고 있었지

---

18) 그러나 필자 역시 양자를 엄격히 구분하지 않고 편의상 또는 관행상 종종 혼용해 쓴다. 다만, 양자의 분명한 개념은 구분해두고 있어야 한다는 것이다.

19) Junker, IPR(2), §6 옆 번호 10.

만 더 이상 상세한 구분은 이루어지지 않았다. 사비니 이후에도 오랫동안 계약채무의 준거법이 오로지 계약체결지법이 옳은지 아니면 계약이행지법이 옳은지 하는 논의 하나로 집약되는 것으로 보아도 이를 알 수 있다. 그러나 20세기 초반기를 지나면서부터는 법적용법에서도 서서히 법률관계들의 서로 다른 특성에 주목하고 그 특성에 따라 법률관계를 세분화하는 현상이 나타나기 시작한다. 당시 법적용법에 대한 제대로 된 입법이 존재하지 않았던 상황에서 이에 기여한 것은 오로지 학설과 판례였다. 그 결과로, 성문법국가에서 1970년대부터 다시 시도된 국제사법에 대한 입법에서는 준거법과 더불어 연결대상인 법률관계도 어느 정도 틀을 잡기 시작하였다.

본래 법적용법은 간접법이라는 특성상 연결대상인 법률관계가 실질법처럼 상세할 수는 없다. 넓은 단위의 유형별로 이루어질 수밖에 없는 것이다. 그나마 이러한 유형도 민사생활관계는 어느 국가나 유사하게 형성된다는 점 때문에 나올 수 있었던 것이다. 종래 법적용법은 이 유형적 법률관계에 적절하다고 여겨지는 연결을 통해 준거법을 결정해주면 자기의 임무는 끝나는 것으로 생각했었다. 더구나 적절한 연결은 법적 안정성을 위해 고정된 단일한 연결로 만족했었다. 그러나 현대의 법적용법은 이러한 태도에 이미 결별을 고했다. 무엇보다 종래의 법적용법처럼 「준거법 적용의 결과」에 눈을 감지 않는다는 것이다. 이를 위해 연결 관계도 고정적이고 단일한 연결에서 벗어나 다양하고 복합적이며, 심지어 실질법적 결과도 고려하는 방향으로 발전되지 않을 수 없었던 것이다.

연결대상인 법률관계 역시 마찬가지이다. 대단위의 유형별 법률관계로는 복잡하게 발생하는 다양한 섭외적 사안에 모두 동일한 준거법을 적용하게 되어, 결국 발생한 사안에 대해 합리적인 해결을 기대할 수 없게 된다. 그 결과, 현대의 법적용법에서는 연결대상인 법률관계도 분화되어 가는 현상을 보이고 있다. 그 전형적인 예가 현행법에도 분명히 나타나 있는 계약준거법의 세분화현상이다. 더구나 조만간 불법행위 준거법도 제조물책임, 명예훼손책임, 환경책임 등으로 다양하게 세분화될 가능성이 크다. 현행법상의 불법행위법 규정(제32조)만으로는 이 특수한 책임문제들에 대해 적절한 준거법을 찾아주기 어렵기 때문이다. 우리는 이런 관점과 경향에 주목하면서 연결대상을 바라볼 필요가 있다. 연결대상인 법률관계 역시 결코 고정적인 것이 아니라는 것이다.

제2절 준거법결정의 개별문제

§15 성질결정

I. 성질결정의 의의[20]

국제사법에서 성질결정의 문제는 1890년대에 독일 학자 Kahn과 프랑스 학자 Bartin에 의해 처음 제기되었으며, 성질결정이라는 용어는 Bartin이 처음 사용한 것으로 알려져 있다. 여기서 성질결정이란, 사안의 법적 문제를 저촉규범에, 더 정확히는 저촉규범의 구성요건에 포섭시키는 것을 말한다. 법적 문제를 저촉규범에 포섭시키기 위해서는 그 법적 문제의 성질을 결정해야 규범에 포섭시킬 수 있다고 보고, 이를 성질결정이라고 부른 것이다.

성질결정은 다른 측면에서 보면 포섭되는 저촉규범의 적용범위를 정하는 일이기도 하다. 사안의 법적 문제가 저촉규범에 포섭되기 위해서는 그 저촉규범의 적용범위를 획정하고 다른 저촉규범과 구별해야 하기 때문이다. 이때, 만약 그 범위가 불투명하다면 저촉규범의 해석이 필요해진다. 그 결과, 법적 문제를 포섭하는 성질결정은 종종 저촉규범의 해석 문제로 바뀌기도 한다.

그렇다고 성질결정을 단순히 저촉규범에 대한 포섭 또는 저촉규범의 해석으로 생각하는 것은 잘못이다. 섭외적 사안이 갖는 외국적 요소 때문에 성질결정은 종종 저촉규범을 넘어 외국의 실질법

---

20) 성질결정은 법적용법뿐만 아니라 국제관할법에서도 중요한 문제이다. 그러나 여기서는 법적용법을 전제로 하여 기술하기로 한다.

규범과 연결되는 경우가 많다. 따라서 성질결정을 하는 경우에는 저촉법뿐만 아니라 외국의 실질법도 함께 서로 교차하여 검토할 필요가 있다는 사실에 유의해야 한다.

성질결정은 준거법결정을 위해 검토할 첫 번째 단계이기 때문에 의미가 크기도 하지만, 연결의 마지막 단계인 준거법과 연결되어 있기 때문에 더욱 중요하다. 잘못된 성질결정은 잘못된 준거법을 지정하게 되고, 그 결과 잘못된 실질법을 적용하게 되어 실제 사건에서 불합리한 판결을 내리게 되기 때문이다.[21] 그렇기 때문에 항상 합리적이고 이성적인 성질결정이 요구된다.

II. 성질결정 문제와 발생원인

성질결정의 과정에서 발생하는 문제를 성질결정 문제라고 한다. 이 문제는 저촉법에서는 「사안의 특수성」 및 「저촉규범의 특수성」 때문에 생긴다. 「사안의 특수성」이란 외국적 요소를 의미하며, 여기서 내국의 법개념 및 법제도와 외국의 그것 간의 불일치와 충돌에서 성질결정의 문제가 발생한다. 또한 「저촉규범의 특수성」이란 저촉규범의 광범성과 추상성, 저촉규범들 간의 독자성과 상이성을 의미하는데 여기서도 다양한 성질결정 문제가 발생한다. 이에 대해 아래에서 구체적으로 보기로 한다.

---

21) 이러한 결과에 대해서 국제사법에서는 종종 뒤에 설명할 조정제도나 공서제도를 이용하여 수정해왔다.

1. 내국 실질법과 외국 실질법 간의 체계의 차이

어떤 법제도에 대해 외국의 실질법은 한국의 실질법과는 다른 법적 체계를 부여하는 경우가 종종 있다. 예컨대, 우리 법에서는 소멸시효를 실체법에서 규정하고 있는 데 반해, 영미법에서는 이를 소제기 기간으로 이해하여 절차법에서 규율하고 있다. 이때, 영미법상의 소제기 기간을 우리 저촉법에서 실체법상의 제도로 볼 것인지 아니면 절차법상의 제도로 볼 것인지 하는 문제가 발생한다. 어느 것으로 보느냐에 따라 준거법이 달라지기 때문이다(이에 대해 자세히는 뒤의 「소멸시효」 참조).

또 상속인 없는 상속재산의 국가 귀속문제를 독일법은 상속인의 문제로 해결하고 있는 데 반해, 프랑스법이나 영국법은 주권적 선점권에 의해 해결한다. 이 문제에 대해 우리 저촉법에서 성질결정을 상속으로 하느냐 아니면 주권적 선점권으로 하느냐에 따라 준거법이 달라진다. 여기서도 우리의 국제사법에서 성질결정 문제가 발생하는 것이다(이에 대해 자세히는 뒤의 상속준거법 참조).

2. 내국 실질법이 모르는 외국 실질법의 제도

우리 국제사법에서 연결대상의 지시개념(또는 체계개념)은 보통 우리 실질법의 체계 및 법개념을 그대로 사용하기 마련이다. 따라서 우리 법이 모르는 외국의 법제도는 우리 국제사법의 지시개념에 포섭되기 어렵다. 여기서 외국법 제도에 대한 성질결정 문제가 우리 국제사법에서 발생한다.

예컨대, 우리 실질법은 별거라는 법제도를 모른다. 그러나 이 제도를 알고 있는 어느 외국법과 관련하여 우리 법원에 별거에 관한 소가 제기된 경우에, 이것을 우리 국제사법 규범 중 어디에 포섭시킬 것인지 하는 문제가 발생한다. 또 이슬람국가에서 혼인할 때 남자가 여자 측에 지급하기로 약속하는 신부대금이라는 것도 우리 법이 모르는 제도이다. 만약 우리 법원에 이 신부대금 청구 사건이 제기된다면 이를 우리 국제사법에서 어느 규범에 포섭시켜 준거법을 결정할 것인지 하는 문제가 발생한다.22)

3. 내국의 국제사법과 실질법 간의 체계의 차이

어느 국가의 실질법과 국제사법은 모두 같은 국내법이지만 동일한 체계의 법이 아니다. 국제사법은 실질법과 다른 독특한 특성을 가지고 있다. 따라서 국제사법이 설혹 그 실질법의 체계개념을 사용하고 있다고 해도 국제사법의 체계개념이 실질법의 체계개념과 반드시 동일하다고 볼 수는 없다. 예컨대, 미성년이 혼인하면 성년으로 본다는 성년의제는 우리 실질법이 혼인의 일반적 효력(민법 제826조의2)으로 보고 있는 데 반해, 국제사법에서는 행위능력의 문제(국제사법 제13조 제1항 2문)로 보고 있어서 분명히 체계를 달리하고 있음을 알 수 있다. 이러한 차이 때문에 여기서도 성질결정의 문제가 발생할 수 있다.

그러한 예로는, 우리 실질법에서 계약체결상의 과실(민법 제535조)은 계약 편에서 규율하고 있지만, 국제사법에서도 과연 계약에 해당하는지 아니면 불법행위에 해당하는지에 대해 논란이 있을 수 있다. 또 장기간의 동거관계에 대해서도 국제사법에서는 혼인에 해당하는지 단순히 계약에 해당하는지 아니면 사람 간의 단체에 해당

---

22) 이슬람국가의 신부대금 제도는 우리 법의 관점에서 볼 때 여러 가지 기능(예컨대, 혼인의 성립, 혼인의 효력, 부부재산제, 이혼, 부양, 상속 등)을 수행하고 있다고 한다.

하는지에 대해 논란이 있을 수 있다. 또 사인증여는 우리 실질법에서는 계약에서 규율하고 있지만, 국제사법적으로 과연 계약으로 보아야 하는지 아니면 유증과 유사한 것으로 보아 오히려 상속 문제로 이해해야 하는 것은 아닌지 하는 문제가 발생한다.

4. 내국의 저촉규범 간의 적용범위의 차이

저촉규범은 실질규범과 달리 자세히 세분되어 있지 않다. 흔히 법인, 계약, 불법행위, 후견, 상속 등처럼 넓은 집합개념으로 구성되어 있으면서, 동시에 그 자체 완결적이고 고립적이어서 다른 저촉규범과 구별된다. 이처럼 각 법률관계의 적용범위가 넓은 탓으로 실질법상의 구체적인 청구권 문제로부터 접근하다 보면(섭외적 분쟁문제의 해결을 위해서는 실무적으로 이렇게 접근한다) 저촉규범들 간의 적용범위가 종종 중첩된다. 따라서 제기된 사안에서 그 법적 문제가 복합적 성격을 띠거나 지시개념의 경계에 걸쳐 있는 경우에는 어느 저촉규범에 귀속될 것인가 하는 성질결정의 문제가 발생하는 것이다.

예컨대, 유언능력은 국제사법에서 행위능력의 문제일 수도 있고 유언 문제일 수도 있다. 또 사인증여도 증여의 일종으로 보면 계약 문제일 수 있고, 유증의 효과와 유사하다고 보면 상속의 문제로 볼 수도 있다. 앞서 언급한 성년의제 제도도 혼인의 효력문제로 볼 수도 있고, 행위능력의 문제로 볼 수도 있는 것이다. 이런 문제는 특히 섭외적 사안에서 빈번하게 발생한다.

III. 성질결정 문제의 해결방법

국제사법에서 성질결정은 법적 문제를 저촉규범의 지시개념에 포섭시키는 것이므로, 성질결정 문제의 해결은 그 지시개념을 어떻게 이해하느냐에 따라 달려 있다. 구체적으로는 이 지시개념을 어느 법에 따라 해석하고 이해할 것인가 하는 것이다.[23] 종래 법정지의 실질법에 따라 해석해야 한다는 법정지법설, 준거 실질법[24]에 따라 해석해야 한다는 준거법설, 어느 국가의 실질법에 의할 것이 아니라 비교법적 방법에 의해 국제사법 독자적으로 결정해야 한다는 비교법설 등이 있었다.

그러나 오늘날에는, 국제사법이 실질법과 마찬가지로 국내법이긴 하지만 국제사법의 정의, 기능, 목적 등이 실질법과는 서로 다르므로 실질법과 동일하게 해석할 수는 없고 국제사법 독자적으로 해석해야 한다는 원칙에는 이견이 없는 듯하다. 그러나 막상 중요한 문제는 이 추상적인 국제사법 독자설의 내용을 어떻게 구체화하느냐 하는 것이다. 분쟁의 해결을 위해서는 적용할 수 있는 보다 구체적인 기준이 필요하기 때문이다. 아래에서 이를 검토해보기로 한다.

1. 원칙으로서 법정지의 실질법에 따른 해석과 그 예외

법정지의 국내법인 국제사법에서 그 지시개념의 해석은 「일단」

---

23) 그래서 이것을 흔히 「성질결정의 준거법(Qualifikationsstatut)」이라고 부른다 (Kropholler, IPR, S. 121).

24) 준거법이란 본래 실질법을 의미하는 용어이다. 따라서 준거실질법이라는 용어는 중복된 표현일 것이다. 그러나 흔히 지시된 외국법을 준거법이라고도 부르는데 이때에는 그 지시된 법이 외국의 국제사법인지 아니면 외국의 실질법인지가 구별되지 않는다. 이를 구별해주기 위해 어쩔 수 없이 준거 실질법과 준거 국제사법으로 용어를 나누어 사용해보았다.

법정지의 실질법에 따라 해석하는 것이 원칙이다. 이는 국제사법이 속성상 국내법이기 때문에 국제사법의 해석을 국내의 실질법에서 출발하는 것은 자연스러운 것이다. 흔히 국제사법은 법정지국의 국내 실질법의 법개념과 법체계를 그대로 사용하여 만들어지기 때문에 더욱 그러하다.

그러나 법정지의 실질법에서 출발하는 성질결정의 원칙이 명백히 부당한 경우가 있다. 하나가 국제사법에 관한 국제협약을 해석할 때이고, 또 하나는 외국 국제사법을 해석할 때이다.[25]

첫째, 국제사법에 관한 국제협약을 국내법으로 받아들인 경우에 그 국제협약 규범의 지시개념은 국내 실질법에 따라 해석해서는 안 된다. 국제협약은 법적용의 통일을 목적으로 만든 법이기 때문에 그 지시개념을 협약 가입국의 실질법에 따라 해석하면 통일성을 크게 해치게 된다. 따라서 국제협약의 지시개념은 협약 독자적으로 해석하여야 한다.

둘째, 우리 국제사법에서 외국법으로의 지시가 총괄지시(또는 총괄지정)인 경우(즉, 반정 규정인 제9조 제1항에 의해 외국의 국제사법을 지시하는 경우)에는 먼저 그 지시된 외국의 국제사법을 적용해야 하는데, 이 외국 국제사법 규범의 지시개념은 그 외국법에 따라 해석하고 적용하는 것이 원칙이다. 따라서 우리 국제사법의 성질결정과 지시된 외국 국제사법의 성질결정이 다르게 되는 경우가 발생하는데, 이때에는 원칙적으로 그 준거 외국 국제사법의 성질결정을 따르게 된다. 이는 국제적 판결일치를 위한 것이다(이에 대해서는 뒤에 「성질결정에 의한 반정」 참조).

---

25) 그 외에도 국적의 판단과 부동산과 동산의 구별에 대한 판단도 원칙적으로 법정지의 국내 실질법에 의하지 않고, 문제 된(국적의 경우) 또는 소재하는(물건의 경우) 그 국가의 법에 의한다는 것이 일반적 견해이다.

2. 기능적 성질결정

일단 법정지의 실질법에 따라 해석하면 국제사법상의 성질결정은 종종 크게 문제 되지 않는다. 나라마다 동일한 내용에 대해 동일한 법률개념을 사용하는 경우가 많기 때문이다. 그러나 국제사법은 같은 국내법이라 하더라도 국내 실질법과 다른 특성과 기능을 가지므로, 설혹 국제사법의 법 개념이 국내 실질법의 개념을 사용한다 하더라도 국내 실질법 그대로가 아니라 국제사법 규범에 맞게 해석해야 한다. 여기서 성질결정 문제에 대한 「국제사법 독자설」이 나오게 된 것이다.

특히 내국법이 모르는 외국법의 제도에 대해서는 내국 실질법에 따른 해석은 전적으로 무력하다. 또한 같은 국내법이라 하더라도 그 실질법과 국제사법의 개념과 체계도 반드시 서로 일치하는 것이 아니므로, 실질규범의 해석이 그대로 국제사법의 해석으로 연결되지 않는 경우가 종종 발생한다. 또 실질규범 자체가 체계상 불투명한 경우에는 실질법에 따른 해석이 별로 도움이 되지도 않는다.

따라서 국제사법의 성질결정 문제에서는 법정지의 실질법을 넘어서는 성질결정의 방법론이 필요하게 된다. 종래에는 준거 실질법에 의해 해석한다는 준거법설이 제시되기도 했지만, 내국 국제사법의 지시개념을 준거 외국 실질법의 해석에 따르게 하는 것은 국제사법의 법적 안정성을 크게 해친다는 점에서 오늘날 이에 따르는 자가 별로 없다.26) 또한 비교법적 성질결정론도 주장되었지만 이 역시 추상적이라 실무적으로는 크게 도움이 되지 않는 것으로 배척되었다. 그러나 비교법적 방법론을 포섭하는 소위 「기능적 성질결

---

26) 준거법설을 주장했던 독일 학자 Martin Wolff의 핵심 내용은, 문제 된 외국의 법제도는 그 외국이 이해하는 대로 적용하는 것이 합리적이라는 것이었다. 이것은 틀린 얘기가 아니다. 다만, 이 주장을 내국 저촉규범의 해석을 위해 사용했다는 점이 문제였다. 즉, 이 학설의 문제는 내국 저촉규범의 해석을 외국법에 맡긴 데 있었다(이에 대해서는 Siehr, IPR, S. 431).

정론」이 나오면서 오늘날 독일에서는 이 기능적 성질결정 방법이
성질결정론의 대세를 이루고 있다.27)

기능적 성질결정이란 목적적 성질결정이라고도 하는데, 국제사법
규범상의 지시개념의 기능 또는 목적을 문제 된 실질법 제도의 기
능 또는 목적과 비교하여 성질결정을 하는 것이다. 예컨대, 우리 법
이 모르는 별거제도에서 섭외적 문제가 발생한 경우에 외국의 별거
제도의 기능이나 목적을 검토하고 우리 국제사법에서 그와 유사한
기능과 목적을 갖는 규범을 찾아 포섭시키는 것이다. 만약 외국의
별거제도가 그 기능이나 목적상 우리 저촉규범상의 이혼(제39조)과
가장 유사하다고 보면 별거제도를 우리 국제사법상의 이혼으로 성
질결정 하는 것이다.

또한 다양한 기능을 가진 법제도에 대해서는 그 기능에 따라 다
양하게 성질결정을 할 수도 있게 된다. 예컨대, 이슬람국가에서 혼
인할 때 남성이 여성에게 제공하기로 약속하는 신부대금 제도는 그
제도의 기능상 혼인의 성립을 증명하는 기능도 있고, 이혼 시에 이
혼녀의 부양이나 남편 사망 시에는 남편 재산을 상속받는 것과 같
은 기능을 한다고 알려져 있다. 따라서 만약, 혼인 중에 신부대금을
청구하는 소가 제기된다면 그 기능상 혼인의 일반적 효력으로 성질
결정을 하고, 이혼 시에 청구하는 경우에는 이혼으로 성질결정을
하며, 남편 사망 후에 청구하면 상속으로 성질결정을 하는 것이다.
이것을 다원적 성질결정이라고 한다.

결국, 기능적 성질결정은 국제사법의 특성을 인정하는 전제 아래
비교법적 방법을 사용하되 규범이나 제도의 기능 또는 목적을 비교
하여 성질결정을 하는 것이다. 이 기능적 성질결정은 섭외적 사건
에서 자주 나타나는, 우리 법이 모르거나 또는 이질적인 외국의 법

---

27) 예컨대, Kropholler, IPR, S. 126 ff.

개념이나 법 제도를 성질결정 하는 데 크게 도움이 된다. 더구나 다른 국가에서도 자국 국제사법에서 성질결정을 할 때에 이 이론을 동일하게 적용할 수 있으므로 성질결정에 대해 국제적 판단일치를 가져올 수 있다는 장점도 있다.28)

§16 법정지 국제사법의 선결문제와 부분문제

I. 법정지 국제사법의 선결문제(=내국선결문제)

제기된 사안의 성질결정에 의해 법정지국의 국제사법에서 적용할 법적 근거를 찾은 경우에도 이 규정을 적용하면서 또 다른 국제

---

28) 국제사법에서 성질결정 문제는 자세히 보면 여러 단계에서 발생할 수 있다. 첫째, 국제사법 규범의 지시개념에서 발생하는 성질결정이다. 앞에서 설명한 것은 모두 이에 대한 성질결정 문제였다. 둘째, 준거법으로 지시된 외국법에서 발생하는 성질결정이다. 이것을 2차적 성질결정이라고 부른다. 이 내용도 크게 두 가지로 나누어진다. 하나는 지시된 외국 국제사법에서의 성질결정이고, 다른 하나는 준거법인 외국 실질법에서의 성질결정이다.

우선, 지시된 외국 국제사법에서 발생하는 성질결정은 첫 번째의 성질결정이 행해지고 그 결과 외국법이 지시되면, 그 지시가 총괄 지정인 한 사안의 법적 문제를 다시 그 외국 국제사법 규범에 포섭시키는 성질결정이다. 이 문제에 대해서는 앞에서 성질결정 원칙인 법정지법의 예외로서 외국 국제사법의 해석은 원칙적으로 그 외국법에 따른다고 이미 설명하였다. 특히 이 문제는 반정과 관련하여 특수한 문제를 발생시키므로 더 자세한 설명은 뒤에 「반정」제도에서 하기로 한다.

그러나 만약 그 외국 국제사법이 우리 법으로 반정하지 않아서 외국 실질법이 준거법으로 확정되었다면 이 외국 실질법에서도 우리 사안의 법적 문제를 그 실질규범에 포섭시키는 성질결정을 하여야 한다. 그러면 이 성질결정은 어떻게 하는 것이 옳을까? 기능적 성질결정을 전제로 한다면, 이 성질결정도 첫 번째인 우리 국제사법의 성질결정과 함께 다루어지고 비교되어야 하므로 이 두 성질결정 문제는 구별할 필요가 없게 될 것이다. 즉, 외국 실질법 규범의 기능 또는 목적이 확인된다면 우리 국제사법 규범의 기능 또는 목적과 합치하는 외국 실질법 규범을 적용하면 될 것이다. 결국, 기능적 성질결정에 의하게 되면 2차적 성질결정 문제는 별도로 다룰 필요가 없게 되며 첫 번째의 성질결정 문제와 함께 기능적으로 해결하면 족할 것으로 본다.

사법적 문제가 발생할 수 있다. 예컨대, 이론적으로는 국제사법상 이혼이 문제로 된 경우에 법정지의 국제사법에서 이혼준거법 규정을 적용하기 위해서는 먼저 그 이혼준거법 규정이 전제하고 있는 내용(이혼준거법의 구성요건), 즉 이혼 청구자가 유효한 혼인 상태에 있는지가 확인되어야 한다. 이를 확인하기 위해서는 먼저 혼인의 성립 여부가 판단되어야 하는데, 이때 그 혼인 성립에 관한 준거법은 어느 국가의 국제사법에 의해 결정하느냐가 문제로 될 수 있다. 국제사법적으로는 여기서 이혼문제를 「본문제」라고 부르고, 혼인의 성립문제를 흔히 「선결문제」라고 부른다. 이때, 이 선결문제는 「법정지 국제사법에서 발생하는 선결문제」이다.

그러나 선결문제에는 뒤에 「준거법의 적용」 단계에서 다룰 「준거 외국 실질법에서 발생하는 선결문제」도 존재한다. 이것을 흔히 「좁은 의미의 선결문제」라고 불러 여기서 다룰 「법정지 국제사법에서 발생하는 선결문제」와 구별하기도 하며, 독일에서는 이 법정지 국제사법의 선결문제를 일차문제(Erstfrage)라고 부르기도 한다.[29][30] 그러나 전자가 법정지 국제사법에서 발생하는 선결문제이고 후자가 준거 외국 실질법에서 발생하는 선결문제이므로, 전자를 「내국선결문제」라고 하고 후자를 「외국선결문제」라고 불러도 되지 않을까 생각해본다. 그래서 필자는 아래에서 원칙적으로 이 용어를 사용하여 양자를 구분하고자 한다. 다만, 아직 이런 용어들이 일반화되어 있지 않으므로 종래의 용어도 함께 사용하기로 한다.[31]

---

29) 예컨대 Kropholler, IPR, S. 134; Junker, IPR(2), §10 옆 번호 1; 안춘수,『국제사법』, 102면.

30) 석광현 교수(『국제사법 해설』, 38면, 주 57)는 이를 「선행문제」라고 부른다.

31) 안춘수 교수(『국제사법』, 103면)는 선결문제에서 이 양자의 개념 구분은 필요하다고 보지만 그 해결방법은 동일하다고 보아 양자를 함께 다룬다. 그러나 필자는 양자의 선결문제는 그 논의의 대상도 다르며 접근방법도 다를 수 있다고 보기 때문에 각각 분리하여 다루고자 한다.

법정지 국제사법에서 발생하는 이 선결문제는 실무상으로는 다음과 같은 모습으로 종종 나타난다. 예컨대, 같이 살던 이국적 남녀 간에 일방으로부터 한국 법원에 혼인의 효력(신분적 효력이든 재산적 효력이든)에 관한 소송이 제기된 경우에 만약 타방이 혼인의 존재를 부정한다면 그들 간에 혼인의 효력문제를 판단하기 전에 혼인의 존재(또는 성립) 여부를 먼저 판단하여야 혼인의 효력문제를 결정할 수 있게 된다. 이때, 혼인의 효력문제는 본문제가 되며 혼인의 성립문제는 선결문제가 되는데, 이 내국선결문제는 법정지 국제사법의 혼인의 효력 규범(제37조)에서 전제된 구성요건의 하나로 발생한 문제이다. 이러한 선결문제는 흔히 법정지국의 실질법(국제사법이 아님)에서 이 선결문제의 법률관계가 의문시되는 경우에 제기되는 것이 보통이다.

이 선결문제에 대해서는 법정지의 국제사법에 의해 결정한다는 데에는 크게 이론이 없다. 즉, 앞의 예에서 내국선결문제도 본문제와 마찬가지로 우리 국제사법(제36조)에 의해 해결한다는 것이다 (이를 「독립적 연결」32)이라고 한다). 이 문제는 법정지의 국제사법을 적용할 때 그 국제사법 규범의 전제인 구성요건이 충족되었는가를 묻는 문제이므로 법정지의 국제사법에서 해결하는 것이 옳을 뿐만 아니라, 준거법이 지정되기 전의 문제이므로 준거 외국법을 논의할 여지도 없다고 보기 때문이다.33)

그러나 이렇게 이론적으로는 분명하더라도, 막상 이에 따라 선결문제의 준거법을 적용한 결과가 부당해 보이는 경우에는 어떻게 할

---

32) 독립적 연결설과 비독립적 연결설의 대립에 대해서는 뒤에 「§25 준거 외국 실질법의 선결문제(=외국선결문제)에 대한 설명 참조.

33) 그러나 주의할 점이 있다. 만약 국제저촉법협약의 규범에서 발생하는 이런 유형의 선결문제라면 협약 자체에 별도의 규정을 두고 있지 않는 한, 원칙적으로 법정지 국제사법으로 해결할 것이 아니라 준거법으로 지정된 국가의 국제사법으로 해결하는 것이 옳다고 본다. 국제적 판단일치를 위해서이다.

것인가가 문제로 된다. 예컨대, 본문제의 내용으로 보아서는 선결
문제인 혼인의 성립이나 친자관계의 성립을 인정하는 것이 옳아 보
이는데, 막상 법정지의 국제사법에 규정된 선결문제의 준거법을 적
용한 결과는 혼인이나 친자관계의 성립을 부정하는 경우가 그것이
다. 이때에도 법정지의 국제사법에 따라 그대로 해결해야 하는지가
문제이며, 더 나아가 이 선결문제와 본문제 간에 발생하는 파행적
법률관계에 대해 실제로 어떻게 해결해야 하는지 등의 어려운 문제
가 내국선결문제에서도 제기될 수 있다.

II. 부분문제

연결대상에서 논의되는 문제로서 위의 내국선결문제와 유사하지
만 구별되는 문제로 소위 부분문제(Teilfrage)가 있다. 부분문제란
하나의 법률관계를 구성하고 있는 본질적 구성요소들을 분리하여
국제사법적으로 판단하는 문제이다.[34] 따라서 부분문제는 내국선결
문제와 달리 선후의 문제가 아니라 동일선상에서 서로 동등하게 존
재하는 문제들이다. 예컨대, 법률행위의 실질적 성립요건과 형식적
성립요건이나, 법률행위의 요건과 효과나, 법률행위의 개개 요건들
이나 개개 효과들은 각각 하나의 법률행위에서 이를 구성하는 동등
한 차원의 본질적 요소들이다. 따라서 법률행위의 유효성이 문제로
된 사건에서 그 법률행위의 행위능력이 문제로 되었다면 이는 법률
행위의 유효성 문제에 대한 부분문제이지 선결문제가 아니다. 또한
국제불법행위 사건에서 가해자의 불법행위능력이 문제로 되었다면
이 역시 불법행위 문제의 부분문제가 된다. 이에 반해, 소유권 침해

---

34) Kropholler, IPR, S. 130 f.

로 인한 국제불법행위 사건에서 소유권의 존재 여부는 내국선결문제가 된다.

국제사법에서 부분문제가 논의되는 이유는, 하나의 법률관계에서 그 본질적 구성요소를 분리하여 별도의 연결(즉, 준거법지정)을 해주는 것이 과연 옳은 것인가 하는 논란 때문이다. 이미 국제사법에서 법률행위와 그 방식(제17조)을, 법률행위와 그 행위능력(제13조)을, 법률행위와 대리행위(제18조)를 분리하여 규정을 두고 있는 데에서 알 수 있듯이, 부분문제도 합리적인 이유가 있는 경우에는 별도의 준거법결정 규범을 설정할 수 있다. 다만, 부분문제에 별도의 준거법을 연결하게 되면 하나의 사안에 다수의 준거법이 적용되어 이 준거법들 간에 심각한 충돌문제가 발생할 여지가 많으므로 소극적으로 접근하는 것이 일반적인 태도이다. 따라서 일단 국제사법에 이에 관한 별도의 규정이 없는 한, 부분문제는 원칙적으로 본문제의 준거법에 따르는 것으로 본다. 예컨대, 국제불법행위 사건에서 불법행위능력이 문제로 되었다면 이는 불법행위문제의 부분문제로서 불법행위 준거법에 따라 해결한다는 것이다.

§17 중요한 연결점

이미 앞에서 여러 연결점에 대해 간단하게나마 소개하였다. 여기서는 국제사법에서 특히 중요한 연결점에 대해 좀 더 구체적으로 살펴보기로 한다. 크게 두 가지인데, 하나는 전통적으로 중요했고 지금도 중요한 속인법의 연결점이고, 또 하나는 오늘날 국제사법에서 비약적으로 의미가 커지고 있는 당사자의사라는 연결점이다.

Ⅰ. 속인법의 연결점

속인법(=속인준거법; Personenstatut)이란 국제사법에서 당사자의 개인적 법률관계에 대해 국적, 주소, 상거소 등과 같은 인적 연결점에 의해 지정되는 준거법을 말한다.35) 아래에서는 속인법의 인적 연결점인 국적, 주소, 상거소에 대해 알아보기로 한다.

1. 국적

1) 국적과 국제사법

국적이 국제사법상의 연결점으로 나타난 것은 근대 국민국가가 성립한 이후였다.36) 이때부터 대륙법계 국가의 속인법에서 국적은 지배적인 연결점으로 자리 잡았다. 따라서 대륙법계 국제사법의 속인법에서는 당사자의 국적을 결정하는 일이 중요해지는데, 이는 「국적이 문제로 된 그 국가의 국적법」에 의해 판단한다(이것을 「국적의

---

35) 속인법이란 용어는 본래 국제인법, 국제친족법, 국제상속법을 대상으로 하는 개념이었다. 종래 이 속인법 영역들이 문제로 되었던 주된 이유는 속인법의 연결점으로서 국적이 타당한지 아니면 주소가 타당한지 하는 논란 때문이었다. 그것은 이 세 속인법 영역들의 동일한 성격을 전제로 한 논란이었다. 그러나 오늘날 우리 국제사법을 포함하여 다른 국가의 국제사법에서도 이 세 속인법 영역들의 동일한 성격은 상당히 희미해졌다. 오늘날 국제인법이든 국제친족법이든 국제상속법에서든 다양한 연결점과 연결방법을 사용하게 됨으로써 속인법 영역 자체가 분해되었기 때문이다. 따라서 오늘날 속인법이라는 개념은 오히려 국적, 주소, 상거소 등 인적 연결점을 취하는 준거법을 가리키는 용어로 변모되었다. 즉, 속인법 개념이 종래의 「연결대상」을 중심으로 하던 개념에서 「연결점」을 중심으로 하는 개념으로 바뀌었다는 것이다. 그 결과, 예컨대 불법행위법에서 가해자와 피해자의 공통상거소지법이나 공통본국법도 오늘날에는 속인법에 해당한다고 보고 있다(Kegel/Schurig, IPR, S. 385 f.).

36) 국제사법에서 국적(본래는 민족이었음) 개념은 만치니(Mancini)에 의해 1865년 이탈리아 국제사법 규정에서 처음 사용된 것으로 알려져 있다.

준거법」이라고 칭한다). 예컨대, 국제사법 사건에서 어느 당사자의 한국 국적의 존재 여부가 문제로 되었다면 한국의 국적법에 의해 이를 결정하고, 영국 국적의 존재 여부가 문제로 된다면 영국의 국적법에 의해 이를 판단한다는 것이다. 각국의 국적법은 어느 당사자가 자국 국적을 어떤 요건으로 취득하는지 또는 상실하는지에 대해서만 규정하지 다른 국가의 국적의 취득과 상실에 대해서는 다루지 않기 때문이다.[37] 그 결과, 우리 국제사법의 실무에서는 우리의 국적법뿐만 아니라 외국의 국적법에 대한 이해도 매우 필요하다.

또한 각국의 국적법에서 국적의 취득을 위해서는 종종 혼인, 입양 등을 요구하는데 이에 대해 국제사법적 준거법의 결정이 필요한 경우에 어느 국가의 국제사법에 의해 이를 결정할지도 문제로 된다. 이것을 「국적의 선결문제」라고 부르는데, 국적의 판단과 마찬가지로 「그 국적이 문제로 된 국가의 국제사법」에 의한다는 것이 일반적인 견해이다.[38]

2) 복수 국적자와 무국적자

각국의 국적법은 자국 국적의 취득과 상실의 요건에 대해서만 규정하기 때문에, 어느 당사자의 국적이 다수인 경우와 전혀 없는 경우가 발생할 수 있다.[39] 그러나 우리 국제사법에서 속인법은 여전히 원칙적으로 본국법으로 되어 있기 때문에 복수 국적자나 무국적자의 경우에도 본국법을 결정해야 한다. 이에 대비해 우리 국제사법은 제3조의 규정을 두고 있다.

---

37) 앞에서 설명한 한국의 국적법의 내용 참조.

38) Junker, IPR(2), §6 옆 번호 24.

39) 오늘날 국적을 달리하는 부모의 자녀에게는 부모 중 일방의 국적만 있으면 그 국적을 부여하는 방향으로 각국의 국적법을 변경하고 있어서(한국 국적법 제2조 제1항 1호의 부모양계혈통주의 참조) 복수 국적자가 증가하는 경향이 있다.

우선, 복수 국적자인 경우에는 당사자와 가장 밀접한 관련이 있는 국가의 법을 본국법으로 한다(제3조 제1항 본문). 이러한 국적을 「유효한 국적(effektive Staatsangehoerigkeit)」이라고 부른다. 보통 가족적·직업적·문화적·일상적 관계 등을 고려하여 전체적인 상황에서 판단한다. 일반적으로 다수의 국적국가 중에서 특히 상거소를 두고 있는 국가가 가장 밀접한 관련을 가진 국가가 될 가능성이 매우 높다.[40][41]

그러나 다수 국적 중에 한국 국적이 들어 있다면 한국법이 바로 본국법이 된다(제3조 제1항 단서). 이를 「내국국적 우선의 원칙」이라고 한다. 이 규정은 법 발견의 용이성, 실무적 편리성 그리고 다른 국가들[42]도 이러한 내용의 규정을 가지고 있다는 이유로 과거 섭외사법의 내용이 현행법에서도 그대로 유지된 것이다. 그러나 이 내용은 제3조 제1항 본문의 유효한 국적의 원칙에 어긋나며, 이로 인해 종종 가장 밀접한 관계를 가진 법이 따로 있음에도 불구하고 한국법을 준거법으로 적용하게 된다. 그 결과, 국제적 판단일치를 방해하며 파행적 법률관계를 야기하게 된다. 더구나 최근 국적법의 개정으로 국내법에서도 복수 국적을 허용하게 되었기 때문에 한국 국적을 가진 복수 국적자는 더욱 늘어날 것으로 본다. 그런 측면에서 볼 때, 한국 국적을 우선시키는 이 조항은 국제사법에서 준거법의 결정 문제를 왜곡시킬 위험이 크므로 재검토할 필요가 있다. 다

---

40) 주의할 것은, 우리의 각칙 규정 중에서 이 「유효한 국적의 원칙」이 적용되지 않는 예외가 존재한다는 점이다. 예컨대, 부부재산제(제38조 제2항 1호), 유언의 방식(제50조 제3항 1호), 부양(제46조 제1항 단서)에서는 복수 국적자의 국적국들이 모두 본국법으로 인정된다.

41) 또한 국제관할법에서는 유효한 국적의 원칙이 적용되지 않는다. 국제관할에서 본국관할이 인정되는 경우에 복수 국적자인 경우에는 모든 국적국에 관할권을 인정하는 것이 오히려 원칙이다.

42) 그러나 스위스 국제사법은 스위스 국적의 경우에도 특권을 인정하지 않고 유효한 국적의 원칙을 그대로 적용한다(스위스 국제사법 제23조 제2항).

만, 현재로서도 여기서 발생하는 문제는 제8조의 예외조항을 통해 부분적으로는 해결이 가능할 수도 있을 것으로 본다.[43]

다음에, 무국적자의 경우나 국적이 있더라도 이를 확인하기 어려운 경우에는 그의 상거소지법에 의하고 상거소를 알 수 없는 경우에는 거소지법에 의한다(제3조 제2항). 이 규정은 난민처럼 국적이 분명하더라도 그 본국법을 적용하는 것이 명백히 부당한 경우에도 적용되어야 할 것이다. 난민은 보통 자기의 본국에서 탈출한 상황이므로 돌아갈 가능성이 없기 때문이다. 이때, 주의할 것은 난민 또는 무국적자의 법적 지위를 위한 국제협약에 가입하였다면 그 협약의 규정이 우선 적용되고 국제사법 규정은 적용이 배척된다는 점이다. 예컨대, 우리나라는 「무국적자의 법적 지위에 관한 1954년 뉴욕협약」과 「난민의 법적 지위에 관한 1951년의 제네바협약」에 가입하였으므로 우리나라에 있는 무국적자와 난민의 본국법은 국제사법 제3조 제2항(상거소지법)이 아니라 이 협약들 제12조[44]의 적용을 받게 되어 주소지법으로 대신하게 된다. 이때, 이 협약상의 주소 개념은 협약에서 정의하고 있지 않으므로 주소를 두고 있는 국가의 법, 즉 한국법(한국의 실질법)에 의하게 될 것이다. 그러나 한국 실질법의 주소 개념은 국제사법상의 상거소 개념과 유사하므로 두 개념 사이의 차이 때문에 문제가 발생하지는 않을 것이다.[45]

---

43) 이에 대해서는 뒤의 「§45 혼인의 일반적 효력」에서의 설명 참조.

44) 무국적자의 지위에 관한 뉴욕협약 및 난민의 지위에 관한 제네바협약의 제12조 제1항; "무국적자(또는 난민)의 개인적 지위는 그 주소지 국가의 법률에 의하여 또는 주소지가 없는 경우에는 그 거주지 국가의 법률에 의하여 결정한다."

45) 독일에서는 독일에 주소를 둔 무국적자를 위해 이 협약상의 주소 개념을 해석할 때 이론상으로는 독일 실질법상의 주관적 주소 개념에 의해야 하겠지만 이는 협약의 정신에 어긋나므로 오히려 상거소의 의미로 해석하는 것이 일반적인 견해이다(Kropholler, IPR, S. 269).

2. 주소

1) 주소와 국제사법

주소는 영미법계 국가에서 오늘날에도 국제사법상의 주된 연결점이며, 대륙법계 국가에서도 여전히 사용되는 속인법상의 연결점이다. 그런데 주소 개념은 각국의 실질법마다 내용이 다르다. 따라서 어느 국가의 국제사법에 사용된 주소 개념은 어느 국가의 실질법에 따라 이해할 것이냐 하는 문제가 생긴다. 생각건대, 주소 개념은 단순한 연결요소로서 법정지 국제사법의 해석문제이므로 원칙적으로 법정지국의 실질법에 따라 해석하는 것이 타당할 것이다. 예컨대, 우리 국제사법에 주소 개념이 사용된다면 그 주소 개념은 우리의 실질법에 따라 해석되고, 영국의 국제사법에서 사용된 주소 개념은 영국의 실질법에 따라 해석된다는 것이다. 그 결과, 우리 국제사법에서 사용되는 주소 개념은 민법 제18조에 따라 생활에 근거되는 것으로서 동시에 두 곳 이상 있을 수 있다는 실질주의, 객관주의, 복수주의로 해석될 것이다.

그러나 우리 국제사법은 2001년 개정할 때 주소 개념을 전면 폐기하고 대신 상거소 개념을 도입하였기 때문에 현재 우리 국제사법에서 주소 개념은 거의 의미가 없다. 그럼에도 불구하고 우리에게 여전히 외국법의 주소 개념에 대한 이해는 필요하다. 이유는, 외국의 국제사법에는 그 외국의 실질법에 따라 해석될 주소 개념이 지금도 사용되고 있기 때문이다. 그 결과, 외국 국제사법의 주소 개념은 우리 국제사법의 반정규정(제9조 제1항)을 통해 여전히 우리에게도 큰 영향을 미치고 있는 실정이다. 따라서 국제사법의 실무에서는 외국 실질법의 주소 개념에 대한 이해도 필요하다.[46)]

2) 주소의 문제점

서양 국가들의 주소 개념은 우리와 달리 주로 주관주의에 입각해 있다. 즉, 주소 개념에 당사자의 거주의사가 요건인 것이다. 또한 영미법에서 주소 개념은 대륙법계의 주소 개념과 달리 일정한 장소의 의미가 아니라 일정한 법 영역을 의미한다. 예컨대, 다수법국(또는 불통일법국)인 영국과 미국에서 주소는 런던이나 로스앤젤레스가 아니라, 지역적으로 법이 다른 영역(즉, 법역)인 잉글랜드나 캘리포니아주에 있는 것이 된다. 또한 영미법에서 각 개인은 주소를 반드시 가지고 있어야 하지만 복수로는 가질 수 없으며, 출생할 때 주어지는 출생주소(domicile of origin)와 나중에 거주의사를 바꿈으로써 주어지는 선택주소(domicile of choice)의 구분도 있다. 더구나 영국법과 미국법 사이에도 주소 개념에 차이가 존재한다. 예컨대, 영국법상의 주소는 국적만큼 고정적이다. 장기적으로 거주한다는 의사가 없는 한 선택주소가 인정되지 않아서 출생주소가 선택주소로 바뀌는 경우는 드물다. 이에 반해, 미국법에서는 일정기간의 거주의사만 있으면 쉽게 선택주소를 인정한다. 또한 영국법에서는 선택주소가 소멸되면 출생주소로 복귀하는 데 반해, 미국법에서는 출생주소로 복귀하지 않고 새로운 선택주소가 설정될 때까지 지금까지의 선택주소가 유지된다. 특히 미국에서는 각 주마다 동일한 주소 개념을 가지고 있는 것도 아니라고 한다.47)

이처럼 주소 개념이 각국마다 다르다는 것은 문제이다. 또한 주소 개념에 당사자의 거주의사를 요구한다는 것도 문제가 된다. 주소 개념에 거주의사를 요건으로 한다는 것은 주소의 설정에 당사자의 행위능력을 요구한다는 의미인데, 그 결과 행위능력이 없는 자

---

46) 이에 대해 우리 판례가 보여주는 전형적인 예로 대판 2006.5.26., 2005므884가 있다.
47) 이에 대해서는 Junker, IPR(1), 옆 번호 129 이하.

에게는 법정대리인의 주소를 따르게 하는 법정주소 또는 종속주소의 존재가 필요해진다. 또 그 행위능력에 대한 준거법의 결정 문제도 발생한다. 이 문제를 「주소의 선결문제」라고 부르는데, 이는 그 주소개념을 사용한 국가의 국제사법에 의해 판단한다는 것이 일반적 견해이지만, 어쨌든 복잡한 문제가 발생하는 것은 사실이다. 그래서 이러한 주소 개념의 문제점을 제거하고 그 주소 개념에 통일성을 부여하기 위해 오늘날에는 주소 개념 대신 상거소라는 사실적 개념[48]을 사용하는 경향이 커지고 있다.

3. 상거소

상거소 개념은 헤이그 국제사법회의의 협약에서 사용되기 시작한 이래 오늘날에는 각국 국제사법에서도 널리 사용되고 있다. 상거소는 각국마다 개념을 달리하는 주소를 대신하기 위해 사실개념으로 만들어졌지만, 그렇다고 그 내용이 아주 명확한 것은 아니다. 상거소란 어떤 곳인가에 대해 법으로 정해진 정의도 없으며, 그 요건이 무엇인가에 대해서도 논란이 있기 때문이다.

종종 상거소 개념에는 두 가지 요건이 필요하다고 본다. 하나는 일정기간 거주의 사실이고, 또 하나는 당사자가 주위환경에 사회적으로 통합되었을 것(이를 「사회적 통합론」이라고 한다)을 요구한다. 일정기간이 얼마인가에 대해서는 상황에 따라 유동적이지만 적어도 6개월 이상은 거주했을 것을 보통 요구한다.[49] 더 중요한 요건은

---

48) 어느 국가의 법에 근거를 두지 않고 새롭게 창설된 개념으로서, 주관적 요소가 없다는 의미이기도 하다.

49) 우리 법에서 상거소에 대해 상세히 정하고 있는 것은 「가족등록부 예규」에서이다. 그러나 이 예규에서의 상거소 개념은 국제사법에서의 상거소 개념과 같은 것이 아님을 주의해야 하며, 예규의 상거소 개념을 그대로 국제사법의 상거소 개념으로 보아서도 안 된다.

두 번째의 사회적 통합 여부인데, 이를 판단하는 요소로 당사자의 가족관계, 직업관계, 거주의사 등이 고려된다. 예컨대, 당사자가 가족과 함께 생활하고 있는 곳에서는 당사자가 그 지역과 사회적으로 통합되어 있다고 인정하기 쉬울 것이며, 일상적으로 직장을 다니는 곳에서도 사회적 통합의 존재 가능성은 쉽게 인정될 수 있을 것이다. 특히 당사자의 거주의사는 상거소 개념의 요건은 아니지만 상거소를 결정하는 데 중요한 요소인 것이 사실이다. 예컨대, 다른 국가에서 어느 국가로 장기적인 거주의사를 가지고 이동해온 경우에는 이 국가에 거주한 기간이 단기간이라 하더라도 장래 계속적으로 거주할 가능성이 농후하므로 지금 국제사법적 문제가 생긴다면 이곳을 상거소로 인정해줄 여지가 크다. 반면에, 장기간 거주하고 있더라도 본국으로 돌아갈 것을 전제하고 있다면 이 거주지를 상거소로 인정하기는 어려울 것이다.

또한 상거소 개념은 종종 상대적 개념으로 이해되고 있다. 즉, 상거소 개념이 사용되는 법률영역의 목적과 취지에 따라 상거소의 인정요건이 강화되거나 완화될 수 있다는 것이다. 예컨대, 신분관계가 문제로 되는 속인법 분야나 또는 불법행위지법의 원칙을 배척하고 대신 들어설 불법행위 영역(예컨대, 제32조 제2항)에서는 좀 더 엄격하게 상거소를 판단할 필요가 있으며, 반면에 국제재판관할의 원칙이나 국제계약법에서 사용되는 상거소는 요건을 좀 더 완화하여 상거소를 쉽게 인정해줄 필요가 있다는 것이다.

상거소 개념을 이렇게 유동적으로 해석하는 이유는, 상거소 개념의 유연성을 통해 법률영역에 따라 가장 밀접한 관계를 가졌다고 보는 적절한 준거법을 찾아주기 위해서이다. 즉, 국제사법에서 상거소 개념은 기능적 개념인 것이다. 그래서 각국 국제사법의 입법자들이 상거소개념에 대해 법적으로 정의 내리기를 의도적으로 회피하는 이유도 여기에 있다. 물론, 이러한 불명확성은 상거소 개념의 단점이 되는 것도 사실이다. 그러나 이러한 상거소 개념에 의해서도 부적절한 준거법이 결정되는 경우가 있다면, 모든 경우가 그렇듯 예외조항(제8조)을 통한 해결 가능성을 생각해볼 수 있을 것이다.

4. 우리 국제사법에서 국적과 상거소에 대한 평가

연결점으로서 국적과 상거소는 각각 장점과 단점을 가지고 있다. 국적이 갖는 장점으로는 본국과의 동질성 부여와 법적 안정성을 들 수 있다. 본국과의 동질성이란, 국적이 연결점으로 되어 본국법이 적용되면 당사자와 문화적으로 또 정치적으로 동질적인 법이 적용된다는 것이다. 법적 안정성이란, 국적은 변경이 쉽지 않고 확인이 용이하다는 것이다. 이에 비해, 상거소의 장점으로는 밀접관련지라는 점과 내국법 적용이 가능하다는 점을 들 수 있다. 밀접관련지란, 상거소는 생활의 중심지이기 때문에 가장 밀접한 관계를 가진 법을 찾는 국제사법의 목적에 부합한다는 것이다. 내국법 적용이란, 흔히 당사자가 상거소를 둔 곳에서 소를 제기하므로 외국법이 아니라 내국법, 즉 법정지법을 주로 적용하게 된다는 것이다. 반면에, 각각의 이러한 장점은 상대편의 입장에서는 자신이 갖지 못한 단점이 된다.

우리 국제사법은 대륙법계가 그렇듯이 전통적으로 국적을 속인법의 연결점으로 취해왔다. 그러나 오늘날 대륙법계 국가에서도 국적에 대해서는 여러 측면에서 비판을 받고 있다. 첫째, 가장 밀접한 관계를 가진 법을 찾는 국제사법에서 국적이 과연 그에 부응할 수 있는 연결점인가 하는 의문이다. 국적은 정치적 개념이며 또한 관념적인 개념이라 생활의 근거지와는 종종 관계가 없기 때문에 이것이 과연 가장 밀접한 관계를 찾기 위한 연결점으로서 타당한 것이냐 하는 것이다. 특히 어느 나라나 복수 국적의 경우에 내국 국적을 우선시하는 데에서 보듯이(제3조 제1항 단서) 연결점으로서의 국적은 왜곡될 여지가 많다. 둘째, 국적을 연결점으로 하게 되면 외국인이 제기한 소에는 법정지에서 외국법을 빈번하게 적용하게 된다는 점이다. 이는 법원에 큰 부담을 주게 되며, 그 외국법 적용의 결과가 타당한 것인지도 의문이고, 더구나 동일한 국가에 거주하면서 서로 다른 법의 적용을 받는 집단들로 분리되는 현상이 발생한다. 셋째, 그 외에도 복수 국적자와 무국적자의 문제, 다수법국에서 지역법의 결정 문제, 속인법에서 동일 본국법의 부재문제 등은 모두 국적을 연결점으로 할 때 비로소 발생하는 문제들이다.

그래서 오늘날에는 대륙법계 국가의 국제사법에서도 본국법주의를 완화하고 대신 상거소를 연결점으로 택하는 경향이 커지고 있다. 이는 상거소 개념이 주소 개념의 문제점을 어느 정도 제거했기 때문이기도 하지만, 특히 오늘날 사람의 국제적 이동이 매우 빈번하기 때문에 어느 면에서는 불가피한 현상으로 본다. 이에 따라 우리 국제사법도 2001년도 개정에서는 본국법주의를 축소하고 상거소 개념을 도입하면서 동시에 그 적용범위도 확대하였던 것이다. 물론, 속인법 영역에서의 연결점은 여전히 원칙적으로 국적이긴 하지만, 예컨대 연결주체가 자녀인 경우(제41조와 제42조)와 부양(제46조 제1항)에서 상거소를 1차적인 연결점으로 하고 있으며, 그 외에도 다양하게 상거소를 연결점으로 인정하고 있다.

II. 당사자의 의사

1. 용어 구분

연결점으로서 당사자의사는 국제사법에서는 준거법을 선택하는 모습으로 나타난다. 당사자에 의한 준거법선택을 당사자자치 (Parteiautonomie; party autonomy; autonomie de la volonte) 라고 부르는데, 당사자가 일방적으로든 또는 합의에 의해서든 국제 사법적 사안에 적용될 준거법을 스스로 정하는 것을 말한다. 그러나 국제사법상의 당사자자치는 실질법상의 사적 자치(Privatautonomie) 와는 구별된다. 후자는 일국법의 임의규정에 한해서 그 적용을 배척할 수 있는 데 반해, 전자는 그 강행규정까지 적용을 배척할 수 있는 것이 특징이다. 당사자자치에 의한 준거법상의 연결을 「주관적 연결」(그 준거법은 「주관적 준거법」)이라고 부르는데, 이에 대응하여 당사자의 의사와 관계없이 법에 규정된 준거법상의 연결을 「객관적 연결」(그 준거법은 「객관적 준거법」)이라고 부른다.

2. 장점과 단점

국제사법에서 당사자자치의 장점으로는 당사자가 자기 문제의 상황을 고려하여 가장 적합한 법을 스스로 선택할 수 있다는 점, 앞으로 발생할 법적 분쟁에 대해 예측 가능성을 얻는다는 점, 법률상으로 고정된 객관적 연결이 가져오는 부당한 결과를 피할 수 있다는 점, 법률에서 입법자가 객관적 연결을 확정하기 어려운 문제나 또는 재판에서 법관이 객관적 준거법을 찾기 어려운 문제를 해결해준다는 점등 다양하다.

그러나 단점 또한 여러 가지이다. 예컨대, 강자에 의해 약자에게 불리한 준거법이 정해질 수 있다는 점, 준거법이 변경됨으로써 이를 알 수 없는 제3자의 이익이 침해될 수 있다는 점, 준거법선택은 강행규정까지 포함하므로 이 강행규정의 변경으로 일반적 이익(일반인 누구나 갖는 이익)도 침해될 수 있다는 점, 각국의 국제사법마다 준거법선택의 허용 여부 및 내용과 범위에 차이가 있으므로 파행적 법률관계가 생기기 쉽다는 점 등이다.

그래서 당사자자치를 허용하는 국가에서도 당사자자치가 가져오는 이러한 문제점을 제거하기 위해 다양하게 당사자자치를 제한하고 있다. 예컨대, 우리 법에서도 강자의 준거법선택을 제한하는 규정(제25조 제4항; 제27조 제1항; 제28조 제1항)과 제3자의 이익을 보호하는 규정(제25조 제3항 단서; 제33조 단서; 제38조 제3항), 그리고 일반적 이익을 보호하는 규정으로 제7조의 국제적 강행규범을 두고 있다. 또 준거법선택으로 인한 파행적 법률관계의 발생을 방지하는 방법으로는 준거법선택과 더불어 관할합의(법정지 합의)도 함께하는 방법이 있다.

3. 유형

각국이 허용하는 준거법선택의 종류는 다양하다. 예컨대, 무제한적으로 준거법선택을 인정하는 경우(무제한적 선택)도 있고 제한된 범위에서만 인정하는 경우(제한적 선택; 예컨대 제38조 제2항과 제49조 제2항)도 있으며, 당사자의 합의에 의해 준거법선택을 인정하는 경우(합의 선택)도 있고 일방적 의사표시에 의한 준거법선택을 인정하는 경우(일방적 선택; 예컨대 제18조 제4항과 제49조 제2항)도 있으며, 법률관계의 전부에 대해서만 준거법선택을 인정하는 경우(전부 선택)도 있고 그 일부에 대해서도 인정하는 경우(일부 선택 또는 부분 선택)도 있으며, 명시적인 선택만 인정하는 경우(명시적 선택; 예컨대 제18조 제4항과 제49조 제2항)도 있고 묵시적인 선택까지 인정하는 경우(묵시적 선택)도 있으며, 법률상의 준거법이 정해지기 전에 준거법을 선택하는 경우(사전적 선택)도 있고 준거법이 정해진 후에 준거법을 선택하는 경우(사후적 선택)[50]도 있다.

또 준거법선택은 강행규정까지 포함하여 선택하는 것이 원칙이고 일반적이지만, 강행규정을 제외하고 선택하는 경우도 있다. 전자를 저촉법적 준거법선택(또는 준거법선택의 저촉법적 효력; 예컨대, 제25조 제1항)이라 하고, 후자를 실질법적 준거법선택(또는 준거법선택의 실질법적 효력; 예컨대, 제25조 제4항)이라고 부른다. 국제사법에서 준거법선택이라면 원칙적으로 전자인 저촉법적 준거법선택을 의미한다.

4. 인정범위

국제사법에서 당사자자치는 전통적으로 국제계약법에서 인정해 왔다. 그 이유는, 이 영역에서의 당사자자치는 실질법상의 사적 자치와 밀접하게 관련되어 있기 때문이다. 예컨대, 각국 계약법의 규정은 원칙적으로 임의규정이기에 실질법상의 사적 자치뿐만 아니라 저촉법상의 당사자자치에서도 거의 이질감을 느끼지 못하는 것이다. 그러나 오늘날의 국제사법에서는 당사자자치를 허용하는 범위가 국제계약법을 넘어 크게 확대되어 가고 있다. 특히 실질법에서는 사적 자치가 인정되지 않는 물권법이나 가족법과 상속법 등에서

---

50) 사후적 선택에도 두 가지 종류가 있다. 하나는 법률상 객관적으로 준거법이 정해진 후에 그 준거법을 변경하는 준거법선택이고(예컨대, 제33조), 다른 하나는 준거법을 선택한 후에 다시 그 준거법을 변경하는 준거법선택이다(예컨대, 제25조 제3항).

도 저촉법상의 당사자자치를 인정하는 경향이 있다. 이는 국제사법상의 준거법선택이 실질법과 달리 일국의 강행규정까지 포함한다는 특징에 근거를 둔 것이기도 하지만, 특히 국제사법에서는 당사자자치가 주는 특유한 장점들이 있기 때문이다. 그러나 이때에도 법률영역에 따라 당사자자치의 인정 범위와 그 제한에 차이가 있다는 사실에 유의해야 한다.

우리 국제사법이 인정하는 당사자자치의 범위는 의외로 넓다. 예컨대, 임의대리(제18조 제4항), 채권계약(제25조), 국제법정채권관계(제33조), 부부재산제(제38조 제2항), 상속(제49조 제2항)에서 당사자자치가 인정된다. 그중 채권계약에서 가장 넓게 당사자자치가 인정되어, 그 대상은 원칙적으로 무제한적으로 인정되며, 전부 선택뿐만 아니라 부분 선택도 인정되고, 사전적 선택뿐만 아니라 사후적 선택도 인정되며, 명시적 선택뿐만 아니라 묵시적 선택도 인정된다. 이에 반해, 임의대리에서는 대상은 무제한이지만 명시적 선택(즉, 서면 요구)과 사전적 선택만 인정되며, 부분 선택도 인정되지 않는다. 국제법정채권관계에서는 묵시적 선택도 인정되지만, 대상이 한국법에 제한되며 사후적 선택만 인정된다. 또 부부재산제와 상속에서는 선택대상이 제한되어 있으며 명시적 선택(즉, 서면 요구)만 인정되고, 부분 선택도 부정되지는 않지만 법에 규정된 것에 한해 인정된다. 이처럼 우리 법에서도 당사자자치가 허용되는 범위와 내용 및 그 요건 등을 확인해둘 필요가 있는데, 이유는 만약 허용된 범위와 요건을 넘어 준거법선택을 행한 경우에는 그 준거법선택은 원칙적으로 무효가 되며 결국 준거법은 객관적 연결에 의해 정해지기 때문이다.

5. 유의할 점

마지막으로, 국제사법의 당사자자치에서 유의할 점에 대해 몇 가지 언급하고 넘어가기로 한다.

첫째, 당사자가 준거법을 선택한 경우에는 제8조의 예외조항과 제9조의 반정이 적용되지 않는다는 점이다(제8조 제2항; 제9조 제2항 1호). 이렇게 규정한 이유는, 일반적으로 당사자 의사의 해석상 그러한 해석이 타당하기도 하려니와 무엇보다도 법적 안정성을 위한 것이다. 즉, 예외조항의 적용을 부정한 것은 당사자가 선택한 준거법을 회피할 수 없게 만든 것이고, 반정을 부정한 것은 준거법 지정의 복잡성과 혼란을 방지하기 위한 것이다. 이때, 우리 법 규정은 합의에 의한 준거법선택만을 명시하고 있지만 당사자의 일방적 의사에 의한 준거법선택도 이에 해당한다고 해석하는 것이 옳을 것이다.

둘째, 국제사법에서 준거법선택 규정이 적용되는 경우는 두 가지 종류가 있다는 점이다. 하나는, 법정지 국제사법에 규정된 준거법선택 규정인데 이는 법 규정만 보면 누구나 쉽게 알 수 있고 이해하는 데에도 어려움이 없다. 또 하나는, 우리 국제사법에 의해 지정된 외국 국제사법에서 인정하고 있는 준거법선택 규정이다. 이것은 논리적으로 조금 복잡하다. 예컨대, 우리 국제사법이 준거법선택을 인정하지 않은 결과 객관적으로 연결된 외국의 국제사법 규정이 이 문제에 대해 준거법선택을 허용하고 있고 당사자가 그러한 준거법선택을 행한 경우에는 설혹 우리의 국제사법이 이 문제에 대해 준거법선택을 허용하지 않는다고 해도 그 외국 국제사법이 허용하는 준거법선택을 우리는 인정해야 할 것이다.

셋째, 특히 소송에서 당사자들이 그 법정지법을 당연한 것처럼 원용하는 경우가 흔한데, 이에 대해 준거법의 묵시적 선택과 함께 사후적 선택이 함께 허용되는 분야(예컨대, 제25조와 제33조)에서는 이것이 과연 당사자들이 준거법을 선택한 결과인지 아니면 단순히 잘못 인식하여 법정지법을 원용하고 있는 것인지에 대해 법원은 세심한 주의를 기울여 양자를 구별해야 한다는 점이다.

§18 연결방법(또는 연결정책)

현대의 국제사법에서는 연결방법을 하나로 고정시키지 않고 다양한 연결방법을 사용하는 것이 일반적인 경향이다. 그럼으로써 원하는 저촉법적 목적뿐만 아니라 심지어 실질법적 목적까지 달성하고자 하는 것이다. 아래에서는 우리 국제사법이 사용하고 있는 주요한 연결방법 몇 가지를 보기로 한다.

Ⅰ. 공통적 연결

이것은 단일한 연결주체 대신, 둘 이상의 연결주체(당사자들)의 공통된 연결점을 준거법으로 정하는 연결방법이다. 예컨대, 제37조에서 부부의 동일한 본국법 또는 부부의 동일한 상거소지법, 제45조에서 부모와 자의 동일한 본국법, 제32조 제2항에서 가해자와 피해자의 공통 상거소지법 등이 그것이다.

이러한 연결방법은 관여된 연결주체(당사자)들의 평등을 도모(예컨대, 남녀평등, 부모와 자녀의 평등)하는 동시에, 연결점이 집중됨으로써 보다 밀접한 관계를 가진 법을 준거법으로 정할 수 있게 된다. 반면에, 종종 공통의 법이 존재하지 않는 경우가 발생하기 때문에 이에 대한 대비책으로 추가적인 연결방법이 필요해진다.

II. 단계적 연결

흔히 공통적 연결방법을 취하는 경우에는 연결주체 다수에게 동일한 연결점을 요구하기 때문에 준거법이 존재하지 않는 경우가 종종 발생하게 된다. 이에 대비하여 보조적으로 2차적인 연결을, 2차적인 연결에 의해서도 준거법이 존재하지 않는 경우에 대비하여 3차적인 연결을 이어서 단계적으로 두는 방법을 단계적 연결이라고 한다. 예컨대, 우리 법에서 혼인에 관한 제37조, 친자관계의 효력에 관한 제45조 등이 그것이다.

더구나 단계적 연결은 발생할 수 있는 다양한 사안을 전제로 가장 밀접한 관계를 지녔다고 생각되는 법을 미리 순차적으로 확정해 주는 장점(법적 안정성)도 있다. 위에 든 규정뿐만 아니라 제3조 제2항처럼 무국적자의 경우에는 본국이 없으므로 상거소지법을, 상거소도 없다면 거소지법에 의하는 규정도 단계적 연결의 하나로서 이러한 예에 속한다.

III. 선택적 연결

하나의 법률관계에 둘 이상의 선택 가능한 준거법을 부여하는 방법을 선택적 연결이라고 한다. 여러 개의 준거법은 모두 동등하며, 그중 반드시 하나의 법은 선택되어야 한다. 선택적 연결방법은 주로 법률관계의 성립을 용이하게 할 목적으로 사용된다. 우리 법에서는 법률행위 성립의 방식(제17조 제1항과 제2항; 제36조 제2항;

제50조 제3항)과 친자관계의 성립(제41조 제1항과 제2항; 제42조 제1항)에서 선택적 연결방법을 취하고 있다.

선택적 연결방법은 본래 당사자에게 가장 유리한 준거법의 효과를 부여해주기 위한 것이다. 그래서 수혜원칙(Guenstigkeitsprinzip 또는 favor 원칙)이라고도 불린다. 따라서 법관은 준거법으로 허용된 모든 법을 직권으로 검토하여 가장 유리한 결과를 가져다주는 법을 적용해야 하는 것이 원칙이다. 그렇지만 이 연결방법은 주로 법률관계의 성립에서 나타나므로 준거법으로 허용된 다수의 법 중에서 어느 법에 의해서든 원하는 법률효과인 법률관계의 성립이 인정되면 그것으로 준거법의 적용은 끝나는 것이 보통이다.

IV. 교정적 연결

이것은 일단 원칙적인 연결에 의한 준거법에서 원하는 법률효과 (예컨대, 권리)가 발생하지 않는 경우에 한해서 그 권리자를 보호해주기 위해 보완적으로 또 다른 연결을 부여해주는 방법이다. 예컨대, 우리 법에서 부양권리자의 부양청구권에 관한 제46조 제1항 단서가 그것이다. 여기서는 부양의 원칙적인 준거법인 부양권리자의 상거소지법에 의할 때 부양권리자에게 부양청구권이 존재하지 않는다면, 부양청구권을 바로 부정하지 않고 다시 한번 부양권리자와 부양의무자의 공통 본국법을 적용하여 부양청구권의 존재 여부를 판단하게 된다. 따라서 교정적 연결은 유리한 실질법적 결과를 얻어주기 위한 것으로서 당사자의 보호가 주된 목적이다. 이런 점에서 교정적 연결은 단계적 연결과 유사하기는 하지만 커다란 차이가 있다.

V. 배분적 연결

하나의 법적 현상에 대한 요건들이 서로 다른 준거법에 따라 결정되는 것을 배분적 연결이라고 한다. 우리 법에서는 혼인의 성립요건이 각 당사자의 본국법에 의한다는 것(제36조 제1항)이 그 예이다. 따라서 서로 다른 국적의 남녀 간 혼인의 성립요건인 혼인연령은 각자의 본국법에 의한다. 이는 실질법에서 혼인의 성립을 두 당사자의 유효한 의사표시의 합치로 보는 것과 맥을 같이하는 것이다. 또한 계약의 성립에서 행위능력의 문제는 각 당사자의 본국법에 의하도록 한 것(제13조 제1항 1문)도 배분적 연결의 일종으로 볼 수 있다.

그러나 배분적 연결이라 하더라도 그 요건이 양면적 요건이면 결과적으로 누적적 연결과 같아진다. 예컨대, 혼인의 성립요건에서 어느 일국의 중혼의 요건은 한 당사자에게만 적용되는 요건이 아니라 쌍방 당사자 모두에게 적용되는 요건이므로 서로 다른 국적의 당사자들 간에 본국법에 의한 중혼은 두 본국법의 중혼의 요건이 모두 적용되는 결과가 된다.

VI. 누적적 연결

이것은 연결을 누적적 또는 중첩적으로 적용하는 방법이다. 우리 법에서는 친자관계의 성립에서 제44조의 동의규정과, 부양에서 제46조 제3항이 이에 속한다.

누적적 연결의 주된 목적은 보호기능에 있다. 즉, 제44조의 동의규정은 친자관계의 성립에서 자녀를 보호하기 위한 규정이다. 예컨대, 입양으로 자녀의 신분관계에 변동이 발생하는 경우에 입양준거법인 양친의 본국법(제43조) 외에도 자녀의 기존의 법률관계(즉, 자녀의 본국법)도 함께 적용하여 친자관계의 성립 여부를 결정함으로써 자녀를 보호하고자 하는 것이다. 또 부양준거법의 제46조 제3항에서는 부양권리자의 상거소지법에 의하여 방계혈족 간의 부양청구권이 인정되더라도 추가적으로 부양의무자의 본국법이나 상거소지법에 의하여 부정되지 않아야 비로소 허용되며, 이는 이례적인 부양청구권에 대해 부양의무자를 보호하기 위한 것이다.

VII. 종속적 연결

종속적 연결이란 저촉규범이 자신의 독자적인 연결점을 정하는 대신에 실질적으로 관련되어 있는 다른 연결대상의 연결점을 지정하는 것을 말한다. 그 전형적인 모습이 법정채권에서 사무관리(제30조 제1항 단서), 부당이득(제31조 단서), 불법행위(제32조 제3항)의 준거법을 예외적이긴 하지만 계약준거법에 연결하는 경우가 그것이다.

종속적 연결은 서로 다른 두 법률관계의 관련성을 유지시켜 이들의 준거법을 통일적으로 정해줌으로써, 상호 간의 관계에서 발생할 수 있는 어려운 성질결정 문제나 적용문제를 피할 수 있게 해준다. 더구나 당사자에게는 관련된 법률관계에서 관련된 준거법이 함께 적용될 것이라는 신뢰를 보호해주며, 준거법을 예측 가능하도록 해주어 법적 안정성에도 기여하는 장점이 있다.

§19 연결시점과 준거법의 변경

I. 의의

국제사법 규범의 연결시점에는 두 가지 종류가 있다. 하나는, 국적이나 상거소 같은 연결점이 일정한 시점에 고정되어서 나중에 국적이나 상거소가 바뀌더라도 준거법은 바뀌지 않고 그 고정된 시점의 준거법이 적용되는 경우이다. 다른 하나는, 연결시점이 고정되어 있지 않아서 연결점이 바뀌게 되면 준거법도 바뀌게 되어 준거법이 변경되는 경우이다. 전자를 연결시점의 고정주의 또는 불변경주의라고 부르는데, 적용되는 준거법의 계속성과 일관성이 요구되는 경우에 이 주의를 취한다. 후자는 연결시점의 변경주의라고 부르는데, 준거법을 과거의 일정시점에 고정시키기보다는 문제가 발생하는 당시의 준거법을 적용할 필요가 있을 때 이를 택한다.

연결시점의 이 두 종류의 차이는 결국 시간이 지나면서 적용될 준거법이 바뀌는지 아닌지에 그 핵심이 있다. 국제사법에서 어려운 문제는 주로 준거법이 바뀌는 경우에 발생하는데, 이를 준거법의 변경이라고 부른다. 물론, 준거법 변경은 여러 가지 이유로 발생하는데, 크게 두 가지로 나누어진다. 하나는, 사람의 국적이나 상거소, 근로자의 일상노무제공지, 물건의 소재지 같은 연결점이 바뀌어 준거법이 변경되는 좁은 의미의 준거법 변경이다. 다른 하나는, 연결규범인 저촉규범이 바뀌거나(예컨대, 국제사법의 개정) 국가의 영역이 바뀌어(예컨대, 국가의 분열 또는 통합) 준거법이 변경되는 넓은 의미의 준거법 변경이다. 여기서는 전형적인 좁은 의미의 준거법 변경만 다루기로 한다.[51]

II. 연결시점의 고정주의와 준거법의 불변경

준거법이 일정시점에 고정되고 변경되지 않으면 여러 가지 장점이 있다. 법적 안정성과 확인의 용이성, 정당하게 취득한 권리를 보호하게 되는 형평성, 법률회피[52])를 원천적으로 막을 수 있다는 점 등이다. 그러나 국적이나 상거소가 바뀌었을 경우에「현재」「여기서」발생한 문제를 이와 관련이 없는「과거」「그곳의 법」에 의해 해결해야 한다는 문제가 발생하기도 한다.

연결시점이 고정되어 준거법의 변경이 발생하지 않는 경우는 국제사법 규범에 명시적으로 언급되기도 하지만 해석에 의해 밝혀져야 할 때도 있다. 우리 국제사법이 명시적으로 연결시점의 고정주의를 취하고 있는 예로는 객관적인 계약준거법에서 계약체결 시점(제26조 제2항), 친자관계의 성립에서 자의 출생 당시(제40조 제1항; 제41조 제1항), 입양에서 입양 당시(제43조), 상속에서 피상속인의 사망 당시(제49조 제1항), 유언에서 유언 당시(제50조 제1항) 등이 있다. 이 외에도 명시적인 언급은 없지만 해석상 연결시점이 고정되어 있다고 보는 예로는, 예컨대 혼인 성립의 준거법(제36조)은 혼인 성립 당시가 연결시점이 되리라는 것이다.

그러나 준거법의 불변경주의에서 몇 가지 유의할 점이 있다. 첫째, 예컨대 혼인의 성립에서 준거법이 확정되어 있다 하더라도, 후에 준거법이 변경되어 구법에 의하면 무효이었던 혼인이 신법에 의하여 유효가 되는 경우에는 변경된 신법에 따라 그 유효를 인정해주는 것이 국제사법의 원칙이라는 점이다. 이것을 "준거법 변경에

---

51) 이 외에도 준거법의 변경은 준거법선택의 경우에 자주 생긴다. 그러나 이는 당사자자치의 문제이므로 당사자자치(즉, 준거법선택)를 설명할 때 거기서 함께 언급하기로 한다.

52) 이에 대해서는 뒤에「§20 법률회피」에서 자세히 다룬다..

의한 치유(Heilung durch Statutenwechsel)"라고 부르며, 준거법의 불변경주의에서 중요한 예외로 인정되고 있다.[53]

둘째, 연결시점이 고정되어 있어서 그에 의해 지정되는 준거법이 과거 일정 시점의 준거법으로 지정되더라도 적용되는 준거법은 원칙적으로 그 국가의 현재의 법이라는 점이다. 다만, 이 현재의 법에는 시제사법의 규정을 포함한다. 예컨대, 1년 전에 사망한 일본인의 상속분쟁 문제가 우리 법원에 제기된 경우에 상속준거법은 사망 당시의 본국법이므로 논리적으로는 1년 전의 일본 상속법이지만, 만약 그사이에 일본의 상속법이 바뀌었다면 지금 적용해야 하는 일본법은 폐기된 1년 전의 상속법이 아니라 개정된 지금의 상속법이어야 한다. 다만, 이 개정된 법에 시제법의 규정이 존재할 것이므로 그에 따라 적용할 상속 규범을 정하게 된다.

이렇게 적용되어야 하는 이유는, 우리 국제사법에 의해 지정되는 준거법은 그 준거법 국가의 법원이 적용하는 것과 똑같이 적용하는 것이 원칙인데, 지금으로서는 그 준거법 국가의 법원도 이미 폐기된 과거의 법을 적용하지 않고 시제법의 규정이 포함된 현재의 법을 우선 적용할 것이기 때문이다.[54] 따라서 만약 이 시제법이 개정 이전에 발생한 사건은 개정 이전의 과거의 법을 적용하도록 규정하고 있으면 우리 법원은 최종적으로 그 과거의 법을 적용하게 된다.

셋째, 우리 국제사법 규범에서 이러한 연결시점의 불변경주의도 언제나 그대로 유지되는 것은 아니라는 점이다. 예컨대, 우리 국제사법의 지정이 총괄지정이고 그 지시된 외국의 국제사법 규범이 연결시점에서 변경주의를 택하고 있어서 우리 법으로 다시 반정하고 있다면 이 직접반정은 우리 법에서 받아들이므로(제9조 제1항) 여

---

53) Kropholler, IPR, S. 192 f.; v. Hoffmann/Thorn, IPR, S. 218; Junker, IPR(1), 옆 번호 220; Siehr, IPR, S. 441 f.

54) Siehr. IPR, S. 441.

기서 우리 국제사법의 불변경주의는 깨지게 된다.

III. 연결시점의 변경주의와 준거법의 변경

1. 준거법 변경의 의미

준거법의 변경은 구체적으로 다음 두 가지 요건이 충족되어야 발생할 수 있다. 첫째, 규범의 연결사실이 변경될 수 있는 것이어야 하고, 둘째로 연결시점이 고정되어 있지 않아야 한다. 따라서 흔히 국적, 상거소, 동산소재지, 준거법선택 등의 연결사실은 변경될 수 있지만, 부동산의 경우는 소재지가 변경될 수 없으므로 준거법 변경이 발생할 수 없다. 또한 우리 국제사법에서 연결시점이 고정되어 있지 않은 예로는 행위능력(제13조), 물권(제19조 제1항), 혼인의 일반적 효력(제37조), 부부재산제(제38조), 친자 간의 법률관계(제45조), 부양(제46조), 후견(제48조) 등처럼 지속적인 법률관계에서 흔히 나타난다.

이러한 준거법 변경에는 외국법에서 우리 법으로 준거법이 변경되는 경우와 우리 법에서 외국법으로 준거법이 변경되는 경우가 있을 수 있다. 그러나 우리 법원에서 준거법 변경의 문제는 보통 외국법에서 우리 법으로 준거법이 변경되는 경우에 제기된다. 우리 법에서 외국법으로 준거법이 변경되는 경우에는 소송이 보통 그 외국 법원에 제기되지 우리 법원에는 제기되지 않기 때문이다.[55]

---

[55] 그러나 우리 법에서 외국법으로 준거법이 변경되는 문제가 우리 법원에 제기된다면, 이때에는 권리의 관철 가능성을 위해 그 외국의 국제사법이 외국법에서 내국법으로의 준거법 변경에 대해 어떻게 정하고 있는가도 함께 고려해야 할 것이다 (Siehr, IPR, S. 446).

2. 준거법 변경의 효력

준거법 변경에서 제기되는 중요한 문제는, 준거법이 변경되면 구법과 신법이 존재하게 되는데 두 법은 어느 경우에, 어느 범위에서 적용되느냐 하는 문제이다. 즉, 준거법 변경의 효력 문제이다. 이에 대해서는 입법자가 특별규정을 두어 별도로 규율하는 경우가 있으므로, 국제사법에 특별규정이 있는 경우와 없는 경우로 나누어보기로 한다.

1) 특별규정이 있는 경우

우리 국제사법에는 입법자가 준거법변경에 대한 효력을 특별히 규정해두고 있는 경우가 있다. 첫째, 준거법이 변경된 후에도 구법이 그대로 적용된다고 정하는 것이 일반적이다. 예컨대, 이미 취득한 행위능력은 국적의 변경에 의해 상실되거나 제한되지 않는다는 제13조 제2항, 계약체결 이후에 준거법 변경의 합의를 하는 경우에는 계약 방식의 유효성과 제3자의 권리에 영향을 미치지 않는다는 제25조 제3항 단서가 그것이다. 둘째, 그러나 준거법이 변경되면 변경된 신법이 소급적으로 적용된다고 정한 규정도 있다. 예컨대, 채권계약에서 당사자 합의에 의한 준거법의 변경은 특별한 의사가 없는 한 신법이 구법에 영향을 미치는 소급효가 있다고 해석된다 (제25조 제3항 본문). 그렇기 때문에 제25조 제3항에 단서 조항을 특별히 두게 되었다고 보는 것이다.

2) 특별규정이 없는 경우

입법자가 국제사법에 특별규정을 두고 있지 않는 한, 준거법 변경의 효력에 대한 일반원칙은 다음과 같다. 즉, 준거법 변경에는 원칙적으로 소급효가 없고 장래효(ex. nunc)가 있을 뿐이다. 따라서 연결사실이 변경되는 시점부터 준거법이 변경되어 신법의 효력이 발생하며, 그 시점 이전에 발생한 문제에는 여전히 구법이 적용된다.56) 그러나 이 원칙을 적용하는 경우에도 다음 두 가지 유형이 나타날 수 있으므로 이를 나누어 검토해보아야 한다. 첫째는, 요건이 이미 완성된 경우이고, 둘째는 요건이 아직 미완성된 경우이다.

첫째, 요건이 완성된 경우란 준거법이 변경되는 시점에 요건이 이미 완성되어 권리 또는 법률관계가 완전하게 발생, 소멸 또는 그 내용이 변경된 경우이다. 이때에는 요건이 완성될 당시의 법, 즉 구법의 적용을 받는다. 예컨대, 준거법이 변경되기 전에 출생을 통해 이미 성명을 얻었거나, 자녀가 성년이 됨으로써 친권이 이미 소멸했거나, 법률행위를 통해 소유권을 이미 취득했거나 또는 상실한 경우이다. 이 경우에는 후에 준거법이 변경되어도 신법은 이에 영향을 주지 못한다. 그러나 이때에도 특히 물권준거법에서는 특수한 문제가 나타나는데 이에 대해서는 물권편에서 설명하기로 한다.

둘째, 요건이 미완성된 경우란 준거법이 변경되는 시점에는 아직 권리 또는 법률관계의 발생, 소멸, 내용 변경을 위한 요건이 충족되

---

56) 이 원칙은 간단해 보이지만 실제로 발생하는 문제에 적용할 때에는 종종 복잡하고 어려운 문제가 발생한다. 예컨대, 부부재산제(제38조)에서 부부 중 일방 또는 쌍방의 국적이나 상거소가 바뀌어 준거법이 변경되었다면 준거법이 변경되기 전의 부부재산 문제에 대해서는 구법의 부부재산제가 적용되지만 준거법이 바뀐 이후에 발생하는 문제에 대해서는 신법의 부부재산제가 적용된다. 그러나 부부재산제는 부부간의 지속적인 법률관계이므로 여기서 두 개의 서로 다른 부부재산법의 내용이 충돌할 가능성이 있어서 국제사법상 해결이 쉽지 않은 문제가 발생하게 된다.

지 않은 경우이다. 이때에는 전적으로 신법의 적용을 받는다. 예컨대, 구법에 의하면 소유권의 취득시효 기간이 아직 경과하지 않았는데 준거법이 변경된 경우이다. 이때, 취득시효에 의한 소유권의 취득 문제에는 신법이 적용되는데, 취득시효의 요건뿐만 아니라 구법에서 경과한 기간을 어떻게 평가할 것인가도 모두 원칙적으로 신법이 결정한다.

§20 법률회피

Ⅰ. 의의

국제사법에서 법률을 회피하는 현상은 다양하게 발생한다. 흔히 본래 적용되어야 할 법의 불리한 법률효과를 회피하고 그 대신 유리한 법률효과를 가진 실질법을 적용받기 위해서 당사자는 국제사법적 연결요소에 영향을 주려고 갖가지 시도를 행한다. 물론, 실질법에도 법률회피라는 제도가 있으며 회피하려고 하는 것이 실질규범이라는 점은 일치하지만, 국제사법에서는 이러한 결과를 얻기 위해 방법상 연결관계를 조작함으로써 행해진다는 점에 특징이 있다.

그러나 국제사법에서 법률회피 또는 법률회피의 문제로 제기되는 것은 조금 더 제한적이다. 국제사법상 법률회피는 보통 불리한 법률효과 때문에 본래 적용되어야 할 법을 비정상적으로 회피하고 유리한 법률효과를 부여하는 법을 비정상적으로 추구하는 행위라고 본다.[57] 따라서 국제사법에서 법률회피는 법률에 위반된 행위가 아

---

57) Junker, IPR(1), 옆 번호 184.

니다. 법률에 따른 행위이기는 하지만, 그 행위가 비정상적일 뿐이다. 이 법률회피가 국제사법적으로 문제가 되는 이유는, 회피행위가 법률상으로는 부정되지 않는데도 비정상적이라는 이유로 이를 부정하여 무효로 볼 것인지 아니면 그대로 유효로 볼 것인지, 더 나아가 이를 부정하는 경우에도 그 요건을 어떻게 정할 것인지 하는 문제 때문이다. 이것을 국제사법에서 법률회피의 문제라고 한다.

따라서 법률회피의 현상으로서 겉으로는 법률회피로 보이지만 그 회피행위가 법률상 허용되지 않기 때문에 굳이 그 회피행위의 유·무효를 논할 필요조차 없는 경우도 있다. 이러한 경우는 본래의 법률회피의 문제에서 미리 제외하는 것이 논의를 분명히 하는데 도움이 될 것이므로 아래에서는 이에 대해 먼저 언급하고자 한다. 이에 반해, 우리가 논할 법률회피는 「진정한 법률회피」라고 부르는데, 이어서 살펴보기로 한다.

그러나 이 문제에 들어가기 전에 미리 유의해두어야 할 점이 있다. 그것은 우리 국제사법이 이미 여러 곳에서 당사자들이 연결의 조작을 통해 자신에게 유리한 법률효과를 얻는 것을 결과적으로 허용하는 규정을 두고 있다는 점이다. 가장 전형적인 것이 당사자자치를 허용하고 있는 경우(제18조 제4항, 제25조, 제38조 제2항, 제49조 제2항)이고, 또한 법률행위의 방식을 행위지법에 의할 수 있도록 한 규정들(제17조 제2항, 제36조 제2항, 제50조 제3항 3호)처럼 선택적 연결을 허용하고 있는 경우이다. 또 국제해상에서 선적국법 원칙(제60조 이하)을 전제로 하여 일반적으로 편의치적제도[58]

---

[58] 높은 세금, 엄격한 법적 규제 등을 피하기 위해 선주(선박 운영 기업)가 자국이 아닌 다른 국가에 선박을 등록하는 제도를 말한다. 그러한 선박을 편의치적선, 편의치적 하는 국가를 편의치적국이라고 한다. 주요한 편의치적국으로는 파나마, 라이베리아 등이 있다. 편의치적선은 이들 국가에 등록하여 그 국가의 국기를 달고 다닌다. 제60조 이하에 규정된 선적국에는 편의치적국도 당연히 해당된다. 따라서 편의치적선의 경우에 선적국법이란 곧 편의치적국법(즉, 파나마국법, 라이베리아 국법 등)을 가리킨다.

을 허용하고 있는 것도 그 전형적인 예에 속한다. 따라서 국제사법에서 진정한 법률회피의 문제라고 해도 그것은 어디까지나 예외적인 경우에 문제로 된다는 점을 염두에 두어야 한다.

II. 진정한 법률회피와 구별해야 할 문제

국제사법에서 법률회피의 문제는 그 회피행위가 법률상으로는 일단 허용되는 경우에 제기된다. 따라서 외관상으로는 법률회피에 해당하는 것으로 보이지만 그 회피행위가 법률상 바로 부정되기 때문에 법률회피의 문제로 다룰 필요가 없는 경우가 있다. 예컨대, 위장된 행위와 부진정한 법률회피가 여기에 해당한다.

1. 위장행위

국제사법 규범의 구성요건을 충족시킨 것처럼 위장하여 그 준거법의 적용을 받는 것은 외관상으로는 법률회피로 보이지만 사실은 위장한 행위에 지나지 않는다. 예컨대, 혼인의 방식은 거행지법에 의하여도 유효하므로(제36조 제2항), 외국에 가지 않았음에도 불구하고 그 외국에서 혼인을 거행한 것처럼 꾸며 거행지법의 방식상으로 혼인이 유효하다고 주장하는 것이다.

본래 국제사법에서 법률회피는 국제사법 규범의 목적과 취지에는 어긋날지 몰라도 적어도 그 규범의 구성요건은 충족시킨 경우에 검토되는 문제이다. 그러나 위장한 행위는 국제사법 규범의 구성요건마저 충족시키지 못한 경우이므로 국제사법상의 법률회피와는 구별된다. 국제사법에서 이러한 위장행위는 법률문제가 아니라 사실문제에 지나지 않으므로 그 위장한 행위를 밝혀내기만 하면 문제가 해결된다.

2. 부진정한 법률회피

이것은 내국 국제사법의 연결요소 대신에 외국 국제사법의 연결
요소를 실현시켜 자기에게 유리한 법률효과를 적용받는 것을 말한
다. 국제사법적으로 유명한 소위 「Gretna Green 혼인」이 여기에 해
당하는데, 이 내용은 다음과 같다. 다수법국(불통일법국)인 영국의
스코틀랜드법에서는 예전에(1977년에 법이 개정되어 지금은 이런
문제는 발생하지 않는다고 함) 그 혼인법상 혼인연령은 16세인데,
미성년자의 혼인에 대한 부모의 동의는 스코틀랜드법상 혼인의 방
식 문제로 취급되고 있었다. 따라서 스코틀랜드의 국제사법에 의하
면 혼인의 방식은 거행지법의 방식에 의해서도 유효하므로 16세
이상의 외국인 미성년자가 스코틀랜드에서 혼인하는 경우에 부모의
동의가 없어도 그 혼인은 유효한 것으로 인정되었다. 이를 이용해
부모의 동의를 얻지 못한 유럽의 미성년자들이 스코틀랜드 접경에
있는 Gretna Green지방의 대장간에서 혼인하고 돌아와 유효한 혼
인이 존재하는 것으로 주장하였던 것이다. 그러나 사실상은 당사자
들의 본국의 국제사법에 의하면 미성년자의 혼인에 대한 부모의 동
의는 혼인의 실질적 성립요건이 되며 이는 거행지법이 아니라 당사
자의 본국법이 적용되어야 할 사안이므로, 당사자의 본국법상 그
혼인은 부모의 동의가 없어서 효력이 없는 것이었다. 그럼에도 불
구하고 이러한 혼인이 성행했던 것은 부모의 동의가 없는 혼인은
혼인의 취소 사유에 해당하므로 부모가 그 혼인을 취소하지 않는
한 여전히 유효했기 때문이었다.

결국, Gretna Green 혼인에서 회피행위는 당사자 본국의 국제사

법상으로는 성공하지 못한(그래서 부진정이란 명칭이 붙었다) 혼인이었다. 혼인이 유효하다고 생각한 것은 잘못된 법에 따른 행위에 불과한 것이었으나, 실질법상으로는 일단 취소되기 전까지는 유효로 인정받는 효과는 있었다(그래서 반쪽의 성공으로 불린다). 그러나 이 회피행위는 연결의 조작이라는 점은 진정한 법률회피와 동일하지만, 내국의 국제사법 규범상 구성요건이 충족되고 그 결과 그 규범이 지시하는 준거법이 적용되어 일단 그 준거법의 효력이 발휘되는 본래의 법률회피와는 다른 것이다. 그래서 본래의 진정한 법률회피와 달리 「부진정한 법률회피」라고 부른다.

Ⅲ. 진정한 법률회피

국제사법에서 법률회피로 인정되는 진정한 법률회피는 여러 가지 종류가 있을 수 있다. 그중, 연결점을 변경하거나 창설하여 준거법을 회피하는 경우, 법정지를 변경하거나 창설하여 준거법을 회피하는 경우, 그리고 성질결정을 바꾸어 준거법을 회피하는 경우가 전형적이다.59) 이들에 대해 차례로 보기로 한다.

1. 연결점의 변경 또는 창설

전통적으로 국제사법에서 법률회피의 문제는 주로 이혼이나 혼인을 위해 당사자가 국적이나 주소 같은 연결점을 의도적으로 변경

---

59) 그 외에도 독일법에서는 국제사법상 허용되어 있는 당사자자치를 남용함으로써 준거법을 회피하는 경우도 다루어진다. 독일법에서 이 문제를 법률회피 문제로 다루도록 촉발시킨 사례가 국제소비자계약에 관한 소위 Gran Canaria 사건들인데 오늘날에는 독일 국제사법의 기존 규정들에 의해 충분히 해결되는 것으로 보고 있어서 별도의 법률회피 제도가 개입할 여지가 없는 것으로 보고 있다.

하여 자기에게 불리한 준거법의 적용을 회피한 경우에 이를 유효로 볼 것인지 아니면 무효로 볼 것인지에 관한 논란에서 비롯된 것이었다. 1878년 프랑스 대법원은 보프르몽(Bauffrmont)사건60)에서 이러한 법률회피를 무효로 판단하였었다.

그러나 오늘날에는 국적이나 주소, 상거소, 또는 법률행위지, 물건 소재지 등을 의도적으로 변경하여 불리한 준거법의 적용을 회피하더라도 이를 원칙적으로 유효로 본다. 이러한 연결점들은 변경이 가능하다는 사실이 이미 알려져 있으며, 연결점을 변경하여 준거법의 적용을 회피하는 것을 입법자가 원치 않았다면 이를 막을 수 있는 방법이 없지 않았는데도 불구하고 이에 대해 저지하는 규정을 두지 않은 것은 그 변경을 허용하고 있다고 보는 것이다. 더구나 이러한 변경에 대해 법률회피라는 이유로 국제사법 규범에 정해진 준거법을 부정한다면 국제사법을 무의미하게 만들어 법적 안정성을 해칠 가능성도 크기 때문이다.

따라서 예컨대, 한국 국적의 남자가 자녀와 의절하게 되자 사망 시 한국 상속법의 유류분제도 때문에 유산이 자녀에게 귀속되는 것을 막기 위해 유류분제도를 모르는 영미국가로 국적을 바꾸고 한국에 있는 전 재산을 여자 친구에게 남기는 유언을 해놓고 사망하였다면, 이것은 진정한 법률회피에 해당하지만 국제사법상 유효하므로 피상속인의 유산은 여자 친구에게 모두 귀속되고 자녀들은 결국 상속을 한 푼도 받지 못한다.

---

60) 벨기에 귀족 여인이 프랑스 귀족 보프르몽과 혼인하여 벨기에 국적을 상실하고 프랑스인으로 되었으나 그 후 둘 사이에 금이 가자 프랑스 법원에 의해 별거판결을 받았다. 그러나 여인은 이혼을 원하였으나 프랑스법으로는 이혼이 불가능하자, 이혼을 허용하는 독일의 작센공국으로 국적을 바꾸어 그곳에서 루마니아 귀족과 재혼하였다. 이에, 보프르몽이 프랑스 법원에 이 재혼의 무효를 주장한 사건이다.

2. 법정지의 변경 또는 창설

당사자가 국제재판관할이 인정될 수 있는 요건을 스스로 만들어 법정지를 변경함으로써 그 법정지의 국제사법을 적용받게 되고, 그 결과 자기에게 보다 유리한 법적 효과를 얻고자 하는 경우도 이를 보통 forum shopping이라고 하여 진정한 법률회피의 하나로 다루어져 왔다.[61] 그러나 이러한 법률회피 역시 오늘날에는 원칙적으로 유효한 것으로 본다. 이유는, 준거법의 결정 원칙과 마찬가지로 국제재판관할의 원칙도 국가마다 다른데, 당사자가 의도적이든 아니든 간에 소를 제기하는 국가의 국제재판관할의 원칙에 따라 그 국가의 법원에서 소가 수리된다면 이를 부정해야 할 이유도 근거도 없기 때문이다.

물론, 이 외국의 판결이 내국에서 승인 및 집행을 받기 위해서는 내국이 정하고 있는 외국 판결의 승인 및 집행의 요건을 충족하고 있는지 여부를 검토하는 문제가 생길 수는 있다. 그러나 이는 법률회피와는 별개의 문제이며, 더구나 많은 국가에서는 그 승인 및 집행의 요건으로 승인국의 국제사법 규범에 따라 준거법을 적용했을 것(이것을 「실질적 심사」라고 한다)을 요구하지도 않는다(민소법 제217조 참조). 만약 문제가 생긴다면, 내국 법원은 판결을 내린 외국 법원에 관할권이 있었는가에 대해 내국 국제재판관할 원칙의 관점에서 검토하게 되므로 여기서 걸러지게 될 것이다(민소법 제217조 제1호 참조).

---

61) v. Hoffmann/Thorn, IPR, S. 268; Siehr, IPR, S. 479 f.

3. 성질결정을 이용한 변경 또는 창설

국제사법의 연결대상에서 문제가 되는 성질결정을 의도적으로 바꾸어 준거법을 변경하고자 하는 시도도 진정한 법률회피의 하나로 인정된다. 예컨대, 본래 상속으로 성질결정 되어 상속준거법이 적용되어야 할 문제이지만 상속준거법이 적용되면 유류분제도 때문에 상속재산이 원하지 않는 친족에게 분배되는 것을 피하기 위해 생전에 부동산을 법인에 귀속시킴으로써 사망 시에 그 부동산의 권리승계 문제가 법인준거법에 의해 해결되도록 만들어두는 것이다. 이러한 사례는 1986년 프랑스 대법원이 판결한 사안인데, 당시 프랑스 대법원은 법률회피를 이유로 법인준거법의 적용을 배척하고 상속준거법을 적용함으로써 자녀들의 유류분권을 인정해주었다.[62]

Ⅳ. 해결방법

앞에서 이미 언급했듯이 오늘날의 국제사법은 특별한 이유가 없는 한 당사자가 연결점이나 법정지를 변경하여 자기에게 유리한 결과를 얻고자 하는 것을 막지 않는다. 따라서 국제사법에서 법률회피는 종래와 달리 오늘날에는 크게 문제 되지 않는다. 즉, 오늘날 국제사법에서 법률회피는 원칙적으로 유효로 보는 것이다. 우리의 통설 역시 마찬가지이다.[63] 다만, 우리의 통설은 법률회피의 유효를 인정하는 데에 그치고 더 이상 논의를 진전시키지 않는다. 그러나 예외적이긴 하지만 법률회피를 긍정하지 않을 수 없는 사안도 없지

---

62) v. Hoffmann/Thorn, IPR, S. 267 f.; Kegel/Schurig, IPR, S. 480.

63) 서희원, 『국제사법강의』, 111면; 김용한/조명래, 『국제사법』, 173면; 신창선/윤남순, 『신국제사법』, 117면; 김연/박정기/김인유, 『국제사법』, 166면.

않다는 것이 문제이다. 앞에서 설명한 성질결정에 의한 법률회피가 그러한 예에 속한다. 이때, 이것을 어떻게 판단할 것이며, 법률회피를 인정하지 않을 수 없을 경우에는 이를 어떻게 이론 구성하며, 그 요건을 어떻게 설정하느냐가 다음의 문제로 된다.

이에 대해 독일에서는 세 가지 견해가 나와 있다. 첫째로 일단 법률회피를 제도적으로 긍정하고 이를 무효화하고자 하는 견해, 둘째로 법률회피 자체를 인정하지 않고 법률회피는 전적으로 유효라고 주장하면서 만약 그러한 문제가 발생한다면 국제사법의 기존 제도에서 해결책을 구할 수 있다는 견해, 셋째로 앞의 두 견해 모두 문제가 있다고 보고 그 문제점을 피해 이론을 구성하려는 견해가 있다.[64]

첫 번째의 견해를 소위 「특별구성요건설」이라고 하는데, 일정한 요건을 설정하고 이 요건이 충족되면 법률회피를 긍정하여 회피행위의 무효를 인정하고 본래 적용되어야 했을 회피된 법을 적용해야 한다는 견해이다. 이때, 법률회피의 요건으로 세 가지를 드는데, 첫째는 회피행위이고, 둘째는 회피의도이며, 셋째는 그 회피행위가 권리남용이어야 한다. 여기서 권리남용은 여러 가지 정황을 검토하여 비난 가능성이 있을 때 인정되며, 회피된 규범의 의미 또는 당사자의 행태나 동기 등을 통해 판단하게 된다.

두 번째의 견해는 「공서설」이라고 하는데, 국제사법에서 법률회피는 원칙적으로 허용되어 있으므로 굳이 별도로 다룰 필요가 없는 문제이며, 다만 그런 문제가 생긴다면 기존의 공서 규정(우리 국제사법의 제10조)에 의해 법의 적용을 부정할 수 있으므로 이에 의해 해결하면 충분하다는 견해이다.

세 번째 견해는 우선, 첫 번째 견해에서 회피의도를 입증하기 어

---

64) 이에 대해서는 Kropholler, IPR, S. 159 ff.; Junker, IPR(1), 옆 번호 188 이하.

렵다는 점을 비판하고, 두 번째 견해에서는 법률회피는 연결의 부당성 문제이지 법적용의 부당성이 아니라는 점과 또 내국법을 회피하여 외국법을 적용받고자 하는 경우에는 공서 규정이 적용될 수 있지만 외국법을 회피하여 내국법을 적용받고자 하는 경우에는 공서 규정으로 해결할 수 없다는 점을 비판한다. 오히려, 국제사법에서 법률회피 문제는 국제사법 규범의 해석을 통해 오늘날의 국제사법이 원칙적으로 법률을 회피하는 것을 허용하고 있음이 밝혀졌듯이, 예외적으로 법률회피가 부정되어야 할 경우가 있다면 그것 역시 국제사법 규범의 목적을 해석하여 밝혀질 문제라고 보는 것이다. 예컨대, 그 국제사법 규범의 목적이 구체적인 사건에서 그러한 법률회피를 허용하지 않는다고 해석될 때65)에는 법률회피를 긍정하여 그 회피행위를 무효화하고 본래 적용되었어야 할 법을 적용하면 된다는 것이다. 그래서 이 견해를 「목적론적 법적용설」 또는 「목적론적 법해석론」이라고 부른다.

생각건대, 세 번째 견해인 목적적 법적용설이 국제사법에서 법률회피의 가능성을 인정하면서도 법률회피의 문제를 특별하게 취급하지 않고 일반적인 법적용 내지 법해석의 문제로 보아 통일적으로 파악한다는 점에서 장점이 있다. 더구나 앞의 두 견해가 갖는 문제점도 피할 수 있어 합리적으로 보인다.66)

---

65) 이때, 회피된 실질법 규범의 보호목적도 함께 검토할 필요가 있다고 한다.
66) 이 목적론적 법적용설에 근거한 독일 대법원의 판결로 흔히 BGHZ 78,318(=IPRax 1981, 130)을 든다.

§21 반정

Ⅰ. 의의

국제사법에서 반정(Renvoi)이란, 내국의 국제사법이 지정하는 법이 외국의 국제사법인 경우에 그 외국의 국제사법이 이 지정을 받아들이지 않고 오히려 다른 국가의 법을 지정하는 것을 말한다. 이때, 다시 지정되는 다른 국가의 법은 처음 지정을 행한 국가의 법(법정지법)이거나 아니면 그 외의 제3국의 법일 수 있다.

그러나 유의해야 할 점은 이미 개념 정의에서 나타나듯이, 반정은 먼저 「내국의 국제사법이 지정하는 법이 외국의 국제사법인 경우」를 전제로 하고 있다. 이를 내국 국제사법의 차원에서 보면 준거법의 지정, 그것도 외국법이 지정된 데에서 발생한다. 이러한 외국법의 지정에는 두 가지 종류가 있는데, 하나는 외국의 실질법을 지정하는 경우이고, 다른 하나는 외국의 국제사법까지 포함하여 지정하는 경우이다. 전자를 실질법지정[67]이라고 부르고, 후자를 총괄지정(또는 국제사법지정)[68]이라고 부른다. 그러나 반정은 외국법에 대한 이 두 가지 지정 중에서 총괄지정(국제사법지정)인 경우에 한해서 발생한다.[69]

그런데 국제사법에 의한 외국법의 지정을 총괄지정으로 정할 것

---

67) 주의할 것은, 여기서 지정되는 실질법에는 실질규범이 전형적이라는 의미일 뿐, 내부적 저촉법인 역제사법과 인제사법도 여기에 해당된다는 점이다. 그런 의미에서 Kropholler(IPR, S. 165)는 실질법적 지정이라는 용어가 부적절하다고 지적한다.

68) 「국제사법지정」이라고 부르는 이유는, 외국법의 모든 규범을 지정하는 경우에도 그중에서 그 외국의 국제사법이 제일 먼저 적용되는 것이며, 또한 반정 문제는 이 국제사법의 적용에서 발생하는 문제이기 때문이다. 그래서 이 용어는 총괄지정이라는 용어에 비해 지정의 특징을 보다 선명하게 드러내는 것은 사실이다.

69) 이에 반해, 내국법(법정지법)을 지정하는 경우에는 언제나 실질법지정이 된다.

인지 아니면 실질법지정으로 정할 것인지는 그 국가의 입법정책의 문제이다. 그래서 외국법의 지정을 실질법지정으로 인정하는 국가[70]가 있는 반면에, 총괄지정으로 결정하여 반정을 넓게 인정하는 국가[71]도 있다. 또한 외국법의 지정을 총괄지정으로 결정하여 원칙적으로 반정을 허용하되 그중에서도 직접반정만 제한적으로 인정하는 국가도 있다.[72]

그렇다면 결국, 반정이 발생하는지 여부는 외국법으로 지정된 그 외국 국제사법의 태도에 따라 결정되기는 하지만, 이러한 반정을 허용할 것인지 아니면 부정할 것인지, 허용하더라도 어느 범위에서 허용할 것인지는 결국 먼저 각국이 스스로 독자적으로 결정할 입법정책의 문제임을 유의해야 한다.[73] 다만, 국제저촉법협약(예컨대,

---

70) 예컨대, 중국, 포르투갈, 그리스, 스칸디나비아 제국, 미국과 캐나다의 각 주가 이에 해당한다.

71) 예컨대, 독일 국제사법.

72) 예컨대, 스페인 국제사법.

73) 국제사법에서 반정이 문제로 되기 시작한 것은 1878년 프랑스 대법원의 Forgo 판결에서였다. Forgo는 혼인 외의 자녀로서 바이에른국에서 태어나, 5세 때 어머니와 함께 프랑스로 이주하였으나 사망할 때까지 프랑스의 국적뿐만 아니라 프랑스의 법률상의 주소도 취득한 적이 없었다. 그가 유언도 상속인도 없이 사망하자 프랑스에 있는 그의 재산에 대해 바이에른국에 있는 Forgo의 모의 방계친족이 바이에른국의 상속법에 의하면 자기에게 상속권이 있음을 주장하였다. 이에 반해, 프랑스 국고는 프랑스 상속법에 의하면 혼인 외의 자녀에 대한 방계친족의 상속권은 인정되지 않으므로 이 유산은 상속인 없는 재산이 되어 프랑스 국고에 귀속된다고 주장하였다.

이에 대해, 프랑스 대법원에서 부동산 상속은 소재지법을 적용하므로 프랑스법이 적용되어 문제가 없었으나 동산 상속에 대해서는 다투어졌다. 그러나 최종적으로 동산 상속에 대해서도 프랑스법이 적용되는 것으로 판결이 났는데 그 논거는 다음과 같다. 즉, 피상속인 Forgo는 프랑스 국적도 취득한 적이 없으며 프랑스에 법률상의 주소도 없었고 사망할 때까지 바이에른국 사람으로 살았으므로 그의 동산 상속에 바이에른국의 법이 적용된다. 그런데 바이에른 국제사법에 의하면 동산 문제에 대해서는 소재지법, 유언 없는 상속문제는 마지막 주소지법에 의하도록 되어 있다. 그렇다면 동산 상속 문제가 이 경우에 그 어느 쪽에 의하든 프랑스법을 적용하게 되므로 이를 받아들여 프랑스법을 적용해야 한다는 것이다. 결국, 프랑스 대법원은 피상속인의 부동산뿐만 아니라 동산에 대해서도 프랑스 상속법을 적용하여 프랑스 국고에 승소 판결을 내렸다.

헤이그협약들)에서는 협약의 통일적 적용을 확보하기 위해 반정을 부정하는 것이 일반적이다.

II. 반정의 요건

반정은 다음 세 가지 요건이 충족될 때 발생하게 된다. 첫째, 법정지 국제사법이 외국법을 지정할 것. 둘째, 그 지정이 총괄지정일 것. 셋째, 법정지 국제사법 규범과 지정된 외국 국제사법 규범 간에 차이가 존재할 것이다. 주로 연결점, 연결주체, 연결시점 같은 연결요소에 차이가 있으면 반정이 발생한다. 예컨대, 법정지 국제사법은 국적을 연결점으로 하고 있는 데 반해 이에 의해 지정된 외국의 국제사법은 주소를 연결점으로 하고 있다든가, 법정지 국제사법은 부모를 연결주체로 하고 있는 데 반해 외국의 국제사법은 자녀를 연결주체로 하고 있다든가, 법정지 국제사법은 연결시점에서 변경주의를 택하고 있는 데 반해 외국의 국제사법은 불변경주의를 택하고 있다든가 할 때 반정이 발생하게 된다. 그 외에도 연결대상의 체계개념(지시개념)이 서로 다를 때에도 반정이 발생할 수 있다. 예컨대, 법정지 국제사법은 상속통일주의(상속재산에서 동산과 부동산을 구별하지 않는 주의)를 택하고 있는 데 반해 외국의 국제사법은 상속분할주의(상속재산에서 동산과 부동산을 구별하는 주의)를 취하고 있을 때에도 반정이 발생할 수 있다.

III. 반정의 유형

법정지의 국제사법이 외국법을 지시하고 그 지정이 외국의 실질법지정인 경우에 법정지 법원은 외국의 실질법을 적용하게 되므로 반정이 발생하지 않지만, 법정지 국제사법의 지시가 외국의 국제사법 지정인 경우에는 이 외국 국제사법의 내용에 따라 다음 세 가지로 나누어진다.

첫째, 그 외국의 국제사법이 법정지 국제사법의 지정을 받아들이는 경우이다. 예컨대, 문제 된 사안에 대해 법정지의 국제사법과 그 외국 국제사법의 연결요소가 동일하다면(예컨대, 양국 모두 국적일 경우) 그 외국의 국제사법도 자국법을 지정할 것이므로 법정지 법원에서는 그 외국의 실질법을 적용하는 것으로 끝난다.

둘째, 그 외국의 국제사법이 도로 법정지법을 지정하는 경우이다. 이때, 이 외국의 국제사법의 지정은 이 외국 국제사법의 내용에 따라 실질법지정일 수도 있고 국제사법지정일 수도 있다. 만약 그 지정이 실질법지정이거나 또는 설혹 국제사법지정이더라도 법정지 국제사법이 이를 받아들여 더 이상 되돌리지 않는다면 순환은 법정지에서 그치게 되며, 법정지 법원에서 적용되는 법은 결국 법정지의 실질법이 된다. 이를 가리켜「직접반정」이라고 부른다.

그러나 외국 국제사법의 지정이 총괄지정일 때 법정지 국제사법은 그 외국 국제사법의 지정을 존중하여 다시 한번 그 외국 국제사법으로 되돌릴 수도 있다. 이때, 법정지 법원에서는 준거법의 확정을 위해 두 가지 가능성이 존재한다. 하나는, 만약 그 외국의 국제사법의 내용이 법정지국에서 다시 돌아오면 더 이상 되돌리기를 중단하고 자국의 실질법을 적용하는 태도를 취하면(이는 그 외국의 국제사법이 직접반정을 인정하고 있다는 의미이다) 법정지 법원이 이를 존중하여 법정지 법원에서 그 외국의 실질법을 적용하는 방법이다. 이를 가리켜「이중반정」이라고 부른다. 다른 하나는, 그 외국의 국제사법이 이런 태도를 취하지 않을 때는 어쩔 수 없이 상대방 국가에 대한 국제사법 지정은 끝없이 반복될 것이므로 법정지 법원은 이를 감안하여 결국 법정지의 실질법을 적용하는 방법이다.

셋째, 그 외국의 국제사법이 제3국법을 지정하는 경우이다. 이때, 다시 그 지정은 그 외국 국제사법의 내용에 따라 실질법 지정일 수도 있고 국제사법지정일 수도 있다. 실질법지정인 경우에 순환은 여기서 그치고 법정지 법원은 제3국의 실질법을 적용하게 되지만, 국제사법지정인 경우에는 다시 경우가 갈라진다. 예컨대, 제3국의 국제사법이 앞서의 그 외국 국제사법의 지정을 받아들이는 경우, 제4국법으로 되넘기는 경우, 우연히도 법정지법으로 되돌리는 경우 등이다. 첫 번째의 경우는 순환이 여기서 그치므로 앞서의 실질법 지정과 동일하게 법정지 법원에서는 제3국의 실질법을 적용하게 되는데, 이를 가리켜 「전정」이라고 부른다. 반면에, 제4국법으로 되넘기는 경우는 「재전정」이라고 하며, 법정지법으로 돌아오는 경우는 「간접반정」이라고 부른다.

Ⅳ. 반정에 대한 평가

1. 장점

일반적으로 반정을 허용하는 이유로는 반정에 의해 국제적 판결 일치를 얻게 된다는 점을 든다. 반정을 인정한다는 것은 법정지의 국제사법에서 준거법으로 지정된 외국의 국제사법이 정하는 것을 법정지의 법원이 그대로 인정해주겠다는 의미이기 때문에, 그 외국에 동일한 소가 제기되어도 동일한 결과가 나오리라고 보는 것이다. 그러나 반정에 의해 얻게 되는 국제적 판결일치는 의외로 제한적이라는 사실에 유의해야 한다. 예컨대, 직접반정을 인정하는 경우에도 준거법으로 지정된 외국 국제사법의 지정이 실질법지정이라면 국제적 판결일치가 얻어지지만, 국제사법지정이라면 국제적 판결일치는 얻어지지 않는다. 또 전정 등도 모두 인정해야 비로소 국제적 판결일치를 말할 수 있게 되거니와, 전정을 인정하는 경우에도 전정에 의해 지정된 국가의 국제사법이 이를 받아들여야 국제적 판결일치가 얻어지지 그러지 않으면 국제적 판결일치를 얻기는 쉽지 않다.

반정을 인정하는 또 하나의 이유는 외국법보다는 내국법인 법정지법을 적용하게 된다는 점이다. 반정 중에서 직접반정이나 간접반정을 인정하는 경우에 특히 그렇다. 준거법으로 지정되는 외국의 실질법은 확인하기도 어렵거니와 이를 확인하기 위해서는 비용과 시간이 많이 든다. 또 그 외국법을 적용하는 경우에도 옳게 적용하고 있다는 확신도 갖기 어렵다. 그러느니 차라리 반정을 통하여 법정지법을 적용하는 것이 실제적이기도 하고 명확하기도 하다. 즉, 반정은 종종 내국법 적용을 위한 도구로 사용되는 것이다.

또 반정은 특히 본국법주의를 택하고 있는 국가에서는 본국법주의가 갖는 문제점을 제거하는 장점이 있다. 예컨대, 외국인이 소를 제기하는 경우에는 그 외국인이 법정지국에 주소 또는 상거소를 두고 있는 경우가 보통인데, 법정지의 국제사법이 본국법주의를 택하고 있다면 준거법은 보통 외국법으로 지정되지만 지정된 외국의 국제사법이 주소지(또는 상거소지)법주의를 택하고 있다면 법정지국은 반정에 의해 이를 받아들여 주소지(또는 상거소지)법으로서 법정지법을 적용하게 된다. 그 결과, 종종 생활의 중심이 되는 법을 적용하지 못한다는 본국법주의의 단점을 제거하고 생활의 중심이 되는 주소지(또는 상거소지)법을 적용할 수 있게 되는 것이다. 이는 주로 속인법 영역인 국제인법, 국제가족법, 국제상속법에서 발생하는데, 앞에서 든 법정지법을 적용하게 된다는 장점도 덤으로 얻게 된다.

2. 단점

그러나 반정을 허용한다는 것은 이론적으로 자기모순일 수 있다. 일국의 국제사법 규범은 보통 입법자가 그 법률관계에 가장 밀접한 관계를 가졌다고 생각하는 법원칙을 정해놓은 것이다. 그럼에도 불구하고 반정을 허용한다는 것은 자기가 정해놓은 원칙을 부정하고 준거법으로 지정된 외국의 국제사법의 원칙에 따르겠다는 의미이다. 그 결과, 법정지 국제사법의 입법자가 결정한 원칙들은 부정되고 만다.

더구나 반정을 인정하면 외국 국제사법에 대한 이해 및 그 외국이 가입한 저촉법협약까지 모두 찾아내 검토해야 하며, 또 준거법 발견의 논리과정이 상당히 복잡해지고 기교적이 되며, 준거법이 어느 법이 될지도 예측하기 어렵게 된다. 그렇다고 하여 그렇게 얻어진 준거법이 사안과 가장 밀접한 관련을 가진 법일 것이라거나 또는 타당한 법일 것이라는 보장도 없다. 왜냐하면, 반정을 허용한다는 것은 준거법결정의 문제를 외국의 국제사법에 맡긴다는 얘기인데, 이 외국의 국제사법 규범이 언제나 합리적이거나 타당하다고는 볼 수 없기 때문이다. 결국, 반정을 인정하면 종종 쓸데없이 많은 노력과 시간 및 비용이 요구되며, 또한 준거법에 대한 예측도 힘들어지는 것이다.

3. 평가

반정을 허용할 것인가, 부정할 것인가는 각국의 입법정책의 문제이다. 따라서 각국은 반정이 가져오는 장점과 단점을 형량하여 자국 국제사법의 원칙을 정하게 된다. 사실, 각국마다 국제사법의 준거법결정 원칙이 유사해지면 반정제도는 불필요하다. 반정을 허용하더라도 실제로 반정이 발생하지 않기 때문에 군이 반정을 인정할 필요가 없기 때문이다. 따라서 앞으로 각국마다 준거법의 결정 원칙이 세분화되고 합리적으로 되어 설득력을 얻게 되면 그 규범은 국제적으로 통일적 경향을 보일 것이고 그렇게 되면 반정을 허용하든 허용하지 않든 각국은 준거법의 결정에 있어서 동일한 결과를 얻게 될 것이어서 결과적으로 반정을 부정하는 쪽으로 나아갈 것이다. 현재 진행되고 있는 그러한 예가 헤이그 국제사법회의에 의해 주도되고 있는 국제저촉법협약들이다. 이 국제저촉법협약들에서는 일반적으로 반정을 부정하는데, 여기서는 통일적 해결을 위해서도 준거법의 결정이 불확실하고 복잡해지는 반정을 군이 허용할 필요가 없기 때문이다. 더구나 앞으로 이러한 국제저촉법협약들은 계속 증가할 것이고 여기에 가입하는 국가도 더욱 늘어날 것이다. 그렇게 되면 국제사법에서 반정을 허용하는 국가나 또는 반정을 인정하는 분야는 점점 줄어들 것으로 본다. 그러나 여전히 무시할 수 없는 반정의 장점으로는 외국 실질법보다는 내국법(법정지법)을 적용하게 된다는 점과, 특히 속인법에서 본국법주의를 취하는 경우에 이 본국법주의의 문제점을 제거할 수 있다는 점일 것이다.

V. 우리 법에서 반정

1. 반정에 관한 법 규정

우리 국제사법에서 반정에 관한 규정은 두 가지이다. 총칙에서 원칙 규정인 제9조와 각칙에서 특별규정인 어음, 수표의 행위능력에 관한 제51조 제1항 단서이다. 각각에 대해 검토해보기로 한다.

1) 제9조

(1) 직접반정의 인정(제1항)

종래 섭외사법에서는 반정을 허용하되 제한적으로 본국법이 지정되는 경우에 한해 반정을 인정했었다. 그러나 2001년에 국제사법으로 개정되면서 반정을 허용하는 범위가 크게 확대되었다. 예컨대, 본국법으로 지정되는 경우뿐만 아니라 상거소지나 목적물소재지 또는 행위지 등에 의해 지정되는 경우에도 제한 없이 반정을 허용하고 있다(제9조 제1항). 그러나 이렇게 넓게 반정을 허용하되, 반정이 허용되지 않는 예외의 경우들도 구체적으로 열거하여 명시하고 있다(제9조 제2항).

반정을 허용한다는 원칙 규정인 제9조 제1항에서는 직접반정을 규정하고 있다. 이는 우리 국제사법에서 외국법 지정은 원칙적으로 총괄지정(즉, 국제사법지정)이라는 의미이다. 더구나 이 규정에 의하면, 앞에서 언급한 여러 가지 반정의 종류 중에서 직접반정만 규정하고 있다. 따라서 우리의 국제사법에 의해 준거법으로 지시된 외국의 국제사법이 자국 실질법을 적용하지 않고 우리 법으로 반정하는 경우에 한해서, 이를 받아들여 우리의 실질법을 적용한다는 의미이다. 그러나 그 외국의 국제사법이 자국 실질법을 적용하지 않고 다른 외국법으로 전정하는 것은 허용하지 않으므로, 우리 법이 인정하는 반정이 국제적 판결일치를 가져올 것이라고 말하기는 어렵다. 그럼에도 불구하고 직접반정만 허용하는 우리 법의 태도는 우리 법원에서 한국법을 적용할 가능성을 크게 높인다는 장점이 있다. 특히 속인법 분야에서 여전히 본국법주의 원칙을 취하고 있는 우리 국제사법에서는 더욱 그렇다. 그 외에도, 지정된 외국의 국제사법이 우리 법으로 반정하는 것이 실질법지정인지 아니면 총괄지정인지 하는 판단문제를 우리 법원이 굳이 할 필요도 없게 된다.

(2) 반정을 허용하지 않는 경우(제2항)

그러나 반정을 허용하는 것이 국제사법의 지정 취지에 반하는 경우에는 제1항의 반정을 부정하는 사례를 제9조 제2항에 명시적으로 열거하고 있다. 따라서 이 사례에 해당하는 경우에는 우리 국제사법의 외국법 지정은 그 외국의 국제사법의 적용을 배제하는 실질법지정이라는 의미가 된다. 아래에서 개별적으로 검토해보기로 한다.

첫째, 당사자가 합의에 의해 준거법을 선택하는 경우에는 반정이 부정된다(1호). 이때, 주의할 점은 두 가지이다. 하나는, 문언상으로는 당사자의 「합의」로 표현되어 있으나 당사자가 일방적으로 선택하는 경우에도 반정이 부정된다.[74] 이 규정의 의미는 국제사법에서 준거법을 선택하는 경우에는 반정이 부정된다는 것이므로, 예컨대 임의대리(제18조 제4항)나 상속(제49조 제2항)에서처럼 일방적으로 준거법을 선택하는 경우에도 반정은 부정되어야 한다. 다른 하나는, 당사자의 선택은 실질법에 대해서만 가능하고 일국의 국제사법을 선택하는 것은 허용하지 말아야 한다.[75] 준거법선택에서 국제사법의 선택을 허용한다면 그 결과를 예측할 수 없게 만들며, 또한 부부재산제(제38조 제2항)나 상속(제49조 제2항)에서처럼 선택 범위가 제한되어 있는 경우에는 그 선택 범위를 부당하게 확대시킬 수 있기 때문이다.

둘째, 계약준거법이 적용되는 경우에는 반정이 부정된다(2호). 우리 국제사법 제26조 내지 제29조의 계약준거법 규정은 「1980년의 계약채무의 준거법에 관한 유럽협약(일명 로마협약)」을 본받은 것이므로, 국제적 판단일치를 얻기 위해 이 협약의 내용에 따라 우리도 반정을 부정한 것이다. 같은 이유에서, 이 협약의 규정을 계수한

---

74) 석광현, 『국제사법 해설』, 166면.
75) Kropholler, IPR, S. 175.

채권양도 및 채무인수(제34조)와 법률에 의한 채권 이전(제35조)의 준거법도 반정을 부정하는 것이 옳을 것이다.[76]

셋째, 부양준거법(제46조)에서 반정이 부정된다(3호), 제46조 역시 「1973년 헤이그 부양준거법협약」의 내용을 본받은 것이다. 따라서 국제적 판결일치를 위해 이 협약의 내용대로 우리도 반정을 부정한 것이다.

넷째, 유언의 방식의 준거법(제50조 제3항)에서 반정은 부정된다(4호). 이 역시 「1961년 헤이그 유언 방식의 준거법협약」을 본받은 것이므로 이 협약의 내용에 따라 우리도 반정을 부정한 것이다.

다섯째, 제60조에서 선적국법이 적용되는 경우에 반정이 부정된다(5호). 여기서 반정을 부정한 이유는, 선박 관련 분쟁의 특수성을 고려하여 예측 가능성과 신속성을 확보하기 위해서이다.[77] 그러나 제60조만 언급하고 있으므로, 선적국법이더라도 제61조 제2항과 제62조의 경우에는 반정이 부정되지 않음을 주의해야 한다. 이때에는 전자는 불법행위의 특칙이고 후자는 사무관리의 특칙인데, 불법행위 준거법과 사무관리 준거법에서는 반정을 허용하므로 동일하게 반정을 인정해주고 있는 것이다.

여섯째, 반정을 인정하는 것이 우리 국제사법의 지정 취지에 반하는 경우에는 반정이 부정된다(6호). 어느 경우가 이에 해당하느냐에 대해서는 개별적으로 검토가 필요한데, 아래에서 보기로 한다.

하나, 선택적 연결의 경우이다. 선택적 연결의 목적은 준거법의 대상을 늘려 유리한 실질법적 결과를 얻기 위한 것이다. 그런데 여기에 반정을 인정하게 되면 준거법이 어느 일국의 법으로 모아져 선택 가능성이 줄어들 수가 있다. 그것은 선택적 연결의 취지에 어

---

76) 석광현, 『국제사법 해설』, 156면. 물론, 이들이 계약을 전제로 하는 법률관계라고 보면 당연히 반정이 부정될 것이다.

77) 법무부, 국제사법 해설, 48면.

굿나므로 선택적 연결에서는 원칙적으로 반정을 부정하는 것이 옳을 것이다. 예컨대, 제42조 제1항에서 준정의 준거법으로 부의 본국법 또는 모의 본국법 또는 자의 상거소지법으로 되어 있는데, 이는 선택적 연결로서 반정이 인정되지 않으므로 각각 그 국가들의 실질법에 의한다는 것이다.

둘, 종속적 연결의 경우에도 반정을 부정하는 것이 옳을 것이다. 종속적 연결의 목적은 법률관계들 간의 밀접한 관련성 때문에 각 법률관계의 준거법을 분할시키지 않고 통일적으로 연결하여 일원적으로 해결하기 위한 것이다. 그런데 여기에 반정을 인정한다면 다시 준거법이 분할될 가능성이 생기므로 종속적 연결에서는 반정을 부정해야 할 것이다. 예컨대, 제32조 제3항에 의해 불법행위 준거법이 계약준거법에 따르는 경우에 확정된 계약준거법에 종속적으로 연결되는 불법행위 준거법은 반정을 인정하지 않는다는 것이다.

셋, 교정적 연결의 경우에도 선택적 연결과 마찬가지로 그 취지상 실질법적 결과를 얻기 위한 것이므로 원칙적으로 반정은 인정하지 말아야 할 것이다.[78] 다만, 우리 국제사법에서 교정적 연결은 제46조 제1항 단서에 한정되어 있는데 이 규정 자체가 이미 제9조 제2항 3호에서 반정이 부정되고 있으므로 현행법상으로는 더 이상 논의의 의미가 없을 것이다.

넷, 국제사법 규범에서 지정된 준거법을 그 국가의 실질규범으로 해석하지 않을 수 없는 경우도 있다. 이때에도 그 준거법에는 반정을 인정하지 말아야 한다. 예컨대, 제44조의 동의 요건에 관한 준

[78) 교정적 연결이란 일차적인 준거법에 의해 실질법적 결과가 나오지 않는 경우에 당사자를 보호하기 위해 추가로 이차적인 준거법을 지정해 실질법적 결과가 나올 수 있는 가능성을 부여하는 것인데, 반정을 인정하게 되면 이차적인 준거법인 실질법에 의해 실질법적 보호가 부여될 수 있는 상황을 박탈하고 반정에 의해 실질법적 보호가 부여되지 않는 실질법을 적용하게 되는 경우가 발생할 수 있기 때문이다.

거법은 그 국가의 실질규범을 의미하는 것으로 보아야 할 것이다. 또 제15조 제1항(거래보호)에 언급된 "법률행위가 행해진 국가의 법"도 그 국가의 실질규범을 의미하는 것으로 해석되므로 반정은 부정될 것이다.

다섯, 언급은 없으나 제8장의 어음, 수표에 관한 조항에서도 반정은 허용하지 말아야 할 것이다. 이 규정들 역시 어음, 수표에 관한 저촉법협약을 본받은 것이기 때문이다. 다만, 명시적으로 전정을 인정하고 있는 제51조 제1항 단서만은 예외이다.

여섯, 법정지의 국제사법이 외국법을 지정하였는데, 그 외국의 국제사법이 「법정지의 헌법」에 위반하는 내용의 반정을 하는 경우에도 그 반정은 공서에 위반되어 법정지 국제사법에서 볼 때 국제사법의 지정 취지에 반한다고 보이므로 그 반정을 인정하지 말아야 할 것이냐 하는 문제가 있다. 예컨대, 법정지 국제사법에서 헌법상 남녀평등의 원칙에 따라 이국적 부부의 동일한 상거소지법을 준거법으로 지정했는데 지정된 외국의 국제사법이 남자인 부 일방만의 본국법으로 반정하고 있다면 이 반정은 법정지의 헌법상 남녀평등의 원칙에 위반되어 공서에 반하므로 반정은 인정되지 않느냐 하는 것이다. 생각건대, 이러한 반정도 우리의 공서에 반한다고 보아 반정을 인정하지 말아야 할 것이다.[79)]

2) 제51조 제1항 단서

어음, 수표의 행위능력의 준거법은 그 어음, 수표의 채무를 부담하는 자의 본국법이다(제51조 제1항 본문). 그러나 그 국가의 법이 다른 국가의 법을 준거법으로 지정하는 경우에는 그 다른 국가의

---

79) 석광현, 『국제사법 해설』, 169면; 안춘수, 『국제사법』, 144면.

법에 의한다(제51조 제1항 단서). 그 결과, 어음, 수표의 행위능력의 준거법에서는 전정을 인정하고 있다고 해석된다. 이때, 제9조의 원칙에 따라 직접반정이 인정되는 것은 물론이다.

2. 우리 법에서 인정될 특수한 반정

1) 부분반정

반정은 어느 하나의 법률관계 전체에서 일괄적으로 행해지는 것이 보통이다. 그러나 그 일부분에서만 행해지는 경우도 있다. 이것을 부분반정이라고 한다. 이러한 부분반정은 상속이나 부부재산제에서 그 재산에 대해 통일적으로 준거법을 정하지 않고 부동산(정확히는 부동재산)과 동산(정확히는 동적 재산)으로 구분하여 준거법을 각기 달리 정하고 있는 국가의 법으로 준거법이 지정되는 경우에 흔히 발생한다. 예컨대, 영미법이나 프랑스법계의 국제상속법에서는 부동산의 경우에는 소재지법을, 동산의 경우에는 피상속인의 마지막 주소지법을 준거법으로 정하는 경우가 많다. 따라서 만약 벨기에에 부동산을 둔 벨기에인이 한국에 마지막 주소를 두고 사망한 후에 상속분쟁 문제가 한국 법원에 제기되었다면, 한국 국제사법(제49조 제1항)에 의해 상속준거법은 벨기에법이지만 이는 국제사법지정이므로 벨기에 국제사법에 따라 부동산 상속은 그대로 벨기에법을 적용하고 동산 상속에 대해서는 마지막 주소지법인 한국법으로 반정하므로 이를 받아들여 한국법을 적용하게 된다. 결국, 여기서 부분반정이 발생하게 된다.

2) 숨은 반정

숨은 반정이란 간단히 말하면, 준거법으로 지정된 그 외국의 국제재판관할 규범 속에 준거법상의 반정이 숨어 있는 것을 말한다. 예컨대, 미국법에서는 어떤 국제가족법 문제(보통 이혼, 입양, 친권)에 대해서 준거법결정 규범이 존재하지 않고, 대신 이 문제에 대해 자국에 국제재판관할이 인정되면 여기에 자국의 법정지법(실질법)을 적용한다. 만약, 법정지국(예컨대, 한국)에서 이혼문제에 대해 이러한 국가로 준거법이 지정되고 그 지정이 국제사법지정(총괄지정)인 경우에, 이 준거법국에는 이에 대한 준거법결정 규범이 없으므로 어떻게 적용해야 할지 문제가 된다. 그러나 이 준거법국에 준거법결정 규칙은 없지만 "국제재판관할이 인정되면 법정지법을 적용한다"는 원칙은 있다고 볼 수 있으므로, 만약 이 준거법국의 국제재판관할의 원칙상 법정지국에 관할이 인정된다면 그 법정지국의 법을 적용하는 것이 준거법국의 국제사법 원칙에 따르는 것이 될 것이다. 이를 가리켜 숨은 반정이라고 부른다.[80]

그러나 위에서 보듯이 숨은 반정이 인정되기 위해서는 다음 세 가지 요건이 필요하다.[81] 첫째, 법정지국의 국제사법에 의해 국제사법지정(총괄지정)된 다른 국가가 당해 문제에 대해 준거법결정 규칙을 가지고 있지 않으나 그에 대한 국제재판관할의 규칙은 있어야 한다. 둘째, 당해 문제에 대해 그 외국(즉, 준거법지정국)은 국제

---

80) 숨은 반정을 인정한 우리 판례로는 대판 2006.5.26., 2005므884가 있다.

81) 석광현 교수(『국제사법 해설』, 172면)는 이 외에도 숨은 반정이 제9조 제2항 6호에 의해 우리 국제사법의 지정 취지에 반하지 말아야 한다고 한다. 그러나 필자가 보는 한 이는 의문스럽다. 제9조 제2항 6호(제9조 전체가 그렇다)는 우리 국제사법 규정의 지정이 총괄지정인지 실질법지정인지를 결정짓는 규정이지, 이미 총괄지정으로 정해져 영미법 국가의 국제사법(국제사법 규범이 없는 경우에는 그 대신 국제재판관할 규범)을 적용한 결과 한국법으로 반정하는 것을 재검토하는 규정이 아니라고 필자는 본다.

재판관할이 인정되면 자국의 실질법을 적용한다는 원칙을 가지고 있어야 한다. 셋째, 그 외국(즉, 준거법지정국)의 국제재판관할의 원칙에 의하면 국제재판관할이 법정지국에 있어야 한다. 이때, 법정지국이 전속관할을 가지는 경우뿐만 아니라, 준거법국과 함께 경합관할을 가지는 경우에도 인정된다.82) 이 세 번째 요건은, 이론적으로는 숨은 반정 역시 일종의 반정이므로 다른 반정의 경우와 마찬가지로 준거법으로 지정된 국가의 법이 법정지법으로 반정하고 있다는 사실을 확인하기 위해 필요한 요건이다. 예컨대, 숨은 반정은 준거법국의 국제재판관할 규범 속에서 유추해내는 반정이므로 그 준거법국의 국제재판관할의 원칙상 법정지국에 국제재판관할권이 없다면 준거법국이 법정지국으로 반정을 하고 있다고 볼 수 없기 때문이다. 또한 이 요건은, 실무적으로는 법정지국에서 내려진 판결이 나중에 그 준거법국에서 승인될 가능성을 높여준다는 점에서도83) 필요하다. 따라서 이 세 가지 요건이 충족되지 않는 경우에는 숨은 반정이 인정되지 않으므로, 이때에는 바로 준거법으로 지정된 외국의 실질법이 적용되어야 할 것이다.

3) 성질결정에 의한 반정

법정지의 국제사법이 외국법을 지정하고 그 지정이 총괄지정이라면 그 외국의 국제사법을 적용해야 하는데, 이때 이 국제사법은 그 외국의 법원이 적용하는 것과 동일하게 적용해야 한다(뒤에서 설명할 「외국법 적용의 원칙」 참조). 따라서 법정지에서 제기된 사안에 대해 준거법으로 지정된 외국의 국제사법이 법정지의 국제사

---

82) Junker, IPR(1), 옆 번호 208.

83) 이런 이유로 독일에서는 준거법국의 승인 요건을 충족해야 비로소 숨은 반정이 인정된다고 엄격하게 해석하는 견해도 있다(예컨대, Kropholler, IPR, S. 181).

법과는 성질결정을 달리하고 있는 경우에도 그 준거 외국의 국제사법상의 성질결정을 따르는 것이 원칙이다. 그러나 이렇게 달리 성질결정 되어 적용된 준거 외국의 국제사법 규범이 준거법을 다른 국가의 법으로 지정하게 된다면 여기서도 반정이 생기게 되는데, 이것을 성질결정에 의한 반정이라고 부른다.

예컨대, 독일의 국제사법은 약혼의 파기로 인한 증여물 반환청구나 손해배상을 혼인관계의 파탄(즉, 혼인의 효력문제)과 유사한 것으로 성질결정 하는 데 반해, 프랑스 국제사법은 이를 불법행위로 성질결정 한다. 만약, 프랑스인 남녀가 함께 독일에서 지내다가 약혼 파기로 인한 반환청구나 손해배상 문제를 독일 법원에 제기한 경우에 독일의 국제사법이 이를 혼인의 효력으로 성질결정 하여 양 당사자의 공통 본국법인 프랑스법으로 지정하게 되는데, 이 지정은 총괄지정이므로 먼저 프랑스 국제사법을 적용해야 한다. 그러나 프랑스 국제사법은 이 문제를 불법행위로 성질결정 하므로 프랑스 국제사법에서 불법행위의 준거법인 불법행위지법인 독일법으로 반정하게 된다. 이때, 독일 법원은 프랑스 국제사법의 성질결정을 인정하여 독일법으로의 직접반정을 인정할 것인지, 아니면 독일 국제사법의 성질결정을 그대로 프랑스 국제사법에도 적용하여 프랑스 국제사법의 혼인의 효력준거법(만약, 독일 국제사법처럼 부부공통 본국법이라면)에 의해 프랑스 실질법을 적용할 것인지 하는 것이 문제이다. 생각건대, 법정지 국제사법이 원칙적으로 반정을 인정하는 한, 이러한 성질결정에 의한 반정도 인정해야 할 것이다.

§22 다수법국에서 준거법의 확정

Ⅰ. 서론

국제사법에 의해 법이 지정되더라도 그 지정된 국가가 지역적으로 또는 종교나 종족에 따라 인적으로 적용을 달리하는 다수의 법을 가지고 있는 소위 다수법국(Mehrrechtsstaat)[84]인 경우에는 그 다수의 법 중에서 어느 하나의 법이 지정되어야 비로소 준거법이 결정된다. 이 다수의 법 중에서 어느 법을 적용하느냐에 대해서는 제3조 제3항이 이를 규율하고 있다.

그러나 다수법국도 지역적(장소적) 다수법국도 있고 인적 다수법국도 존재하는데, 제3조 제3항은 그중에서 「본국법으로 지정되는 지역적 다수법국」에 대해서만 규정하고 있을 뿐이다. 따라서 아래에서는 다수법국을 지역적 다수법국과 인적 다수법국으로 나누어, 그 다수법국으로 지정되는 경우에 발생하는 준거법의 확정 문제에 대해 전반적으로 검토해보기로 한다.

Ⅱ. 지역적 다수법국에서 준거법의 확정

지역마다 법을 달리하는 지역적 다수법국에서는 각 지역마다 적용되는 사법의 내용이 서로 다르다. 그래서 국내법상으로도 여기서 발생하는 각 지역 사이의 법의 충돌문제를 해결하기 위해 보통 역제사법(준국제사법)을 가지고 있는데, 그 역제사법의 존재형식이

---

84) 다수법국에 대해서는 앞의 「내부적 법적용법」에서의 설명 참조.

또한 각국마다 다양하다. 따라서 우리 국제사법에 의해 지정된 다수법국에서 준거법을 확정하기 위해서는 그 역제사법의 존재형식을 알아야 하므로 이에 대해 간단히 설명하기로 한다. 그러나 역제사법의 존재형식에 대해서는 지역적 다수법국 중에서 스페인과 미국(영미법계의 국가들은 보통 미국과 유사함)이 전형적으로 구분되므로 이 두 나라를 중심으로 설명하기로 한다.

우선, 지역적 다수법국인 스페인은 통일된 단일의 국제사법이 존재하고 통일된 단일의 역제사법도 존재한다고 알려져 있다. 다만, 통일된 국제사법 규범은 명시적으로 민법 속에 존재하지만 통일된 역제사법 규범에 대해서는 원칙적으로 통일된 국제사법 규범을 유추적용한다고 한다. 예컨대, 국제사법 규범상의 본국을 역제사법에서는 주민이 현재 살고 있는 지역으로 보아 적용하는 것이다.[85]

이에 반해, 미국은 통일된 국제사법도 통일된 역제사법도 없다. 그 대신 각 주의 주민 사이에 발생하는 사법적 분쟁에 적용할 주제사법을 각 주마다 판례에 의해 형성해왔다고 알려져 있다. 따라서 각 주의 주제사법도 원칙적으로 서로 상이하다. 그러나 이는 주제사법의 문제이고 우리의 문제인 국제사법 사건에서는 주제사법의 원칙을 국제사법 사건에 대부분 그대로 적용한다고 알려져 있다.[86]

이상은 지역적 다수법국의 역제사법 및 국제사법에 대한 예비적 이해이고, 본격적으로 우리의 문제인 제3조 제3항으로 들어가 보기로 한다. 우리 법 제3조 제3항은, 국제사법 각칙 규정에 의해 지정되는 외국법이 지역적 다수법국의 법인 경우에 그중 하나의 법을 어떻게 정할 것이냐에 대해 규율하고 있다. 그러나 이 규정은 지역적 다수법국으로 지정되는 모든 경우가 아니라 연결점이 국적으로

---

85) 이에 대해서는 Kropholler, IPR, S. 200.

86) 이에 대해서는 Droop, Sachrechte der Gliedstaaten der USA und ihre kollisionsrechtliche Bewaeltigung, Jura 1993, S. 293 ff.

되어 지정되는 경우, 즉 본국법으로서 지정된 국가가 지역적 다수법국인 경우에 한해 적용되는 것으로 되어 있다. 따라서 지역적 다수법국에서의 준거법 확정문제도 연결점이 국적인 경우와 그 외에 연결점이 장소인 경우로 나누어서 살펴보아야 한다.

1. 본국법으로 지정된 국가가 지역적 다수법국인 경우 (제3조 제3항)

이 경우도 지정된 그 지역적 다수법국에 통일된 역제사법(준국제사법)이 있는 경우와 없는 경우로 나누어진다. 제3조 제3항에 의하면, 그 국가에 통일된 역제사법이 존재한다면 그 역제사법에 따라 지정되는 법에 의하고, 없으면 당사자와 가장 밀접한 관련이 있는 지역의 법에 의하는 것으로 되어 있다.

그러나 이 경우에도 법적용 문제가 보기처럼 그렇게 단순하지 않으므로 구체적으로 검토해보아야 한다. 예컨대, 통일된 역제사법이 존재하는 경우(스페인)에도 우리 법의 지정이 총괄지정인지 아니면 실질법지정인지에 따라 나누어 검토해보아야 한다. 왜냐하면 각각에 따라 법 적용이 달라지기 때문이다. 따라서 우리 법의 지정이 총괄지정인 경우(제9조 제1항에 해당하는 경우임)에는 지정된 외국의 국제사법이 우리 법으로 반정하는지 아닌지를 먼저 검토해야 하고, 우리 법으로 반정하지 않을 때에 비로소 그 국가의 통일된 역제사법이 적용될 것이다. 이에 반해, 우리 법의 지정이 실질법지정(제9조 제2항에 해당하는 경우)이라면 그 국가의 국제사법을 검토해볼 필요 없이 바로 그 국가의 역제사법에 의해 실질법이 지정될 것이다.[87]

---

[87] 이런 점에서 보면 실질법 지정이라는 용어도 정확한 용어는 아니다. 실질법 지정에는 내부적 저촉규범인 역제사법(뒤의 인제사법도 마찬가지)을 원칙적으로 포함

그러나 통일된 역제사법이 존재하지 않는 국가라면 가장 밀접한 관련이 있는 지역의 법을 찾아야 한다. 이때에는 복수 국적의 경우와 마찬가지로 종종 상거소가 그 기준이 될 수 있을 것이다. 그러나 가장 밀접한 관계를 가진 지역의 법을 찾았더라도 그 지역의 법을 적용할 때 주의할 문제가 있다. 예컨대, 통일된 역제사법이 없는 국가(미국)에서는 보통 개개 주법에 소위 주제사법이 존재하고 이 주제사법은 국제사법의 기능도 한다. 따라서 가장 밀접한 관련이 있는 어느 주법을 찾았다고 해도 우리 법의 지정이 총괄지정이면 그 주의 실질법을 적용할 것이 아니라 먼저 그 주의 주제사법에 따라 반정 여부를 검토해보아야 한다.[88] 이 주제사법에 의해 우리 법으로 반정하지 않으면 그때 비로소 그 주의 실질법을 적용하게 될 것이다.[89] 이에 반해, 우리 법의 지정이 실질법지정이라면 가장 밀접한 관련을 가진 그 주의 실질법이 바로 적용될 것이다.

2. 장소적 연결점에 의해 지정된 국가가 지역적 다수법국인 경우

본국법 이외에 장소적 연결점, 예컨대 상거소나 법률행위지, 물건소재지, 불법행위지 등에 의해 지정된 국가가 다수법국인 경우에는 그 다수법 중에서 어떻게 하나의 법을 준거법으로 정하느냐에 대해서는 우리 국제사법에 규정이 없다. 생각할 수 있는 가능성으

하기 때문이다.

88) 우리 판례가 인정하고 있는 숨은 반정은 여기서 발생하는 문제일 것이다.

89) 그 주제사법이 다른 주의 법으로 반정하는 경우에는 어떻게 할 것인가의 문제가 제기되지만, 우리 법은 직접반정만 인정하고 있다는 점과 그 다수법국에 통일된 국제사법이 없어서 우리 법원이 그 다수의 법 중에서 가장 밀접한 관련이 있는 지역의 법을 확정했다는 점에서 볼 때 더 이상 다른 법으로의 반정은 인정되지 않을 것이다.

로는 그 장소(지역)의 법을 직접 적용하는 방법과 제3조 제3항을 유추적용하는 방법이 있을 수 있다. 그러나 후자의 방법은 이론적으로는 가능하지만 기교적이며, 실무적으로 너무 복잡하고, 법적으로도 꼭 그렇게 해야 할 근거도 없다. 따라서 전자처럼 그 장소의 법을 직접 적용하는 방법이 단순하고 확실하며 규정을 두지 않은 입법자 의사에도 합치할 것으로 본다.

주의할 것은, 이때에도 우리 법의 지정이 총괄지정인 경우에는 그 장소(지역)의 실질법을 적용하기 전에 그 다수법국에서 우리 법으로 반정하느냐의 여부를 먼저 검토하여야 한다는 점이다. 예컨대, 그 다수법국에 통일된 국제사법이 있다면 이에 의해 우리 법으로 반정하느냐의 여부를 검토하고, 통일된 국제사법이 없는 경우에도 그 장소(지역)의 법에 주제사법이 존재한다면 그에 따른 반정 여부를 검토해야 할 것이다. 그 결과, 우리 법으로의 반정이 인정되지 않는다면 그때 비로소 그 장소(지역)의 실질법이 적용될 것이다.

III. 인적 다수법국에서 준거법의 확정

오늘날 인적 다수법국은 민족 외에 주로 종교에 따라 적용하는 법을 달리하는 경우에 발생한다. 이 경우에도 두 종류가 있다. 하나는, 한 국가에 통일된 세속법(특히 가족법에서)이 없고 종교에 따라 법이 나누어져 예컨대 이슬람교도는 이슬람법, 유대교도는 유대법, 가톨릭교도는 가톨릭법이 적용되는 경우(예컨대, 레바논)이다. 다른 하나는, 위와 같은 다수의 종교법과 함께 통일된 세속법도 존재하되 양자 중에서 선택할 수 있게 되어 있는 경우(예컨대, 나이지리아)이다.

이러한 인적 다수법국이 지정되는 경우에 그중에서 어떻게 하나의 준거법이 결정될 것이냐에 대해 우리 법에는 규정이 없다. 생각건대, 인적 다수법국의 경우에는 전반적으로 제3조 제3항을 유추적용할 수 있을 것으로 본다. 즉, 지역적 다수법국의 경우와 달리 본국법으로 지정되는 경우뿐만 아니라 장소적 연결점으로 지정되는 경우에도 유추적용되어야 할 것이다. 왜냐하면 장소적 연결점은 지역적 다수법국에서는 준거법을 결정하는 데 의미가 있을 수 있지만, 인적 다수법국에서는 준거법을 정할 수 있는 기능을 할 수 없기 때문이다. 따라서 인적 다수법국에 통일된 인제사법이 존재한다면 그에 따라 결정하고, 만약 인제사법이 없다면 가장 밀접한 관련을 가진 법에 의해야 할 것이다. 가장 밀접한 관련을 가진 법은 보통 당사자가 속한 종교법이나 종족법이 될 것이다.

§23 예외조항[90]

I. 의의

준거법결정의 원칙은 사안에 가장 밀접한 관련을 지닌 법을 지정해주는 것이다. 따라서 국제사법 규범은 모두 이 원칙의 결과라고 할 수 있다. 그런데 실정법으로서 국제사법 규정은 법적 안정성을 위해 이를 획일화시켜 놓고 강행적으로 적용하도록 요구한다. 그러다 보니 이 국제사법 규정이 사안에 따라서는 위의 원칙에 명백히 반하는 결과를 낳기도 한다. 그럼에도 불구하고 이런 경우에도 국제사법 규정을 그대로 적용해야 한다면 그것은 부당할 것이다. 종

---

90) 외국에서는 예외조항을 회피조항이라고도 부른다.

래에는 이러한 부당성을 성질결정을 변경하거나 또는 최종적으로 공서조항을 통해 해결해왔다. 그러나 이러한 해결책은 문제의 본질을 은폐시킬 뿐만 아니라 해결에 이용된 제도의 의미와 내용도 왜곡시키게 된다. 오히려 올바른 방법은 이 문제에 직접 부딪혀 그 해결책을 찾는 것이다. 그것은 명백히 부당한 지시규범을 직접 수정하는 저촉법적 장치를 마련해놓는 것이다. 우리 법에서 그것이 바로 제8조의 예외조항이다.

물론, 이 규정은 여러 가지 측면에서 비판받을 여지가 있다. 예컨대, 이 규정으로 인해 국제사법의 규정 자체가 자칫 무의미해질 수 있어 법적 안정성을 해칠 가능성이 크다. 또한 법률에 의해 확정된 준거법에 대해 예외를 찾도록 만들어 법원에 커다란 부담을 주게 된다. 나아가, 내국법을 적용하기 위한 도구 또는 실질법상의 결과를 바꾸기 위한 도구로 잘못 활용될 수도 있다.

그럼에도 불구하고 이러한 예외조항이 필요한 이유는, 국제사법 규정의 경직성을 완화하고 사안에 따른 구체적 타당성을 얻기 위해서이다. 국제사법 규범은 그 특성상 개개의 연결대상의 범위가 매우 넓으며 또한 지정되는 준거법도 대부분 단일하다. 그 결과, 다양하고 이질적인 사안들이 불가피하게 하나의 동일한 준거법으로 지정되는데, 여기서 국제사법이 추구하는 가장 밀접한 관련을 가진 법을 찾는다는 원칙이 명백히 배반당하는 사태가 발생한다. 따라서 실정화된 국제사법 규정의 사문화나 왜곡을 막기 위해서도 이러한 사태에 대비하는 안전판이 필요한 것이다. 그것이 제8조의 예외조항이다.

II. 예외조항의 적용요건

예외조항은 함부로 사용하면 법적 안정성을 해칠 가능성이 크다. 따라서 그 요건이 엄격하다. 첫째, 국제사법에 의해 지정된 준거법이 해당 법률관계와 근소한 관련이 있을 뿐이어야 한다. 둘째, 그 법률관계와 가장 밀접한 관련이 있는 다른 국가의 법이 존재하여야 한다. 셋째, 그러한 다른 국가의 법이 존재한다는 것이 명백해야 한다.

문제는 두 번째 요건에서 문언상 "가장" 밀접한 관련이 있는 다른 국가의 법으로 되어 있는데, 그것이 언어적 의미 그대로 최상급이냐 하는 것이다. 우리 법이 참고한 다른 국가의 입법례[91])로 보아 언어적 의미에서는 "가장"이 아니라 좀 더 약화된 의미로 해석하는 것이 옳을 것으로 본다.[92]) "가장"이라는 표현을 쓴 것은 예외조항에서 요건의 엄격성을 특히 강조하기 위한 것이었을 것으로 본다.

이때, 가장 밀접한 관련을 찾는 데에는 전체적인 상황을 고려해야 할 것이다. 종종 공통의 상거소나 공통의 국적, 또는 지급수단으로 합의된 통화나 계약체결지, 각 당사자의 상거소나 국적 등이 고려의 요소가 될 수 있을 것이다. 그러나 준거법으로 지정된 실질법의 적용 결과를 고려하는 것은 원칙적으로 부정되어야 한다.

III. 예외조항의 적용상의 문제

예외조항은 총칙상의 규정이므로 국제사법 각칙의 모든 영역에 적용될 수 있다. 그러나 총칙상의 문제인 「선결문제」나 「준거법 변경」의 경우(예컨대, 국적 변경)에도 적용될 필요가 있을 것으로 본다.

---

91) 스위스법과 독일법은 모두 비교급인 "보다 밀접한"으로 표현하고 있다.

92) 신창선, 「국제사법상의 예외조항에 대하여」, 『국제사법연구』 제6호, 2001, 125면.

이때, 중요한 문제는 이 예외조항이 구체적으로 어떤 경우에 적용되느냐 하는 것이다. 그러나 이에 대해서는 일률적으로 말하기 어렵다. 구체적인 사안에 따라 법관이 개별적으로 판단해야 할 문제이기 때문이다. 다만, 유형상으로는 예외조항의 적용이 전형적으로 긍정되는 경우도 있고, 반드시 부정되어야 하는 경우도 있으므로 이에 대해 개괄적으로 언급하기로 한다. 이와 더불어, 예외조항과 다른 조항과의 관계 및 그 적용 문제와, 또한 예외조항을 적용할 때 유의해 두어야 할 점도 간단히 언급하기로 한다.

1. 적용이 인정되는 경우

예외조항이 적용될 수 있는 경우로는 우선 편의치적선과 Paper Company의 경우가 있다. 편의치적선이란, 선박의 소유주가 소속한 국가와 전혀 관계없는 다른 국가에 선박을 등록하고 그 등록한 국가의 국기를 달고 다니는 선박을 말한다. 많은 선박의 소유주가 세금이나 등록비용을 절약하거나, 법적 규제를 덜 받기 위해서 자국에 선박을 등록하지 않고 규제가 약하고 비용이 절감되는 타국(이 국가를 편의치적국이라고 한다)에 등록을 해두는 것(이것을 편의치적이라고 한다)이 현실이다. 그러나 이는 국제사법적으로 허용되어 있어서 소위 법률회피에는 해당하지 않는다고 보고 있다. 문제는 국제해상의 경우에는 준거법이 선적국법으로 되는 것이 보통인데(제60조 이하 참조), 편의치적선의 경우에는 그 선적국법이 가장 밀접한 관련을 지닌 법으로 되지 않을 가능성이 높다는 점이다. 따라서 편의치적선의 경우에는 사안에 따라서 예외조항이 적용되어 선적국법이 아닌, 예컨대 선박 소유자의 영업소 소재지법 등이 그 법률관계와 가장 밀접한 관계를 지닌 법으로 인정될 가능성이 높다

고 보는 것이다.[93)]

또한 Paper Company의 경우도 마찬가지이다. 이는 주로 조세회 피처로 인정되고 있는 어느 국가에 서류상으로만 회사를 설립해두 고 실제로 활동은 다른 국가에서 하거나 또는 이 회사를 통과역으 로만 활용하고 있는 경우이다. 이때에도, 법인의 준거법은 보통 법 인설립국법이 되는데(제16조) 그 법인의 설립국은 법인에 관련된 법률관계와 가장 밀접한 관계를 갖고 있다고 볼 수 없다. 이런 경 우에도 예외조항을 적용하여 가장 밀접한 관련을 가진 다른 국가의 법을 확인해 적용할 수 있다고 보는 것이다.

그 외에도 예외조항이 적용될 수 있는 국제사법 영역으로는 흔히 국제불법행위법이 거론된다. 국제불법행위의 준거법은 원칙적으로 불법행위지법이 되는데(제32조 제1항), 문제는 불법행위 사건이 너 무나 다종다양해서 이 불법행위지법이라는 기본적인 준거법으로는 가장 밀접한 관련을 갖는 국제사법적 연결 원칙에 도저히 부응할 수 없다는 점이다. 그래서 학자들은 불법행위의 여러 유형(예컨대, 제조물책임, 인격권침해, 환경책임 등)을 구분하고 그에 적합한 준 거법의 결정 원칙을 별도로 정하고자 노력하고 있다. 따라서 현행 법상 불법행위 준거법이 아직 세분화되어 있지 못한 상태에서는 이 문제 역시 법원에 맡기어 구체적인 사안에 따라 준거법을 정할 수 있도록 해주어야 하는데, 그것이 예외조항을 통해서 가능하다는 것 이다. 더 나아가 국제계약법에서도, 심지어 국제물권법[94)]에서도 예 외조항의 적용 가능성은 적지 않다는 점에도 유의해야 할 것이다.

또한 국제친족법과 국제상속법 영역에서 본국법 원칙이 적용되 는 경우에도 예외조항이 적용될 가능성이 있다. 예컨대, 당사자가

---

93) 예컨대, 대판 2014.7.24., 2013다34839.

94) 이에 대해서는 「§35 예외조항의 적용 가능성」 참조.

자기의 현재 국적과는 미약한 관련성만 갖는 경우에는 예외조항을 통해 본국법보다는 예컨대 상거소지법이 적용될 가능성이 없지 않을 것이다.

2. 적용이 부정되는 경우

제8조 제2항에서는 예외조항이 적용되지 않는 경우로서, 당사자가 합의에 의해 준거법을 선택한 경우를 명시하고 있다. 당사자가 준거법을 선택한 경우에도 예외조항을 인정하는 것은 법적 안정성을 해치며 당사자 의사에도 반한다고 보기 때문이다. 그런 의미에서 보면, 이 내용을 「합의」에 의한 준거법 선택의 경우에만 한정시킬 필요는 없다. 넓게 보아 일방적으로 준거법을 선택한 경우(제18조 제4항과 제49조 제2항)라도 예외조항은 적용되지 말아야 할 것이다.

그 외에도 논리적으로 보아, 실질법적 가치가 고려되는 지시규정(예컨대 제44조)에서는 예외조항이 적용될 수 없을 것이다.[95] 또 우리에게는 아직 드물지만, 국제저촉법협약에 가입하여 그 저촉규정을 적용해야 하는 경우에도 예외조항은 적용되지 않을 것이다. 국제협약에서는 체약국 간에 통일적인 적용이 우선하는 가치이기 때문이다. 또한 국제재판관할 규정이나 외국판결의 승인 및 집행 규정에서도 예외조항은 적용될 수 없다고 본다. 예외조항은 준거법의 지시규범이 명백히 부당할 때에 이를 수정하는 장치이기 때문이다.

---

95) 석광현 교수(『국제사법 해설』, 156면)는 제27조의 국제소비자계약 규정도 제8조의 예외조항이 적용될 수 없는 규정으로 보고 있다. 이론적으로 타당하다고 본다. 그러나 약자보호라는 동일한 목적을 가진 제28조의 국제근로계약 규정에서는 예외조항이 적용될 수 있음을 주의해야 할 것이다.

3. 다른 규정과의 적용관계

예외조항은 어디까지나 예외이기 때문에 다른 규정과의 적용 문제가 제기될 가능성이 있다. 특히 반정조항(제9조), 공서조항(제10조), 국제적 강행규범 규정(제7조)과의 관계에서 그렇다.

먼저, 제8조의 예외조항과 제9조의 반정조항의 관계에 대해서는 논란의 여지가 있다. 예컨대, 예외조항의 경우에는 제9조 제2항의 6호("이 법의 지정 취지에 반하는 경우")가 적용되어 반정이 인정되지 않는다고 보면, 결국 예외조항이 항상 반정조항의 적용을 배척하게 된다. 그러나 예외조항에 의해 지정된 준거법도 제9조 제1항이 적용된다고 보면, 결국 반정조항에 의해 예외조항의 결과가 배척될 수 있다. 생각건대, 예외조항에 의해 지정된 준거법이 반정을 통해 회피된다는 것은 언뜻 논리적으로 모순되어 보인다. 그러나 예외조항은 준거법 지시에 대한 예외규정이므로 규범 적용의 순서상 지시된 준거법도 제9조의 반정조항의 적용을 받는 것이 옳을 것이다.[96] 더구나 예외조항의 요건을 앞에서 언급한 것처럼 언어적으로 완화해 이해하면 외견상의 논리적 모순도 크게 완화될 것이다. 따라서 예외조항은 반정조항보다 먼저 적용되고, 이어 그 지시가 제9조 제1항에 의해 총괄지정이 되면 우리는 직접반정을 받아들여야 할 것이다.

다음에 제10조의 공서조항과의 관계에 대해서는, 양자가 모두 국제사법의 안전판으로서 국제사법 규범에 의해 지정된 준거법을 배척한다는 점에서는 동일하다. 그러나 공서조항은 「외국법 적용의 결과」를 배척하는 것이고, 예외조항은 「저촉법적으로 지시된 연결」을 배척하는 것이다. 또한 공서조항은 외국법이 준거법으로 되는

---

96) 석광현, 『국제사법 해설』, 157면.

경우에만 적용되는 데 반해, 예외조항은 내국법이 지정되는 경우에도 적용될 수 있다. 어쨌든, 준거법의 지정이 먼저 이루어지고 그다음에 그 준거법이 적용되는 것이므로, 적용 순서에서는 예외조항이 먼저 적용되고 그다음에 공서조항이 적용될 것이다.

이에 반해, 제7조의 국제적 강행규범에 대해서는 제8조의 예외조항이 적용순서에 있어서 항상 후순위이고 국제적 강행규범이 항상 선순위가 된다. 이는 국제적 강행규범의 속성에서 나온 결과이다. 즉, 국제적 강행규범은 원칙적으로 저촉법적 연결과는 관계없는 제도이고 준거법이 어떤 법으로 지정되든 상관하지 않고 우선적으로 적용되는 법이므로, 그런 점에서 연결문제보다 항상 적용이 앞선다. 따라서 국제적 강행규범은 예외조항보다 항상 앞서 적용되지만, 하나의 사안에서 볼 때 이 국제적 강행규범이 적용되는 부분을 제외하고 나머지 부분에 대해서는 준거법이 적용되므로 이에 대해서는 예외조항이 적용될 가능성이 있다.

4. 적용 시 유의할 점

이미 앞에서 지적했듯이, 예외조항은 이를 통해 국제사법의 현행 규범을 부정할 수 있는 조항이어서 그 적용에는 신중을 기해야 한다. 따라서 전체 상황을 고려하여 그 요건의 충족 여부를 조심스럽게 그리고 충분히 검토해야 한다. 한편으로, 예외조항이 실질법 적용의 결과를 변경하거나 내국법을 적용하기 위한 법관의 재량적 도구가 되는 것은 경계해야 한다.

그렇다고 적용해야 할 필요가 있는데도 불구하고 그 위험성 때문에 적용을 꺼리는 것도 잘못이다. 국제사법은 속성상 불확실성이 지배하는 법 영역이고, 현행 국제사법 규정도 완벽한 것이 아니며 여전히 발전과정 중에 있다고 보아야 한다. 그렇기 때문에 입법자가 알 수 없거나 개입할 수 없는 부분에 대해서는 법관에게 맡길 수밖에 없는 것이다. 종래 국제 불법행위법에서 유일한 원칙이었던 불법행위지법 원칙이 오늘날에는 종속적 연결(제32조 제3항)이나 공통의 상거소지법(제32조 제2항)에 의해 보완되었던 것은 결과적으로 판례에 의해 묵시적인 예외조항을 적용해온 소득물이었다. 현행법상의 명시적인 예외조항 역시 그러한 역할을 하리라 기대하고 있는 것이다. 따라서 법원에서도 이 사안에서는 입법자라면 규정상의 준거법과는 다른 준거법을 지정했을 것이라는 점이 명백하다면 예외조항의 적용을 마다해서는 안 될 것이다. 그러한 판례가 쌓이다 보면 예외가 원칙이 되고 그 원칙이 다시 입법화되는 과정을 통해 국제사법도 더욱 발전해나갈 것으로 생각한다.

제2장 준거법의 적용

§24 외국법의 적용

Ⅰ. 서론

국내법인 국제사법은 적어도 외국적 요소를 가진 사안에는 반드시 적용해야 할 강행적인 법이다. 따라서 우리 국제사법을 적용한 결과, 준거법이 외국법으로 지정되는 경우에는 이 외국법을 우리 법원에서 적용해야 한다. 그러나 외국법은 그 외국의 영역에서만 효력을 갖지 타국에서는 효력을 갖지 않는다는 것이 원칙이다. 이를 영토주의(Territorialitaetsprinzip)라고 한다. 그럼에도 불구하고 우리 법원에서 내국법이 아닌 외국법이 적용되어 그 효력을 갖는 근거와 이유는 무엇일까?

단순하게는 우리 입법자의 명령이기 때문이라고 할 수 있을 것이다. 즉, 우리 국제사법이 외국법의 적용을 명령하기 때문이라는 것이다. 본래 영토주의가 원칙이 된 이유는 자국법을 외국에 강제하는 것은 주권침해가 되기 때문이다. 그러나 우리의 입법자가 국제사법에서 외국법의 적용을 명령하여 외국법을 적용하는 것은 주권침해가 될 수 없다. 우리의 의사로 스스로 외국법의 적용을 명령한 것이기 때문이다. 그렇다면 입법자가 우리 법원에서 외국법을 적용할 것을 명령하는 이유는 무엇일까? 그것은 외국적 요소가 있는 사안에 대해서는 오로지 법정지법인 한국법을 적용하기보다는 외국법을 적용하는 것이 보다 합리적이고 타당할 수 있다고 보기 때문일 것이다. 결국, 국제사법의 목적이 그러듯이 외국법 적용의 근거와 이유도 법적 정의를 실현하는 데 있다고 볼 수 있다.

따라서 우리 국제사법이 준거법으로 외국법을 지정하는 경우에 우리 법원에서는 그 외국법(주로 실질법이겠지만 국제사법도 포함됨)을 적용해야 하는데, 이때 여러 가지 문제가 제기된다. 첫째, 기본적으로 법원에서 외국법을 소송상 어떻게 다룰 것인지가 문제로 된다. 둘째, 구체적으로 외국법을 어떻게 적용하고 해석해야 하는지 문제가 된다. 셋째, 외국법을 발견할 수 없거나 알 수 없는 경우에는 어떻게 할 것인가도 문제로 된다. 이에 대해 아래에서 차례로 보기로 한다.

II. 외국법의 소송상의 지위

국내법에 관한 한, 법원은 적용할 법을 알고 있어야 한다(iura novit curia). 그러나 외국법에 대해서는 그것이 국제사법이든 실질법이든 법관이 이를 알고 있다고 보기 어렵다. 법관의 법지식과 교육은 보통 국내법에 한정되어 있기 때문이다. 그러니 법관에게 외국법을 알아야 한다고 요구하기도 어렵다. 이 때문에 우리 국제사법에 의해 지정된 외국법을 소송상 단순히 하나의 사실로 볼 것인지, 아니면 외국법이라고 해도 역시 법률로 볼 것인지 하는 논의가 벌어진다. 외국법을 사실로 취급하면 소송 당사자가 외국법을 원용하고 입증하여야 하고, 법률로 취급하면 국내법과 마찬가지로 법원이 외국법을 알고 있어야 하기 때문이다.

물론, 외국법을 소송상 단순히 사실로 보는 국가들도 있다. 예컨대, 영미의 국가들이 그렇다. 그러나 우리는 외국법을 법률로 본다.

이것이 우리 법률의 규정(제5조)이자 판례[97]와 통설이기도 하다.
따라서 우리 법관은 소송 당사자의 원용이 없더라도[98] 외국법을
직권으로 조사하고 적용하여야 한다(제5조 전단).[99][100] 그럼에도
불구하고 여러 가지 사정상 외국법을 국내법과 똑같이 취급하기는
어려우므로, 법원은 외국법을 확인하기 위해 당사자에게 협력을 요
구할 수 있도록 하고 있다(제5조 후단).[101][102] 또한 소송 당사자들
이 국제사법적 측면을 명백히 간과하거나 무시하는 경우에는 법원
이 석명권을 행사할 수도 있을 것이다. 그러나 당사자의 외국법에
대한 원용과 주장에 법원이 구속되는 것은 아니다. 외국법은 법원
이 직권으로 조사할 사항이므로[103] 당사자가 제공한 외국법에 대한

---

97) 대판 90.4.10., 89다카20252; 대판 2010.3.25., 2008다88375.

98) 이에 반해, 영미국가의 법원에서는 외국법을 사실로 보므로 당사자가 입증하도록
하고 있다.

99) 예컨대, 대판 90.4.10., 89다카20252에서는 "외국법의 조사 방법은 법원이 합리적
이라고 판단하는 방법에 의하여 조사하면 충분하고, 반드시 감정인의 감정이나 전
문가의 증언 또는 국내외 공무소, 학교 등에 감정을 촉탁하거나 사실조회를 하는
등의 방법에만 의하여야 할 필요는 없다"고 한다.

100) 우리나라는 외국의 두 국가와 법률정보의 제공을 위한 양자조약을 체결해두고
있다. 하나는 오스트레일리아와 "재판상의 문서의 송달, 증거조사 및 법률정보의
교환에 관한 민사사법공조조약(2000년 발효)"이고, 다른 하나는 중국과 "대한민
국과 중화인민공화국 간의 민사 및 상사사법공조조약(2005년 발효)"이다.

101) 우리 법원에서는 당사자가 준거법 소속국의 법률전문가로부터 선서진술서(affidavit)
를 받아 법원에 제출하는 방법을 많이 사용하고 있다고 한다(석광현, 『국제사법
해설』, 129면). 그러나 당사자가 제출하는 외국법 정보는 제출하는 당사자 측에
유리한 내용만 언급될 가능성이 크므로 객관적이라고 보기 어렵다. 따라서 주의
해야 할 것이다.

102) 그러나 오스트리아에서는 연방법무부가 외국법을 발견하기 위해 법원을 도와야
할 의무가 있다고 한다. 독일에서는 함부르크에 있는 「막스프랑크 연구소」 또는
각 대학에 소속된 국제사법 및 비교법연구소에서 의견서(Gutachten)를 받아 외
국법을 적용하고, 후에 이 의견서들을 모아 책으로 출판한다. 또 우리 법과 동일
한 규정을 두고 있는 스위스에서는 로잔에 소재하는 「스위스 비교법연구소」에 외
국법에 대한 업무를 맡긴다고 한다(이에 대해서는 Siehr, General Problems of
Private International Law in Modern Codifications, in: Yearbook of Private
International Law Vol. VⅡ, 2005, p. 47).

판단도 법원에 맡겨져 있기 때문이다. 따라서 법원은 외국법을 스스로 증명할 필요가 있는데, 그 증명의 방법은 제한이 없고 자유롭게 할 수 있다(자유증명).104)

한편, 소송당사자들도 외국법에 대한 입증 의무는 없다. 그러나 법원이 외국법을 잘못 적용하거나 잘못 해석하는 경우에는 외국법도 법률이므로 당사자들이 상고할 수 있다는 것이 판례105)이자 통설106)이다.

III. 외국법의 적용

준거법으로 외국법을 우리 법원에서 적용하는 경우에는 첫째, 적용되는 그 외국법의 범위가 어디까지인가와, 둘째로 그 외국법을 어떻게 적용하고 해석할 것인가가 주로 문제로 된다. 이에 대해 아래에서 검토해보기로 한다.

그러나 그에 앞서 여기서 말하는 외국이란 어떤 국가인가가 검토되어야 한다. 예컨대, 우리 법원에서 적용할 외국법의 그 외국은 반드시 국제적으로 인정되고 우리 정부가 승인한 국가이어야 하는가의 문제이다. 왜냐하면 정치적 이유로 영토적으로 분할되어 대립하는 국가들이 있고, 이들에 대해 국제적으로 인정받지 못하거나 우

---

103) 여기서 직권조사는 직권탐지까지 포함하는 것으로 해석한다(석광현, 『국제사법 해설』, 125면 이하).

104) 예컨대, 대판 92.7.28., 91다41897에서는 "섭외사건에 관하여 적용할 준거외국법의 내용을 증명하기 위한 증거방법과 절차에 관하여 우리나라의 민사소송법에 어떤 제한도 없으므로 자유로운 증명으로 충분하다"고 한다.

105) 예컨대, 원심에서 외국법 적용을 잘못하였다고 대법원이 원심을 파기 환송한 사건으로는 대판 2007.6.29., 2006다5130(폴란드법 적용사건)과 대판 2010.3.25., 2008다88375(영국법 적용사건)가 있다.

106) 신창선/윤남순, 『신국제사법』, 177면; 석광현, 『국제사법 해설』, 134면.

리가 정치적으로 인정하지 않는 국가가 존재하기 때문이다. 그러나 국제사법에서는 준거법으로 지정될 외국은 이에 영향을 받지 않는다는 것이 일반적인 원칙이다. 국제사법의 준거법 지정에서 중요한 것은 국제적인 승인이나 정치적인 승인이 아니라 국제사법적 사안이나 당사자와 가장 밀접한 관련을 지닌 법이면 된다는 것이다. 따라서 국제적으로 인정을 못 받고 있거나 우리 정부가 승인하지 않은 국가라 해도 실제로 유효한 지배가 이루어지고 있고 또한 독자적인 국내법이 존재한다면 준거법으로 지정될 외국법이 될 수 있다고 보는 것이다.

1. 외국법의 적용범위

준거법으로 지정된 외국법의 적용범위에 대해서, 지정된 외국법이 그 외국의 사법만 해당하는 것인지 아니면 공법도 해당하는지 하는 문제가 제기된다. 종래에는 우리가 다루는 분야가 국제사법이므로 사법에 한정된다는 것이 일반적인 견해였다(소위 「외국공법 불적용의 원칙」). 그러나 현대법에서 공법과 사법의 구분이 모호해지고 더구나 사법에서도 공법 규범과 관련되지 않고는 해결할 수 없는 문제가 속출하면서 준거법으로 지정된 외국법이라도 과연 그 사법에 한정하는 것이 옳은 것인지 하는 의문이 제기된 것이다.

사실 오늘날에는 사법 문제에 영향을 미치는 공법 규범이 허다하다. 따라서 사법 문제라고 하더라도 그 해결을 위해 공법 규범을 원용하지 않을 수 없는 경우도 다수 존재한다. 그 결과, 준거법으로 지정된 외국법에서도 공법 규범을 배제하기는 어렵다. 예컨대, 섭외적 사건의 본문제에 대한 선결문제로서 국적의 존재 여부가 문제로 되었다면 이는 공법인 국적법에 의해 판단해야 한다. 또 민사상

불법행위의 성립 여부(예컨대, 위법성)를 판단하기 위해서는 도로
교통법이라는 공법 규범을 원용할 필요가 있다. 특히, 국제적 강행
규범[107]은 대부분 공법적 성격이 강한 규범들인데, 오늘날 국제사
법에서 외국의 국제적 강행규범까지 함께 고려해야 한다고 보는
한, 국제사법에서도 공법 규범을 배제하기 어렵게 되어 있다. 그런
의미에서 우리 국제사법 제6조는 준거법으로 지정되는 외국법의
규정은 공법적 성격이 있다는 이유만으로 그 적용이 배제되지 않는
다고 명시하고 있는 것이다. 즉, 이 규정을 통해 종래의 「외국공법
불적용의 원칙」을 부정하고 있는 것이다.

또한 공법뿐만 아니라 외국의 소송법도 준거외국법의 적용범위
의 문제로서 검토할 필요가 있다. 국제사법에서는 「절차법은 법정
지법에 따른다」는 원칙이 존재한다. 따라서 외국의 소송법은 저촉
법상의 준거법 지정과 관계가 없다고 생각하기 쉽지만 반드시 그런
것은 아니다. 예컨대, 법체계의 차이로 우리의 실체법이 외국에서
는 소송법으로 다루어지는 경우가 특히 그렇다. 그 외에도 외국법
에서 실체법 규범과 소송법 규범이 기능적으로 서로 맞물려 있는
경우에는 그 규범이 절차법 규범이라고 하여도 준거법의 적용범위
에 들어갈 가능성이 있다. 따라서 순수한 절차규범이 아닌 한, 실체
법 규범과의 관계를 자세히 검토하여 판단할 필요가 있다. 물론, 이
문제는 소멸시효나 입증문제에서 보듯이 우리 국제사법에서는 주로
성질결정의 문제로 다루어진다. 그러나 준거외국법의 적용범위의
문제로 접근하는 것도 충분히 가능하다.

더 나아가, 준거외국법의 시제사법도 준거법의 적용범위의 문제
로서 함께 검토할 필요가 있다. 외국의 역제사법(준국제사법)이나
인제사법에 대해서는 이미 앞에서 다수법국의 문제로서 제3조 제3

---

107) 이에 대해서는 뒤에 설명할 「§28 국제적 강행규범」 참조.

항과 관련하여 상세히 다루었다. 그러나 외국법의 시제사법에 대해서는 규정도 없고 특별한 논의도 거의 없다. 그러나 이 문제는 지정되는 준거법이 내부적으로 변경된 경우에 발생하는 문제이므로 준거법의 적용범위의 문제로서 접근이 가능하다. 물론, 원칙은 간단하다. 준거법으로 지정되는 외국법이 내부적으로 내용이 변경된 경우에 신법(규범)과 구법(규범) 중 어느 법(규범)을 적용할 것인가에 대해서는 그 외국법의 시제사법에 의한다는 것이다. 그러나 여기서 논란이 되는 문제는, 그 시제사법이 우리 법이 허용하지 않는 소급효를 허용하고 있는 경우에는 어떻게 할 것인가 하는 것이다. 여기서 보통 공서조항(제10조)의 검토가 가능하다고는 보지만, 구체적으로는 그 소급효의 의미와 목적을 자세히 검토해보아 판단할 문제일 것으로 본다.

2. 외국법의 적용방법

국제사법이 준거법을 외국법으로 지정하는 이유는 국제사법의 목표 중의 하나인 국제적 판단일치를 얻기 위해서이다. 그렇다면 법정지국에서 적용하는 그 외국법도 그것이 국제사법이든 실질법이든 그 외국의 법원에서 하는 것과 동일하게 적용해야 할 것이다.[108]

이러한 원칙에 입각해 생각해보면, 지정된 외국법은 우선 그 외국의 헌법에 따라 적용의 정당성 여부가 판단되어야 할 것이다. 따라서 외국법의 내용이 그 외국의 헌법에 의해 인정되는 한, 법정지국의 법률에 위배되더라도 그 외국법은 법정지에서 적용되어야 한다. 다만, 그 적용의 결과가 법정지국의 헌법에 위반되면 제10조의 공서조항에 의해 적용이 부정될 수는 있을 것이다. 그러나 이것은

---

108) 오스트리아 국제사법 제3조는 이런 내용을 명시하고 있다.

지정된 외국법이 일단 그 외국의 헌법에 따라 정당성 여부의 검토
가 이루어진 다음의 2차적인 문제이며 또 별도의 문제인 것이다.

또한 외국법 규범의 합법성, 유효성, 효력범위 등도 모두 그 외
국의 법원에서 판단하는 것과 동일하게 판단해야 한다. 따라서 적
용될 외국법 규범이 그 외국의 헌법에 위반되는지 여부도 그 외국
법상 당해 법원이 판단할 수 있도록 되어 있다면 법정지 법원에서
도 그 판단이 가능하다. 다만, 그 접근은 신중해야 할 것이다. 따라
서 외국법 규범에 대한 그 외국의 헌법 위반이 명백하지 않다면 임
의로 헌법 위반에 대해 판단하는 것은 자제해야 할 것이다. 또한
그 외국법상 당해 법원이 판단할 권한이 없든가 또는 다른 기관에
판단할 권한이 있다면 법정지 법원에서는 그 헌법 위반 여부를 판
단할 수 없을 것이다.

외국법은 그 외국 법원에서 적용하는 것과 동일하게 법정지 법원
에서 적용되어야 하므로,[109] 외국법에서의 법률, 관습법, 판례, 학
설 등은 그 외국 법원에서 취급하는 것과 동일하게 법정지 법원에
서 다루어져야 한다.[110] 예컨대, 지정된 외국법(예컨대, 영국법)에
선례구속의 원칙이 존재한다면 법정지 법원에서도 그 외국의 법관
이 하듯이 동일하게 이 원칙을 적용해야 한다.

외국법에 대한 해석도 그 외국법에서와 동일하게 해석하여야 한
다. 예컨대, 영국법은 법률을 객관적으로 해석하므로 준거법인 영
국법을 해석할 때 우리 법에서처럼 입법자 의사를 고려하는 주관적
해석은 피해야 한다. 더구나 법정지의 법관은 지정된 외국법 규범
을 그 외국 법질서의 정신과 전체적 맥락 속에서 해석하는 것이 옳
다. 따라서 단순히 외국법 규범의 문언에 한정해서 해석할 것이 아

---

109) 예컨대, 대판 91.2.22., 90다카19470; 대판 2004.7.9., 2003다23168; 대판 2007.6.29.,
   2006다5130; 대판 2010.1.28., 2008다54587.
110) 그러한 예를 보여주는 최근의 판결로는 대판 2017.5.30., 2014다233176, 233183.

니라, 외국법 규범이 그 외국법 전반에서 어떻게 해석되고 운용되고 있는지를 검토해야 할 것이다. 다만, 외국법의 해석기준이 제시되지 않아 그 내용을 확인할 수 없는 경우에 우리 판례[111]는 "일반적인 법해석의 기준"에 따라 법의 의미와 내용을 확정할 수밖에 없다고 보고 있다.[112]

법정지국에 제기된 사안에 적용될 외국법 규범에 흠결이 있거나 그에 관한 판례도 없는 경우에는 어떻게 할 것인가? 이런 경우에 법정지국의 법관은 국내법에서 그렇게 하듯이 외국법에 대해서도 과연 창조적인 법 형성까지 할 수 있는 것인가? 제기된 사안에 대해 타당한 해결을 얻기 위해서는, 부정하기보다는 가능하다고 보는 것이 옳을 것이다. 불가피하게 법정지법을 적용하게 되는 것보다는 차라리 이것이 더 낫다고 보기 때문이다. 다만, 법형성의 방법은 법정지법의 정신에 따라 행해서는 안 되고, 그 외국법의 정신과 법체계 속에서 행해져야 할 것이다. 그러나 의심스러운 경우에는 외국법은 역시 외국법이므로 법 형성은 제한되는 것이 옳을 것이다.

Ⅳ. 외국법을 확인하지 못하는 경우의 대용법

국제사법에 의해 외국법이 준거법으로 지정되었지만 그 외국법을 알 수 없는 경우에는 어떻게 할까? 우리 국제사법이 지정한 준거 외국법을 확인할 수 없는 경우도 두 가지로 나누어보아야 한다. 하나는, 외국의 실질법을 확인할 수 없는 경우이고, 또 하나는 외국

---

111) 예컨대, 대판 91.2.22., 90다카19470; 대판 2004.7.9., 2003다23168; 대판 2007.6.29., 2006다5130; 대판 2010.1.28., 2008다54587.

112) 그러나 이 일반적인 법해석의 기준이 구체적으로 무엇인지, 또 어떻게 결정할 것인지 등은 의문이다.

의 국제사법을 확인할 수 없는 경우이다. 대부분은 전자에서 문제가 발생하므로 이에 대해 먼저 검토해보고, 이어서 후자를 간단히 보기로 한다.

1. 외국 실질법의 불명확 시의 대용법

국제사법에 의해 외국법이 준거법으로 지정되었지만 그 외국 실질법의 내용을 확인할 수 없는 경우에 우리 법원이 취할 수 있는 방법으로 크게는, 청구를 기각하는 방법과 대용법을 찾는 방법이 있을 것이다. 그러나 청구를 기각하는 방법으로는 수긍할 수 있는 결과를 얻기 어렵다. 예컨대, 자녀의 성명을 청구하는 사안처럼 결국 어느 준거법에 의해 판단을 내려주어야 할 경우가 종종 발생하기 때문이다. 따라서 외국법의 불명 시에는 일반적으로 그 대용법을 찾아 적용하는 것이 타당하다. 문제는 어떤 법을, 어떤 기준에 의해 그 대용법으로 할 것인가 하는 것이다.

대용법으로는 주로 세 가지 가능성이 제시된다. 첫 번째 가능성으로는 준거외국법과 가장 가까운 법을 찾아 적용하는 방법이다(최근사법 적용설). 예컨대, 그 외국법과 동일한 법계의 법을 적용하거나, 동일한 종교법을 적용하는 것이다. 두 번째 가능성으로는 보조적 연결을 취하는 방법이다(보조적 연결설). 예컨대, 단계적 연결에서 1차적 연결에 의해 지정된 외국법을 확인할 수 없다면 2차적 연결에 의해 지정된 준거법을 적용하거나, 본국법에서 문제가 생기면 무국적자의 경우처럼 상거소지법을 적용하는 것이다. 세 번째 가능성으로는 법정지법을 적용하는 방법이 있다(법정지법 적용설).

최근사법 적용설은 다른 방법에 비해 준거외국법에 가장 가까운 법을 적용한다는 장점이 있다. 그러나 최근사법을 결정하는 데에는 상당한 비교법적 지식이 필요하며 그래서 법원에 커다란 부담을 준다는 점과, 또 어떤 기준에 의해 최근사법을 결정해야 하는지가 불명확하다는 점 등 문제가 없지 않다.113)

이에 비해, 보조적 연결방법은 비록 2차적이긴 하지만 이미 국제사법에서 연결점으로 규정되어 있는 것이기 때문에 어느 정도 타당성도 있고 또 그 연결 가능성을 예상할 수 있어서 어느 정도 법적 안정성과 실무적 편의성을 부여한다는 장점이 있다. 그러나 보조적 연결방법이 제시되어 있지 않은 분야에서는 이 방법을 적용하기 어렵다.

마지막으로, 법정지법을 적용하는 방법은 법적 안정성과 판결의 예견 가능성을 가져다준다는 점에서 가장 확실한 방법이다. 특히, 사안에 내국 관련성이 강하면 강할수록 법정지법을 대용법으로 적용하는 방법은 타당성이 커진다. 그러나 사안에 내국 관련성이 거의 없거나, 법정지법의 당해 규정이 비국제적이거나, 법정지법이 함께 적용해야 할 외국법과 조화되지 않는 경우에는 대용법으로서 법정지법은 타당하지 않다.

결국, 이 세 가지 방법은 대용법으로서 모두 나름대로 의미가 있으나, 각각 장단점을 가지고 있으므로 결국은 사안에 따라 가장 적합하고 타당한 방법을 택하는 것이 옳을 것으로 본다. 물론, 이상적으로는 최근사법을 적용하는 방법이 가장 좋겠지만, 그것이 어려울 때에는 사안에 내국 관련성이 강하다면 법정지법의 적용도 가능하리라고 본다. 또한 긴급을 요하거나(예컨대, 제48조 제2항 3호) 잠정적 조치의 경우(예컨대, 가처분 등)에는 법정지법의 적용도 불가피할 것으로 본다. 그러나 법정지법의 적용이 명백히 부당하다고

---

113) 단순히 유사하다는 이유만으로 대용법이 되는 것은 옳지 않다. 준거외국법과 명백하게 가까운 법이어서 대체해서 적용해도 문제가 없을 것이라는 확신이 있어야 비로소 대용법으로서의 의미가 있을 것이다.

판단될 때에는 다른 방법을 고려해보아야 할 것이다. 종종 최후의 방법으로 법정지법을 적용하는 것이 불가피하다고는 보지만, 외국법이 불명확하다는 이유만으로 안이하게 법정지법을 적용하려는 태도는 경계해야 할 것이다.[114)

우리 대법원의 판례를 보면, 외국법 불명 시에는 조리에 의한다는 원칙을 선언하고 있다.[115) 그러나 구체적으로는 최근사법을 적용한 사례[116)도 있고, 법정지법인 한국법을 적용한 사례도 많다.[117)

2. 외국 국제사법의 불명확 시의 대용법

준거법으로 외국법이 지정되고 그 지정이 총괄지정인데, 그 외국 국제사법이 확인되지 않을 때에는 어떻게 정하는 것이 옳을까? 두 가지 가능성이 있다. 하나는, 앞에서 외국 실질법이 확인되지 않는 경우와 동일하게 대용법을 찾는 방법이 있다. 다른 하나는, 확인되지 않는 그 외국 국제사법을 무시하고 그대로 그 외국의 실질법을 적용하는 방법이 있다. 생각건대, 이때에는 굳이 대용법을 찾기보다는 그 외국의 실질법을 직접 적용하는 것이 타당할 것으로 본다. 국제사법의 특성상 그 대용법을 찾기도 쉽지 않거니와 대용법을 찾아 적용한다 하더라도 타당하다는 보장이 없을뿐더러 불확실성만 커질 가능성이 크기 때문이다.

---

114) 예컨대, 대판 88.2.9., 87다카1427에 대해서는 학설의 비판이 거세다.

115) 대판 2000.6.9., 98다35037; 대판 2010.3.25., 2008다88375.

116) 대판 2000.6.9., 98다35037.

117) 대판 88.2.9., 87다카1427; 대판 2001.12.24., 2001다30469; 대결 2011.2.8., 자 2010마970.

§25 준거 외국 실질법의 선결문제(=외국선결문제)

I. 선결문제란 어떤 문제인가

저촉법상의 문제가 제기되면 이에 대해 우선 「법정지의 국제사법」을 적용하고, 그 국제사법에 의해 준거법이 외국법으로 결정되면 그 외국의 국제사법이 우리 법으로 반정하지 않는 한 그 「외국의 실질법」을 적용하게 된다. 그러나 「법정지의 국제사법」을 적용할 때든, 「준거 외국의 실질법」을 적용할 때든 이 법규범들은 각각 자신의 구성요건을 두고 있으므로 이 요건이 충족되어야 한다. 따라서 이 요건 속에 국제사법적으로 결정되어야 할 법적 개념이나 법률관계가 존재한다면 이것이 먼저 확정되어야 비로소 본래 제기된 문제를 해결할 수 있다. 이 본래의 문제를 국제사법에서는 「본문제」라고 부르며, 본문제를 해결하기 위해 먼저 결정되어야 할 문제를 「선결문제(Vorfrage; incidental question; question preliminaire)」라고 부른다. 이 선결문제가 국제사법적으로 논란이 되는 이유는, 본문제는 법정지에서 제기된 소송문제이므로 당연히 법정지의 국제사법이 적용되지만(즉, 법정지의 국제사법에 따라 해결하지만) 선결문제는 어느 국가의 법에 따라 해결하는 것이 옳으냐 하는 문제 때문이다.

위에서 보듯이, 국제사법상의 선결문제에도 그 선결문제가 어느 국가의 법률에서 발생하느냐에 따라 두 가지로 나누어진다. 하나는 「법정지의 국제사법에서 발생하는 선결문제」가 있고, 다른 하나는 「준거 외국의 실질법에서 발생하는 선결문제」가 있다.[118] 견해에

---

118) 이론적으로는 준거 외국의 국제사법에서 발생하는 선결문제도 있을 수 있으나 실제로 문제가 된 적은 거의 없다고 한다.

따라서는 양자를 함께 다루기도 하지만, 필자는 구분하여 다루는 것이 보다 명확하다고 앞에서 이미 밝혔다.[119] 그 결과, 전자의 선결문제에 대해서는 앞에서 준거법의 결정 문제로서 연결대상에서 소위 「내국선결문제」라고 하여 이미 다루었다. 따라서 여기서는 준거법의 적용 문제로서 후자의 선결문제에 대해 다루기로 한다. 이 선결문제는 보통 「좁은 의미의 선결문제」라고도 하는데 필자는 「외국선결문제」라는 명칭을 붙여보았다. 보통 선결문제라면 이 선결문제를 의미하는데, 무척 난해하고 해결이 어려운 문제로 알려져 있다.

II. 외국선결문제의 의미

국제사법상 어떤 사안에 대해 준거법인 외국 실질법을 적용할 때는 그 실질법상의 구성요건의 충족 여부를 검토해야 하는데, 그 요건에 내용이 보충되어야 할 법 개념이나 법률관계가 존재한다면 이것을 먼저 확정해야 그 실질법상의 청구권의 인정 여부를 판단할 수 있게 된다. 그러나 이 법 개념이나 법률관계 역시 섭외적 문제이어서 이를 위해 우선 준거법이 결정되어야 한다면 이 준거법의 결정은 어느 국가의 국제사법에 의해 행해져야 하느냐 하는 문제가 준거 외국의 실질법에서 발생하는 선결문제(즉, 외국선결문제)이다. 예컨대, 상속을 본문제로 하는 경우에 상속준거법인 외국의 실질법에 의하면 입양 자녀의 상속권은 입양이 유효하게 성립해야 비로소 인정되는데 그 외국의 실질법상 입양의 특별한 성립요건 때문에 입양의 성립 여부가 상속의 선결문제로서 국제사법적 쟁점이 되는 경우이다.

---

119) 앞에서 설명한 「§16 법정지 국제사법의 선결문제와 부분문제」 참조.

좀 더 구체적으로 예를 들면 다음과 같다; 한국에 살던 외국인의 사망으로 그와 한국에서 혼인한 한국인 배우자와 외국에 있는 남편의 친족 사이에 한국에 남겨진 유산에 대한 상속 분쟁문제가 한국법원에 제기되었다고 하자. 외국인 친족이, 상속의 준거법은 피상속인의 본국법인데 그 본국법(즉, 외국 실질법)에 의하면 혼인의 요건이 충족되지 않아 혼인이 성립하지 않았으므로(종교혼에서 자주 발생한다) 한국인 배우자에게는 상속권이 없다고 주장한다. 따라서 상속문제를 해결하기 위해서는 혼인의 성립 여부를 먼저 판단해야 비로소 상속 분쟁문제를 해결할 수 있게 된다. 이때, 상속문제가 본문제가 되며, 혼인의 성립문제는 선결문제가 된다. 결국, 여기서의 선결문제는 준거 외국 실질법 규범의 구성요건에서 발생한 것이다. 따라서 이 외국선결문제는 실무적으로 법정지의 실질법(국제사법이 아니라)상으로는 문제가 없지만 준거 외국 실질법(국제사법이 아니라)상의 특별한 요건 때문에 선결문제의 법률관계가 의문시되는 경우에 보통 제기된다. 이 점에서 앞에서 다룬 「내국선결문제」가 법정지 국제사법에서 발생하는 선결문제로서 그 선결문제의 법률관계가 법정지국의 실질법상으로 의문시되는 경우에 보통 제기된다는 것과 대비된다.

이러한 외국선결문제는 1932년 Melchior에 의해 처음 제기되었고, 1934년에는 Wengler가 이에 가세하여 독일에서 본격적으로 논의되기 시작하였다. 그 이전에는 이러한 문제가 제기되지 않았었는데, 이유는 당연히 법정지의 국제사법에 의해 해결하는 것으로 여겨졌기 때문이었다. 그러나 당시 Melchior와 Wengler는 이를 비판하고 오히려 준거 외국법, 즉 준거 외국의 국제사법에 의해 해결하는 것이 옳다고 주장하였던 것이다.

III. 외국선결문제의 발생요건

준거 외국의 실질법에서 발생하는 선결문제(외국선결문제)는 일견 자주 발생할 것처럼 보이지만, 생각과 달리 자주 문제 되지는 않는다. 이유는, 국제사법에서 이러한 선결문제가 제기되는 것은 단순히 「먼저 결정해야 할 문제」가 존재하기 때문이 아니라, 「먼저 해결해야 할 준거법의 결정 문제」가 존재해야 하기 때문이다. 즉, 국제사법에서 본문제가 준거법의 결정 문제이듯이, 그 대응개념인 선결문제 역시 핵심은 준거법의 결정 문제에 있는 것이다.

따라서 국제사법에서 이러한 외국선결문제가 제기되기 위해서는 다음과 같은 요건이 필요하다. 첫째, 본문제의 준거법이 외국법이고 그 외국 실질법 규범의 구성요건에 먼저 보충되어야 할 법개념 또는 법률관계가 존재해야 한다. 둘째, 이 법개념 또는 법률관계가 섭외적 문제로 되어 있어서 준거법을 결정할 필요가 있어야 한다. 셋째, 먼저 결정되어야 할 이 문제에 대해 준거 외국의 국제사법이 지정하는 준거법과 법정지의 국제사법이 지정하는 준거법이 서로 달라야 한다. 넷째, 이렇게 지정된 두 개의 실질법의 내용이 서로 달라야 한다.

만약 이러한 요건이 충족되지 않는다면 설혹 외국선결문제가 발생하더라도 크게 문제로 되지 않는다. 왜냐하면 그 문제를 해결하기 위해 법정지의 국제사법을 적용하든 준거외국의 국제사법을 적용하든 결과에 차이가 없기 때문이다. 그대로 편하게 법정지의 국제사법을 적용해도 아무 문제가 없는 것이다. 그래서 국제사법에서 이 문제가 논란되기 전까지는 법정지의 국제사법에 의해 해결했어도 크게 문제가 되지 않았던 것이다.

Ⅳ. 외국선결문제의 해결방법

1. 학설

그러나 위의 요건들이 충족되어 외국선결문제가 쟁점이 된 경우에는 어떻게 해결하는 것이 옳을까? 두 가지 견해가 존재한다. 하나는 「준거외국의 국제사법」에 의해야 한다는 견해이고, 다른 하나는 「법정지의 국제사법」에 의해야 한다는 견해이다. 전자를 비독립적 해결방법(또는 준거외국의 국제사법설), 후자를 독립적 해결방법(또는 법정지의 국제사법설)이라고 부른다.[120]

준거외국의 국제사법에 의해 해결해야 한다는 견해에 의하면, 이 문제는 법정지의 국제사법에 의해 일단 준거법이 외국법으로 지정되고 그 지정된 외국 실질법을 적용하면서 발생하는 문제이므로 해결방법도 준거법으로 지정된 그 외국법, 즉 그 외국의 국제사법에 의하는 것이 논리적으로 옳다는 것이다. 그럼으로써 이 문제가 준거법으로 지정된 그 외국의 법원에서 제기되는 경우에 내려지는 판결과 동일하게 법정지에서도 판결된다는 것이다. 즉, 국제적 판단 일치가 얻어지며 파행적 법률관계의 발생을 피할 수 있는 장점이

---

120) 논자에 따라서는 준거 외국의 실질법에 의해야 한다는 견해도 있다(신창섭, 『국제사법』, 111면 이하). 물론, 이 견해에 따르면 문제 된 사안에 준거 외국 실질법을 넓게 적용하여 사안을 하나의 법에 의해 모순 없이 해결할 수 있는 장점이 있을 것이다. 그러나 이 방법은 우선 우리의 국제사법이 전제하는 범위를 벗어난 것으로 보인다. 우리의 국제사법은 외국적 요소가 있는 한 국제사법을 적용해야 할 의무를 부여하기 때문이다. 설혹 하나의 견해로서 주장될 수 있다 하더라도 준거법의 지정 범위를 벗어났다는 비판을 면하기는 어려울 것이다. 예컨대, 법정지국에서 상속으로 성질결정 되어 지정된 준거 외국 실질법은 상속규범에 한정되는 것이 원칙이므로 이를 넘어 그 입양규범까지 확장하여 적용할 수는 없다. 물론, 그 상속규범을 어디까지로 볼 것인가에 대해 논란의 여지는 있을 수 있다. 그러나 예외적임을 명시하지 않는 한 여기에 입양의 성립까지 포함시키는 것은 너무 나간 것으로 보인다.

있다는 것이다.

이에 대해, 법정지의 국제사법에 의해 해결해야 한다는 견해는, 앞의 비독립적(또는 종속적) 해결방법에 의하게 되면 법정지의 법원에서는 동일한 국제사법적 문제가 본문제로 제기될 때와 선결문제로 제기될 때에 각각 결과가 달라질 수 있다고 비판한다. 예컨대, 외국선결문제는 주로 혼인의 성립이나 친자관계의 성립이 그 대상으로 되는데 이를 외국선결문제라고 하여 준거 외국의 국제사법에 의해 해결한다면, 이 문제가 본문제로서 법정지의 법원에 제기된 경우에는 혼인이 유효하게 성립하거나 친자관계가 유효하게 성립하는 데 반해, 외국선결문제에서는 그 혼인이 무효로 되거나 친자관계가 성립하지 않은 것으로 될 수 있다는 것이다. 법정지에서 이러한 모순이 발생하는 것은 부당하며, 하나의 동일한 사건이 본문제로 되었든 선결문제로 되었든 법정지에서는 동일하게 판정되어야 한다는 것이다(이것을 「국내적 판단일치」 또는 「내적 판단일치」라고 한다). 그 결과, 이 견해는 외국선결문제에서는 국제적 판단일치보다는 국내적 판단일치를 우선시키는 것이 옳다고 주장한다.[121]

2. 평가

지금까지 외국에서의 논의에 의하면, 위의 두 가지 해결방법 중 그 어느 것도 만족스러운 해결책은 되지 못하는 것으로 알려져 있다. 왜냐하면 어느 해결방법을 택하든 완벽하지 못하므로 예외적으로 다른 방법도 해결책으로 원용할 가능성을 항상 열어두고 있어야 하기 때문이다. 그렇다면 결국, 사안에 따라 가장 적합한 해결책을

---

[121] 국제적 판단일치와 국내적 판단일치에 대해서는 앞에서 설명한 「§12 준거법결정의 기본원칙과 고려요소」 참조.

찾으면 된다고 보는 것이 가장 합리적일지도 모른다.

그러나 실무상 일단 원칙을 정하고자 한다면, 외국선결문제도 우선은 법정지의 국제사법에 의하는 독립적 해결방법이 옳아 보인다.[122) 무엇보다도 국제사법상으로 선결문제는 법정지의 법원에서 (즉, 법정지의 국제사법에서) 제기됨과 동시에 또한 해결되어야 할 문제이기 때문이다. 따라서 비독립적 해결방법도 논리적으로는 수긍이 가지만, 법정지 법원의 입장에서 볼 때는 동일한 사안에 대해 그것이 본문제냐 선결문제냐에 따라 전혀 반대의 결론이 내려진다는 것은 용납하기 어려울 것이다. 더구나 외국선결문제는 주로 국제가족법 관계에서 발생하는데 여기서 생기는 신분관계가 일관성이 없고 선결문제에 따라 변경된다는 것은 바람직하지 않을 것이다.

그러나 원칙적으로 독립적 해결방법을 취하는 경우에도 사안에 따라서는 비독립적 해결방법이 타당할 때가 있음을 유의해야 한다. 그러한 예로써, 첫째로 각국의 국적법에서 국적의 취득이나 상실의 전제가 되는 혼인, 입양 등의 문제(이를 「국적의 선결문제」라고 한다)는 그 국적이 문제로 되는 국가의 국제사법에 의하는 것이 타당하다. 둘째, 국제저촉법협약에서 발생하는 선결문제는 법적용의 통일성을 위해서 원칙적으로 준거법국의 국제사법에 의하는 것이 타당할 것이다. 이 문제를 법정지국의 국제사법에 맡겨둔다면 법정지국마다 서로 달리 판단할 것이며, 그 결과 국제저촉법협약의 목적인 법적용의 통일성을 해치기 때문이다. 셋째, 그 외에도 사안에서 법정지의 내국 관련성보다 준거법국인 외국의 관련성이 압도적으로 클 때에는 선결문제마저 그 외국의 국제사법에 의하는 것이 타당할 수 있다고 보며, 또한 신뢰보호(이는 이미 획득한 권리의 보호를 의미)의 측면에서도 독립적 해결방법보다 비독립적 해결방법이 더

---

122) 석광현, 『국제사법 해설』, 41면; 안춘수, 『국제사법』, 116면 이하.

타당할 때도 있고, 또 준거법국인 외국의 실질법에서 보충해야 할
내용이 법정지법에서 알지 못하는 법제도인 경우[123])에도 준거법국
인 외국의 국제사법에 의하는 것이 타당할 수 있다고 본다.[124] 결
국, 이 의미는 외국선결문제의 해결방법은 사안을 보고 합리적으로
판단할 수밖에 없는 경우도 있을 수 있다는 얘기가 될 것이다.

§26 조정제도와 조정문제

I. 서론

법정지국 법원에서 국제사법 규범을 적용하기 위해서는 일단 외
국적 요소를 전제로 하며 또 그 법적용법 규범은 전면적 저촉규범
을 기본으로 하고 있으므로, 제기된 섭외적 사안에는 법정지법뿐만
아니라 외국적 요소에 연결된 외국의 법은 어느 법이든 적용될 가
능성을 가지게 된다. 따라서 하나의 섭외적 사안에는 보통 2개국
이상의 법들이 「관련」되는 것이 일반적이다. 비록 법정지국 법원에
서 단 하나의 외국법이 준거법으로 결정되었다고 해도 그 외국법이
법정지국 법원에서 적용되는 한, 여기서 그 외국법은 법정지법과 「
관련」을 가지지 않을 수 없는 것이다. 그러나 각국의 법은 독자적
인 고유의 체계 및 내용과 절차를 가지고 있어서 타국의 법과 접촉

---

123) 예컨대, 혼인중의 자녀와 혼인 외의 자녀의 구분을 모르는 국가의 국제사법(예컨
대, 독일)이 이 구분을 알고 있는 외국(예컨대, 한국)의 실질법을 준거법으로 지
정한 경우에, 선결문제로서 혼인중의 자녀나 혼인 외의 자녀의 준거법결정을 해
야 한다면 법정지국인 독일의 국제사법에서는 불가능하므로 준거법으로 지정된
국가의 국제사법에 의하는 것이 옳을 것이다.

124) 이에 대해서는 Kropholler, IPR, S. 226 ff.

하게 되는 경우에는 이들 사이에 충돌과 부조화 그리고 모순이 생기게 된다. 국제사법, 특히 법적용법은 준거법을 적용할 때 운명적으로 이런 상황에 자주 직면하게 되므로 이 법들 간의 적용 문제를 조정할 필요가 있게 된다. 이것을 이 책에서는 넓게 국제사법상의 조정 또는 조정제도라고 부르며, 거기서 발생하는 문제를 조정문제라고 부르기로 한다.125) 물론, 법적용법의 이런 특성 때문에 준거법의 결정이라는 문제도 생기는 것이기는 하지만 여기서는 준거법을 적용하면서 생기는 문제를 다루는 것이다.

이렇게 넓은 의미의 조정문제에는 어려운 문제로 여겨져 온 전통적인 적응문제가 있고, 또한 소위 전환문제와 대체문제도 여기에 속하는 것으로 필자는 분류하고자 한다. 그러나 이 세 가지 문제 외에도 국제사법에서는 준거법 적용 시에 법적용을 조정해야 할 다양한 상황이 발생할 수 있다. 예컨대, 절차문제에서도 법정지법이 적용되어야 하는 순수한 절차문제가 아닌 한 법정지법과 준거법 간에 조정이 필요한 상황이 발생하기도 한다.126) 국제사법에서 조정이 필요한 이 모든 상황과 문제를 필자는 넓게 조정제도 및 조정문제라고 부르고자 하는 것이다. 아래에서는 그중 국제사법에서 특히 문제로 되는 적응, 전환, 대체의 세 가지 제도에 대해서 설명하기로 한다.

---

125) 그러나 우리 국제사법에서는 필자와 달리 일반적으로 조정과 적응은 동일한 개념과 제도로 이해하고 있다. 즉, 이때에 조정 개념은 좁은 의미의 적응 개념과 동일시하고 있는 것이다. 그러나 외국에서도 적응(Anpassung)과 조정(Angleichung) 개념의 구분에 대해 논란이 없지 않다(예컨대, Kropholler, IPR, S. 234).

126) 예컨대, 뒤에 설명할 실종선고와 후견심판의 경우 참조.

II. 적응과 적응문제

1. 적응제도의 의의

국제사법은 분해적 방법(analytische Methode)에 입각해 있다. 즉, 연결대상은 법률관계에 따라 나누어져 각각에 대해 준거법의 결정 원칙을 달리하므로, 각각의 법률관계에 따라 준거법을 달리하게 된다. 보통은 하나의 국제사법적 사안에 하나의 법률관계가 적용되고 그에 대해 지정되는 하나의 준거법에 의해 문제가 해결된다. 그러나 하나의 사안에 이중적이거나 복합적인 법률관계가 존재하거나, 또는 준거법이 변경되는 경우, 또는 본문제에서 선결문제가 발생할 때에는 서로 다른 준거법이 함께 적용되는 경우가 발생하게 된다. 문제는, 이렇게 하나의 사안에 서로 다른 복수 국가의 법이 적용될 때에는 그 법들 간에 법체계상의 차이나 법 내용상의 차이 때문에 규범의 흠결(Normenmangel)이나 규범의 중첩(Normenhaeufung)이 생길 수 있다는 점이다. 이를 규범의 모순(Normwiderspruch)이라고 부르는데, 국제사법에서 이러한 규범모순을 해결하는 것을 「적응」이라고 하며, 구체적으로 어떻게 적응시키는 것이 옳은가를 묻는 것이 적응문제이다.

주의할 점은, 적응은 복수의 법들 간의 「규범 자체」를 조정하는 것이 아니라는 것이다. 여기서 규범 자체에는 사실상 문제가 없다. 문제는 「규범의 적용」에서 발생하는 것이다. 즉, 규범 적용의 결과로 발생하는 규범의 모순 문제인 것이다. 따라서 적응은 구체적으로 하나의 사안에 복수의 서로 다른 법을 적용하게 되어 발생하는 규범의 중첩 또는 흠결의 결과를 조정하는 것을 말한다. 여기서 복수 국가의 법은 외국법과 한국법일 수도 있고 서로 다른 외국법들

간의 적용일 수도 있다. 이처럼 이 문제는 하나의 사안에 상이한
복수 국가의 법들을 적용하게 된 결과로 나타나는 문제이기 때문
에, 문제가 복잡하며 그 해결도 쉽지 않다.

2. 규범모순의 두 가지 유형 – 규범흠결과 규범중첩

1) 규범흠결

규범흠결은 전형적으로는 부부 중 일방배우자가 사망한 경우에
잔존배우자의 재산분배 문제에서 발생할 수 있다. 그 이유는 각국
마다 이 문제에 대한 법적 태도가 다르기 때문이다. 어느 국가는
이 문제를 상속법에서 규율하고 있는 데 반해(한국, 영국, 매사추세
츠주, 일리노이주), 어느 국가는 부부재산법에서 규율하고 있고(스
웨덴, 캘리포니아주, 애리조나주), 부부재산법과 상속법에서 나누어
함께 규율하는 국가(독일, 스위스)도 있다. 따라서 예컨대, 법정지
국제사법에서 상속문제로 보아 피상속인의 사망 당시 본국법이 지
정되었다고 하자. 그런데 그 본국법에서는 이 문제를 상속법에서
규율하지 않고 부부재산법에서 규율하고 있다면 잔존배우자의 상속
권은 존재하지 않게 된다. 그러나 지정된 이 본국법에서는 상속권
대신 부부의 재산분할권을 인정하고 있지만, 부부의 재산분할권 문
제는 법정지 국제사법에서는 부부재산제 규정에 의해 결정되어야
한다. 그러나 법정지 국제사법에 의해 지정된 부부재산제의 준거법
에서는 이 문제를 부부재산법에서 규율하지 않고 오히려 상속법에
서 규율하고 있다면 잔존배우자는 부부재산분할권도 갖지 못하게
된다. 따라서 어느 일국의 내국법에 의하면 법적 근거가 어디에 있
든 결과적으로 잔존배우자에 대한 재산분할권 아니면 상속권이 인
정됨에도 불구하고, 국제사법에 의해 지정된 준거법에 의하면 그

어느 권리도 전혀 인정받지 못하게 된다. 이러한 현상을 규범흠결이라고 부르는데, 이러한 결과는 부당하므로 여기서 규범 적용의 결과에 대한 조정이 요구되는 것이다.

2) 규범중첩

규범중첩도 앞의 사례의 내용을 약간 바꾸면 마찬가지로 발생할 수 있다. 예컨대, 독일 법에서처럼 일방배우자가 사망한 경우에 잔존배우자의 재산귀속 문제를 부부재산법과 상속법으로 나누어 함께 규율하고 있다고 하자. 법정지인 독일 국제사법에서는 이를 상속문제로 보아 피상속인의 사망 당시 본국법이 지정되었는데, 그 본국법은 이 문제를 오로지 상속권으로 해결하고 있어서 잔존배우자의 상속분이 상당히 높다고 하자. 그러나 한편으로는 부부재산법에 의한 준거법으로 지정된 부부 공통의 상거소지법에서는 이 문제를 오로지 부부재산의 분할 문제로 해결하여 그에 따른 분할 비율을 상당히 높게 책정하고 있다면, 독일 국제사법을 통해서는 잔존배우자가 받는 재산분할분은 이중으로 계산되어 결과적으로 어느 일국의 국내법에서 인정하고 있는 총액보다 훨씬 많아지게 된다. 이러한 현상을 규범중첩이라고 부르는데, 이러한 결과는 역시 부당하므로 여기서 규범 적용의 결과에 대한 조정이 필요하게 된다.

3. 해결방법

앞에서 보았듯이, 적응문제는 규범의 흠결이나 중첩에서 발생하는 문제이고, 이것은 하나의 법적 문제(사안)에 국제사법의 분화된 연결대상들이 중복해서 적용되는 경우가 있고 그 결과 서로 다른 국가의 실질법이 중복해서 적용된 결과로 발생하는 문제이다. 따라서 이 적응문제에 대한 해결책으로는 크게 두 가지 방법이 제시된다. 하나는 국제사법의 적용을 수정하여 해결하는 방법이고, 다른 하나는 실질법의 적용을 수정하여 해결하는 방법이다. 전자를 국제사법적 해결방법이라고 하고, 후자는 실질법적 해결방법이라고 부른다. 물론, 이 두 가지 방법을 모두 고려하는 방법도 있을 수 있다.

1) 국제사법적 해결방법

이것은 국제사법의 적용을 수정하여 해결하는 방법이다. 국제사법에서 규범흠결이나 규범중첩은 하나의 사안에 복수의 준거법이 지정되어 적용된 결과로 발생하는 문제이지만, 아예 규범이 없거나 규범이 직접 중첩되는 것이 아니다. 하나의 사안에 적용되는 연결대상이 복수이고 그에 따라 적용되는 준거법도 복수이어서 그 준거법들 간의 차이 때문에 발생하는 것이다. 더 정확히 말하면, 그 준거법들을 적용하는 범위가 각각 다르기 때문에 거기서 규범흠결이나 규범중첩이 발생하는 것이다. 따라서 만약 이 사안에 복수의 준거법 대신 어느 하나의 준거법에 의하게 되면 그 준거법 속에는 어디에 있든 나름대로 적절한 규범이 존재하기 때문에 규범흠결이나 규범중첩은 생기지 않는다. 따라서 여기서 적응문제의 해결 가능성을 발견하게 된다. 즉, 사안에 적용될 준거법을 복수가 아니라 단수로 정하면 되는 것이다. 그러기 위해서는 본래의 국제사법 규범에 모종의 변경을 가해야 하는데, 이를 국제사법적 해결방법이라고 한다. 흔히 복수의 연결대상 중에서 하나를 택하여 적용하는 방법을 사용한다.127) 예컨대, 위의 규범흠결의 경우에는 만약 연결대상을

---

127) 그래서 이 문제를 성질결정 문제의 일부로 보기도 한다. 그러나 본래의 성질결정은 준거법지정을 위해 저촉법 규범을 해석하는 문제라면, 적응문제의 해결책으로서 국제사법적 해결방법은 준거법적용의 결과를 조정하기 위해 저촉법 규범을 재해석하는 문제이다.

상속으로 정하였다면 그 상속준거법의 적용범위를 부부재산제에까지 확장하여 적용하고, 부부재산제로 정하였다면 그 부부재산준거법을 상속에까지 확장하여 적용하는 것이다. 그렇게 되면 규범흠결은 발생하지 않는다. 또 규범중첩의 경우에도 두 연결대상 중에서 어느 하나를 택하여 지정된 준거법을 적용하게 되면 규범중첩은 발생하지 않게 된다.

2) 실질법적 해결방법

이것은 실질법의 적용을 수정하여 해결하는 방법이다. 규범흠결이나 규범중첩은 하나의 사안에 두 개의 서로 다른 내용의 실질법을 적용한 결과로 발생하므로 이 실질법들의 적용을 수정하여 타당한 결과를 얻고자 하는 것이다. 예컨대, 위의 규범흠결의 경우에는 두 실질법에서 각각 인정했을 잔존배우자의 몫의 중간치를 부여하거나, 규범중첩의 경우에는 잔존배우자의 상속분에서 부부재산제의 초과분을 공제하고 부여하는 방법 등 다양하게 실질법의 규범을 수정하여 원하는 결과를 얻는 것이다. 그렇게 하면 규범흠결의 경우든 규범중첩의 경우든 부당한 사태는 발생하지 않게 된다. 그러나 이러한 실질법적 해결방법은 종종 어느 실질법에서도 의도하거나 규정하고 있지 않은 내용을 적용하게 된다는 문제점이 있는 것이 사실이다.

3) 평가

적응문제에 대한 해결방법은 확립된 원칙이 없고, 개개 사안에 따라 여러 이익을 형량하여 그 사안에 가장 적절한 해결책을 찾을 수밖에 없다고 보는 것이 일반적인 결론이다. 더구나 그러한 문제가 발생할 가능성이나 그 내용을 미리 예견하기도 어려워 궁극적인 해결은 결국 사안을 해결하는 법관에게 맡길 수밖에 없다고 본다. 사안을 해결하기 위해서는 분할된 법률관계를 종합하여 판단을 내려야 하는데 그것은 최종적으로 법관이 해야 할 일이기 때문이다. 따라서 해결방법도 그 유형상 국제사법적으로 해결하는 방법과 실질법적으로 해결하는 방법 등이 있다고는 보지만, 어떻게 해결하는 것이 타당할지는 사안마다 다를 수 있다고 보는 것이다.

군이 있다면, 현재의 국제사법 규범이나 실질법 규범을 가장 적게 침해하는 방법이 그나마 낫다고 보는 것이다(소위 「최소저항의 원칙」 또는 「최소무리의 원칙」). 결국, 적응문제는 일단 국제사법 규범을 적용하면서, 특히 국제사법 규범의 분할 때문에 발생하는 문제이므로 가능하다면 그 해결방법도 우선은 국제사법에서 찾는 것이 낫다고 본다. 더구나 국제사법적 해결방법은 실질법적 해결방법보다 훨씬 간단하며, 또한 문제를 해결하기 위해 종종 새로운 내용을 창설해야 하는 실질법적 해결방법의 문제점도 발생하지 않기 때문이다. 그러나 이것도 하나의 추상적인 원칙에 지나지 않음을 유의해야 한다.

이처럼 적응문제는 해결이 쉽지 않기 때문에 입법적으로 그 발생을 미리 막고자 노력하기도 한다. 예컨대, 연결방법으로서 종속적 연결방법(예컨대, 제30조 내지 제32조)이나 또는 연결방법을 준용하는 방법(예컨대, 제37조 내지 제39조) 등은 국제사법에서 적응문제의 발생을 방지하는 효과도 얻고자 하는 것이다. 이에 덧붙여, 적응문제와 관련하여 유의해야 할 사항을 한 가지 더 언급하면 다음과 같다. 적응문제는 종종 연결대상의 분할 또는 세분화로 인해 발생한다. 따라서 연결대상을 세분화하는 작업128)은 보다 밀접한 관계를 지닌 법을 찾아준다는 장점이 있는 반면에, 어려운 적응문제

---

128) 이에 대해서는 앞에서 설명한 「§14 법률관계의 유형화와 세분화」 참조.

를 발생시킨다는 단점도 있다는 사실이다.

Ⅲ. 적응과 구별되는 제도

국제사법에서 적응은 하나의 사안에 복수의 준거법이 적용된 결과로 규범흠결이나 규범중첩이 발생하는 것이 특징이다. 그러나 이런 문제와 다르지만, 넓게 보면 준거법을 적용할 때 그 준거법의 내용을 조정해야 한다는 점에서는 유사해서 종종 적응문제의 하나로 여겨지는 문제들이 있다. 그것이 전환문제와 대체문제이다. 물론, 이들은 적응문제와 구별되지만 국제사법에서는 특히 준거법으로 내국법(즉, 한국법)을 적용할 때 중요한 의미를 가지므로 이해해둘 필요가 있다.

1. 전환(Transposition)과 전환문제

전환 또는 전환문제는 국제물권법과 국제상속법에서 자주 발생한다. 예컨대, 동산의 소재지가 바뀌어 물권준거법이 변경되는 경우에 구법에서 인정되었던 물권이 신법에서는 인정되지 않을 때(그 이유는 물권법정주의 때문이다)에도 만약 구법상의 물권과 기능적으로 동등하거나 유사한 물권제도가 신법에 존재한다면 이 제도로 바꾸어 인정해주는 것이다. 예를 들어, 프랑스법에서는 동산에 대한 무점유 질권제도가 존재한다. 프랑스에서 이 물권이 설정된 동산이 독일로 이동한 경우에는 물권준거법으로서 독일법이 적용되는데, 독일법에는 동산에 대한 무점유 질권제도가 존재하지 않는다. 그러나 독일법에 이와 기능적으로 유사한 양도담보가 존재하므로 독일에서도 구법(즉, 프랑스법)상의 물권을 부정하지 않고 대신 양

도담보로 인정하여 그 효력을 부여해주는 것이다. 이것을 국제사법에서는 「전환」이라고 부른다.[129]

또한, 외국에서 외국법에 따라 행해진 법률행위나 법적 행태가 나중에 국제사법적으로 문제가 되었을 때에는 그 외국의 법이 준거법이 되지 않고 다른 국가의 법(예컨대, 한국법)이 준거법으로 되는 경우가 종종 있다. 이때, 그 외국에서 행해진 법률행위나 법적 행태를 존중해줄 필요가 있다고 본다면 이를 무효로 처리하기보다는 준거법으로 지정된 한국법이 허용하는 내용으로 바꾸어줄 필요가 있다. 예컨대, 외국에서 그 외국법에 따라 유언서를 작성하였으나 상속문제가 제기된 때에는 다른 국가의 법이 준거법으로 지정되어(국적이나 주소의 변경으로 인해) 이 유언이 유효하지 않게 된 경우에도 그 유언에서 의도하고자 했던 당사자의 의사를 존중하여 이 당사자의 의도를 현재의 준거법이 허용하는 범위로 「전환」시켜서 가능한 범위에서 이를 유효로 해주는 것이다. 예를 들어, 당사자가 영미국가에서 영미법에 따라 유언에 의해 신탁을 지정해놓았는데 나중에 문제가 된 사안에서는 준거법이 신탁제도를 모르는 국가의 법으로 지정되었다면 영미법상의 신탁제도를 준거법국에서 이와 가장 유사한 제도로 「전환」시켜 인정해주는 것이다.

2. 대체(Substitution)와 대체문제

국제사법에서 대체문제란, 준거법으로 내국 실질법을 적용하는 경우에 그 실질규범의 구성요건이 충족되어야 하는데 이 구성요건의 일부 내용이 외국에서 그 외국법의 제도로 행해진 경우에 그 외국에서 행해진 법현상을 내국 실질법의 구성요건으로 인정할 수 있

---

129) 이것을 「치환」이라고도 한다.

겠느냐를 묻는 문제이다. 즉, 준거 실질법 규범의 구성요건을 외국에서 행해진 법현상으로 대체할 수 있는가를 묻는 문제이다. 준거법이 외국법인 경우에도 발생할 수 있지만 특히 내국법을 적용하는 경우에 자주 문제로 된다.

예컨대, 준거법으로 적용될 내국 실질규범이 공증을 요건으로 하고 있는 경우에 그 공증이 외국에서 외국의 공증인에 의해 이루어졌다면 이 규범의 구성요건을 충족시켰다고 볼 수 있는가 하는 것이다. 또 외국에서 소가 제기되었거나 또는 외국법이 인정하는 약식절차에 의해 이행청구가 행해진 경우에, 내국 실질규범(예컨대, 민법 제174조)이 요구하는 6개월 내에 소를 제기해야 한다는 요건이 충족되어 소멸시효의 중단이라는 효력을 인정받을 수 있는가 하는 것이다.

이러한 대체문제를 해결하기 위해서는 다음 두 가지 문제가 순차적으로 검토되어야 한다.[130] 첫째, 내국 실질규범의 구성요건이 외국에서 행해진 법현상에 의한 대체를 허용하는가, 허용하지 않는가. 둘째, 만약 대체를 허용하는 경우라면 외국에서 행해진 법현상에 의한 대체를 인정할 수 있는 요건은 무엇인가 하는 것이다. 첫 번째 문제는 그 규범의 의미와 목적에 따라 결정된다. 즉, 내국 실질규범의 목적상 그 구성요건이 내국법의 현상으로만 행해질 것을 요구하고 있는지 아니면 외국법의 현상으로 이루어져도 문제가 없는 것인지에 따라 판단하는 것이다. 두 번째 문제는 등가성이 기준이 된다. 즉, 내국 실질규범이 요구하는 구성요건의 내용과 동등한 가치가 있는 외국법의 현상이어야 한다는 것이다. 이때의 등가성은 기능적인 등가성을 의미하며 따라서 기능적으로 동등하면 되고, 또 모든 면이 동일할 필요는 없고 본질적인 내용이 동일하다면 그것으

---

130) Kropholler, IPR, S. 231 ff.

로 충분하다고 본다. 만약 위의 두 가지 문제 중 어느 하나라도 부정된다면 「대체」는 인정되지 않으므로 내국 실질규범의 구성요건이 충족되지 않아 그 효력을 인정할 수 없을 것이다.

§27 공서

Ⅰ. 의의

현대 국제사법 규범은 원칙적으로 전면적 저촉규범으로 되어 있다. 그 목적은 외국적 요소를 가진 사안에 가장 밀접한 관련을 가진 법을 연결시켜 주기 위한 것이다. 따라서 이에 의해 준거법이 외국법으로 지정되었다면, 이 외국법은 그 외국 법원이 적용하는 것과 동일하게 적용한다. 이는 국제적 판단일치를 위한 것이다. 즉, 법정지 법원에서 외국법을 적용하는 이유는 그 법이 비록 법정지법과는 다르더라도 그 사안에서는 준거법으로 지정된 그 외국의 법원도 원칙적으로 자국법을 적용할 것으로 보기 때문이다. 그러나 외국법은 그 외국의 가치 관념과 정의 관념에 따라 만들어진 국내법이다. 따라서 외국법은 종종 법정지법의 가치 관념 및 정의 관념과 차이가 있게 된다. 그 결과, 법정지 법원에서 준거법으로 지정된 외국법을 적용한 결과가 법정지국의 근본적인 법원칙에 명백히 반할 수도 있다. 이런 경우에도 법정지법에 의해 준거법으로 지정되었다는 이유만으로 이를 감수하고 그대로 적용한다는 것은 도저히 용납할 수 없다. 그래서 각국마다 이에 대비하여 그 외국법의 적용을 배척할 수 있는 비상출구를 두고 있는데, 그것이 바로 국제사법상의 공서제도(ordre public; public policy)이며 우리 법 제10조가 이를 규정하고 있다.

국제사법에서 공서제도는 종래 두 가지 기능을 수행해왔었다. 적극적 기능과 소극적 기능이다. 적극적 기능이란 공서제도를 이용하는 목적이 법정지 법원이 자국법의 강행규범을 적용하기 위한 것이라는 의미이다(이를 「적극적 공서」라고도 한다). 이에 반해, 소극적 기능이란 공서제도를 이용하는 목적이 법정지 법원에서 단지 외국법 규범의 적용을 배척하기 위한 것이라는 것이다(이를 「소극적 공서」라고도 한다). 본래 공서제도의 목적은 소극적 기능에 있었다. 그러나 공서제도가 국제사법에서 최후의 방어막이라는 지위 때문에, 종래 법원에서는 국제사법적 분쟁 사건에서 연결규범을 통해 준거법으로 결정된 외국법을 적용한 결과에 대해 타당성이 의문시되면 다른 방법이 없었으므로 최종적으로 공서제도를 이용하여 그 부당성을 제거해왔던 것이다. 그 결과, 공서제도는 너무 비대해졌고 본래의 의미를 넘어 국제사법적 만병통치약으로 전락하게 되었다.

이에, 현대에 와서 국제사법학자들은 지금까지 각국에서 공서제도가 적용된 사례를 검토한 결과 공서제도가 수행해온 기능을 소극적 기능과 적극적 기능으로 2원적으로 분류하고, 공서제도의 본래 목적에서 벗어난 적극적 기능을 분리하여 독자화시키게 되었다. 그 결과, 공서제도는 상당 부분 본래의 목적인 소극적 기능을 되찾게 된 것이다. 이런 결과는 우리 법에도 2001년 국제사법 개정에서 그대로 받아들여졌다. 그 결과, 우리 국제사법에서도 제10조의 공서 조항은 소극적 기능에 한정하여, 외국법 규범의 적용 배척만 규정하고 있지 법정지법인 한국법의 적용은 명시하지 않은 것이다. 이와 달리, 종래 공서제도가 하던 적극적 기능을 위해서는 별도의 규정을 두어 제7조에서 「법정지의 국제적 강행규범」 규정으로 독자화시켜 놓게 되었다. 이 국제적 강행규범의 규정에 대해서는 뒤에서 별도로 다룰 것이다.

II. 공서위반의 요건

국제사법에서 공서문제는 이론적인 문제가 아니라 구체적인 개별사건에서 외국법을 직접 적용하는 과정에서 제기되는 문제이다. 그러나 공서가 과연 무엇인지 그 내용에 대해서는 명확하지 않다. 아마 국제사법의 마지막 배수진이자 동시에 법관에게 맡겨진 일반조항이라는 운명 때문에 어쩔 수 없을지 모른다. 다만, 우리 법 제10조는 공서 위반의 요건으로 "외국법에 의하여야 하는 경우에 그 규정의 적용이 대한민국의 선량한 풍속 그 밖의 사회질서에 명백히 위반되는 때"라고 명시하고 있다. 이를 구체적으로 나누어보면 다음과 같다. 먼저, 준거법이 외국법이어야 하는데 그 외국법의 적용에서 문제가 발생해야 하며(「외국법의 적용」), 그 적용이 한국의 공서에 반해야 하고(「한국의 공서」), 그 위반이 명백해야 한다(「명백한 위반」)는 것이다. 그러나 이 세 가지 요건 외에도 명시적인 언급은 없지만 또 하나의 중요한 요건으로 그 사안에 충분한 내국관련성이 있어야 한다는 점(「충분한 내국 관련성」)이 들어진다.[131] 이들에 대해 아래에서 차례로 보기로 한다.

1. 외국법의 적용

제10조의 공서조항은 준거법이 내국법인 한국법인 경우에는 적용되지 않는다. 준거법이 외국법으로 되어 그 외국법을 적용하는 경우에 한해서 적용된다. 이는 명시적으로 언급되어 있을 뿐만 아니라 공서조항의 규범목적상 논리적으로도 당연하다. 이때, 외국법

---

131) 석광현, 『국제사법 해설』, 176면; 안춘수, 『국제사법』, 177면.

은 그 외국의 실질법을 의미하는 것이 원칙이지만, 외국의 국제사법도 여기에 해당하는 것으로 본다.[132]

중요한 것은, 이 규정의 공서를 판단하게 되는 대상은 그 외국법의 규정 자체가 아니라, 그 외국법 규정의 적용이라는 점이다. 더 자세히 말하면, 구체적인 사건에서 그 외국법 규정을 적용한 결과가 공서의 판단 대상이 된다는 것이다. 따라서 설혹 외국법의 규범 자체(예컨대, 이슬람국의 일부다처 규범)는 한국의 공서에 명백히 위반되더라도 그 규범을 적용한 결과가 한국의 공서에 위반되지 않으면 제10조의 공서위반이 되지 않는다. 반대로, 외국법의 규범 자체는 한국의 공서에 위반되지 않더라도 구체적인 사건에서 그 규범을 적용한 결과가 한국법의 관점에서 도저히 받아들일 수 없을 때에는 제10조의 공서위반이 될 수 있는 것이다.

2. 한국의 공서

제10조의 문언에 의하면 위반의 대상은 "대한민국의 선량한 풍속 그 밖의 사회질서"로 되어 있다. 이를 보통 공서라고 표현하는데, 국내 실질법상의 공서와 표현은 동일하지만 그 의미는 전혀 다르다는 사실에 주의해야 한다. 그래서 제10조에서의 공서를 「국제사법상의 공서」라고 불러 「실질법상의 공서」와 대비시킨다.

문제는, 무엇이 국제사법상의 공서인가 하는 점이다. 추상적이긴

---

132) 외국의 국제사법 규범이 한국의 공서에 위반되느냐의 문제는 우리 법에서는 직접반정의 경우에 제기될 수 있다. 예컨대, 우리 국제사법이 혼인의 효력에 대해 외국법으로 지정했는데 이것은 총괄지정이므로 그 외국의 국제사법에 의할 터인데, 그 국제사법에 의하면 남자의 상거소지법인 한국법으로 반정하는 경우에 이 외국 국제사법이 여자는 배제하고 오로지 남자 측의 준거법만 지정하는 것을 가지고 한국의 공서(헌법상 남녀평등 원칙)에 반한 것으로 보아야 하느냐 하는 문제이다. 이에 대해서는, 우리의 공서에 위반하는 것으로 보고 반정을 허용하지 말아야 한다고 이미 「반정」에서 설명하였다.

하지만, 일반적으로는 일국의 근본적인 법원칙 또는 법정신을 의미한다고 본다. 구체적으로는 보통 그 국가의 헌법상의 기본권 원칙(예; 남녀평등 원칙), 국제적으로 널리 인정되어 있는 국제법적 일반원칙, 비준 가입하여 국내법이 된 국제협약(예컨대, 세계인권협약, 유엔아동권리협약)의 내용 등을 들 수 있다.

그러나 보통 들어지는 헌법상의 근본 원칙도 그 위반이 항상 국제사법상의 공서에 위반되는 것이 아님을 주의해야 한다. 헌법상의 근본 원칙도 원칙적으로는 그 국가의 국민에게 인정되는 근본 원칙일 뿐 외국인에게는 달라질 수 있기 때문이다. 예컨대, 피상속인과 종교가 다른 자에게는 상속권을 인정하지 않는 이슬람법 규범이 있다고 한다. 한국 법원에서 이 법이 준거법으로 된 경우에 상속권 부정의 결과를 헌법상 보장된 상속권 보호에 어긋난다고 보아 그 적용을 배척해야 할 것인가 하는 의문이다. 또 종교가 다른 자들 간에는 혼인을 인정하지 않는 국가의 국민인 남녀가 한국 법원에서 혼인의 성립을 주장하는 경우에 그들의 본국법을 적용하면 혼인을 허용할 수 없는 결과를 가지고 무조건 한국의 헌법상 인정된 혼인의 자유에 위반된다고 보아 당사자들의 본국법의 적용을 배척하는 것이 옳으냐 하는 의문이다. 따라서 헌법상의 근본 원칙도 구체적인 사건에 따라서는 그 위반이 국제사법상의 공서에 위반되지 않을 수도 있다고 보는 것이다. 이를 위해서는 헌법 규범을 해석함으로써 그 적용의지를 판단해야 하는데, 이때 결정적인 것은 그 사안에 아래에서 설명할 「내국 관련성」이 얼마나 강하느냐에 달려 있다고 보고 있다.

3. 명백한 위반

제10조에 표현된 "명백히"에는 이 규정이 어디까지나 극히 예외적으로 적용되어야 할 규정임을 나타내고 있다. 따라서 외국법 적용의 결과가 한국의 중요한 법원칙에 단순히 어긋난다는 것으로는 충분치 못하고, 한국법의 근본적인 정의 관념에서 보아 그 결과를 도저히 받아들일 수 없을 때에 비로소 공서위반이 인정된다.

그래서 이 공서조항은 아주 조심스럽게 그리고 소극적으로 다루어야 한다. 공서조항의 적용을 쉽게 긍정하게 되면 외국법을 지정하는 내국 국제사법의 규범과 원칙은 무의미하게 될 것이며, 그 결과 국제적 판단일치나 법적용의 예견 가능성은 상실될 것이기 때문이다. 더구나 이러한 판결은 외국에서 승인되거나 집행되기도 어려울 것이다. 그렇게 되면 법적 안정성도 해치게 되며, 또 승소해보았자 의미가 없으므로 소송 경제적으로도 문제가 생긴다는 점을 항상 염두에 두어야 한다.

4. 충분한 내국 관련성

규정에는 명시되어 있지 않지만 매우 중요한 요건으로, 사안이 내국과 인적 또는 장소적으로 충분할 정도로 관련성을 가지고 있어야 한다는 점이다. 따라서 단순한 내국 관련성으로는 부족하고, 그 내국 관련성이 당해 사안의 법적 문제의 핵심에 관련되어 있어야 한다.

이때, 충분한 내국 관련성을 결정하는 기준으로 종종 「상대성 원칙」이 제시된다. 이것은 사안에 내국 관련성이 크면 클수록 공서조항이 적용될 가능성이 커지고, 내국 관련성이 적으면 적을수록 공서조항이 적용될 가능성은 적어진다는 것이다. 예컨대, 한국 법원에서 외국법의 일부다처 규정을 적용하는 경우에, 쌍방이 모두 외국인이거나 그들의 상거소가 한국에 없거나 또는 단순히 선결문제로 제기된 경우에는 내국 관련성이 약하므로 일부다처혼을 인정하는 것도 공서위반이 되지 않을 가능성이 크다. 그러나 적어도 일방이 한국인이거나 한국에 상거소를 두고 있거나 또는 본문제로 제기된 경우에는 내국 관련성이 강하므로 외국법의 일부다처혼은 공서위반으로 될 가능성이 커진다.

또한 외국에서 행해진 법률관계는 설혹 그것이 내국법의 근본 원칙에 반하더라도 이미 완성된 사실로 인정하여 내국에서도 그에 대한 법적 효과를 부여하는 것은 가능하며, 따라서 종종 공서위반으로 되지 않는다. 예컨대, 일부다처혼 국가에서 혼인하여 한국에 온 다수의 배우자 중에서 한 명이 한국 법원에 부양청구권을 주장하는 경우에 우리 법원은 이 일부다처혼을 인정하고 그 배우자의 부양청구권을 긍정해야 할 것이다. 이에 반해, 한국에서 법률관계를 창설하는 문제(예컨대, 혼인의 성립 등)가 제기되면 공서위반이 될 가능성이 커질 것이다.

III. 공서위반의 효과

국제사법상의 공서에 위반되어 제10조의 공서조항이 적용되면 그 결과 그 외국법 규범은 적용이 배척된다. 여기서 주의할 것은, 공서위반이 되면 그 준거 외국법이 모두 적용 배제되는 것이 아니라는 점이다. 배제되는 것은 그 적용의 결과가 공서에 위반되는 그 규범에 한정된다. 따라서 이 규범을 제외하고 준거외국법의 나머지 규범은 모두 적용된다.

문제는, 그 외국법 규범이 배제되고 난 후에는 어떻게 되느냐 하는 것이다. 이에는 외국법 규범의 배제만으로 끝나는 경우도 있고, 그에 대신하는 규범을 필요로 하는 경우도 있다. 먼저, 외국법 규범의 배제만으로 끝나도 되는 경우는, 예컨대 준거외국법에서 내국법의 공서에 반해 종교가 다른 자들 간에 혼인을 금지하는 규범이나 책임을 배제하는 규범이나 또는 법정 질권이 설정되는 규범을 두고 있다면 그 적용을 배제하는 것으로 문제는 해결된다.

　그러나 배제된 규범 대신에 다른 규범이 적용되어야 할 필요가 있는 경우에는 대용규범이 필요하다. 예컨대, 준거외국법에 당해 사안에 제기된 청구권의 소멸시효가 존재하지 않아서 공서에 반한다고 보면, 소멸시효의 기간을 정하기 위해서는 대용규범이 필요하다. 또 부양청구 사건에서 준거외국법의 부양법에 의하면 부양청구권이 없거나 또는 부양액이 너무 적어서 공서에 반한다는 판단이 나게 되면, 부양청구권을 허용하거나 또는 부양비를 상향 조정하기 위해 대용규범이 필요하다. 이때에는 어떻게 대용규범을 정하는 것이 옳을까?

　우선, 국제적 판단일치를 위해서도 일차적으로는 그 준거외국법에서 해결책을 찾는 것이 옳을 것이다. 즉, 그 외국법에서 다른 규범을 찾는다든가 아니면 그 외국법 규범을 수정하여 적용하는 것이다. 예컨대, 준거외국법에 제기된 청구권에 소멸시효가 존재하지 않아서 법정지의 공서에 반한다고 판단될 때, 그 준거외국법에서 가장 긴 소멸시효기간의 규범을 적용하는 것이다.[133] 이런 방법이 우선되어야 하는 이유는, 공서위반으로 적용이 배척되는 것은 준거

---

133) 그러나 이것은 하나의 가능성일 뿐이다. 이 경우에도 그 기간에 대해서는 여러 견해가 있을 수 있다. 예컨대, 준거외국법의 최장기간이라는 견해, 만약 법정지법의 최장기간이 준거외국법의 최장기간보다 더 길다면 법정지법의 최장기간을 적용해야 한다는 견해, 그 어느 쪽도 아니고 이성적으로 생각할 수 있는 최장기간을 적용해야 한다는 견해 등 다양하다.

외국법 전체가 아니라 그 해당 규범만이어서 나머지 부분에 대해서는 준거외국법이 그대로 적용되기 때문에 적용의 배척 부분과 잔존 부분 간에 통일성을 유지할 필요가 있기 때문이다. 더구나 종래 법정지법의 적용을 목적으로 하던 공서제도의 적극적 기능이 국제적 강행규범으로 분리되어 독자화되었으므로 공서위반에서 대용법으로 법정지법을 적용해야 할 여지는 많이 줄어들었다.

그러나 이러한 방법이 가능하지 않거나 또는 불만족스럽다면 결국은 법정지법을 적용하는 방법이 남아 있을 것이다. 예컨대, 이혼이나 파양을 허용하지 않는 국가로 준거법이 지정되어 이혼이나 파양이 불가능하게 되었는데 이는 우리 법의 근본 원칙인 이혼의 자유, 파양의 허용에 반하여 우리의 공서를 위반한 것이 분명하다면, 그 외국준거법의 적용을 배척하고 대신 한국법을 적용하여 이혼과 파양을 허용할 수 있을 것이다.

IV. 특수한 문제

1. 특별유보조항

국제사법 제10조의 공서조항을 흔히 유보조항이라고 칭하는데, 이를 각칙상의 특별유보조항과 대비시켜 일반유보조항이라고 부른다. 특별유보조항이란 각칙의 규정 중에서 한국법의 근본 원칙을 특별히 보호하기 위해 외국법의 적용을 배척하거나 일방적으로 한국법의 적용을 명령하는 규정이다. 예컨대, 제32조 제4항에서 외국법에 의한 불법행위책임상의 손해배상의 범위를 제한하는 규정은 한국법의 공서를 보호하기 위해 특별히 둔 규정이다. 이러한 특별유보조항은 제10조의 일반유보조항을 구체화한 것이며, 그 적용으로 인해 제10조를 대체하거나 보충하기도 한다. 그러나 특별유보조항의 존재 의의에 대해서는 대체로 부정적이다. 특별유보조항은 흔히 요건이 엄격하여 유연성이 떨어지며, 굳이 특별유보조항이 없더라도 유보조항에서 발생하는 문제는 일반유보조항으로 충분히 해결이 가능하다고 보기 때문이다.134) 다만, 주의적 규정으로서 유보의 내용을 명확히 밝혀주는 의미는 있을 것으로 본다.

2. 국제민사소송법상의 공서

외국판결의 승인 및 집행에 관한 민소법 제217조 제1항과 민사집행법 제27조 제2항에서도 공서의 요건이 충족되어야 한다. 이를 국제민사소송법상의 공서라고 하는데, 제10조의 국제사법상의 공서와는 차이가 있다. 국제사법상의 공서가 「외국법 적용의 결과」에 관한 문제라면, 국제민소법상의 공서는 「외국 판결의 승인의 결과」에 관한 문제이다. 예컨대, 우리 법은 외국판결의 승인 및 집행의 요건으로 외국 법원이 한국의 국제사법을 적용했는지 여부를 묻지 않으므로, 외국의 법원이 한국의 국제사법과 달리 적용한 판결에 대해서도 단순히 그 이유만으로는 외국판결의 승인 및 집행을 거부할 수 없다. 오로지 그 외국 판결의 승인 결과가 우리 법의 공서, 즉 우리 법의 근본 원칙에 반한다고 판단될 때에만 국제민소법상의 공서에 위반하여 그 외국판결의 승인 및 집행을 거부할 수 있는 것이다. 이 외에도 국제민소법상의 공서에는 실체적 공서뿐만 아니라 절차적 공서까지 포함한다는 차이도 있다. 그러나 이에 대해 자세히는 여기서가 아니라 국제절차법상의 외국판결의 승인 및 집행에서 다루어질 내용이다.

---

134) Kropholler, IPR, S. 260.

§28 국제적 강행규범

I. 의의

국제사법에서 소위 국제적 강행규범[135])이란 우리가 일반적으로 알고 있는 국내적 강행규범[136])에 대비되는 개념이다. 국제적 강행규범이란, 외국적 요소를 가진 사안에 대해 준거법이 어느 법으로 지정되든 상관없이 이 사안에 적용하겠다는 의사를 가진 일국의 강행규범을 말한다. 이때, 그 일국이 어느 나라인가에 따라 법정지국의 국제적 강행규범과 외국의 국제적 강행규범으로 나누어진다. 후자의 경우에도 외국준거법의 국제적 강행규범과 그 외 제3국의 국제적 강행규범으로 나누어지지만, 문제로 되는 것은 제3국의 국제적 강행규범이다.

공서조항에서 이미 언급했듯이, 국제적 강행규범의 내용은 종래 국제사법상의 공서가 공서조항을 통해 적극적 기능으로서 수행해왔던 것을 공서조항과 분리시켜 독자화한 것이다. 이러한 국제적 강행규범은 그 이론상 법정지국의 국제적 강행규범뿐만 아니라 외국, 특히 제3국의 국제적 강행규범까지 포함하여 논하는 것이 일반적이다. 그러나 제3국의 국제적 강행규범이 법정지 법원에서도 적용이 가능한지, 가능하다면 어떤 요건 아래에서 가능한지 등에 대해서는 아직 논란이 뜨겁다. 그래서 우리 법은 다툼의 여지가 거의 없는 법정지의 국제적 강행규범에 대해서만 규정을 둔 것이다. 그 결과, 제7조

---

135) 독일에서는 이것을 Eingriffsnorm이라고 칭한다. 이 용어를 우리는 보통「간섭규범」 또는 「개입규범」으로 번역한다.

136) 우리 국제사법에서도 이러한 의미로 사용된 강행규범이 있다. 예컨대, 제25조 제4항, 제27조 제1항, 제28조 제1항의 강행규범은 국내적 강행규범을 의미한다.

에는 "입법목적에 비추어 준거법에 관계없이 해당 법률관계에 적용되어야 하는 대한민국의 강행규범은 이 법에 의하여 외국법이 준거법으로 지정되는 경우에도 이를 적용한다"고 규정하고 있다. 여기서 「대한민국의 강행규범」은 한국의 국제적 강행규범을 의미한다.

그러나 제3국의 국제적 강행규범에 대해서 우리의 법 규정이 없다고 적용을 배척할 것은 아니다. 제3국의 국제적 강행규범이 문제로 되는 이유는, 법정지국(한국)에서 볼 때 사안이 외국의 준거법국이 아닌 제3국과 관련되어 있는 경우에 그 제3국의 국제적 강행규범도 적용해야 하느냐 하는 문제 때문이다. 이런 경우에 외국에서의 논의와 입법을 보면, 제3국의 국제적 강행규범도 우리 법원에서 적용될 가능성이 있다는 것을 전제로 해야 할 것이다. 다만, 그 요건 등 이론적 발전이 학설과 판례에 맡겨져 있다고 보아야 한다.[137]

본래, 준거법을 결정하는 국제사법 규범은 보통 지시규범으로서, 사안 또는 법률관계에서 출발하여 그와 가장 밀접한 관련을 가진 법을 지시해주는 것이다. 이는 19세기 중반에 독일의 법학자 사비니에 의해 정립되어 오늘날 일반화된 준거법결정 규범의 전형적인 모습이다. 그러나 국제적 강행규범은 이런 특징을 가지고 있지 않으며, 오히려 접근방법이 통상적인 지시규범과 정반대이다. 즉, 국제적 강행규범은 법규를 출발점으로 삼아 이 법규에서 그의 적용 의사(국내사건에만 적용되고자 하는지, 외국사건에도 적용되고자 하는지)를 찾아내 그 장소적 적용범위(국내사건에만 적용되는지, 외국사건에도 적용되는지)를 정하는 것이다.[138] 따라서 국제적 강행규범에 관한

---

137) 스위스 국제사법 제19조와 1980년 유럽채무준거법에 관한 로마협약 제7조 제1항에서는 외국법의 국제적 강행규범에 대한 규정을 두고 있다(이에 대해서는 석광현, 2001년 『개정 국제사법 해설』 제2판 부록 참조). 이 규정들에 의하면 법정지국에서도 일정한 요건이 충족되면 제3국의 국제적 강행규범을 고려할 수 있는 것으로 정하고 있다.

138) 이에 대해서는 앞에서 설명한 「§11 준거법결정의 방법론」 참조.

제7조는 국제사법의 다른 준거법결정 규범들과는 접근방법과 체계를 달리하는 국제사법 규범임을 유의할 필요가 있다.

II. 국제적 강행규범의 내용

국제적 강행규범이 구체적으로 어떤 성격과 내용을 가진 규범이냐에 대해서는 여전히 논란이 있다. 그러나 보통은 넓게, 개인적 이익을 넘어 공동의 이익(Gemeininteresse) 또는 공적 이익(oeffentliche Interesse)을 추구하는 내용의 규범이라고 볼 수 있다. 반대로 말하면, 개인 간의 이익조정을 목적으로 하는 규범은 국제적 강행규범이 될 수 없고, 이는 전통적인 연결규범에 따라 지정된 준거법의 지배를 받는다는 것이다.

이러한 공동이익 또는 공적 이익을 추구하는 규범도 종종 두 가지 종류로 나누어 국제적 강행규범으로 보는 것이 일반적이다. 첫째, 국가적 이익을 추구하는 영역의 규범으로서 주로 공법 규범을 가리킨다. 예컨대, 일국의 국가정책적·경제정책적 목적을 위한 규범으로서 대외무역법, 수출입금지법, 외환거래법, 독점금지법, 공정거래법, 사회보장법, 문화재보호법 등의 규범들이 여기에 속할 수 있다. 또한 형벌규정이나 허가규정이 존재하는 법에서 이런 유형의 국제적 강행규범이 종종 보인다. 둘째, 사적 이익도 함께 추구하는 영역의 규범들이다. 주로 사회정책적 목적에 의해 약자를 보호하는 규범들이 여기에 속할 수 있다. 예컨대, 근로자 보호, 임차인 보호 또는 소비자 보호를 위한 규범으로서 근로기준법, 임대차보호법, 소비자보호법 등의 규범들이 이에 해당할 수 있다.139)140)

---

139) 이때, 제7조와 제27조 및 제28조와의 관계에 대해서는 논란의 여지가 있다. 그러나 제27조 또는 제28조가 적용될 수 있는 사안인 한, 이 규정들이 우선하며 제7

이때, 두 가지 점은 주의해야 한다. 첫째, 여기서 공법 규범이라고 해도 단순히 공법 규범 그 자체를 가리키는 것이 아니다. 그것은 국제공법 또는 국제행정법이 다룰 문제이지 국제사법이 관여할 영역은 아니다. 국제사법에서 국제적 강행규범으로 다루어지는 공법 규범은 구체적인 사건에서 「외국적 요소를 가진 사법적 문제에 영향을 미치는 공법 규범」만을 가리킨다는 점이다. 둘째, 국제적 강행규범의 판단은 일괄적으로 어떤 영역, 어떤 종류의 법 전체를 대상으로 하는 것이 아니다. 원칙적으로 어떤 종류, 어떤 영역의 법에 있는 「개별 규범」만이 국제적 강행규범의 판단의 대상이 된다는 점이다. 따라서 국제적 강행규범이 적용되는 부분 이외에서는 본래 지정되는 준거법이 모두 적용된다.

Ⅲ. 한국의 국제적 강행규범의 적용요건

우리 법원에서 한국의 국제적 강행규범을 적용하기 위해서는 몇 가지 요건이 필요하다. 그러나 요건을 언급하기 전에 주의할 점이 있다. 규정의 문언상으로는 "외국법이 준거법으로 지정되는 경우에도" 대한민국의 국제적 강행규범을 적용한다고 되어 있어서, 혹시 먼저 각칙 규정에 의해 준거법이 외국법으로 지정되고 난 후에 비로소 한국의 국제적 강행규범이 그 외국법을 배제하고 적용되는 것처럼 이해될 여지가 있으나 그렇치는 않다. 국제적 강행규범은 앞에서 이미 말했듯이 전통적인 지시규범과 전혀 체계를 달리하므로 전통적인 연결체계와 관계없이 별도로 정해지는 것이다. 오히려 법

조는 적용되지 말아야 할 것이다.

140) 우리의 약관규제법은 국제적 강행규범에 해당하지 않는다고 판례가 보고 있다 (대판 2010.8.26., 2010다28185; 대판 2015.3.20., 2012다118846, 118853).

적용의 순서에서는 아래의 요건에서 보듯이 규범 자체의 적용 의지에서 그 적용이 이미 결정되므로 일반적으로 연결규범들에 앞서 적용된다.

우리의 국제적 강행규범의 적용 요건은 다음 세 가지이다. 첫째, 한국의 국내법상의 강행규범일 것(국내법상의 강행규범). 둘째, 사안에 적용될 그 강행규범이 입법목적상 외국적 사안에도 적용된다는 의사(의지)를 가지고 있을 것(역외 적용의사). 셋째, 사안이 한국과 밀접한 관련을 가지고 있을 것(내국 관련성)이다.

첫 번째 요건에 대해서는 논란의 여지가 없지 않으나, 적어도 국내의 강행규범이어야 결과적으로 준거외국법보다도 먼저 적용되는 국제적 강행규범이 될 수 있지 않을까 생각한다.

그러나 무엇보다도 두 번째 요건이 일국의 국내법이 국제적 강행규범이 되기 위한 결정적인 요건이다. 보통 국내법은 국내 사건에 적용된다는 것을 전제로 만들어졌기 때문에 국내법의 강행규범이라도 이러한 역외 적용의사를 가지고 있는 규범은 예외에 속한다. 따라서 국내규범에서 역외 적용의사를 밝혀내야 하는데, 규범에 명시적으로 그러한 의사를 밝히고 있는 경우도 있겠지만, 그렇지 않을 때에는 규범의 의미와 목적을 해석하여 그 적용의사를 판단하는 수밖에 없다. 이때, 사안의 국제성을 고려하여야 할 것이다.

마지막 세 번째의 내국 관련성 요건에서는 공서와 마찬가지로 「상대성 원칙」이 적용된다. 따라서 사안에 내국 관련성이 강하면 강할수록 한국의 국제적 강행규범이 개입할 여지가 커지지만, 내국 관련성이 약하면 약할수록 한국의 국제적 강행규범이 개입할 가능성은 적어질 것이다. 물론, 법정지의 국제적 강행규범을 전제로 하는 제7조에서 이 내국 관련성 요건이 과연 필요한 것인지에 대해서는 논란이 있을 수 있다. 그러나 우리처럼 총칙상의 일반규정으로서 국제적 강행규범의 규정을 두고 있는 한 그 적용범위가 상당히 넓으므로 이 요건은 필요하리라고 본다.

Ⅳ. 한국의 국제적 강행규범의 적용효과

국제적 강행규범의 적용은 모든 법률관계에서 나타날 수 있다. 그러나 전형적으로는 특히 국제계약에서 나타나므로 여기서 그 예를 들어보기로 한다. 예컨대, 법정지법이 무기의 매매를 위해서는 법률상으로 정부의 허가를 받도록 되어 있고 허가를 받지 않고 한 무기매매계약은 무효로 하고 있는 경우에, 무기에 대한 국제매매계약의 체결 시에 준거법으로 정부의 허가를 요구하지 않는 외국법을 지정하였거나 또는 객관적 준거법으로 지정되었다고 해도 허가를 받지 않고 체결한 무기 매매계약은 무효가 된다. 이유는, 무기매매를 할 때 정부의 허가를 요구하는 법정지법의 이 법규는 명시적인 언급이 없더라도 국제매매계약에도 적용된다는 의사를 가진 국제적 강행규범이기 때문이다. 따라서 국제매매계약의 준거법에 의하면 유효이더라도, 허가를 받지 않은 국제 무기매매계약은 효력이 없게 되는 것이다.

이처럼 국제적 강행규범이 적용되면 그 효과로서 계약이 무효로 되거나 또는 불법행위가 성립할 것이다. 따라서 이로 인해 다시 손해배상의 청구 문제가 발생할 가능성이 크다. 이때 주의할 것은, 국제적 강행규범의 적용으로 계약이 무효로 될 뿐, 그다음의 법률문제인 계약의 무효로 인한 손해배상청구나 대금반환청구의 문제에 대해서는 원래의 국제매매계약의 준거법에 의해 해결해야 한다는 점이다.

법적용법 각론

제1장 사람

사람에 관한 국제사법을 「국제인법」이라고도 하는데, 국제인법은 크게 자연인에 관한 법과 법인에 관한 법으로 나누어진다. 우리 국제사법에서 자연인에 관한 규정이 제11조 내지 제15조이고, 법인에 관한 규정이 제16조이다. 따라서 제2장의 제목에서 말하는 「사람」은 자연인과 법인을 포함하는 개념이지만, 제11조와 제13조에서 말하는 「사람」은 자연인을 의미한다고 보아야 할 것이다.

§29 자연인

국제인법에서 자연인에 관한 준거법 규정은 크게 권리능력과 행위능력으로 나누어진다. 그러나 우리 국제사법에 규정은 없지만 자연인에 관한 중요한 준거법 문제가 성명에 관한 준거법이다. 따라서 아래에서는 권리능력과 행위능력을 다루고, 이어 성명준거법에 대해서도 언급하기로 한다.

Ⅰ. 권리능력

1. 기본원칙 - 본국법(제11조)

권리능력이란 권리와 의무를 가질 수 있는 능력 또는 권리와 의무의 주체가 될 수 있는 능력을 말한다. 따라서 권리능력은 해당 당사자와 가장 밀접한 관련을 가지므로 국제사법적으로 속인법이 적용되는 영역이다. 물론, 속인법에도 종래 두 가지 종류가 있다. 하나는 당사자의 국적을 기준으로 하는 본국법이고, 다른 하나는 당사자의 주소를 기준으로 하는 주소지법이다. 우리 법 제11조는 "사람의 권리능력은 그의 본국법에 의한다"고 하여 속인법으로 본국법주의를 택하고 있다. 연결시점에 대해서는 명시적인 언급이 없으나, 권리능력이 문제로 된 그 당시의 본국법일 것이다(변경주의).

2. 제11조의 적용범위

권리능력도 보통 두 가지로 나누어진다. 하나는 일반적 권리능력이고, 다른 하나는 개별적 권리능력이다. 일반적 권리능력이란 권리와 위무를 가질 수 있는 일반적이고 추상적인 권리능력인 데 반해, 개별적 권리능력이란 개별적인 권리와 의무를 가질 수 있는 구체적인 능력을 말한다. 예컨대, 사람이라면 누구나 권리와 의무의 주체가 된다(민법 제3조)는 것이 일반적 권리능력인 데 반해, 부동산을 취득할 수 있는 능력, 후견인이 될 수 있는 능력(후견능력), 상속인이 될 수 있는 능력(상속능력)은 개별적 권리능력이다.[1] 흔히 제11조의 권리능력은 일반적인 권리능력만을 의미한다고 보고, 개별적인 권리능력에 대해서는 본국법이 아니라 개개 법률관계의 준거법에 따른다고 보는 것이 통설이다(비독립적 연결). 따라서 어떤 사람이 부동산을 취득할 수 있는 능력이 있느냐는 물권준거법(제19조 제2항; 부동산 소재지법)에 의하고, 후견능력이 있느냐는

---

[1] 우리 민법에서 일반적 권리능력과 개별적 권리능력의 차이는 법인과 태아에서 분명하게 드러난다. 법인은 권리능력이 있으나 상속능력은 없는 데 반해, 태아는 권리능력이 없으나 상속능력은 있다.

후견준거법(제48조 제1항; 피후견인의 본국법)에 의하며, 상속능력이 있느냐는 상속준거법(제49조 제1항; 피상속인의 본국법)에 의하게 된다.

태아의 문제 역시 우리 국제사법에서는 일반적 권리능력의 문제가 아니라 개별적 권리능력의 문제에 속한다. 우리 실질법에서 태아는 아직 사람이 아니므로(민법 제3조) 제11조를 적용할 수 없기 때문이다. 따라서 태아에 대한 불법행위는 불법행위의 준거법에 의하고, 태아의 상속문제는 상속준거법에 의한다.

소송상의 당사자능력은 민법상의 권리능력과 유사하다. 그러나 이는 소송법상의 문제이므로 제11조의 적용범위에 속하지 않는다. 다만, 소송법에서도 당사자능력의 소송법상의 준거법은 권리능력과 마찬가지로 속인법, 즉 본국법에 의하는 것으로 보고 있다.

그러나 일반적 권리능력에 관한 한, 오늘날 자연인에게 일반적 권리능력을 부정하는 국가는 없다.[2] 따라서 이에 대한 준거법은 무의미하지만, 상속과 재혼 등의 선결문제로 되는 권리능력의 시작 시점(시기)과 종료 시점(종기)에 대해서는 각국 법마다 차이가 존재하므로, 여기서 준거법 문제는 의미가 크다. 물론, 권리능력의 시기와 종기 문제를 개별적 권리능력에 귀속시켜 개개의 법률관계의 준거법에 따른다는 견해[3]가 없지 않지만, 2001년 우리 국제사법의 개정으로 권리능력에 관한 원칙 규정으로 제11조가 신설되었고 또한 권리능력의 시기와 종기의 문제는 권리능력에서 핵심적인 부분이므로 권리능력 규정인 제11조의 적용범위에 속한다고 보아야 한다.[4][5] 특

---

2) 설혹 있다 하더라도 공서조항(제10조)에 의해 그 외국법 규정의 적용은 배척된다.

3) 신창선/윤남순, 『신국제사법』, 218면.

4) 최흥섭, 「섭외사법 개정법률안의 검토 -자연인, 친족, 상속」, 『국제사법연구』 제6호, 2001년, 382면

5) 더구나 권리능력의 시기와 종기 문제를 개개 법률관계의 준거법에 맡기면 동일한 사람에 대해 권리능력의 있고 없음이 개개의 법률관계에 따라 달라지는 문제가 생긴다.

히 실종선고(제12조)는 권리능력의 종료와 밀접한 관계를 가지므로 권리능력과 함께 다룰 필요가 있다. 그래서 우리 입법자도 권리능력의 원칙 규정(제11조)에 이어서 바로, 그에 대한 예외규정으로서 외국인에 대한 실종선고 규정(제12조)을 두었다고 필자는 본다. 이 문제들에 대해서는 항목을 바꾸어 설명하기로 한다.

3. 권리능력의 시작과 종료

1) 권리능력의 시작

자연인의 권리능력은 우리 법이 그렇듯이 보통 출생한 때부터 시작된다. 그러나 예컨대 스페인법은 출생 후 24시간 동안 생존해 있어야 비로소 권리능력을 부여한다(스페인 민법 제30조). 따라서 여기서 준거법이 문제로 된다. 우리 국제사법에서 권리능력의 준거법은 권리능력이 문제가 된 당시의 당사자의 본국법(제11조)이므로 권리능력의 시작 시점도 그 당시의 당사자의 본국법에 의할 것이다.

예컨대, 한국에 거주하는 스페인 부부가 출산 중에 산모가 사망하고 그 직후 태어난 지 3시간밖에 안 된 유아마저 사망하여 어머니의 재산에 대한 유아의 상속문제가 한국 법원에 제기되었다고 하자. 그렇다면 상속(제49조 제1항)은 피상속인의 본국법인 스페인법이지만 그 전에 먼저 상속의 선결문제로서 이 유아에게 권리능력이 있느냐는 문제가 제기될 것이다. 이에 대해서는 권리능력의 준거법에 의하므로 제11조에 따라 사망한 유아의 본국법이 적용될 것이다. 그런데 사망한 유아의 본국법은 스페인법일 것이므로 이 스페인법에 따르면 사망한 유아에게 권리능력은 없다. 따라서 상속권도 인정받지 못할 것이다.[6]

2) 권리능력의 종료

자연인의 권리능력은 어느 나라에서나 사망으로 끝난다. 이때, 사망과 관련된 문제로는 사망의 인정, 사망시점의 확정, 사망선언, 사망추정 및 생존추정 등이다. 따라서 이에 대해서는 제11조에 따라 권리능력의 준거법인 당사자의 본국법에 의해 판단한다.

그러나 권리능력의 종료와 관련해서는 주로 두 가지 문제가 다루어진다. 하나는 실종선고 문제이고, 또 하나는 동시사망 문제이다. 전자에 대해서는 우리 법에 독자적인 규정(제12조)도 있으므로 아래에서 별도로 논하기로 하고, 여기서는 후자인 동시사망의 문제에 대해서만 언급하기로 한다.

우리 민법 제30조에 의하면, 2인 이상이 동일한 위난으로 사망한 경우에 누가 먼저 사망했는지가 입증되지 않으면 동시에 사망한 것으로 추정한다. 그러나 외국에는 젊은 사람이 늙은 사람보다 늦게 사망하는 것으로 추정하는 법도 존재하므로[7] 준거법이 문제로 된다. 상속문제에 커다란 영향을 미치기 때문이다. 이 동시사망의 문제 역시 권리능력의 종료 문제이므로 권리능력의 준거법에 의해 해결해야 한다. 따라서 제11조에 따라 동시사망이 문제로 된 당시의 당사자의 본국법에 의해 해결하게 될 것이다.

---

6) 여기서는 논리를 단순화시키기 위해 스페인이 다수법국이라는 사실, 준국제사법의 존재, 반정의 가능성, 스페인 국적법과 상속법의 구체적인 내용 등을 모두 고려하지 않았다.

7) Junker(IPR(2), §13, 옆 번호 7)는 서아프리카의 니제르국의 법이 그렇다고 예를 든다.

4. 실종선고와 권리능력의 종료
– 외국인에 대한 실종선고(제12조)

1) 국제사법에서 실종선고제도의 의미

우리 법에서 실종선고(민법 제27조 이하)란, 부재자의 생사불명 상태가 일정기간 계속될 때 그와 관련된 법률관계를 확정시키기 위해 법원의 선고를 통해 사망과 동일한 효과가 생기게 하는 제도를 말한다. 독일법계에는 이와 유사한 제도로 법원에 의한 사망선언제도가 있으며, 프랑스법계에는 실종선언제도가 있고, 영미법에는 목적은 같지만 법원의 개입 없이 일정기간의 경과만으로 사망이 추정되는 제도로 존재한다.8) 따라서 국제사법상으로는 우리 법의 실종선고에 해당하는 외국의 법제도가 반드시 법원의 개입을 요건으로 하는 것은 아니라는 점에 유의해야 한다. 그럼에도 불구하고 제12조에서 실종선고제도 만을 규정한 이유는 이 규정의 내용이 외국인에 대해 한국 법원에서 한국법에 따라 실종선고를 내리는 예외적인 상황만을 전제로 했기 때문이다.

2) 실종선고제도와 관련된 준거법 원칙

그렇다면 예외규정인 제12조의 실종선고에 대해 논하기 전에, 먼저 우리 법의 실종선고와 함께 이에 해당하는 외국의 법 제도까지 포함하는 영역에 적용될 원칙적인 준거법은 무엇인지 생각해보아야 한다. 필자로서는, 예외적인 내용을 가진 제12조를 제11조의 권리능력의 규정 바로 다음에 위치시켰다는 것은, 실종선고는 권리능력의 종료문제로서 권리능력의 일부이며 따라서 권리능력의 원칙 규

---

8) Kropholler, IPR, S. 322; Kegel/Schurig, IPR, S. 549 이하.

정인 제11조 아래 예외규정으로서 제12조를 두었다고 해석하는 것이 가장 자연스럽다고 본다. 따라서 실종선고뿐만 아니라 실종선고와 유사한 외국의 권리능력의 종료제도에 대한 원칙적인 준거법은 제11조의 권리능력 규정이며 이에 따라 당사자의 본국법에 의한다고 보아야 할 것이다.

그 결과, 우리 법원에 국제관할권이 있다고 인정되는 한, 본문제를 위해서든 선결문제를 위해서든 외국인이 본국법에 따라 사망선언이나 실종선언을 요구하거나, 심지어 단순히 사망추정을 입증하는 경우에도 법원은 이를 받아들여 본국법을 적용하여야 할 것이다. 물론, 이때 비송절차가 문제로 된다면 외국법의 사망선언이나 실종선언이 우리 법원에서 그대로 적용될 수 없는 한 조정[9]이 필요할 것으로 본다.

3) 외국인에 대한 실종선고(제12조)

(1) 외국인에 대한 실종선고 규정(제12조)의 의미

앞에서 우리는 제12조의 외국인에 대한 실종선고 규정은 제11조의 권리능력의 준거법 규정에 대한 예외규정이라고 해석하였다. 그러나 제12조의 내용을 보면 외국인의 실종선고에 한국법을 준거법으로 한다는 규정일 뿐만 아니라, 한국 법원에서 실종선고를 내린다고 하고 있으므로 한국 법원의 관할권까지도 규정한 것처럼 보인다. 물론, 이렇게 해석하는 데 잘못은 없다고 본다. 제12조의 문언으로는 외국인의 실종선고에 대한 한국 법원의 관할권과 한국법이라는 준거법 양자를 모두 규정했다고 볼 수 있기 때문이다. 그러나 제12조의 역사적 배경, 현행법에서의 위치, 제11조와의 관련성 등

---

9) 앞에서 설명한 「§26 조정제도와 조정문제」 참고.

을 고려하면 과연 입법자가 제12조에서 비록 외국인에 한정했다 하더라도 그 실종선고에 대한 관할권과 준거법을 모두 규정하고자 의도한 것인지는 의문스럽다. 오히려 제12조를 제11조의 원칙에 대한 예외로 보는 한, 제12조도 제11조와 마찬가지로 그 중심 내용은 외국인에 대한 준거법 규정이고, 관할권 문제는 실종선고가 비송사건으로서 한국 법원에서 선고되어야 하기 때문에 불가피하게 부수적으로 표현되고 도출된 내용이라고 보는 것이 옳을 것이다.10) 따라서 아래에서 필자 역시 다른 교과서와 마찬가지로 실종선고의 준거법, 관할권, 외국 실종선고의 승인에 대해 함께 언급하겠지만, 적어도 국제관할권과 외국 실종선고의 승인 문제에 대해서는 제12조를 근거로 한 것이 아니고 일반적이고 추상적이며 또한 부가적으로 논의하는 것임을 미리 밝힌다.

10) 필자가 제12조에는 준거법과 관할권 양자 모두 존재한다는 것을 부정하지 않으면서도 이렇게 중심(준거법)과 주변(관할권)으로 구분하는 이유는, 제12조에 대한 정당한 해석을 위해서일 뿐만 아니라 실종선고의 관할권에 대한 올바른 접근과 실천적 정립을 위해서이기도 하다. 일반적으로 제12조를 논의하고 설명하면서는 다른 규정들과 달리 실종선고의 관할권, 준거법, 외국 실종선고의 승인까지 함께 논의하고 설명하는 것이 보통이다. 그런 과정에서 종종 제12조의 중심 내용이 관할권이라고 오인시킬 위험이 엿보이는데, 그 이유는 오늘날 "관할권이 있으면 그 법정지법을 적용한다"는 소위 동행원칙(Gleichlaufprinzip)의 논리를 여기에 투사하기 때문인 것으로 보인다(과거에는 동행원칙의 의미가 오늘날과는 반대로 "준거법으로 지정되는 국가에 관할권이 있다"는 것이었다). 그러나 필자는 제12조에서 입법자는 관할권 규정을 염두에 둔 것이 아니라 기본적으로 준거법 규정을 염두에 두었으나 우리 법의 실종선고의 특성상 한국 법원을 전제하지 않을 수 없었다고 본다. 따라서 제12조는 실종선고의 관할권에 대한 근거규정이 될 수도 없고 되지도 않는다. 오해가 커지는 부분이 바로 이 부분인데, 종종 제12조에서 실종선고의 관할권을 논의하면서 이곳의 관할권이 원칙적인 관할권인지 아니면 예외적인 관할권인지를 다투지만 정작 제12조는 관할권규정이 아니기 때문에 제12조를 근거로 하는 이런 논쟁은 부당하다는 것이다. 물론, 학문적으로는 그런 논의와 논쟁은 가능하지만 법적 근거를 제12조에 두고 논의하는 것은 타당하지 않다고 보는 것이다. 그러다 보니 정작 별도로 심도 있고 폭넓게 논의해야 할 실종선고의 관할권 논쟁은 사라져버리고 제12조를 근거로 한 제한적이고 편협한 관할권 논의가 행해지고 있는 것으로 보인다. 요컨대, 실종선고에 대한 관할권 논의는 중요하고 필요하지만, 그 법적 근거를 제12조에 두어서는 안 되고 둘 수도 없다고 필자는 본다.

(2) 외국인에 대한 실종선고의 준거법

우리 법은 한국인이나 외국인이 그의 본국법에 따라 실종선고를
받을 수 있는(제11조) 외에도, 제12조에서는 특히 외국인의 경우에
다음 세 가지 중 어느 하나의 요건이 충족되면 한국 법원에서 한국
법에 따라 실종선고를 받을 수 있도록 규정하고 있다. 첫째, 그 외
국인의 재산이 한국에 있는 때이다. 둘째, 그 외국인에게 한국법에
의해야 할 법률관계가 있는 때이다. 예컨대, 한국에 상거소를 둔 이
국적 부부 중 일방의 생사가 분명하지 않은 경우에 그들 사이의 혼
인의 효력준거법(제37조)이 한국법이 되므로 여기에 해당할 것이
며, 또한 사망보험금을 청구하게 될 보험계약의 준거법이 한국법인
경우에도 여기에 해당할 것이다. 셋째, 그 외에도 그 외국인에게 한
국법에 따라 실종선고를 내릴 정당한 사유가 있는 때이다. 예컨대,
동일한 외국 국적의 부부 중 한국에 재산이 없는 일방의 생사가 분
명하지 않은 경우에 한국에 상거소를 둔 타방이 재혼을 하고자 한
다면 한국 법원에서 한국법에 따라 생사가 불분명한 배우자의 실종
선고를 받을 정당한 사유가 있다고 볼 수 있을 것이다. 이때에는
한국에 그 외국인의 재산도 없으며, 동일한 외국 국적이므로 혼인
의 효력준거법(제37조)도 한국법이 아니므로 마지막 세 번째 요건
에 해당하는 경우일 것이다.

주의할 점은, 제12조에 따라 외국인에 대해 한국 법원에서 한국
법에 따라 실종선고를 내린 경우에는 그 선고의 효력이 사망의 의
제라는 직접적 효과를 넘어 상속의 개시 또는 혼인의 해소라는 간
접적 효과까지 인정하는 것이 통설이라는 점이다. 외국인에 대해
예외적으로 한국 법원이 한국법에 따라 실종선고를 내리는 목적이
한국에서 외국인의 불안정한 법률관계를 확정시키기 위한 것이기
때문이라는 것이다.[11] 그러나 외국에서 행해진 실종선고의 효력에

대해서는 사망의 의제나 추정이라는 직접적 효과만 인정하고 간접적 효과인 상속의 개시나 혼인의 해소까지 인정하지는 않는다. 이러한 통설은 이론적으로는 비판의 여지가 있으나 실무적 차원에서는 이해할 수도 있을 것 같다.

(3) 실종선고의 국제관할

제12조가 앞에서 언급한 세 가지 요건 중에서 어느 하나가 충족된 경우에 한국 법원이 한국법에 따라 외국인에 대해 실종선고를 할 수 있다고 규정했으므로, 여기서 이 요건의 충족 시에는 한국 법원에 외국인에 대한 실종선고의 관할권이 있다고 해석하는 것은 가능하다. 그러나 제12조에서 유추할 수 있는 실종선고에 대한 관할권은 딱 여기까지이고 그 이상의 해석은 불가능하다. 더구나 그 관할권이 원칙적인 것인지 아니면 예외적인 것인지도 불확실하다. 실종선고의 준거법 문제라면 제11조의 원칙(본국법)이 존재하기 때문에 제12조의 한국법은 예외라고 볼 수 있지만, 실종선고의 관할권에 대해서는 제12조 외에 어디에도 언급이 없기 때문이다. 다만, 종래의 동행원칙(Gleichlaufprinzip)[12]의 해석에 따르면 실종선고의 준거법 원칙이 본국법이므로 관할권 역시 본국관할을 원칙으로 하는 것이 아닐까 추측해볼 수 있을 뿐이다.[13]

---

11) 신창선/윤남순,『신국제사법』, 221면; 김연/박정기/김인유,『국제사법』, 231면.

12) 다른 분들은 이것을 병행원칙으로도 번역한다. 동행원칙 또는 병행원칙이란 준거법과 국제관할권의 결정 원칙이 동일하게 같이 간다는 의미이다. 즉, 어느 연결대상의 준거법이 본국법이면 그 국제재판관할도 원칙이 본국관할이라는 것이다. 준거법의 결정규범에 비해서 관할 결정 규범이 별로 확립되어 있지 않았던 옛날에는 이렇게 동행원칙을 인정하는 경우가 종종 있었다. 그러나 오늘날에는 국제재판관할권이 있으면 그 관할권이 있는 국가의 법을 준거법으로 한다는 의미로도 동행원칙이 사용되고 있으며 오늘날에는 오히려 이런 의미가 더 커지고 있다.

13) 그렇다면 실종선고의 국제관할은 어떻게 된다고 보는 것이 옳을까? 물론, 국제관할의 특수성과 실종선고가 비송사건이라는 특수성 등을 고려하여 결정해야 할 것이다. 그러나 심도 있는 논의는 별도의 연구논문에 맡기기로 하고 여기서는 단지 이

(4) 외국실종선고의 승인

외국에서 행해진 실종선고는 비록 소송사건이 아니라 비송사건
이지만 그래도 그 선고는 한국 법원에서 승인을 받아야 한다. 문제
는 그 승인의 요건이 무엇이냐 하는 것이다. 외국 판결의 승인 규
정인 민사소송법 제217조는 소송사건에 적용되는 규정이므로 비송
사건에는 적용될 수 없다. 따라서 우리 법에는 이에 관한 규정이
없는 셈이다. 그래서 보통 민사소송법 제217조를 유추적용하는데,
다만 그 규정의 요건 중에서 상호 보증의 요건(민소법 제217조 제1
항 4호)은 준용하지 않는 것으로 본다. 결국, 우리 법이 인정하는
국제관할권을 가진 국가의 기관(법원 또는 행정기관)이 실종선고를
내렸고 또한 그 선고의 절차나 내용이 우리나라의 공서에 반하지
않으면 외국의 실종선고는 우리나라에서 승인된다고 보는 것이다.
이때, 그 승인은 별도의 절차가 필요 없는 자동승인이다.

이때, 승인된 외국 실종선고의 효력은 우리나라에서는 직접적 효
력인 사망의 의제 또는 추정만 인정하지 간접적 효력인 상속의 개
시나 혼인의 종료까지는 인정하지 않는 것이 우리의 통설이라고 앞
에서 이미 언급하였다.

에 관한 독일법의 규정을 소개함으로써 그 가능성을 보여주는 데에 그치기로 한다.
우선, 독일법은 우리 법의 실종선고에 해당하는 사망선언에 관한 국제관할에 대해
서는 특별법인 실종법에 규정을 두고 있다. 그 제12조에 따르면, 사망선언 등에 관
해 독일 법원이 국제관할권을 갖는 경우는 실종자가 살아 있었다는 소식이 있었던
마지막 시점에 독일인이었거나(첫 번째 가능성) 또는 독일에 상거소를 두고 있었던
경우(두 번째 가능성)이고, 그 외에 독일 법원이 그에 대해 사망선언을 할정당한
이익이 있는 경우(세 번째 가능성)에도 독일 법원에 국제관할권이 있다. 첫 번째를
본국관할, 두 번째를 상거소지관할, 세 번째를 배려관할이라고 부르는데 이들은 서
로 선택적 관계에 있다. 앞에서 보았듯이 우리 국제사법 제12조에서 유추해낼 수
있는 관할권은 독일법에서는 세 번째의 배려관할에 해당할 것이다.

II. 행위능력

1. 기본원칙 - 본국법(제13조 제1항 1문)

행위능력이란 법률행위를 통해 자신의 권리와 의무를 스스로 형성할 수 있는 능력을 말한다. 행위능력 역시 권리능력과 마찬가지로 당사자에게 속한 본질적 요소이므로 국제사법적으로는 속인법이 적용되는 영역이면서, 동시에 법률행위에 종속시키지 않고 분리하여 독자적으로 연결하는 것이 타당할 것이다. 행위능력을 법률행위에 종속시키면 한 사람의 행위능력이 법률행위마다 달라질 수 있기 때문이다. 이런 의미에서 우리 법은 제13조에서 법률행위의 내용과 분리된 독자적인 규정을 두면서 사람의 행위능력은 그의 본국법에 의한다고 본국법주의를 택하고 있다(제13조 제1항 1문). 연결시점에 대해서는 언급이 없지만 법률행위 당시(예컨대, 계약체결 시)의 당사자의 본국법일 것이다(변경주의). 덧붙여, 반정(제9조 제1항)이 인정된다는 사실도 잊지 말아야 할 것이다.

2. 제13조와 준거법의 적용범위

행위능력도 권리능력과 마찬가지로 일반적인 행위능력과 개별적인 행위능력으로 나누어진다. 일반적인 행위능력은 원칙적으로 연령을 기준으로 하는 행위능력을 의미하며 우리 민법상 제4조와 제5조 등이 여기에 속한다.14) 반면에, 개별적인 행위능력은 특정한 영

---

14) 우리의 통설은 성년후견 등에서 나타나는 제한행위능력 문제를 행위능력에 해당하는 문제로 보고 행위능력과 관련시켜 설명하고 있다. 현행 국제사법의 규정(제14조)도 이러한 오해를 야기시키고 있으나, 필자는 성년후견 등의 문제는 한정치산과 금치산선고제도가 폐지되고 후견심판제도가 도입된 이후에는 행위능력의 문

역에서 요구되는 행위능력을 말하는데, 예컨대 혼인능력, 인지능력, 입양능력, 유언능력, 불법행위능력, 어음행위능력 등이 여기에 속한다. 따라서 이를 특정한 행위능력이라고도 칭한다. 이 중에서 제12조는 일반적 행위능력에 대해서만 적용된다고 보며, 개별적 행위능력은 개개 특정영역의 준거법에 따른다고 보는 것이 통설이다. 예컨대, 혼인능력은 혼인성립의 준거법(제36조 제1항)에 따르고, 인지능력은 인지준거법(제41조)에 따르며, 입양능력은 입양준거법(제43조)에, 유언능력은 유언준거법(제50조)에 따르고, 불법행위능력은 불법행위 준거법(제32조), 어음행위능력은 어음행위의 준거법(제51조)에 따른다.

제12조가 적용되는 일반적 행위능력은 연령에 의한 행위능력 문제이므로 미성년자의 연령, 미성년자의 연령에 따른 행위무능력이나 제한행위능력의 구분(예컨대, 독일법처럼 만 7세 미만과 그 이상의 구분), 미성년자가 행한 법률행위의 효력(무효 또는 취소), 미성년자의 행위가 유효하기 위한 요건(제3자 또는 법정대리인의 동의나 추인) 등은 모두 당사자의 본국법에 의한다. 그러나 누가 미성년자의 법정대리인이 되는지는 법정대리의 준거법인 친자관계의 효력준거법(제45조)에 의한다. 또한 법률행위(넓게 법적 행위)에 행위능력이 필요한지 아닌지, 어떤 행위능력이 필요한지(제한행위능력만으로 가능한지 또는 선점처럼 자연적 의사능력만으로 가능한지)도 그 법률행위(또는 법적 행위)의 준거법에 의할 뿐이다.

종래 혼인함으로써 미성년자가 성년으로 의제(간주)된다고 하는

제가 아니라 오로지 후견의 문제라고 생각한다. 이유는 종래의 금치산선고제도가 행위능력을 박탈하는 제도였던 데 반해, 현행의 후견심판제도는 행위능력을 단순히 제한시키는 제도일 뿐이기 때문에 행위능력 문제로 취급하기보다는 후견문제로서 일괄적으로 취급하여 해결하는 것이 보다 타당하다고 보기 때문이다(최흥섭, 「새로운 성년후견제의 도입에 따른 국제사법 규정의 개정 문제와 적용 문제」, 『법학연구(인하대)』, 제16집 제3호, 2013년, 13면 이하).

성년의제의 준거법에 대해서는 논란이 컸다. 혼인의 효력으로뿐만 아니라 행위능력으로도 성질결정이 가능했는데, 당시에는 오히려 전자가 통설이었다. 그러나 2001년 국제사법을 개정하면서 입법자는 성년의제를 행위능력으로 성질결정 하여 제13조 제1항 2문에 명시적인 규정을 두었다. 즉, 혼인에 의해 행위능력이 확대되는 경우(즉, 성년의제의 경우)에도 당사자의 본국법에 의한다는 것이다. 혼인의 효력준거법(제37조)에 의할 때 나타날 수 있는 준거법의 불안정성(예컨대, 이국적 부부의 경우 상거소지법의 용이한 변경 가능성과 밀접관련지법 결정의 불확실성)을 피하며 외국의 다수 입법례에 따른 것이었다. 따라서 이제 성년의제는 제13조에 따라 행위능력의 준거법인 당사자의 본국법에 의해 해결한다.

소송상의 당사자능력이 권리능력에 조응한다면, 소송능력은 행위능력과 조응한다. 그러나 소송능력 역시 소송법상의 문제이므로 제13조의 적용범위에는 들지 않는다. 물론, 소송법에서도 소송능력의 준거법의 원칙을 본국법으로 보고 있지만, 민사소송법은 제57조에 거래이익을 보호하기 위해 외국인의 소송능력에 대해 특별규정을 두고 있는 점에 유의해야 한다. 즉, 외국인의 본국법에 따르면 소송능력이 없더라도 한국법에 따라 소송능력이 있는 경우에는 그 외국인에게 소송능력이 있는 것으로 본다(민소법 제57조).

3. 준거법의 변경(제13조 제2항)

행위능력의 준거법은 당사자의 「행위 당시」의 본국법이다. 따라서 국적이 바뀌면 행위능력의 준거법도 바뀐다. 그 결과, 이전의 본국법에 의하면 행위능력이 없었으나 변경된 본국법에 의하면 행위능력이 있을 수도 있고, 반대로 이전의 본국법에 의하면 행위능력이 있었으나 변경된 본국법에 의하면 행위능력이 없을 수도 있다. 전자의 경우에는 문제가 없으나, 후자의 경우에는 국적의 변경으로 행위능력을 잃게 되기 때문에 문제가 생긴다. 이러한 문제를 해결하기 위해 제13조 제2항에 "이미 취득한 행위능력은 국적의 변경에 의하여 상실되거나 제한되지 않는다"는 규정을 두고 있다.

이 규정은 전면적 저촉규정이므로 외국인이 한국인으로 국적을 변경한 경우뿐만 아니라 한국인이 외국인으로 국적을 변경한 경우와 외국인이 다른 외국의 국민으로 국적을 변경한 경우에도 적용된다. 따라서 예컨대, 18세를 성년으로 보는 국가의 18세가 된 국민이 국적을 한국으로 변경한 경우에 비록 현재의 본국법인 한국법은 19세를 성년으로 보고 있더라도(민법 제4조) 18세 그대로 성년자로 인정한다는 것이다. 또한 이 규정은 성년의제의 경우에도 적용된다. 예컨대, 성년의제를 인정하는 국가에서 성년으로 인정받은 미성년자부부가 성년의제를 인정하지 않는 국가로 국적을 변경한 경우에도 한국에서는 제13조 제2항을 근거로 그 미성년자부부를 성년자로 인정한다는 것이다. 더구나 이 규정에서는 국적의 변경이라고 표현하고 있지만 넓게는 속인법의 변경을 의미하므로, 무국적자의 경우에도 상거소의 변경으로 이런 문제가 발생하는 경우에는 제13조 제2항이 적용되어야 할 것이다.

4. 외국인에 대한 후견심판(제14조)

1) 외국인에 대한 후견심판 규정(제14조)의 의미

제14조는 한국에 상거소 또는 거소가 있는 외국인에 대하여 한국 법원이 한국법에 의해 한정후견개시, 성년후견개시, 특정후견개시 및 임의후견감독인 선임의 심판을 할 수 있다고 정한다. 종래

한정치산 및 금치산선고를 규정했던 내용을 2013년 성년후견제가 민법에 도입되어 한정치산 및 금치산제도를 대체하자 이에 따라 국제사법 규정도 2016년에 바뀐 것이다. 그러나 그 내용과 위치는 그대로이고 표현만 한정치산 및 금치산선고에서 다양한 후견심판으로 바뀌었을 뿐이다. 따라서 규정이 바뀐 이후에도 종래에 하던 설명을 용어와 표현만 바꾸어 그대로 설명하는 것이 일반적이지만 필자는 다르게 생각한다.

종래 한정치산 및 금치산선고제도의 목적은 행위능력의 박탈이었다. 그러나 인간의 행위능력을 박탈한다는 것은 현대의 인권사상에 반하므로 이 제도를 폐지하고 대신 외국의 입법례에 따라 행위능력은 그대로 유지하면서 필요에 따라 행위능력을 제한할 수 있는 성년에 대한 후견심판제도로 바뀐 것이다. 따라서 실질법에서 제도의 근본 목적이 바뀐 후에는 우리 국제사법에서도 성질결정을 달리하여 후견심판은 행위능력의 문제가 아니라 후견문제로 통합하여 규정하고 적용해야 한다는 것이 필자의 생각이다.[15] 그러나 현행의 개정규정은 한정치산 및 금치산선고를 후견심판이라고 표현만 바꾸고 내용과 위치를 그대로 두었으므로 여기서는 후견심판에 대해서만 간단히 설명해두기로 한다. 본래의 후견은 제48조에서 규정하고 있으므로 거기서 본격적으로 논의할 것이다. 또 하나 언급할 점은 후견심판 문제는 실종선고 문제와 똑같지는 않더라도 비송사건이자 비송절차라는 측면에서 상당히 유사하다는 점이다. 따라서 제14조의 설명 역시 실종선고와 마찬가지로 후견심판의 준거법과 국제관할 그리고 외국후견심판의 승인 순서로 하기로 한다.

---

15) 이런 생각은 이미 2013년 필자의 논문(최흥섭, 「새로운 성년후견제의 도입에 따른 국제사법 규정의 개정 문제와 적용 문제」, 『법학연구(인하대)』, 제16집 제3호, 2013년, 1면 이하)에서 제시했었다.

2) 외국인에 대한 후견심판의 준거법

제14조는 외국인의 상거소 또는 거소가 한국에 있는 때에는[16] 한국 법원이 한국법에 의해 후견심판을 할 수 있다고 한다. 따라서 여기서 후견심판의 준거법은 한국법이라는 얘기인데, 이 준거법은 원칙적인 준거법이 아니라 예외라고 해석된다. 통설에 따르면 행위능력의 준거법은 제13조의 본국법이 원칙이므로 이 규정은 예외로 보게 되며, 필자의 견해로는 후견심판은 후견의 일부(다만, 후견심판의 절차 자체만은 절차법적 성격을 갖는다)이므로 후견심판의 준거법은 곧 후견준거법이 되는데 후견준거법은 원칙이 피후견인의 본국법(제48조 제1항)이므로[17] 여기서 외국인의 준거법으로 한국법은 예외가 되기 때문이다.

따라서 후견심판의 준거법 원칙은 어느 쪽 견해에 의하더라도 본국법이 되므로, 국제관할권이 한국 법원에 있는 한 한국 법원에서 외국인의 본국법인 외국법을 적용하여 후견심판(또는 후견결정)을 하는 것도 가능할 것이다. 다만, 제48조 제2항에서 한국에 있는 외국인에 대해 폭넓게 한국 법원이 한국법에 의해 후견심판을 할 수 있도록 허용하고 있으므로 실무적으로는 외국인의 본국법에 의한 후견심판(또는 후견결정)보다는 한국법에 의한 후견심판이 청구될 가능성이 매우 클 것이다.

3) 후견심판의 국제관할

제14조에 따르면 상거소 또는 거소가 한국에 있는 외국인에게는

---

16) 이 요건은 실종선고에는 없는 요건이다.

17) 따라서 후견심판의 요건과 효력은 모두 제48조 제1항에 따라 원칙적으로 본국법에 의한다. 우리 민법 제9조 이하가 후견심판의 요건이 되며, 후견심판의 효력으로는 민법 제941조 이하와 제959조의2 이하가 이에 해당할 것으로 본다.

한국법에 따라 한국 법원이 후견심판을 할 수 있다. 따라서 이 요
건이 충족되면 외국인에 대한 후견심판의 국제관할권이 한국 법원
에 있다는 얘기가 된다. 그러나 이 규정의 관할권에 대한 의미는
여기까지이고 그 이상의 확대해석은 부당하다고 본다. 왜냐하면 이
러한 관할권은 실종선고의 경우와 마찬가지로 이 규정의 중심적인
내용이 아니라 부수적인 것으로서, 이 규정의 중심 내용은 외국인
에 대한 준거법이고 관할권 문제는 후견심판이 비송사건으로서 한
국 법원에서 행해져야 하기 때문에 불가피하게 부수적으로 표현되
고 도출된 내용이라고 보아야 하기 때문이다.[18]

4) 외국후견심판의 승인

외국에서 행해진 후견심판도 한국에서 그 효력을 인정받으려면
승인을 받아야 할 것이다. 물론, 후견심판은 소송상의 판결이 아니
고 비송상의 심판이므로 민소법 제217조는 적용할 수 없다. 그러나
외국실종선고의 승인과 마찬가지로 민소법 제217조를 유추적용하
며, 이때 상호 보증은 요구하지 않는 것으로 본다. 따라서 한국법이
인정하는 국제관할권이 있는 국가의 기관(법원 또는 행정기관)에서
행해진 후견심판이고 그 절차나 내용이 한국의 공서에 반하지 않으

---

[18] 그렇다면 후견심판의 국제관할은 어떻게 된다고 보아야 할까? 우선, 필자는 후견
의 국제관할과 후견심판의 국제관할을 이론적으로는 구분해야 한다고 본다. 우리
법의 성년후견처럼 후견이 후견심판을 통해서 이루어진다면 후견의 국제관할과
후견심판의 국제관할을 같이 보아도 문제가 없지만, 후견이 심판이 아니라 법률규
정에 의해 정해지는 국가에서 볼 때 후견의 국제관할은 있어도 후견심판의 국제
관할은 없을 것이다(우리 법에도 미성년후견의 경우에는 후견심판제도가 없다).
그러나 여기서는 후견심판을 전제로 하므로 후견심판의 국제관할과 후견의 관할
을 같이 보아 언급하기로 한다. 종래 독일에서는 후견심판(또는 한정치산 및 금치
산선고)이나 후견의 국제관할을 피후견인이 독일인(본국관할)이거나 상거소(없는
경우에는 거소)를 독일에 두고 있는 경우(상거소관할)나 그외에 배려관할도 함께
선택적으로 인정했다. 제14조를 후견심판의 관할권으로 이해한다면 이는 독일
법에서 여러 국제관할권 중 하나로 인정했던 상거소관할에 해당할 것이다.

면 자동적으로 승인될 것이다.

그러나 외국법에 여전히 한정치산 및 금치산선고 제도가 존재한다면 그 승인문제도 우리 법원에서 문제로 될 것이다. 이때에는, 우리의 공서에 반하여 배척되지 않는다면 가능한 한 후견심판제도로 조정시킬 필요가 있을 것으로 본다.

5. 거래보호(제15조)

1) 제15조의 의미와 목적

우리 법에서 행위능력의 준거법은 당사자의 본국법이므로, 외국인이 한국에서 계약을 체결하는 경우에 계약상대방은 그 외국인이 능력자인지 아닌지의 여부를 잘 알 수가 없다. 그러나 계약체결 후에 그 외국인이 자기의 본국법에 의해 무능력자임을 내세우면서 계약의 무효 또는 취소를 주장한다면 계약상대방은 낭패가 아닐 수 없다. 행위능력의 준거법을 본국법으로 함으로써 발생하는 이런 문제점을 제거하고 거래를 보호하기 위해 우리 법은 제15조를 두고 있다.

2) 제15조 제1항

우선 제15조 제1항에 의하면, 법률행위의 당사자들이 동일한 국가에서 법률행위를 한 경우에 그 행위자가 자신의 본국법에 의하면 무능력자이더라도 법률행위지법에 의하면 능력자인 경우에는 자신의 무능력을 주장할 수 없다. 다만, 상대방이 법률행위 당시 그의 무능력을 알았거나 알 수 있었을 경우에는 자신의 무능력을 주장할 수 있는데, 상대방이 알았거나 알 수 있었다는 사실은 무능력을 주장하는 자가 입증해야 할 것이다.

이 규정은 전면적 저촉규정이므로 한국이 아니라 외국에서 법률행위가 행해지더라도 위의 요건이 충족되는 한 우리 법원에서 이 규정은 적용된다. 더구나 그 외국에 이러한 거래보호의 규정이 없어도 상관없다. 또 한국에서 법률행위가 행해지는 경우에도 그 당사자가 한국인일 필요는 없고 모두 외국인이어도 상관없다. 또한 이 규정은 일반적 규정으로 되어 있고 문언상 법률행위로 되어 있으므로 채권행위뿐만 아니라 모든 법률행위에 적용된다고 보며, 계약뿐만 아니라 취소나 해제와 같은 단독행위에도 적용될 것이다.

3) 제15조 제2항

그러나 제15조 제2항에 의하면, 친족법 또는 상속법에서의 법률행위와 함께 행위지 외의 국가에 소재하는 부동산에 관한 법률행위에는 제15조 제1항을 적용하지 않는다. 따라서 예컨대 혼인계약이나 상속계약[19]은 그 적용을 받지 않는데, 이 법률행위들은 거래행위가 아니기 때문이다. 또 외국에 소재하는 부동산에 관한 법률행위에 대해서도 적용을 배제하는데, 이것은 특별한 법률행위이므로 법률행위자의 행위능력을 상대방이 확인해보는 것이 오히려 합리적이라는 이유에서이다. 이때, 그 법률행위는 채권행위와 물권행위의 구별 없이 모두 포함되는 것으로 본다.[20]

---

19) 우리 법에는 상속계약 제도가 없지만 외국법에는 존재한다(예컨대, 독일 민법 제 2274조 이하).

20) 독일 국제사법(EGBGB 제12조)은 외국에 소재하는 부동산에 대한 물권행위에만 거래보호가 적용되지 않는 것으로 명시하고 있다. 그러나 우리 법에는 이러한 제한이 없다.

4) 유추적용의 가능성

제15조는 다양한 측면에서 유추적용될 수 있다는 점에서 중요하다. 예컨대, 친권자나 후견인의 법정대리권이 법정대리의 준거법에 의하면 흠결된 상태에서 이들과 법률행위가 이루어진 경우에 그 흠결을 알 수 없었던 상대방은 친권자나 후견인이 법정대리권의 흠결을 주장하더라도 법률행위지법에 법정대리권이 존재한다면 법률행위의 유효를 주장할 수 있는 것이다. 또 부부의 일상가사대리권이 흠결된 경우에도 동일하게 유추적용이 가능할 것이다.

또 법인준거법의 경우에도 법인 기관의 대리권이 제한된 경우에 이러한 사실을 모르고 그와 거래한 상대방은 제15조를 유추적용할 수 있을 것이다.

III. 성명에 관한 준거법

혼인이나 출생, 입양의 경우에 당사자들의 성씨를 어떻게 정할 것인가는 각 국가마다 다르다. 혼인의 경우에는 남편의 성을 따르는 국가도 있고, 남편과 부인의 성을 함께 사용하는 국가도 있으며, 부부 각자가 자기의 성을 그대로 유지하는 국가도 있다. 또 자녀의 경우에도 아버지의 성을 따르는 국가도 있고, 부 또는 모의 성을 선택할 수 있는 국가도 있으며, 부와 모의 성을 함께 사용하는 국가도 있다. 따라서 성씨문제가 외국적 요소를 가지는 경우에는 그 준거법을 결정하여야 한다. 이것을 국제사법에서는 국제성명법이라고 부르는데, 우리 국제사법에는 아직 이에 대한 규정이 없다. 따라서 성명준거법에 관해 논란이 벌어진다.

성명준거법을 결정하기 위해 접근하는 방법은 크게 두 가지가 있다. 하나는 성명을 개인의 인격권으로 보아 당사자의 속인법(본국법)에 의하도록 하는 방법이 있고, 다른 하나는 개개 법률관계의 효력문제로 보아 해당 법률관계의 준거법(예컨대, 혼인 시 부부의 성씨 결정 문제는 혼인의 효력준거법)에 의하도록 하는 방법이 있다. 2001년 이전의 우리의 학설은 후자를 따랐고, 2001년 국제사법의 개정작업에서는 당사자의 본국법으로 정하는 개정시안이 나왔으나 논의가 아직 충분치 않다는 이유로 입법화하는 데는 실패하였다.

당시 필자는[21] 성명준거법으로 당사자의 본국법이 원칙이 되어야 한다고 주장했었다. 성명준거법에서 본국법주의는 첫째, 성명의 인격권적 특성[22]에 부합한다는 점, 둘째로 공법상의 성명법과 사법상의 성명법이 일치하게 된다는 점, 셋째로 국제적으로 성명의 동일성이 유지된다는 점 등 장점이 많기 때문이다. 다만, 독일 국제사법[23]처럼 당사자에게 준거법선택을 허용하는 것은 장점도 없지 않으나 문제가 많고 외국에서 인정받지도 못할 것이며 또한 우리의 실질성명법에서도 성씨 선택은 인정하고 있지 않다는 이유로 부정적이었다. 그러나 그사이 민법이 개정되어, 부족하나마 부모가 자녀의 성으로 모의 성을 선택할 수 있으며 또 자녀의 복리를 위해 성씨의 변경도 가능하다는 규정(민법 제781조 제1항 단서와 6항)이 2005년에 새로 도입되었다. 따라서 이제는 우리도 국제성명법에서 준거법선택마저 긍정적으로 볼 여지가 생겼다고 생각한다.

---

21) 최흥섭, 「국제사법에서 성명준거법 – 독일법을 중심으로 –」, 『국제사법연구』 제7호, 2002년, 74면 이하.

22) 우리 헌법재판소도 개인의 성명을 인격권으로 이해하고 있다(예컨대, 헌법재판소 2005.12.22.선고 2003헌가5,6(병합)결정).

23) 독일 민법시행법(EGBGB) 제10조.

§30 법인

I. 의의

자연인과 마찬가지로 법인도 널리 권리의 주체로 인정된다. 특히 국제거래에서는 권리 주체가 주로 법인으로 나타나는데 그것이 곧 영리회사 또는 기업이다. 이들 법인에 대하여는 그 설립요건, 내부 관계와 외부관계, 해산 및 청산 등 다양한 법률문제가 발생하는데, 각국의 법은 저마다 이에 대해 달리 규율하고 있다. 따라서 국제적으로 활동하는 법인에서 이러한 문제가 제기되는 경우에는 이 문제를 어느 국가의 법에 의해 판단할 것이냐 하는 문제가 발생한다. 국제사법에서는 이를 법인준거법이라고 부른다. 따라서 법인준거법은 법인이 어떤 요건에서 성립하고 활동하며 소멸하느냐에 대해 전반적으로 결정하게 된다. 국제거래에서 활동하는 주체는 주로 법인이며 또 법인준거법이 적용되는 범위가 광범하기 때문에 법인준거법을 결정하는 문제는 상당히 중요하다.

II. 법인의 실질법적 문제 및 외인법

법인준거법에 관한 문제에 들어가기 전에, 법인의 국제사법적 문제를 법인의 실질법적 문제와 구별해둘 필요가 있다. 법인의 국제사법적 문제란 법인준거법의 문제로서 법인의 설립, 활동, 소멸에 대해 준거가 되는 법이 어느 국가의 법이냐 하는 문제인 데 반해, 법인의 실질법적 문제는 내국법상 어떤 법인이 내국법인이고 어떤 법인이 외국법인인가 하는 문제이다. 각국은 일반적으로 외국법인

을 내국법인과 달리 취급하는 규정을 두고 있기 때문에 이 구분은 의미가 있다.24)

이때, 법인의 국제사법적 문제와 법인의 실질법적 문제, 이 양자의 관계가 어떻게 되는지가 우선 문제로 된다. 논리적으로는 먼저 법인격의 인정 여부가 결정되어야 하고, 법인격이 인정되었다면 비로소 그 법인이 내국법인인가 아니면 외국법인인가의 여부가 결정될 수 있을 것이다. 따라서 먼저 법인의 국제사법적 해결을 통해 결정된 준거법에 의해 법인격이 인정되는지 여부가 결정되어야 하고, 여기서 법인격이 인정되었다면 다음에 법인의 실질법적 문제로서 그 법인이 내국법상 내국법인인지 아니면 외국법인인지가 구분되어야 할 것이다.

또 각국의 내국법에는 흔히 외국법인을 내국법인과 달리 취급하는 규정들을 두고 있는데 이를 외인법이라고 부른다. 우리 법에서는 상법 제614조 이하에 외국회사에 대한 규정을 두고 있는데 이것이 「영리법인」에 대한 우리의 외인법이다. 그러나 이 외인법 규정들은 단순히 내국의 실질법이라고 보기보다는 오히려 국제적 강행규범으로 이해하는 것이 옳을 것으로 본다.25) 왜냐하면 이 규정들은 법인준거법이 어느 국가의 법으로 되는지에 상관없이 우리나라에서 이 규정의 적용을 받는 외국법인에 대해서는 강행적으로 적용되어야 할 것으로 보기 때문이다. 따라서 결과적으로 보면,26) 법인준거법이 한국법이 아니고 외국법이 되더라도 이 외국준거법에

---

24) 우리 법에서 내외국 법인을 판단하는 기준으로 한국법에 의해 설립되면 한국법인이라는 견해와 한국법에 의해 설립되었을 뿐만 아니라 법인의 주소도 한국에 두어야 한다는 견해로 나누어진다. 그러나 우리나라 법에 의해 설립되면 우리나라에 주소를 두고 등기를 하여야 하므로 양자의 견해는 결과적으로 같다고 보고 있다.

25) 외인법을 국제적 강행규범으로 이해하는 견해로는 Siehr. IPR. S. 313.

26) 이론적으로 보면, 법정지의 국제적 강행규범은 준거법에 관계없이 적용되는 법이므로 굳이 한국법이 적용되느냐 아니면 외국법이 적용되느냐를 구분할 필요도 없다.

의한 외국회사에 대해서도 우리나라에서는 그 외국 준거법이 아니라 우리의 외인법 규정들이 우선적으로 적용되어야 할 것이다.

III. 법인준거법에 관한 이론과 입법례

법인준거법 역시 자연인과 마찬가지로 법인의 속인법에 속하는 것으로 본다. 그러나 법인에게는 자연인과 달리 국적이 존재하지 않는다. 또 자연인의 경우에는 국적이 존재하지 않는 경우에 상거소에 의하도록 하고 있으나, 법인은 법적 가상체이므로 상거소도 갖지 않는다. 그 결과, 법인준거법으로서는 오랫동안 두 가지 이론이 대립해오고 있다. 설립준거법주의와 본거지법주의이다.[27]

1. 설립준거법주의

이는 어느 법인의 성립, 활동, 소멸에 대해 적용되어야 할 법은 그 법인이 설립될 때 그에 따라 설립되었던 법에 의해야 한다는 이론이다. 이 이론의 장점은 무엇보다도 법적 안정성을 얻을 수 있다는 점이다. 예컨대, 법인이 활동하는 주 무대가 어느 국가가 되더라도 그 법인에 관한 법적 문제는 언제나 그 법인의 설립에 기준이 되었던 법에 의해 판단하게 되므로 일관되고 고정적이다. 따라서 법인이 주된 사무소를 다른 국가로 이전하는 경우에도 법인준거법은 변경되지 않으며, 그 결과 확실성이 확보되어 국제적 상거래에 도움이 된다. 또한 법인이 어느 국가의 법에 의해 설립되었는가는 누구라도 확인이 용이하다. 더구나 법인의 설립자가 법인이 설립될

---

27) 그 외의 이론에 대해서는 석광현, 『국제사법 해설』, 202면 주 3 참조.

국가를 선택할 수 있다는 점에서 보면, 이 이론은 법인 자신의 이익을 도모하는 데 도움이 된다. 그러나 법인의 설립국과 활동의 주무대인 본거지국이 서로 다른 경우에는 그 본거지국에서 이 법인의 법인격이 부인될 가능성이 있다. 또한 법인을 어느 국가에 설립만 해놓고 활동은 모두 다른 국가에서 하는 소위 "가장법인(pseudo company)"이나 또는 단순히 Paper Company도 가능해지며 여기서 법률회피의 가능성이 있다는 것도 문제이다.

법인준거법을 설립준거법주의에 의거해 해결하고 있는 국가로는 영국과 미국, 네덜란드, 스위스, 프랑스, 벨기에, 루마니아 등으로 알려져 있다.

2. 본거지법주의

이는 어느 법인의 성립, 활동, 소멸에 대한 문제는 그 법인이 본거를 두고 있는 국가의 법에 의해 판단해야 한다는 이론이다. 여기서 본거지란 "주된 사무소(또는 주된 영업소)의 사실상의 소재지(der tatsaechliche Sitz der Hauptverwaltung)"를 의미한다. 이 이론의 장점은 무엇보다도 법인의 채권자가 보호된다는 점과 법인의 본거지국이 그 법인을 통제할 수 있다는 점이다. 그러나 법인이 여러 국가에 사무소를 두고 있는 경우에 본거가 어디인지의 확인이 쉽지 않으며, 본거지의 변경이 용이하여 준거법의 변경이 발생한다는 점은 문제이다.

법인준거법을 본거지법주의에 의해 해결하고 있는 국가로는 독일, 오스트리아, 스페인, 포르투갈 등으로 알려져 있다.

3. 두 이론의 실제적 차이

앞에 설명한 두 이론의 실제적 차이를 외국의 사례를 통해 보면 다음과 같다. 룩셈부르크에서 설립되고 그 나라에서 영업하던 회사가 주주총회에서 주된 사무소를 독일로 이전하기로 결정한 후에 독일 등기소에 법인 등기를 신청하였다. 그러나 독일 법원은 이 등기 신청을 불허하였는데, 그 이유가 독일에서는 법인준거법이 본거지법에 의하므로 이 회사는 설립준거법을 적용하고 있는 룩셈부르크법에 의하면 법인격이 있다 하더라도 본거지법을 적용하고 있는 독일법에 의하면 독입법에 의해 설립되지 않았으므로 법인격이 없는 것이 되어 법인 등기의 신청을 할 수 없다는 것이다.28)

그러나 만약 독일이 법인준거법을 설립준거법주의에 입각하고 있었다고 가정한다면, 설립준거법에 의해 법인격이 인정되므로 법인 등기를 신청할 수 있었을 것이다.

Ⅳ. 우리의 법인준거법(제16조)

우리 국제사법은 법인준거법으로 법인의 설립준거법에 의한다는 원칙을 정하고 있다(제16조 본문). 따라서 법인의 성립, 활동, 소멸에 대해서는 모두 원칙적으로 그 법인이 설립할 때 기준이 되었던 국가의 법에 의한다. 그러나 외국에서 설립된 법인이라 하더라도 한국에 주된 사무소가 있거나 한국에서 주된 사업을 하는 경우에는 예외적으로 한국법에 의하도록 하고 있다(제16조 단서).

따라서 우리 법에서 법인준거법은 결과적으로는 절충적인 태도

---

28) OLG Zweibruecken 27.6.1990, IPRax 1990, 406.

를 취하고 있다고 볼 수 있다. 먼저, 법적 안정성을 위해 원칙적으로 법인준거법은 설립준거법에 의하도록 정했지만, 한국에서 활동하는 법인의 채권자를 보호하고 또 한국에서 외국법인의 통제를 위해 한국에 주된 사무소가 있거나 주된 사업을 하는 외국법인에 대해서는 그 설립준거법이 아니라 한국법에 의하도록 한 것이다. 따라서 한국에 주된 사무소가 있거나 주된 사업을 하는 외국법인에 대해서는 예외적이고 일면적 저촉규범으로 규정하기는 했지만 사실상으로는 본거지법에 따르도록 한 것이다. 그 결과, 외국에서 설립되어 그 설립준거법에 의하면 법인격을 인정받는 법인이라 하더라도 한국에 주된 사무소를 두거나 한국에서 주된 사업을 하기 위해서는 한국에서 다시 한국법에 의해 설립되어야 그 법인격을 비로소 인정받을 수 있다.[29]

그러나 우리 법에서 제16조의 단서에 해당하지 않는 한 법인문제는 설립준거법이 적용되므로, 만약 외국에서 설립된 법인이 단순히 사무소나 영업소 또는 생산 공장만을 한국에 두고 있다면 이들은 법인격이 있는 외국법인의 단순한 사무소나 영업소에 불과하므로 이들의 법률관계에 대해서는 원칙적으로 그 설립준거법인 외국법이 적용될 것이다. 다만, 한국법에는 외국회사들에 적용되는 규정(예; 상법 제614조 이하)이 존재하며 이것을 국제적 강행규범으로 이해한다면 외국의 설립준거법에 관계없이 외국회사에 대해서는 한국법의 이 규정들이 적용될 것이다.

여기서 또 하나 주의할 점은, 법인준거법에서는 단순한 사무소 또는 영업소들은 의미가 없다는 점이다. 예컨대, 국제재판관할에서나 계약준거법에서는 단순한 영업소라도 독자적인 단위로서 국제재판관할을 인정하는 근거가 되거나(예컨대, 영업소 소재지관할) 또

---

29) 석광현, 『국제사법 해설』, 206면. 이러한 상황은 법인준거법으로 본거지법을 적용하고 있는 독일에서의 실무이기도 하다.

는 국제계약의 당사자로 될 수도 있지만(예컨대, 제26조 제2항 단서), 법인준거법에서는 그 준거법을 결정하는 중요한 기준이 설립준거법주의에서는 설립준거법국, 본거지법주의에서는 주된 사무소나 주된 영업소일 뿐 그 외의 단순한 사무소나 영업소는 법인준거법에서 아무 의미가 없다는 것이다. 따라서 영업소에서 발생한 분쟁도 그 영업소나 사무소는 권리능력이 없으므로 오로지 권리능력이 있는 법인 자신만 소를 제기할 수 있고 또 상대방에 대해서도 그 법인에 대해서만 소를 제기할 수 있을 뿐이다.

V. 법인준거법의 적용범위

1. 단체의 범위

제16조는 법인에게 전형적으로 적용되겠지만 그러나 그 적용범위는 법인보다 넓다. 그래서 규정상으로도 법인 외에 단체도 언급하고 있는 것이다. 따라서 여기서 단체는 권리능력은 있으나 법인이 아닌 경우(예컨대, 독일의 합명회사와 합자회사), 또는 법인 이외에 권리능력 없는 사단 및 재단, 심지어 조합까지 포함될 가능성이 있다. 왜냐하면, 각국마다 단체의 발현 형태나 법적 형태가 다양하므로 그 범위를 넓게 잡을 필요가 있기 때문이다.

2. 법인준거법의 적용범위

법인준거법은 법인 또는 단체가 어떤 규정에 따라 성립하고, 활동하며, 또 소멸하느냐에 대해 전반적으로 정한다.

1) 성립문제

법인준거법은 우선 법인의 성립요건에 대해 적용된다. 이와 관련하여, 법인의 이름이나 상호, 법인의 권리능력과 행위능력, 그리고 법인의 소송상 당사자능력과 소송능력에 대해서도 법인준거법이 정한다.[30)]

2) 활동문제

법인의 내부관계나 외부관계는 원칙적으로 법인준거법에 의한다. 따라서 법인의 조직도 마찬가지로 법인준거법에 따른다. 이에는 정관 및 정관 변경에 관한 규정, 법인의 기관 및 사원의 권리와 의무에 관한 규정이 여기에 속한다. 특히 법인의 채무 문제에 법인준거법이 적용된다. 따라서 법인의 채무에 대해 법인만 책임을 지는 것인지, 아니면 사원도 채무자에 대해 개인적인 책임을 지는 것인지에 대해서 법인준거법이 결정한다. 더구나 법인 기관의 대리권도 법인준거법이 정한다. 그러나 법인 기관의 대리권이 제한된 경우에는 이들과 거래한 상대방은 제15조의 거래보호 조항을 유추적용하여 보호받을 수 있을 것이다.

3) 소멸문제

법인준거법은 원칙적으로 법인의 해산, 청산, 종료문제도 결정한다. 따라서 법인의 해산 사유나 청산사유, 잔존재산의 귀속문제도 원칙적으로 법인준거법에 의한다.

---

30) 그러나 법인의 소송능력에 대해서는 법정지법에 의한다는 견해도 있다(신창선/윤남순, 『신국제사법』, 232면).

3. 법인준거법이 적용되지 않는 경우

법인과 체결하는 계약은 당연히 계약준거법에 의한다. 이때 주의할 것은 권리능력이 없는 영업소도 계약준거법상의 당사자가 될 수 있다는 점이다. 예컨대, 제26조 제2항 단서에서는 계약준거법을 법인의 영업소 소재지법을 기준으로 하고 있다. 그러나 그 영업소와의 소송에서는 권리능력이 있는 법인이 당사자가 될 뿐 그 영업소는 권리능력이 없어서 소송당사자가 되지 못한다.

또 법인의 상호에 대한 제3자의 침해문제는 불법행위 준거법에 의할 것이며, 법인의 불법행위능력도 자연인과 마찬가지로 불법행위 준거법에 의하는 것이 옳을 것이다.

제2장 법률행위

§31 법률행위의 방식

Ⅰ. 서론

법률행위의 내용과 방식은 서로 밀접하게 연결되어 있다. 그래서 법률행위의 방식의 준거법에 대해서도 법률행위의 내용의 준거법에 따르도록 하는 것이 부당하지 않으며, 더구나 그럼으로써 양자의 판단을 상호 일치시킬 수 있는 커다란 장점도 있다. 그럼에도 불구하고 국제사법에서 법률행위의 방식문제는 오래전부터 법률행위 자체와 분리하여 별개의 준거법의 결정 원칙에 의해 왔으며, 오늘날에도 대부분의 국가에서는 법률행위 자체와 그 방식의 준거법을 별도로 규율하고 있다. 그 결과, 법률행위의 방식준거법은 그 법률행위의 준거법에 따르는 외에 법률행위지의 법에 의해서도 가능하도록 선택적 연결을 인정하는 것이 일반적이다.

이처럼 법률행위의 방식의 준거법으로 선택적 연결을 취하는 이유는 근본적으로 법적 거래의 용이성을 위해서이다. 즉, 법률행위의 성립을 용이하게(favor negotii) 하여 당사자에게 유리하도록 해주기 위한 것이며, 그래서 이를 소위 「수혜원칙(Guenstigkeitsprinzip)」[31]이라고도 부른다. 본래 국제적인 법률관계(국제 상거래 관계뿐만 아니

---

31) 이 용어를 한국어로 번역하기는 쉽지 않다. 「유리함의 원칙」이라고 번역할 수도 있으나 조금 어색한 듯하여 「혜택을 부여하는 원칙」이라는 의미로 「수혜원칙」이라고 번역해보았다.

라 국제 친족관계 등도 포함)는 국내적인 법률관계보다 복잡하며 성립하는 데에도 어려움이 많다. 그렇게 어렵게 이루어진 국제적인 법률관계가 단순히 방식문제 때문에 후에 무효화된다면 그 결과는 더욱 복잡하고 심각하다. 그래서 이러한 문제를 피하기 위해 적어도 법률행위의 방식에 대해서는 넓게 그 유효성을 인정해줄 필요가 있다. 그러기 위한 방법이 법률행의의 방식문제를 법률행위의 준거법 이외에 법률행위지법에 의해서도 인정하는 선택적 연결방법인 것이다. 법률행위지법을 추가로 인정한 이유는 법률행위지에서 인정되는 방식은 인식하기도 쉽거니와 흔히 행위지의 방식에 따라 법률행위를 하는 것이 보통이며, 또 만약 법률행위의 방식이 공적 협력(공무원 또는 공증인의 협력)을 요구하는 경우에는 이러한 방식은 보통 그 행위지에서 얻어질 수 있기 때문이다. 이러한 이유로 법률행위의 방식은 법률행위 자체의 법 이외에 법률행위지의 법에 의해서도 가능할 수 있도록 한 것이다. 이러한 모습을 가리켜 일반적으로 "장소는 행위를 지배한다(locus regit actum)"라고 표현한다.

우리 국제사법 역시 이러한 내용을 오래전부터 인정해왔으며 그것이 바로 제17조이다. 그러나 우리 국제사법에서는 이러한 원칙규정에 대한 예외로서 곳곳에 별도의 규정도 두고 있음을 주의해야 한다. 그것이 소비자계약의 방식(제27조 제3항), 혼인의 방식(제36조 제2항), 유언의 방식(제50조 제3항), 어음행위의 방식(제53조 제1항) 등이다. 더구나 당사자자치가 허용되는 경우에는 별도의 방식을 요구하기도 한다(예컨대, 제18조 제4항, 제38조 제2항, 제49조 제2항). 따라서 방식에 관해 이러한 특별규정이 존재한다면 제17조의 일반원칙에 앞서 이 특별 규정들이 적용되겠지만, 그러지 않는 한 방식에 대한 원칙 규정인 제17조가 적용되는 것이 「원칙」이다. 이들 개별적이고 특별한 방식 규정에 대해서는 해당 항목에서 각각 다루기로 하고, 여기서는 방식의 원칙 규정인 제17조에 대해 설명하기로 한다.

II. 방식과 내용의 구별

법률행위에서 무엇이 방식이고, 무엇이 내용인지 판별하기가 쉽지 않을 때가 많다. 보통 개념 정의상 먼저 방식이 무엇이냐를 결정하고 나머지가 내용이라고 판단하는 것이 일반적이다. 이때, 방식은 「법률행위의 외적 형식」이라고 본다. 예컨대, 법률행위에 서면을 요구하거나 공증을 요구할 때에는 이것을 방식의 문제로 보는 데에는 이의가 없다. 그러나 등기나 인도가 법률행위의 형식에 불과한 것인지 아니면 법률행위의 내용의 일부인지에 대해서는 논란의 여지가 있다.32) 더구나 어느 국가의 법률에서 인정되는 어떤 법제도나 법 조항에 대해 그것이 법률행위의 방식에 속하는 것인지 아니면 내용에 속하는 것인지를 판별하기는 더욱 쉽지 않다. 그 제도나 규범의 의미와 목적을 해석하여 판단할 수밖에 없을 것이다. 예컨대, 영미법상 계약이 유효하기 위해서 요구되는 반대급부 개념인 Consideration은 계약의 내용에 속하는 것인지 아니면 방식이라고 보는 것이 옳은지에 대해 논란이 벌어진다. 계약의 유효요건으로 본다면 내용의 문제로 보는 것이 옳을 것이다. 그러나 프랑스법의 규정(프랑스 민법 제1341조 제1항)으로 5,000프랑 이상의 계약에 대해서는 증인에 의해서는 계약이 증명될 수 없다는 규정은 흔히 방식 규정으로 해석한다. 왜냐하면 이 규정에 의해 증인에 의한 증명이 부정됨으로써 간접적으로 서면계약을 요구하기 때문이다. 그 결과, 법률행위의 준거법이 프랑스법이 되더라도 다른 국가에서

---

32) 그래서 우리 국제사법은 제17조 제5항을 두어 입법적으로 해결하고 있다.

법률행위가 이루어지고 그 법률행위지법이 증인에 의한 증명을 허용하고 있는 경우에는 프랑스법의 이 규정은 적용되지 않을 것이다. 이는 방식 문제이므로 법률행위의 준거법과 법률행위지법의 선택적 적용이 가능하기 때문이다.

III. 방식준거법의 원칙(제17조 제1항 내지 제4항)

1. 선택적 연결

법률행위의 방식은 법률행위의 준거법(제17조 제1항) 또는 법률행위지법(제17조 제2항)에 의할 수 있다. 제17조 문언상 제1항의 법률행위의 준거법이 원칙이고 제2항의 법률행위지법이 예외인 것처럼 표현되어 있으나, 규범의 목적이나 외국의 입법례로 보아도 양자는 선택적 관계에 있다고 보는 것이 옳다. 따라서 방식 문제에 관한 한 양자의 법 중에서 어느 법에 의해서든 요건이 충족되면 그 법률행위의 방식은 유효하게 된다.

여기서 법률행위 준거법은 각 해당 법률행위의 준거법에 따르게 되므로 문제가 없으나, 법률행위지법에 대해서는 그 법률행위지를 결정하는 데 대해 여러 가지 문제가 발생한다. 예컨대, 계약을 서로 다른 국가에서 각각의 의사표시를 함으로써 성립시킨 경우에 법률행위지가, 즉 계약체결지가 어디인가에 대해서 다양한 가능성이 존재하는 것이다. 이에 대해 우리 법은 어느 한 국가의 법이 정하는 방식에 의하더라도 상관없다고 정하고 있다(제3항). 방식준거법이 전제로 하고 있는 수혜원칙에 따른 것이다. 따라서 이런 경우에는 방식의 준거법으로 세 가지 법이 존재하게 된다. 즉, 법률행위의 준거법 또는 각 계약 당사자가 계약체결 시 체류하고 있는 서로 다른 두 국가의 법 중 어느 하나의 법이다.

　대리인이 법률행위를 하는 경우에도 누구를 기준으로 법률행위지를 정하느냐도 문제이다. 이에 대해서도 우리 법은 대리인을 기준으로 법률행위지를 정한다고 규정하고 있다(제4항). 따라서 이 제4항은 제3항에서처럼 서로 다른 국가에서 계약을 체결하는 경우에도 적용되어야 할 것이다.

　그러면 계약의 해제나 해지처럼 상대방이 있는 단독행위를 다른 국가에 있는 상대방에게 하는 경우에는 법률행위지가 어디로 될까? 규정이 없으므로 해석에 의해 결정해야 할 것이다. 이때, 단독행위의 방식문제이므로 발송지국의 법만이 준거법으로 된다고 볼 수도 있고, 방식준거법이 전제로 삼고 있는 수혜원칙에 따라 단독행위의 경우에도 발송지국법뿐만 아니라 수령지국법의 방식에 의해서도 가능하다고 볼 수도 있다. 원칙적으로는 후자처럼 선택적 연결을 긍정하는 것이 타당할 것으로 본다.

　또 다른 문제는, 법률행위지국에 그 법률행위에 상응하는 제도가 없는 경우에는 그 법률행위의 방식준거법으로서 법률행위지법을 어떻게 판단할 것이냐 하는 문제이다. 예컨대, 우리 법에는 상속계약이라는 제도는 존재하지 않는다. 그러나 준거법인 외국법이 상속계약을 인정하고 있는 경우에 그 상속계약이 한국에서 체결된 경우에는 법률행위지법인 한국법에는 상속계약의 방식에 관한 규정은 존재하지 않는다. 이러한 모습을 「방식의 공백(Formenleere)」이라고 한다. 이 경우에는 어떻게 해결하는 것이 옳을까? 법률행위지법을 무방식의 법으로 해석하는 방법도 있으나, 오히려 법률행위지법 자체를 불인정하고 그 법률행위의 방식을 오로지 법률행위의 준거법에만 의하도록 하는 것이 옳을 것으로 본다. 존재하지도 않는 법률행위에서 그 방식을 묻는 것은 부적절하기 때문이다. 따라서 준거법상의 상속계약이 공증을 요구하고 있는 경우에는 한국에서 상속계약이 체결되었다고 해도 상속계약에 공증이 있어야 비로소 그 상속계약은 방식상으로 유효하다고 볼 것이다. 다만, 법률행위지법에 그와 유사한 법률행위가 존재한다면 이 법률행위의 방식 규정을 유추적용하여 법률행위지법으로 볼 수는 있을 것이다.

2. 방식준거법의 적용범위

방식준거법의 원칙인 선택적 연결은 원칙적으로 모든 법률행위에 적용된다. 따라서 재산법상의 법률행위뿐만 아니라 가족법, 상속법상의 법률행위에 대해서도 적용된다. 예컨대, 인지나 입양의 방식에 대해서도 적용된다. 또 계약뿐만 아니라 단독행위에도 적용되며, 법률행위가 아닌 의사표시(예컨대, 준법률행위)에 대해서도 적용될 수 있다.

그러나 이 원칙 규정은 법률행위의 성립을 용이하게 하기 위한 것이므로 당사자의 보호가 필요한 법적 행위에 대해서까지 적용하는 것은 삼가야 할 것이다. 예컨대, 친권자의 승낙이나 동의(제44조)의 방식이나 후견계약(제48조)의 방식 문제에 대해서는 선택적 연결이 아니라 오로지 해당 준거법의 방식에 따르도록 하는 것이 옳을 것이다. 특히 물권행위에 대해서는 제5항에 명시적으로 예외 규정을 두고 있다.

3. 방식 위반의 효과

만약 법률행위가 법률행위의 준거법 또는 법률행위지법이 요구하는 방식 요건 어느 쪽도 충족하지 못한 경우에는 그 법률행위는 성립하지 못하여 효력이 없다.

그러나 이 두 법에서 방식 위반의 효력이 서로 다른 경우에는 어떻게 될까? 수혜원칙의 특성상 엄격한 효력을 가진 법보다는 완화된 효력을 가진 법을 따라야 할 것이다. 예컨대, 한쪽 법에 의하면 방식 위반의 효과가 무효이지만, 다른 쪽 법에 의하면 취소 또는 일부 무효가 되는 경우에는 취소 또는 일부 무효를 취하는 법에 따르게 된다.

Ⅳ. 물권행위 방식의 예외(제17조 제5항)

물권 그 밖의 등기하여야 하는 권리를 설정하거나 처분하는 법률행위의 방식에는 앞에서 설명한 제17조 제2항 내지 제4항은 적용되지 않는다(제5항). 즉, 제1항만 적용된다는 것이다. 따라서 물권행위의 방식은 물권행위의 준거법이 적용되므로 제19조에 따라 목적물의 소재지법에 의할 뿐이다. 여기서 물권행위의 대상으로는 부동산 외에 동산도 포함된다. 따라서 부동산 물권행위의 방식에 대해서뿐만 아니라 동산에 대한 물권행위의 방식에 대해서도 그 목적물의 소재지법에 의해서만 판단될 것이다. 이처럼 물권행위의 방식을 물권행위 자체와 동일하게 목적물의 소재지법에 의하도록 한 것은, 물권행위는 그 성립의 용이성보다 목적물 소재지국에서 그 물권이 관철될 수 있도록 하는 것이 더 중요하기 때문이다.

그러나 제17조 제5항의 예외조항은 원칙적으로 물권행위에 적용되는 것이므로 단순히 물권행위와 유사하거나 또는 관련된 행위라는 이유로 확대 적용되어서는 안 될 것이다. 예컨대, 채권양도와 같은 준물권행위에는 적용이 없으므로 채권양도계약의 방식은 원칙대로 선택적 연결에 의해 판단해야 할 것이다.

§32 법률행위의 대리

대리는 타인인 본인을 대신하여 법률행위(또는 의사표시)를 하거나 의사표시를 받음으로써 그 법률효과가 직접 본인에게 발생하는 제도이다. 따라서 대리는 법률행위, 예컨대 계약과 함께 행해지는 것이 보통이다. 이때, 대리에 관한 준거법을 계약준거법에 따르게 할 수도 있고 계약과 별도로 정할 수도 있다. 전자처럼 대리인이 체결하는 계약에서 발생하는 문제에 대해 대리문제와 계약문제에 대해 함께 준거법을 결정한다면 계약과 대리의 준거법이 동일하게 된다는 장점이 있게 된다. 그러나 체결하는 계약마다 계약준거법이 달라질 수 있으므로 대리의 준거법도 매번 변경될 수 있다는 치명적인 단점이 있다. 즉, 어떤 종류의 계약이든지 간에 대리문제에 대해서는 동일한 법이 적용되어 일관되게 대리문제가 처리될 필요가 있는 것이다. 그래서 대리의 준거법은 계약과 분리하여 별도로 규율하는 것이 일반적인 태도이고, 우리 법도 이를 받아들여 별도의 규정을 두게 된 것이다.

이때, 주의할 점은 법률행위에 대리가 허용되는지의 여부는 대리준거법이 아니라 그 법률행위의 준거법에 따른다는 것이다. 예컨대, 특정의 계약에 대리가 허용되는지, 유언에 대리가 허용되는지 여부는 대리준거법이 아니라 그 계약준거법이나 유언준거법에 의하게 된다. 이 문제는 대리의 문제가 아니라 그 법률행위 자체의 문제로 보기 때문이다.

Ⅰ. 법정대리의 준거법

실질법에서 대리는 대리권의 발생근거에 따라 임의대리와 법정대리로 나누어진다. 임의대리가 당사자인 본인의 의사에 의해 대리권이 주어지는 것이라면, 법정대리는 법률의 규정에 의해 대리권이 주어진다. 이에 따라 국제사법에서도 양자를 구분하여 각각 준거법을 결정하는 것이 일반적이다. 우리 법은 임의대리에 대해서는 제18조에 규정을 두었지만 법정대리에 대해서는 규정이 없다. 그 이유는, 법정대리는 법률의 규정에 의해 직접 발생하므로 그 대리권이 발생하는 원인이 되는 법률관계의 준거법으로 해결하면 된다고 보기 때문이다. 예컨대, 친권자의 대리권에 대해서는 친자관계의 효력의 준거법(제45조), 후견인의 대리권에 대해서는 후견준거법(제48조), 부부의 일상가사대리권에 대해서는 혼인의 효력준거법(제37조), 유언집행자의 대리권에 대해서는 상속준거법(제49조)에 의하게 될 것이다.

이 때, 법정대리의 준거법은 법정대리권의 발생, 내용, 범위, 효력, 소멸 등에 대해 모두 적용될 것이다.

Ⅱ. 임의대리의 준거법(제18조)

우리 실질법에서 대리관계는 3면관계로 이루어진다고 설명한다. 대리권수여(본인과 대리인 간), 대리행위(대리인과 상대방 간), 대리행위의 효과가 본인에게 귀속하는 관계(본인과 상대방 간)이다. 국제사법에서도 이러한 삼면관계가 존재할 수 있으나, 기본적으로 본인과 상대방과의 계약관계는 그 계약관계의 준거법에 의하지 대리준거법과는 관계가 없다. 따라서 국제사법에서는 대리준거법 문제를 이원적으로 구성하는 것이 일반적이다. 하나는 본인과 대리인의 관계이고, 또 하나가 대리인의 대리행위에 의해 본인과 거래 상대방에 미치는 효력관계이다. 전자를 대리의 내부관계, 후자를 대리의 외부관계라고 부른다. 이렇게 양자를 구분하여 대리준거법을 정하는 이유는 거래보호를 위해서이다. 국제사법 제18조 역시 이러한 구분에 따라 준거법을 정하고 있다. 예컨대, 제1항은 대리의 내부관계의 준거법 규정이고, 제2항 이하는 대리의 외부관계의 준거법을 정하고 있다.33)

1. 임의대리의 내부관계의 준거법(제18조 제1항)

우선, 본인과 대리인 간의 대리문제는 제1항에 따라 본인과 대리인 간의 법률관계의 준거법에 의한다. 예컨대, 본인과 대리인 간에는 대부분 위임계약이나 근로계약이 존재하면서 대리권이 수여되고 대리관계가 형성된다. 따라서 나중에 본인과 대리인 간에 대리에 관한 문제로 분쟁이 발생하는 경우에는 그들 간의 법률관계인 위임계약이나 고용계약의 준거법에 의해 해결하게 된다. 예컨대, 본인이 대리인에게 대리권을 수여했는지 안 했는지(대리권의 존재), 그 내용이 무엇인지, 대리권의 범위는 어디까지인지, 언제 대리권이 소멸하는지, 대리인의 월권행위나 잘못으로 대리인이 본인에 대해

---

33) 대리의 내부관계와 외부관계를 이해하거나 규율하는 방식은 국가마다 다르다. 예컨대, 대리의 내부관계와 외부관계를 나누더라도, 내부관계의 대리권 수여행위를 스위스법은 기본계약과 일치시켜 이해하지만, 독일법이나 1978년의 헤이그 대리준거법협약(이에 대해서는 최흥섭, 「1978년 대리준거법에 관한 헤이그협약과 우리 법, 국제관계법의 새로운 지평」, 『진산 김문환 선생 정년기념논문집』 제1권, 2011, 264면 이하)은 기본계약과 별도로 이해한다. 후자의 경우에도 독일법은 대리권 수여행위를 대리준거법에 귀속시키는 데 반해, 헤이그 대리준거법협약은 분리하여 별도로 준거법을 정하고 있다. 우리 법은 스위스법을 따르고 있는 것으로 보인다.

지는 책임 문제 등은 모두 대리의 내부관계의 준거법에 의해 해결한다.

2. 임의대리의 외부관계의 준거법(제18조 제2항 내지 제5항)

1) 준거법

(1) 객관적 준거법(제18조 제2항과 제3항)

임의대리에서 외부관계의 준거법을 결정하는 핵심 사상은 거래보호이다. 이에 따라 우리 법은 임의대리의 준거법을 몇 가지로 구분하고 있다. 먼저 대리인이 독자적인 영업소를 가지고 있는 경우와 없는 경우로 나눈다.

대리인의 독자적인 영업소를 가지고 있는 경우에는 그 영업소 소재지법이 준거법이 된다. 이것은 본인이나 상대방 어느 편에 가담하지 않으면서도 양자가 모두 알 수 있으며 또 중간에서 직접 법률행위를 하는 사람은 대리인이므로 이 사람을 기준으로 하는 것이 가장 중립적이고 공평하며 객관적이고 분명하기 때문이다. 다만, 이 준거법이 적용되는 경우에는 거래보호상 상대방이 대리인의 독자적인 영업소 소재지를 알고 있거나 알 수 있었을 경우에 한한다.

대리인이 독자적인 영업소를 가지고 있지 않는 경우에는 다시 두 가지 경우로 나누어진다. 대리인이 본인과 근로계약 관계에 있는 경우와 없는 경우이다. 근로계약 관계가 있는 경우에는 본인의 주된 영업소 소재지법이 준거법으로 된다. 이때에도 거래보호상 대리인의 임무가 본인과의 근로계약에 기인한 것이라는 사실은 상대방이 인식할 수 있었을 경우에 한한다. 그 이외의 경우에는 준거법은 최종적으로 대리행위지법이 된다.

정리하자면, 대리인이 독자적인 영업소를 가지고 있다면 그 영업소 소재지법이, 영업소는 없지만 본인과 근로계약 관계에 있다면 본인의 주된 영업소 소재지법이, 그 외에는 모두 대리행위지법이 준거법이 된다. 이 최종적인 준거법은 실제로[34] 대리행위가 이루어진 국가의 법이다.[35][36] 따라서 상대방은 실제로 대리행위가 이루어지는 국가의 법에 따라 자기에게 미치는 그 대리의 범위와 내용을 쉽게 확인하고 검토해볼 수 있게 된다. 이로써 거래보호가 이루어질 수 있는 것이다.

(2) 준거법의 선택(제18조 제4항)

그러나 우리 법은 객관적 준거법에 앞서 임의대리의 준거법을 선택할 수 있도록 하였다. 다만, 본인만이 선택할 수 있는 일방적 선택이지만 반드시 문서에 의하도록 하여 상대방이 이를 알 수 있었을 때 그 효력이 발생하는 것으로 하고 있다. 이 준거법 선택을 통해 본인은 앞에서 설명한 객관적 준거법을 배제할 수 있게 되며 또한 대리의 내부관계와 외부관계의 준거법을 동일한 법으로 선택하여 양자를 모두 동일한 법으로 규율할 수 있는 장점도 가질 수 있게 된다.

2) 준거법의 적용범위

제18조 제2항은 임의대리의 외부관계를 "대리인의 행위로 인하여 본인이 제3자에 대하여 의무를 부담하는지의 여부"라고 표현하

---

34) 본래 예정되어 있던 대리행위지와 실제 대리행위지가 다를 경우에 거래 상대방을 보호하기 위해 실제 대리행위지가 기준이 된다는 의미이다.

35) 우리 판례(대판 90.4.10., 89다카20252)도 동일한 입장이다.

36) 대리인이 상대방과 서로 다른 국가에서 편지나 전화 등으로 계약을 체결하는 소위 격지 대리행위의 경우에는 그 발송지에서 대리인이 대리권을 행사하는 것이 되므로 발송지가 대리행위지가 된다는 견해(Kropholler, IPR, S. 306)가 일반적이다. 다만, 예외적인 상황도 전혀 없지는 않을 것이다.

고 있다. 따라서 여기서 핵심은 대리행위와 관련된 문제가 될 것이다. 예컨대, 대리행위에 본인을 위한다는 현명주의가 필요한지 필요하지 않은지, 필요하지 않다면 어떤 경우에 필요하지 않은지, 그 효력은 어떻게 되는지, 대리행위의 하자문제, 미성년자도 유효하게 대리행위를 할 수 있는지 없는지, 쌍방대리나 자기계약이 허용되는지 안 되는지, 복대리가 가능한지, 가능하다면 그 요건과 효력은 어떻게 되는지, 대리권이 없거나 대리권을 넘은 경우의 대리행위(표현대리와 무권대리)에도 본인은 상대방에게 의무를 지는지 아닌지, 의무를 지는 경우 그 요건은 무엇인지 등이 임의대리의 외부관계에 해당할 것이다.

만약, 대리인에게 대리권이 없었고 또 사후에 본인의 추인도 얻지 못한 경우에는 그 대리행위로 인해 발생하는 책임문제는 무권대리인과 상대방 사이에서 해결되어야 할 것이다. 이 문제에 대한 준거법을 우리 법은 제5항에서 대리의 외부관계의 준거법에 의하도록 했다. 무권대리인의 상대방에 대한 책임문제 역시 일반적인 대리와 마찬가지로 거래보호가 필요한 문제이며 또한 표현대리와 무권대리의 구분을 불필요하게 만든다는 점에서 볼 때 이 문제를 대리의 외부관계의 준거법으로 함께 해결하도록 한 것은 타당하다.

그러나 무권대리행위를 사후에 본인이 추인하는 문제에 대해서는 조금 달리 생각해볼 필요가 있다. 본인의 추인 문제는 실질법상 대리법에 들어가 있고(민법 제131조 내지 제133조) 또 대리제도와 관계되는 것도 사실이지만, 추인을 통해서는 대리행위의 효력이 발생한다기보다는 본인과 계약상대방 사이에 계약의 효력이 발생하는 것이므로 대리의 외부관계의 준거법보다는 계약당사자 간의 법률관계의 준거법(즉, 계약준거법)에 의하는 것이 보다 타당할 것이다.[37]

따라서 본인과 상대방 간의 계약에 추인이 가능한지, 가능하다면 추인의 요건과 효력은 어떻게 되는지 등은 그들 간의 계약의 준거법에 의해야 할 것이다.

또한 법인 기관의 대리권은 제18조가 적용되지 않고 법인준거법(제16조)에 의하며, 선장의 대리권은 제60조(선적국법)에 별도로 규율되어 있어 제18조가 적용되지 않는다. 또 제18조의 임의대리는 법률행위 편에 규정되어 있으므로 채권행위뿐만 아니라 물권행위의 대리에도 적용된다고 볼 수도 있겠지만, 본래 제18조는 국제거래를 상정하고 둔 규정이므로 물권행위의 대리나 가족법적 계약의 대리에는 적용되기 어려울 것이다.

3. 반정문제

임의대리의 준거법에는 반정이 인정되지 않는다는 것이 일반적인 견해이다.[38] 반정을 인정하면 거래보호를 위해 지정된 준거법이 바뀌게 되어 오히려 거래보호를 해친다고 보기 때문이다. 따라서 임의대리의 준거법에 반정을 허용하는 것은 우리 국제사법의 지정 취지에 반하는 것으로 보아야 할 것이다(제9조 제2항 6호).

---

37) Junker, IPR(1), 옆 번호 337.

38) 석광현, 『국제사법 해설』, 233면; Kropholler, IPR, S. 309.

제3장 물권

　물권은 보통 물건에 대한 배타적 지배권이라고 정의한다. 채권이 당사자 간에 상대적 효력만을 갖는 데 반해, 물권은 제3자에게도 효력이 있다는 점(절대적 효력)이 특징이다. 그래서 물권에서는 제3자를 위해 공시원칙이 요구된다. 이러한 실질법적 특징은 국제사법에서 물권에 대한 준거법결정에도 크게 영향을 미친다.

　물권의 객체는 보통 물건으로서 부동산과 동산을 의미한다. 그러나 채권과 같은 권리도 물권, 특히 담보물권의 객체가 된다. 그래서 우리 국제사법은 물권에 관한 준거법 규정으로 부동산 및 동산에 관한 물권뿐만 아니라(제19조, 제20조, 제22조), 채권 등의 권리를 객체로 하는 약정담보물권에 대해서도 별도로 규정하고 있다(제23조 1문 전단). 또한 유가증권에 대해서도 별도의 규정을 두고 있는데(제21조와 제23조 1문 후단), 이는 증권에 권리가 화체된 특수한 동산으로 보아 별도로 취급하고 있는 것이며, 이를 다시 무기명증권(제21조)과 기타의 유가증권(제23조 1문 후단)으로 나누어 규정하고 있다.

　그 외에 오늘날 매우 중요한 지식재산권(제24조)[39]에 대해서도 물권의 장에서 함께 규정하고 있다. 그 이유로, 지식재산권에 관해 하나뿐인 이 규정을 어디에 둘까 고민하다가 지식재산권에 준물권적 성격이 있다는 이유로 물권의 장에 위치시켰다고 한다.[40] 그러나 지식재산권은 물권준거법과는 관계가 없으며 독자적인 원칙에

---

39) 종래는 지적재산권이라고 불렀다.

40) 법무부, 『국제사법 해설』, 86면 주 40.

따라 준거법이 결정되어야 한다는 점에 유의해야 할 것이다.[41] 우리 국제사법에 규정된 제24조의 지식재산권 조항은 불법행위의 특칙으로 인정되고 있기 때문에 차라리 불법행위 준거법 규정 어딘가에 위치시키는 것이 더 좋았을지도 모른다.

마지막으로, 물권의 장에 규정된 준거법이 해당 법률관계와 근소한 관련이 있을 뿐 가장 밀접한 관련이 있는 국가의 법이 달리 존재하는 경우에는 그 법이 준거법이 된다는 예외조항(제8조)의 적용 가능성도 늘 염두에 두고 있어야 한다.

§33 물권

Ⅰ. 부동산과 동산에 대한 물권준거법

1. 원칙 - 목적물소재지법(제19조)

1) 목적물 소재지법(제19조)

우리 법에서 부동산과 동산에 관한 물권준거법은 양자를 구별함이 없이(동칙주의) 그 소재지법을 원칙으로 하고 있다(제19조). 그러나 이에 대한 규정을 국제사법은 둘로 나누어 규율하고 있다. 먼저, 동산 및 부동산에 관한 물권 또는 등기하여야 하는 권리는 그 목적물의 소재지법에 의한다(제19조 제1항)고 한다. 이어, 이 권리의 득실변경은 그 원인이 된 행위 또는 사실의 완성 당시 그 목적

---

41) 법무부, 『국제사법 해설』, 86면 주 40; 석광현, 『국제사법 해설』, 282면.

물의 소재지법에 의한다(제19조 제2항)고 규정한다. 따라서 제19조 제1항은 물권의 내용 및 효력에 대해서 규정한 것이고, 제2항은 물권의 득실변경에 대해 규정한 것으로 볼 수 있다. 이렇게 나누어 규정한 이유는 제2항에서 물권의 득실변경에 관한 준거법의 연결시점을 명확히 밝혀주고자 한데 있는 것으로 필자는 생각한다. 여기서 등기하여야 하는 권리로는 보통 부동산에 관한 임차권과 환매권을 드는데, 그 물권적 효력만을 의미하는 것으로 보아야 할 것이다.

부동산과 동산에 관한 물권준거법으로서 목적물의 소재지법은 무엇보다 거래보호에 크게 기여한다. 목적물의 소재지법을 물권의 준거법으로 하게 되면 거래 당사자들은 그 소재지법이 허용하는 물권만 고려하면 되고 또한 제3자도 용이하게 그 법을 확인할 수 있기 때문이다. 또한 물권준거법으로서 목적물 소재지법은 대부분의 국가에서 인정하고 있는 원칙이므로 국제적 판단일치를 가져오는 장점이 있다. 더구나 부동산에 관한 국제재판관할을 전속관할로 하는 경우에는 관할과 준거법을 일치시키는 장점도 있다.

그러나 앞에서 언급한 소재지법 원칙의 장점은 부동산에 대해서는 그대로 적용되는 데 반해, 동산에 대해서는 문제가 없지 않다. 예컨대, 동산은 이동이 가능하므로 동산물권의 준거법을 소재지법 원칙에 따르게 하는 경우에 크게는 두 가지 문제점이 발생한다. 첫째, 여러 국가를 이동하는 것이 전제되어 있는 동산의 경우에 그 물권준거법으로서 소재지법 원칙은 적절하지 않다. 소재지국이 바뀜에 따라 물권도 계속 바뀌기 때문이다. 따라서 소재지법 원칙에 대한 완화가 필요하게 되는데 이에 대해서는 아래에서 별도로 다루기로 한다. 둘째, 동산은 어차피 이동이 가능한 물건이므로 그 소재지국이 바뀌게 되면 준거법도 바뀌게 된다. 이것을 「준거법의 변경」이라고 부르는데 동산물권의 준거법에서 매우 자주 발생한다. 이 준거법변경 시에는 그 변경으로 인한 독특한 문제가 발생하는데,

이에 대해서도 아래에 준거법의 변경이라는 항목에서 별도로 자세히 설명하기로 한다.

2) 물권준거법의 적용범위

(1) 물건, 물권행위 그리고 물권관계

이미 제19조 제2항이 언급하듯이 물권의 취득, 상실, 변경, 이전은 목적물 소재지법에 의한다. 이 외에도 물권의 종류와 그 내용 및 효력도 물권준거법인 목적물 소재지법에 의한다(제19조 제1항).[42][43] 따라서 물권행위 역시 여기에 속하며, 심지어 채권행위와의 관계에 대해 물권행위의 독립성이 인정되는지 부정되는지, 무인적인지 유인적인지 하는 문제도 물권준거법(목적물소재지법)에 의해 판단한다. 그러나 물권행위의 독립성이 부정되거나 또는 채권행위와 유인관계에 있다고 하더라도, 물권행위는 채권행위와 분리하여 각자 준거법이 정해진다. 즉, 채권행위에는 제25조 이하의 채권준거법이 적용되고, 물권행위에는 제19조의 물권준거법이 적용된다. 물권행위의 방식에 대해서는 제17조 제5항에서 제17조 제1항을 적용하도록 하고

---

42) 그러나 어떤 권리(또는 법제도)가 물권에 속하는지 아니면 채권에 속하는지는 성질결정의 문제로서 원칙적으로 법정지법에 의한다. 일반적으로 그 권리(법제도)가 제3자에게도 효력을 미치면 물권으로 보고, 당사자 간에만 효력을 미치면 채권으로 본다(Kropholler, IPR, S. 555). 따라서 소유권유보는 실질법에서는 매매에서 다루어지더라도(즉, 소유권유보부 매매) 제3자에게 영향을 미치는 제도이므로 물권으로 성질결정 하게 된다. 물론, 매매 자체는 채권계약의 준거법에 의할 것이다.

43) 석광현 교수(『국제사법 해설』, 242면)는 법정담보물권이 물권준거법(목적물소재지법)의 적용범위에 들어가는지에 대해서는 논란의 여지가 있다고 보고 있다. 물론, 충분히 가능한 견해라고 본다. 그러나 법정담보물권도 유치권인지, 법정질권인지, 법정저당권인지, 기타의 법정담보권인지 등에 따라 결론이 다를 수 있다. 따라서 보다 자세하고 구체적인 검토가 필요한 문제일 것으로 본다. 그래서 필자로서는 일단 약정담보물권이든 법정담보물권이든 구분하지 않고 원칙적으로 물권준거법(목적물소재지법)에 의한다고 보고, 소재지법 원칙이 부당한 경우에는 예외조항(제8조)을 통해 이 원칙에서 벗어날 수 있는 것으로 보고자 한다.

있으므로, 물권행위의 방식은 물권행위의 준거법인 목적물 소재지법 (제19조)에 의하는 것으로 해석하고 물권행위지법에 의한 방식은 인정하지 않는다.

그 외에도 거래가 가능한 물건인지 아닌지의 문제, 어떤 물건이 다른 물건의 부속물인지 종물인지의 판단, 동산인지 부동산인지의 구분, 점유(권) 문제, 소유자와 점유자의 관계, 물권의 침해와 그에 따른 물권적 청구권 및 손해배상이나 이익반환청구 등은 모두 원칙적으로 목적물 소재지법에 의해 판단한다.

(2) 선의취득

물권준거법이 적용되는 문제로서 국제적으로 자주 문제가 되는 것은 선의취득이다. 각국마다 선의취득이 인정되는 물건과 그 성립요건에 차이가 있기 때문이다. 도품을 선의취득의 대상으로 보는 국가도 있고 보지 않는 국가도 있으며, 선의취득의 성립요건을 엄격하게 정한 국가도 있고 느슨하게 정한 국가도 있다. 따라서 예컨대, 어느 국가에서 고가의 물건을 훔쳐 타국의 사경매소에서 처분한 경우에 선의취득의 인정 여부가 중요해지는데, 외국도 마찬가지겠지만 우리 법에서는 제19조 제2항에 따라 선의취득의 요건이 완성되는 당시의 목적물 소재지법이 적용될 것이다. 이렇게 되면 도품은 주로 선의취득의 성립요건이 느슨한 국가를 찾아가 처분될 가능성이 높고, 그 결과 원소유자에게 불리해진다는 문제가 생긴다. 그래서 도품의 선의취득에 대해서는 연결시점을 바꾸어 도난된 시점의 소재지법을 적용하자는 견해도 없지 않으나 거래안전을 위해서는 원칙대로 선의취득의 성립요건 당시의 소재지법을 적용하는 것이 타당할 것이다.

그러나 도난되거나 불법으로 반출된 문화재가 타국에서 거래되는 경우에 발생하는 선의취득 문제에 대해서까지 이 원칙을 적용하는 것은 문제가 있어 보인다. 이때에는 거래안전의 이익보다는 문화재보호의 이익이 더 크다고 생각되기 때문이다. 그래서 도난된 문화재의 국제적 거래에 대해서는 선의취득의 이 원칙을 부정하고 원래의 소유국가로 돌려보낼 수 있게 도난지법(lex furti)이나 본래 국법(lex originis)을 준거법으로 적용해야 한다는 견해가 강하며[44] 또한 그것이 국제적인 경향이기도 하다.[45] 이에 덧붙여, 각국의 문화재보호법은 보통 국제적 강행규범(제7조)으로 인정되고 있다는 점도 기억해둘 필요가 있다.

(3) 총괄준거법과의 관계

상속재산이나 부부재산제의 부부재산은 보통 동산, 부동산, 채권, 채무 등이 모두 포함되어 있는 총괄재산이다. 이에 반해, 총괄재산을 구성하는 하나의 동산, 하나의 부동산 같은 하나하나의 재산을 개별재산이라고 한다. 이에 응해, 국제사법에서는 상속준거법이나 부부재산준거법같이 총괄재산을 대상으로 하는 준거법을 총괄준거법이라고 부르고, 하나의 동산이나 하나의 부동산같이 개별재산을 대상으로 하는 준거법을 개별준거법이라고 부른다. 개별준거법으로 전형적인 것은 물권준거법인데, 그래서 물권준거법에서는 「개별준거법이 총괄준거법을 깨뜨린다(Einzelstatut bricht Gesamtstatut)」는 표현이 자주 보인다. 구체적으로 말해, 물권준거법이 상속준거법을 깨뜨린다는 것이다. 그러나 이러한 표현에는 오해의 여지가 있다.

---

44) 이에 대해서는 석광현, 『국제사법 해설』, 246면. 보다 자세히는 송호영, 「문화재반환사건에 있어서 민법 및 국제사법상 몇 가지 쟁점 -1995년 UNIDROIT 문화재환수협약의 관련규정을 고려하여-」, 『국제사법연구』 제15권, 2009, 298면 이하.

45) 예컨대, 1998년에 발효된 "UNIDROIT 문화재환수협약" 참조(이에 대해서는 석광현, 『국제사법 해설』, 247면).

본래, 우선은 총괄준거법이 개별준거법을 지배하는 것이 원칙이다.46) 예컨대, 상속으로 인한 개별 부동산의 소유권이 누구에게 있는가의 문제는 총괄준거법인 상속준거법에 의해서 판단하는 것이지 개별준거법인 그 부동산 소재지법에 의해 판단하지 않는다. 그 부동산의 소유권이 누구에게 있는가의 문제인데도 말이다. 다만, 상속준거법에 의해 인정된 그 부동산의 소유자가 어떤 내용의 물권적 효력을 갖고 행사할 수 있는가는 그 부동산 소재지법의 문제, 즉 물권준거법의 문제일 것이다. 이처럼 양자의 영역을 명확히 구분하면 문제는 발생하지 않으며, 이는 성질결정의 문제일 뿐이다.

따라서 「개별준거법이 총괄준거법을 깨뜨린다」는 표현은 아마 양자가 실제로 충돌하는 일부의 문제에서 나왔을 것이다. 예컨대, 상속준거법에서 인정된 물권의 종류와 효력이 상속재산을 구성하는 개별재산의 준거법인 물권준거법에서는 인정되지 않는 경우일 것이다. 그러나 이런 경우에도 국제사법에서는 개별준거법인 물권준거법에 바로 우선권을 부여해서는 안 된다. 설혹 상속준거법이 인정한 물권이 물권준거법에 보이지 않더라도 이와 기능적으로 유사한 물권을 물권준거법에서 우선적으로 찾아보아야 한다. 이를 국제사법에서는 넓게는 「조정문제」, 좁게는 「전환 또는 치환문제」라고 부른다.47) 이렇게 해도 도저히 안 될 때, 그때 비로소 총괄준거법은 개별준거법인 물권준거법에 양보하지 않을 수 없을 것이다. 물론, 그러한 경우가 종종 나타나기는 한다. 예컨대, 특정적 유증의 효력으로 수증자에게 채권적 효력만을 부여하는 우리 법(피상속인의 사망 후에 수증자는 상속인에게 유증이행청구권을 행사함; 민법 제1079조 참조)과 상속준거법에서는 유증에 물권적 효력을 부여하는

---

46) Siehr(IPR, S. 274)는 이것을 "총괄준거법은 개별준거법에 의무를 부과한다 (Gesamtstatut verpflichtet Einzelstatut)"라고 표현한다.

47) 이에 대해서는 앞에서 설명한 「§26 조정제도와 조정문제」 참조.

외국법(피상속인의 사망 시 수증자는 바로 유증물의 소유자가 됨)
이 충돌하는 경우이다. 유증된 부동산이 한국에 소재하는데 피상속
인의 본국법에는 유증의 효력을 물권적으로 규정하고 있다면 상속
준거법에서 인정하고 있는 유증의 물권적 효력을 부동산 소재지법
인 한국법에서는 인정할 수 없을 것이다. 그러나 이러한 예외를 가
지고 물권준거법에서 「개별준거법은 총괄준거법을 깨뜨린다」는 것
을 원칙처럼 설명하는 것은 잘못이라고 필자는 본다.[48]

2. 목적물 소재지법의 완화

동산으로서 여러 국가로의 이동이 전제되어 있어서, 그 물권준거
법으로서 소재지법 원칙이 분명히 적절하지 않은 종류의 동산이 두
가지 있다. 하나가 운송수단이고, 다른 하나가 이동 중인 물건이다.
따라서 이 동산들에 대해서는 물권준거법의 소재지법 원칙을 완화
할 필요가 있다. 이에 따라 우리 법은 소재지법 원칙에 대한 예외
를 규정하고 있다.

1) 운송수단(제20조)

운송수단으로서 자동차, 항공기, 선박, 철도 등은 여러 국가를 수
시로 이동하게 된다. 따라서 이 운송수단에 대한 물권에 대해 원칙
대로 목적물 소재지법을 적용하게 되면 수시로 물권이 바뀌게 되는
문제가 생긴다. 그래서 하나로 고정될 수 있으며 누구라도 쉽게 확
인할 수 있는 합리적인 별도의 연결점이 필요하다. 그것이 바로 운
송수단의 등록지나 허가지인 「본거지(Herkunftsland)」라고 외국에서

---

48) 자세히는 최흥섭, 「한국 국제사법에서 총괄준거법과 개별준거법의 관계」, 『비교사
법』 제21권 2호, 2014, 597면 이하.

는 인정되어 왔다. 우리 법 역시 이를 받아들여 운송수단에 대해서는 원칙적으로「본거지국법(lex originis)」을 준거법으로 규정하였다.

우선 항공기에 대한 물권은 보통 등록국이 되는 국적국법을 준거법으로 정하고, 철도차량에 대한 물권은 그 운행허가국법을 준거법으로 정한다(제20조). 선박에 대한 물권은 제60조에서 별도로 정해 선적국법에 의하는 것으로 하고 있다(제60조 1호). 보통 선박의 등록국이 선적국으로 된다. 그러나 자동차에 대한 물권에 대해서만은 별도의 언급이 없다. 따라서 원칙인 목적물 소재지법에 의하는 것으로 본다. 보통 자동차는 어느 국가에 소재하든 소재하는 현장에서 물권의 득실변경이 발생하는 것이 거래관념에 맞는다는 이유에서이다.[49]

이 운송수단은 영업용인지 개인용인지를 구분하지 않는다. 또 운행을 전제로 하므로 제작 중인 운송수단이나 운행을 못 하는 폐물은 이 규정의 적용을 받지 않으며 단순히 물건으로서 원칙인 목적물 소재지법에 의한다. 특히 개인용 요트 등에 대해서는 등록국이나 선적국이 존재하지 않는 경우가 있는데, 이때에는 배가 상시 정박하는「본거항국의 법」이 준거법으로 된다고 본다.

2) 이동 중의 물건(제22조)

예컨대, 인도네시아에서 목재를 싣고 부산항으로 향하던 선박이 베트남의 다낭항 근처(또는 공해상)를 지날 때 중국인 소유자가 한국인에게 이 목재를 매도하였으나 부산항에 도착한 후에 분쟁이 생겨 목재에 대한 물권행위나 물권관계의 준거법이 무엇이냐가 문제

---

49) 그러나 국경을 수시로 넘나드는 관광버스나 운송차량에 대해서는 논란이 있다. 만약, 이에 대해 문제가 생긴다면 우리 법에서는 예외조항(제8조)에 의해 해결할 수 있을 것으로 본다.

로 되었다고 하자. 물권준거법의 원칙에 의하면 목적물 소재지법에 의하므로 베트남법(또는 공해상이면 선적국법일까?)에 의해 판단해야 한다. 그러나 이는 누가 보더라도 부적절하다고 생각할 것이다. 그 소재지는 우연적인 것이었고 이동 중인 물건의 물권문제는 베트남과는 아무 관계가 없기 때문이다. 그런 이유로 이렇게 이동 중인 물건에 대해서는 그 물권준거법으로 소재지법 원칙 대신에 목적지법에 의하도록 우리 법은 규정하였다(제22조). 통과지법은 아무 관계가 없는 법이고, 발송지법은 물건의 처분시점에는 이미 과거의 법이 되었으므로, 차라리 미래의 법인 목적지법이 이 물건의 물권과 가장 밀접한 관계를 가졌다고 본 것이다.

그러나 여기서 주의할 점이 있다. 이 규정은 목적물이 이동 중이라고 해도 위의 예에서 보듯이 목적물이 소재지와 아무 관계없이 물권변동이 발생하는 경우에만 적용된다는 점이다.[50] 따라서 만약 목적물이 이동 중에 중간 기착지에서 양도되었거나 담보물권이 설정되었거나 또는 권한 없이 처분되었다면 그 목적물의 물권문제는 원칙대로 목적물의 소재지법에 의한다. 요컨대, 이 규정의 적용 가능성은 겉보기와 달리 상당히 적다는 것이다. 그래서 독일의 입법자는 법원에 제기된 사례가 없다는 이유로 이에 대해 독일 국제사법에 규정을 두기를 포기하였다고 한다.[51] 물론, 독일의 통설[52]은 우리 법 규정과 마찬가지로 이동 중인 물건에 대한 물권준거법으로 목적지법이 옳다고 보고 있다.[53]

---

50) 따라서 이동 중인 물품이 「제3국을 통과할 때」 또는 「공해상에 있을 때」 물권변동이 발생하는 경우로만 그 적용범위를 한정하기도 한다.

51) Junker, IPR(2), §17 옆 번호 16.

52) 예컨대, Kropholler, IPR, S. 565.

53) 제22조의 이동 중인 물건(res in transitu)에 해당하지는 않지만 국제적 물품거래에서 많이 이루어지는 형태는 목적물이 발송지에서 이미 매수인에게 처분되었지만 매도인이 운송의무를 지는 소위 「국제적 송부매매」이다(참고로 이 경우에는 이동

3. 준거법의 변경

물권의 준거법은 원칙적으로 목적물 소재지법에 의하므로, 동산의 경우에는 타국으로의 이동에 의해 목적물 소재지법이 바뀌는 준거법변경이 자주 발생하게 된다. 따라서 물권준거법에서 준거법변경은 전형적인 현상인데, 이때 준거법변경은 두 가지 유형으로 나누어진다. 하나는 구소재지법에 의해 물권의 득실변경의 요건이 완성된 후에 새로운 현소재지국(예컨대, 한국)으로 이동한 경우이고, 다른 하나는 구소재지법에 의해 그 요건이 미완성인 채로 현소재지국(한국)으로 이동한 경우이다. 독일에서는 전자를 「단순한 준거법변경(einfacher 또는 schlichter Statutenwechsel)」이라 하고, 후자를 「조건부 준거법변경(qualifizierter Statutenwechsel)」이라고 부른다.

1) 단순한 준거법변경 – 요건 완성 후에 물건의 소재지변경

구소재지법에 의해 이미 물권 취득(예컨대, 소유권 취득)의 요건이 완성된 물건이 현소재지국으로 들어오면 현소재지국에서는 구소재지

중의 물건에 해당하지 않는다고 보고 있으며 물권준거법의 원칙대로 해결한다). 이때, 흔히 물품증권 또는 인도증권이라고 불리는 선하증권(또는 창고증권이나 화물상환증)이 발행되는데, 이 물품증권의 관여로 인해 이들의 물권문제(점유와 소유권의 이전 등)에 대해 여러 가지 준거법문제가 발생한다. 그중 무엇보다도 물품증권의 양도로 물품도 양도되는지 아닌지(한국 상법 제861조)에 대한 준거법을 어느 법으로 할 것인가 하는 것이 중요한데, 목적지법에 따른다는 견해(석광현, 『국제사법 해설』, 262면), 증권소재지법에 따른다는 견해(신창선/윤남순, 『신국제사법』, 257면) 등 다양하다(자세히는 석광현, 『국제사법 해설』, 261면 이하). 그래서 외국에서는 당사자자치(준거법선택)를 인정하자는 견해도 유력하다. 필자는 당사자자치를 허용하지 않는 한, 증권소재지법보다는 목적지법이 보다 합리적일 것으로 본다. 국제거래에서는 물권준거법의 기준으로 증권보다는 물품이 보다 확실하며, 또한 목적지법으로 정하면 다양한 국제물품거래의 물권준거법을 통일적으로 처리할 수 있기 때문이다. 다만, 이때에도 특수한 상황이 존재하는 경우에는 예외조항(제8조)을 통해 준거법을 달리 정할 수 있을 것이다.

법에서 성립한 그 물권을 일단 그대로 인정해주는 것이 원칙이다.[54]

그러나 그 물권의 효력(또는 물적 권리와 의무의 내용)은 현소재지국에 들어오는 순간부터 현소재지법에 의해 결정되며, 현소재지법에서 인정하는 물권의 효력으로 바뀌게 된다. 예컨대, 구소재지법에서 인정되던 소유권 및 점유권의 효력이 현소재지법의 소유권 및 점유권의 효력으로 바뀌는 것이다. 이것을 전환(Transposition)이라고 하는데, 가능한 한 너그럽게 인정해줄 필요가 있다.[55] 왜냐하면 너무 엄격하게 판단하게 되면 물권법정주의 때문에 구소재지법에서 인정된 물권이 현소재지국에서 인정될 여지가 별로 많지 않기 때문이다. 예컨대, 이탈리아에서 무점유 질권이나 또는 프랑스에서 무점유의 등록질권이 설정된 자동차가 한국에 들어온 경우에 한국법에는 외국과 동일한 법제도가 없더라도 유사한 제도로서 특별법상의 동산담보권이나 또는 양도담보의 법적 효력을 인정해주는 것이다.

그러나 현소재지법에 전혀 유사한 제도가 존재하지 않는다면 구소재지법에서 이미 인정된 물권이더라도 현소재지국에서는 어떠한 효력도 없다. 다만, 이 물건이 다시 구소재지국으로 이동하면 전에 인정되던 물권이 다시 출현하여 인정을 받게 된다.

2) 조건부 준거법변경 – 요건 완성 전에 물건의 소재지변경

구소재지국에서 성립요건이 미충족되어 아직 물권이 성립하지 않은 동산이 현소재지국으로 이동해온 경우에 그 물권의 성립과 효력은 모두 현소재지법에 의하는 것이 원칙이다.

따라서 구소재지국에서 이루어진 요건사실을 어떻게 평가하고 판단할 것인가도 현소재지법에 의해 판단한다. 그러나 이에 대해

---

54) 이것을 독일에서는 수용이론(Hinnahmetheorie)이라고 한다.
55) 이것이 독일 판례의 태도이다(이에 대해서는 Junker, IPR(2), §17 옆 번호 50).

우리 법에는 규정이 없다. 그래서 요건사실을 모두 그대로 인정해서 계산해주는 견해, 비율로 계산해 인정해주는 견해 등 여러 가지 견해가 가능하다. 그러나 외국에서는 요건사실을 모두 그대로 인정해주는 소위 통산주의가 일반적이다.56) 이 통산주의에 따라 조건부 준거법변경의 예를 들어보면 다음과 같다. 만약 구소재지법에서 취득시효의 요건인 점유기간이 완성되지 않아 소유권을 취득하지 못한 채 물건이 한국으로 들어온 경우에 한국에서의 취득시효는 현소재지법인 한국법에 의하게 된다. 이때 구소재지의 점유기간은 한국법의 취득시효에서 그대로 점유기간으로 인정되어 나머지 기간만 지나면 한국에서 취득시효로 소유권을 취득하게 된다.

다른 예로, 담보권에서 소유권유보의 경우를 들어보면 다음과 같다. 이탈리아법에서는 한국법과 달리 소유권유보가 제3자에게도 효력을 인정받으려면 매수인의 서명이 공증되어야 하고 당사자 간의 합의만으로는 상대적 효력밖에 없다고 한다. 만약 이탈리아의 매도인이 이탈리아에서 한국 매수인과 공증 없이 합의와 서명만으로 소유권유보부 매매계약을 체결하고 물건을 한국으로 보냈다면, 이탈리아에서는 이 소유권유보에 상대적 효력밖에 없지만 한국에서는 제3자에게도 효력이 미치게 된다. 이탈리아에서의 합의가 그대로 한국법에서도 인정되고, 그 결과 한국에서는 공증 없이도 소유권유보는 제3자에게 효력을 미치는 것으로 보기 때문이다.57)

그러나 조건부 준거법변경에서는 특히 주의해야 할 점이 있다.

---

56) 독일 국제사법(EGBGB) 제43조 제3항; 스위스 국제사법 제102조 제1항.

57) 이 사례는 1966년 독일(당시 서독)대법원의 판결(BGHZ 45, 95)인 편물기계사건의 일부이다. 본래의 내용은 소유권유보부 매매에 의해 이탈리아에서 독일로 들어와 있는 편물기계를 독일 매수인의 채권자가 압류하였는데, 이탈리아 매도인은 소유권유보가 독일에서는 합의만으로 제3자에게도 효력을 인정받으므로 소유권은 여전히 매도인에게 있다고 주장하며 제3자이의의 소를 제기한 사건이다. 독일 대법원은 편물기계의 현소재지법인 독일법을 적용하여 이를 인정하였다.

본래 준거법변경의 현상으로는 두 가지 가능성이 있다. 동산이 외국에서 한국으로 들어오는 경우와 한국에서 외국으로 나가는 경우이다. 우리 법에서 물권준거법의 변경을 논할 수 있는 문제는 원칙적으로 물건이 외국에서 한국으로 들어오는 경우에 한한다. 한국에서 외국으로 물건이 나가는 경우에는 새로운 목적물 소재지가 외국일 것이므로 준거법변경은 보통 그 외국 국제사법에 의해서 판단하지(즉, 그 외국의 법원에서 판단하지), 한국 국제사법에 의하지(즉, 한국의 법원에서 판단하지) 않을 것이기 때문이다. 즉, 이는 우리 국제사법이 관여할 문제가 아니라 그 외국 국제사법이 관여할 문제라는 것이다. 그럼에도 불구하고 이 경우에 우리가 주의해야 할 문제는 한국의 수출업자들이 물건을 수출할 때 그 물건의 물권관계에 관해서는 한국법이 아니라 물건이 운송될 목적지국의 법58)에 주의를 기울여야 한다는 점이다. 왜냐하면 위에서 보았듯이 준거법변경의 논리에 따르면 동산의 이동 시 물권준거법은 보통 발송지법(수출 시 한국법)이 아니라 목적지법에 의하게 될 것이기 때문이다. 따라서 예컨대, 한국에서 수출하는 물품에 대해 한국에서 소유권유보나 양도담보의 합의를 했다고 해도 한국(법)에서는 인정되지만 목적지국인 외국에서는 그대로 인정되지 않을 가능성이 아주 크다. 따라서 한국의 수출업자는 물품을 수출할 때 그 물권문제에 대해서는 목적지국법을 검토해둘 필요가 있다.

---

58) 일단은 목적지국의 국제사법이겠지만 준거법변경의 경우에 목적지국의 국제사법에 의하면 보통 목적물 소재지법으로서 현소재지법이 준거법이 될 것이므로, 결국 목적지국의 실질법(물권법)을 적용하게 된다.

II. 채권 등의 권리에 대한 약정담보물권의 준거법
(제23조 본문 전단)

동산 및 부동산과 같은 물건뿐만 아니라 권리도 물권, 특히 담보물권의 객체가 된다. 권리에 대해서는 약정담보물권이 성립하는 것이 일반적인데, 그래서 우리 법은 채권, 주식 그 밖의 권리를 대상으로 하는 약정담보물권(질권 또는 양도담보)은 담보대상인 권리의 준거법에 의한다고 특별히 규정하고 있다(제23조 1문 전단). 물건에 대한 물권준거법이 물건의 소재지를 기준으로 하듯이, 권리에 대한 물권준거법도 권리의 소재지인 권리 자체를 기준으로 하고 있는 것이다. 따라서 채권의 경우에는 채권의 준거법(제25조 이하)에 의하고, 주식의 경우에는 주식회사의 속인법(제16조)에 의해 그 권리의 약정담보물권, 예컨대 채권질 또는 주식질의 득실변경과 내용 및 효력이 결정될 것이다. 이 규정에서 "그 밖의 권리"에는 특히 지식재산권이 해당되므로 지식재산권에 대한 질권의 준거법은 지식재산권의 준거법(제24조)에 의할 것이다.[59]

III. 유가증권에 대한 준거법

유가증권은 재산적 가치가 있는 사권이 표창된 증권이다. 이에는 다양한 종류가 있는데, 특히 국제적 어음 및 수표에 대해서는 제51조 이하에서 별도로 규정하고 있다. 따라서 여기서 다루는 유가증권은 그 외의 유가증권으로서, 국제사법은 무기명증권과 그 외의 유가증권으로 나누어 규정을 두고 있다. 다만, 그 규정 범위는 제한적이다. 따라서 그 외에도 현실적으로 자주 이용되는 선하증권, 창

---

59) 석광현, 『국제사법 해설』, 265면.

고증권, 화물상환증과 같은 인도증권(물품증권)에 대해서도 별도의 심도 있는 논의가 필요하리라 본다.

우선, 유가증권에서는 유가증권 자체와 거기에 화체된 권리를 구별해두어야 한다. 유가증권 자체는 동산이므로 그 취득 등은 물권준거법인 목적물 소재지법, 즉 증권소재지법에 의한다. 이에 반해, 그 증권이 유가증권인지 아닌지, 어떤 종류의 유가증권인지, 증권의 인도로 화체된 권리도 함께 이전되는지 등은 화체된 권리의 준거법에 의한다.60) 따라서 화체된 권리가 채권이라면 채권준거법이, 물권(예컨대, 독일법의 토지채무증권이나 저당증권)이라면 목적물 소재지법이, 주주권이라면 주식회사의 속인법이 이를 결정한다. 아래에서는 법률에 규정된 무기명증권과 그 외의 유가증권에 대해 살펴보기로 한다.

1. 무기명증권의 준거법(제21조와 제23조 단서)

무기명증권은 증권의 소지인을 권리자로 인정하는 유가증권이므로, 증권에 권리를 화체하고 있지만 증권과 그에 화체된 권리를 동일시하게 된다. 따라서 무기명증권 자체를 동산처럼 보아도 무방하므로 우리 국제사법은 무기명증권과 그에 화체된 권리를 구분하지 않고 그 준거법을 목적물 소재지법인 증권소재지법으로 정하고 있다(제21조). 따라서 권리가 화체된 무기명증권 자체를 동산으로 보아 그 득실변경은 증권소재지법에 의한다.

그럼에도 불구하고 특별히 무기명증권을 대상으로 하는 약정담보물권에 대해서는 제23조 단서에 규정을 두어 그 증권소재지법이 준거법이 된다는 사실을 명확히 하고 있다.

---

60) 석광현, 『국제사법 해설』, 253면; v. Hoffmann/Thorn, IPR, S. 516.

2. 무기명증권 이외의 유가증권에 대한 약정담보물권의 준거법 (제23조 본문 후단)

채권, 주식 그 밖의 권리를 표창하는 유가증권을 대상으로 하는 약정담보물권은 담보대상인 권리의 준거법에 의한다(제23조 본문 후단). 따라서 예컨대, 사채권(卷)이나 주권(券)에 대한 약정담보물권은 전자는 채권의 준거법, 후자는 회사의 속인법에 의할 것이다.

그러나 무기명증권은 권리가 화체된 증권 자체가 동산으로 취급되므로 그 약정담보물권도 증권소재지법에 의하지 화체된 권리의 준거법에 의하지는 않는다. 이를 명시한 것이 제23조 단서의 규정이다.

§34 지식재산권

Ⅰ. 지식재산권에 관한 준거법의 필요성

지식재산권은 역사적으로 속지적 성격을 가지고 발전해왔다.[61] 즉, 그 권리의 성립, 소멸, 내용 및 효력, 침해 등이 모두 전적으로 일국의 국내법의 지배를 받으며 타국에서는 효력이 없다는 것이다. 이런 이유로 지식재산권의 국제적 보호를 위해서는 일찍부터 실체법적 규정을 가진 다수의 국제협약[62]이 만들어졌으며 오늘날 우리

---

61) 이는 오래전부터 유럽에서는 지식재산권을 국가에 의해 부여되는 특권(지식재산권의 공법적 기원)으로 다루어왔기 때문이라고 한다(Siehr, IPR, S. 284).

62) 예컨대, 산업재산권에 관한 파리협약, 저작권에 관한 베른협약, 지식재산권에 관한 Trips 협정 등.

나라를 비롯하여 많은 국가가 이에 가입해 있다. 이렇게 보면 각국 법의 차이를 전제로 하는 준거법 문제는 지식재산권에서는 별로 발생하지 않을 것처럼 보인다. 그러나 이 국제협약들이 갖고 있는 특성 때문에 지식재산권에 관한 준거법은 여전히 필요하다. 그 특성이란, 속지주의를 전제로 하면서 내국민대우의 원칙과 최소보호의 원칙을 두 개의 기둥으로 하고 있다는 점이다.[63] 내국민대우의 원칙이란 협약에서는 외국인의 지식재산권도 내국민과 동일하게 보호받는다는 내용이고, 최소보호의 원칙이란 협약상의 실체적 보호규정은 최소한의 보호이므로 각국 법에 따라 그 이상의 보호도 가능하다는 내용이다. 결국, 지식재산권에 관한 준거법이 필요한 이유는 이 최소보호의 원칙 때문이다. 준거법을 어느 법으로 하느냐에 따라 보호의 정도가 달라질 수 있기 때문이다.

II. 지식재산권의 준거법(제24조)

크게 보면, 지식재산권에 관한 준거법의 주된 쟁점은 세 가지이다. 첫째, 지식재산권 자체의 성립(발생), 이전, 소멸과 내용 등에 관한 준거법이다. 둘째, 지식재산권의 침해로 인한 손해배상 또는 침해금지의 준거법이다. 셋째, 지식재산권에 관한 계약의 준거법이다. 이 중에서 제24조는 두 번째의 문제를 규정하고 있다. 즉, 지식재산권의 보호는 그 침해지법에 의한다는 것이다. 그러나 이 내용은 지식재산권이 갖는 속지주의의 특성상 첫 번째 문제에도 동일하게 적용될 수 있다. 이것을 넓게 「보호국법주의」라고 부르는데 아래에서 자세히 보기로 한다. 남아 있는 세 번째 문제는 결국 국제

---

63) 이에 대해서는 최경수, 『국제지적재산권법』(개정판), 2017, 138면 이하.

계약에 관한 문제이므로 그것이 채권계약이라면 제25조 이하의 규정이 적용될 것이다.[64]

우리 법은 제24조에서 지식재산권에 관한 준거법으로 지식재산권에 관한 국제조약 및 다수의 입법과 학설에 의해 널리 인정되고 있는 소위 보호국법주의를 규정한 것으로 해석한다.[65] 보호국법주의란 지식재산권의 성립, 내용, 침해 등에 관하여 그 보호를 구하고 있는 국가의 법이 준거법이 된다는 것이다. 이는 지식재산권의 속지주의적 특성이 국제사법에도 그대로 반영된 것이다. 제24조는 그 중에서 특히 침해에 관해 규정하여, 지식재산권의 침해 시에 그 보호는 그곳에서 침해되었다고 주장함으로써 그곳에서의 보호를 요구하는 국가, 즉 침해지국의 법이 준거법이 된다는 것을 명시하고 있는 것이다. 따라서 언급이 없는 지식재산권의 성립과 내용 등에 관해서는 학설과 판례에 맡겼다고 보지만,[66] 이 역시 보호국법주의에 따라 그 영토에서 보호가 청구되는 국가의 법이 준거법이 된다고 보는 것이 옳을 것이다. 그 결과, 지식재산권의 존재(침해의 선결문제임)와 그 침해는 동일한 국가의 법에 의해 판단하게 된다.[67]

---

64) 안춘수 교수(『국제사법』, 241면 이하)는 지식재산권에 관한 계약을 세 가지로 구분한다. 첫째, 임차권과 유사한 채권적 이용계약, 둘째로 용익물권과 유사한 배타적 이용계약, 셋째로 지식재산권 자체의 양도계약이다. 그리고 첫 번째의 채권적 이용계약에는 채권계약의 준거법에 따르지만, 나머지 두 가지 종류의 계약에는 지식재산권 자체의 준거법이 적용된다고 한다. 따라서 이는 보호국법이 될 것이다; 국제 라이선스계약에 대해서는 석광현, 『국제사법 해설』, 314면 이하 참조.

65) 석광현, 『국제사법 해설』, 277면 이하; 그러나 안춘수 교수(『국제사법』, 247면)는 지식재산권의 침해에만 한정하는 것으로 본다.

66) 법무부, 『국제사법 해설』, 87면.

67) 다만, 저작권에 대해서는 외국에서 논란이 있다. 저작권의 특성을 전제로 소수설은 저작권의 준거법으로 보호국법이 아니라 보편주의에 입각한 원천국법(das Recht des Ursprungslandes)을 주장한다.

III. 불법행위의 특칙

제24조는 성격상 불법행위의 일종으로 보지만 주의할 점이 있다. 본래, 지식재산권의 침해는 일종의 불법행위가 된다. 그러나 제24조의 침해지법이라는 준거법이 불법행위의 준거법과 반드시 동일한 것은 아니라는 점이다. 여기서 침해지란 행동지가 아니라 결과지(Erfolgsort)[68]를 의미하므로,[69] 불법행위의 준거법을 행동지법으로 이해하거나 또는 격지불법행위에서 준거법을 행동지법 또는 결과지법의 선택적 연결로 보는 경우에[70] 차이가 생기기 때문이다. 결국, 제24조의 지식재산권의 준거법은 제32조의 불법행위 준거법의 특칙으로 보아야 한다.

그러나 제24조가 불법행위의 특성을 가졌다고 하더라도 불법행위 준거법의 규정을 유추적용하는 데에는 조심해야 한다. 흔히 법무부의 국제사법 해설집을 근거로[71] 제24조의 경우에도 제32조 제4항(특별공서조항)이나 제33조(준거법의 사후적 합의)를 유추적용할 수 있다고 보고 있지만[72] 필자로서는 의문이다. 먼저, 전자(제32조 제4항)에 대해서는 필요하다면 오히려 제10조의 일반적인 공서조항을 적용하는 것이 타당하며 그것으로 충분하다고 본다.[73] 후자

---

68) 여기서 결과지는 법익침해의 결과지이지 손해발생의 결과지가 아니다 (Henri/Vischer, IPRG Kommenar, Art. 110 옆 번호 6).

69) 석광현, 『국제사법 해설』, 281면 이하; Henri/Vischer, IPRG Kommenar, Art. 110 옆 번호 6. 그러나 행위지법으로 이해하는 견해도 있고(최경수, 『국제지적재산권법』(개정판), 2017, 164면), 행동지와 결과지의 양자로 이해하는 견해도 있다(이성호, 「사이버 지적재산권분쟁에 관한 국제재판관할과 준거법」, 『저스티스』, 2003년 4월, 192면).

70) 대판 2013.7.12., 2006다17539.

71) 법무부, 국제사법 해설, 87면 이하.

72) 김연/박정기/김인유, 『국제사법』, 282면; 신창섭, 『국제사법』, 222면 이하; 안춘수 교수(『국제사법』, 248면)는 종속적 연결에 대해서도 유추적용을 긍정한다.

(제33조)에 대해서는 지식재산권의 준거법이 보호국법주의에 입각해 있는 한, 사후적인 준거법합의라고 하더라도 이를 허용하지 않는 것이 오히려 타당해 보인다. 예를 들어, 침해된 지식재산권의 보호를 위해서는 그 침해지법을 통해 구제를 받는 것이 상식이지, 당사자들이 사후적으로 합의했다 하더라도 침해지법과 다른 내용의 한국법을 적용하여 전혀 구제를 받지 못하든지 아니면 과도하게 구제를 받는 현상이 발생하는 것은 부당하기 때문이다. 흔히 제33조의 유추적용의 가능성을 주장하는 입법례로 스위스 국제사법 제110조 제2항[74])을 드는데, 여기서는 사후적 합의의 대상이 "침해에서 발생하는 청구권"으로 제한되어 있음을 주의해야 한다. 외국의 침해지법 대신에 법정지법을 적용하자는 합의가 아니라, 외국의 침해지법은 적용하되 거기서 나온 청구권을 법정지법에 의하도록 하자는 합의를 허용하고 있을 뿐이다. 그러나 이렇게 침해와 침해의 효과를 구분해야 할 이유도 없고,[75]) 더구나 명시적인 규정도 없는 우리 법에서 그렇게 어려운 구분을 해가면서까지 인정해야 할 필요성도 없다고 필자는 본다.[76])

---

73) 같은 견해로 신창선/윤남순, 『신국제사법』, 253면.

74) 스위스 국제사법 제110조 제2항; "지식재산권의 침해에서 발생하는 청구권에 대해서 당사자들은 가해 사건이 발생한 후에는 언제나 법정지법을 적용하기로 합의할 수 있다."

75) 양자를 통일적으로 보아야 한다는 이유로, 독일의 「막스플랑크 외국법 및 지식재산권법 연구소」는 이 경우에 준거법합의를 완전히 부정해야 한다고 결론을 내렸었다(이에 대해서는 Henri/Vischer, IPRG Kommentar, Art. 110, 옆 번호 8).

76) 그러나 신창선/윤남순 교수(『신국제사법』, 253면)는 사후적 준거법합의의 경우에는 한국법을 적용하게 된다는 점 때문에 긍정적으로 보고 있다.

Ⅳ. 반정문제

지식재산권의 준거법이 외국법이 될 경우에도 반정이 인정될까? 물론, 대부분의 국가들이 보호국법주의를 택하고 있기 때문에 반정은 자주 발생하지 않을 것이다. 그럼에도 불구하고 만약 준거법인 외국법이 한국법으로 반정한다면[77] 보호국법이 준거법 원칙인 우리 법의 관점에서 볼 때 이 반정은 허용하지 말아야 할 것이다(제9조 제2항 6호).[78] 이를 허용하면 제기된 지식재산권의 보호를 위해 그 보호를 요청하는 보호국법이 아닌 다른 법을 적용하는 결과가 되기 때문이다.

§35 예외조항(제8조)의 적용 가능성

목적물 소재지법은 대부분의 국가에서 물권준거법의 대원칙이고 또 현행법은 이 원칙을 완화한 예외규정들도 두고 있다. 그럼에도 불구하고 국제사법의 물권준거법에서도 예견할 수 없는 상황에 대비하기 위해 예외조항(제8조)은 필요하다. 더구나 우리 법에서 물권준거법에 관한 규정의 숫자도 적거니와, 규정된 준거법도 개개 사안에 따라서는 부적절한 가능성이 적지 않기 때문이다. 다만, 물권준거법의 원칙인 목적물 소재지법은 그 자체 이미 거래안전과 개인들의 신뢰보호에 부응하는 원칙이기 때문에 예외조항을 통해 이 원칙을 회피하는 데에는 신중할 필요가 있다.

---

77) 저작권의 경우에 보호국법으로 외국법을 지정하였는데 이 외국의 국제사법이 원천국법을 저작권의 준거법으로 하고 있는 경우에 이런 문제가 발생할 수 있다.

78) Siehr, IPR, S. 285.

그럼에도 불구하고 특히 부동산이 아닌 경우에는 다양한 측면에서 국제사법에 규정된 물권준거법과는 다른 준거법이 예외조항을 통해 적용될 가능성이 있다. 예컨대, 교과서적인 사례로 한국 여행객들 간에 여행 중 외국에서 카메라를 소유권유보부로 매매하였는데 한국에 돌아와 카메라에 대한 물권관계로 소송이 제기된 경우에, 제19조에 따라 카메라에 대한 물권성립의 준거법이 당시의 목적물 소재지법이라고 하여 그 외국법을 준거법으로 하는 것은 부당할 것이다. 또한 특히 법정담보물권의 경우에는 상황에 따라서는 목적물 소재지법보다는 담보된 권리의 준거법이 물권과 가장 밀접한 관련을 가질 수도 있을 것이다.79) 더 나아가, 상황에 따라서는 가장 밀접한 관련을 가진 물권준거법으로 그 원인관계에 있는 채권준거법이 될지도 모른다.

더구나 우리 법에서 예외조항은 제19조에만 적용되는 것이 아니라 물권준거법 규정 전체에 적용되는 일반규정이다. 따라서 운송수단(제20조)에서 오히려 목적물 소재지법이 적용될 가능성도 없지 않으며, 무기명증권이 아닌 유가증권의 약정담보물권(제23조)에서도 담보대상인 권리의 준거법이 아니라 유가증권의 소재지법이 적용되어야 할 경우도 있을지 모른다. 또 지식재산권의 준거법으로 특히 저작권에 대해서는 예외조항의 적용 가능성이 있을지도 모른

---

79) 예컨대, 독일 국제사법(EGBGB, 제45조 제2항)에서는 운송수단에 대한 법정담보물권(특히 선박우선채권)의 성립은 운송수단의 준거법인 본래국법(EGBGB 제45조 제1항)이 아니라 피담보채권의 준거법에 의한다고 규정하고 있다. 이는 실질법에서 법정담보물권이 그 피담보채권에 종속되어 있는 것을 반영한 것이고, 또한 운송수단의 등록지를 바꾸어 법정담보물권을 회피하는 것을 방지하며, 또한 채권자가 자기의 담보권에 대한 확인이 용이하다는 이유 때문이다. 더구나 이 규정은 운송한 물품에 대한 운송인이나 운송주선인의 법정담보물권(법정질권이나 유치권)의 경우에도 유추적용될 수 있다고 보고 있다(Stoll, Zur gesetzliche Regelung des internationalen Sachenrechts in Artt. 43-46 EGBGB, IPRax 2000, S. 270). 이런 경우에 우리 법에서는 예외조항(제8조)의 적용을 통해 동일한 결론이 가능할 수 있을 것이다.

다. 그러나 무엇보다 중요한 것은, 물권관계의 규정이 약소하고 단순하며 언급되지 않은 사항이 많아서 이 부분은 예외조항을 통해서 발전시켜 나가지 않을 수 없을 것이라는 점이다.

제4장 채권

제1절 계약

§36 계약 일반

Ⅰ. 서론

우리 국제사법에서 국제채권계약에 관한 규정은 제25조부터 제29조까지 5개 조항으로 이루어져 있다.[80] 이를 논리적으로 구분하면 크게 계약의 성립과 효력으로 나누어진다. 계약의 성립에 대해서는 제29조가, 계약의 효력에 대해서는 제25조부터 제28조가 규정하고 있다. 후자인 계약의 효력에 대해서도 일반적인 규정과 특별한 규정으로 나누어진다. 일반적인 규정에서는 당사자가 준거법을 선택한 경우(제25조; 주관적 연결)와 선택하지 않은 경우(제26조; 객관적 연결)로 나누어지며, 특별한 규정에서도 특수한 계약인 국제소비자계약(제27조)과 국제근로계약(제28조)으로 나누어진다.

따라서 우리가 보통 계약준거법이라고 말하지만 그것은 엄밀히 말하면 계약성립이 아니라 계약효력의 준거법을 의미할 것이다. 그럼에도 불구하고 크게 문제로 되지 않는 이유는, 우리 법에서 계약

---

80) 국제물권계약은 여기에 해당하지 않으며 제19조의 물권준거법 규정이 적용된다.

성립의 준거법도 원칙적으로 계약효력의 준거법이 되기 때문이다
(제29조 참조). 따라서 특별한 상황이 아니면 여기서도 계약효력의
준거법을 편하게 계약준거법으로 부르기로 한다.[81]

아래에서는 먼저 계약준거법의 적용범위에 대해서 알아보고, 이
어 규정상의 계약준거법에 대해 설명하기로 한다. 이 계약준거법에
대해서는 먼저 계약의 성립에 대해 설명하고, 이어 계약의 효력, 그
것도 일반적인 규정에 대해서만 설명하기로 한다. 특별규정인 특수
한 계약들에 대해서는 별도의 장을 마련해 검토해보기로 한다. 그
러나 그 전에 우리 국제계약법의 특징에 대해 먼저 간단히 언급하
고 넘어가기로 한다.

우리 국제계약법 규정에서 특이한 점은, 국제소비자계약(제27조)
과 국제근로계약(제28조) 규정에서는 준거법뿐만 아니라 국제재판
관할도 함께 규율하고 있다는 점이다. 그 외의 다른 규정들은 모두
준거법만 다루고 있다. 또 다른 특징으로는, 국제계약법의 5개 규
정에서 준거법을 규율하고 있는 내용은 원칙적으로 「1980년의 계
약채무의 준거법에 관한 유럽공동체협약」(이하 로마협약)[82]을 따랐
다는 점이다. 따라서 우리의 국제계약법을 해석하고 적용하는 데
있어 이 협약은 중요한 참고자료가 될 것이다. 물론, 현재 이 협약
은 유럽연합에서 발전적으로 확대 개정되어 Rome Ⅰ으로[83] 명칭
이 바뀌어 적용되고 있다. 그러나 Rome Ⅰ에서도 우리의 현행 국
제계약법의 규정 내용은 대부분 그대로 유지되고 있다.

---

81) 또한 계약준거법이라고 할 때에 계약성립의 준거법과 계약효력의 준거법이 동일
하므로 양자를 포함하는 의미로 사용될 수 있을지도 모른다. 그러나 구분이 필요
할 때에는 양자가 구별되어야 할 것이다.

82) 이 협약에 대한 번역문은 법무부, 『각국의 국제사법』, 2001, 285면 이하; 석광현,
2001년 개정 『국제사법 해설』 제2판, 2003, 부록 562면 이하에 있다.

83) Regulation(EC) No 593/2008 of the European Parliament and of the Council of
17 June 2008 on the law applicable to contractual obligations(Rome Ⅰ). 이에 대
한 번역문은 석광현, 『국제사법 해설』, 683면 이하에 있다.

II. 계약준거법의 적용범위

계약은 다양한 문제와 연결되어 있지만 계약과 관련된 이 모든 문제가 계약준거법의 적용범위에 속하는 것은 아니다. 그러나 우리 법에는 계약준거법이 어디에 그리고 어느 범위에 적용되느냐에 대해서 명시적인 언급이 없다. 다만, 로마협약에는 이것이 명시되어 있으므로 이를 참고로 하여 계약준거법의 적용범위를 설명해보기로 한다.

우선, 계약과 관련된 부분 중에 행위능력(제13조)과 계약의 방식 (제17조) 그리고 임의대리(제18조)에 관해서는 우리 국제사법에 별도의 규정이 존재하므로 이들에 대해서는 계약준거법이 적용되지 않는 것이 분명하다.

그러나 일단 계약의 성립문제를 제외한다면, 다음 영역들이 계약 준거법의 적용범위에 들어간다. 첫째, 계약채무의 이행 문제이다.84) 여기서 이행 문제에는 이행장소, 이행시기, 일부이행이나 제3자에 의한 이행이 가능한지의 여부 등이 이에 속할 것이다. 둘째, 계약채무의 불이행 문제이다.85) 불이행 문제에는 불이행의 종류(이행지체, 이행불능, 불완전이행, 이행거절, 하자담보책임 등)와 그 요건 및 효과(해제와 손해배상 등)가 이에 속할 것이다. 셋째, 계약채무의 소멸방법이다. 이에는 변제, 상계,86) 대물변제 등이 속할 것이다. 넷째, 소멸시효 및 기간의 경과로 인한 권리의 상실 문제이다.87)

---

84) 로마협약 제10조 제1항 b호.

85) 로마협약 제10조 제1항 c호.

86) 그러나 채무의 소멸 방법으로 상계가 허용되느냐 안 되느냐의 문제만 이에 해당할 뿐, 상계의 요건과 효과에 대해서는 별도로 상계준거법에 의한다는 점을 주의해야 한다. 상계의 준거법에 대해서는 뒤에 별도로 다루었다(§43 기타의 채권채무 관계 참조).

87) 로마협약 제10조 제1항 d호.

다섯째, 계약의 무효의 효과에 대해서는 조금 복잡하다. 그 효과는
우리 실질법에서는 종종 부당이득이나 불법행위로 될 가능성이 있
기 때문이다. 물론, 국제사법에서 부당이득이나 불법행위로 보더라
도 종속적 연결에 의해 결국 계약준거법이 적용될 것이다. 그렇지
만 국제사법적으로는 계약 무효의 효과를 이렇게 다양하게 분화시
키기보다는 계약에 일원적으로 연결시키는 것이 오히려 옳은 태도
로 보인다. 로마협약 역시 계약 무효의 효과를 계약준거법에 속하
는 것으로 명시하고 있다(로마협약 제10조 제1항 e호).[88] 여섯째,
계약의 해석 문제도 계약준거법의 적용범위에 속해야 할 것이다.[89]
따라서 계약준거법이 영국법이면 그 계약의 해석은 영국법의 해석
방법에 따라 해석해야 한다.[90] 일곱째, 법률상의 추정이나 입증분
배는 모두 실질법에 속하는 문제이므로 계약준거법의 적용을 받을
것이다.[91] 이에 반해, 입증의 방법과 절차 등은 절차법상의 문제이
므로「절차는 법정지법에 따른다」는 원칙에 의해 계약준거법이 아
니라 법정지법에 따를 것이다.

마지막으로, 주의할 점을 한 가지 언급하기로 한다. 로마협약 제
10조 2항에서는 "채무 이행의 태양 및 방법과 하자 있는 채무이행

---

88) 그러나 계약체결상의 과실제도에 관한 준거법이 어떻게 되느냐는 조금 복잡하다.
   먼저, 계약체결상의 과실책임 문제가 어떤 문제인가부터 결정해야 한다. 일단 우
   리 법에서 정의되는 제도에서 출발하면, 계약체결상의 과실은 계약으로 성질결정
   할 수 있는 부분도 있고 불법행위로 성질결정 할 수 있는 부분도 있으며, 불법행
   위로 성질결정 하는 경우에도 종속적 연결로 계약준거법에 따라야 하는 경우도
   있고 순수하게 불법행위 준거법에 따르는 경우도 있다고 필자는 본다(이에 대해
   좀 더 자세히는 최흥섭,「국제사법에서 계약체결상의 과실의 준거법」,『법학연구
   (인하대)』제15집 제3호, 2012, 527면 이하).

89) 로마협약 제10조 제1항 a호.

90) 영국법과 독일법의 계약에 대한 해석방법은 아주 다르다. 전자는 객관적이고, 후
   자는 주관적이다. 독일법계의 하나인 한국법에서도 당사자의 의사를 추적하여 계
   약을 해석한다는 사실을 상기하면 이를 알 수 있다.

91) 로마협약 제14조 제1항.

에 대해 채권자가 취하여야 할 조치에 관하여는 이행지 국가의 법을 고려하여야 한다"고 규정하고 있다. 전자("채무 이행의 태양 및 방법")의 예로는 휴일 규정이 들어지고, 후자("하자 있는 채무이행에 대해 채권자가 취해야 할 조치")의 예로는 채권자의 검사의무 및 통지의무(상법 제69조)와 보관의무(상법 제70조)에서의 조치가 들어진다. 이행지 국가의 법이 계약준거법이 아니더라도 이들에 대해서는 이행지법을 고려해야 한다는 것이다. 타당한 내용이라고 보며, 우리도 종래에 소위 「이행의 보조준거법」92)이라고 불러 인정해 오던 내용이다.

III. 계약의 성립 및 유효성의 준거법(제29조)

1. 원칙(제29조 제1항)

계약의 성립 및 유효성은 그 계약이 유효하게 성립되었다면 적용되었을 준거법에 의한다. 즉, 계약의 성립 및 유효성은 결국 그 계약의 준거법에 따른다는 의미이다. 계약이 무효인데도 그런 계약을 전제로 준거법을 정할 수 있느냐 하는 논란 때문에 이런 기교적인 문언이 나온 것이다. 여기서 계약준거법은 준거법선택에 의한 준거법이든 객관적으로 정해진 준거법이든 상관하지 않는다. 결국, 이 규정의 목적은 계약 전체에 통일적으로 하나의 준거법을 부여하고자 하는 것이다.

이 규정의 대상은 계약의 성립 및 유효성이므로 예컨대, 청약과 승낙의 문제, 착오, 사기, 강박 등의 의사흠결의 문제, 불합의의 문

---

92) 김용한/조명래, 『국제사법』, 274면 이하; 서희원, 『국제사법강의』, 219면 이하.

제, 보통거래약관의 편입과 효력의 문제, 공서양속위반 등에 의한 무효의 문제 등에 적용된다.

2. 특별규정(제29조 제2항)

제29조 제1항에 의한 준거법에 따라 당사자의 행위의 효력을 판단하는 것이 모든 사정에 비추어 명백히 부당한 경우에 그 당사자는 계약에 동의하지 않았음을 주장하기 위하여 그의 상거소지법을 원용할 수 있다(제29조 제2항). 다시 말해, 계약준거법에 의하면 계약이 유효하게 성립한다 하더라도 일방 당사자의 상거소지법에 의하면 계약에 동의하지 않은 것으로 되는 경우에 이 당사자는 그의 상거소지법을 원용하여 계약의 불성립을 주장할 수 있다는 것이다. 계약준거법을 적용할 때 일방 당사자가 전혀 예상치 않게 계약이 성립하는 것을 막아주기 위해 둔 규정이다.

자주 거론되는 예로는 독일법상의 「상인 간의 확인서면 kaufmaen-nische Bestaetigungsschreiben」 제도가 있다. 이는, 상인 간에는 계약이 성립된 후에 일방 당사자가 성립된 계약내용과 다른 내용의 서면을 보냈는데(즉, 계약변경의 청약) 상대방으로부터 아무 응답이 없으면(침묵) 뒤에 보낸 계약내용으로 변경된 것으로 보는 제도이다. 따라서 일방 당사자의 상거소지법에 이런 제도가 존재하지 않는다면(예컨대, 한국법이 그렇다) 계약준거법이 독일법이어서 상대방이 계약의 성립(즉, 변경계약의 성립)을 주장하더라도 자기의 상거소지법(예컨대, 한국법)을 원용하여 계약에 동의하지 않았음(즉, 변경계약의 불성립)을 주장할 수 있게 된다.

이때, 주의할 점은 다음과 같다. 첫째, 일단 계약은 계약준거법에 의해 유효하게 성립했어야 한다. 둘째, 그러한 결과(즉, 변경된 계약의 성립)가 모든 사정에 비추어 명백히 부당해야 한다. 셋째, 계약의 성립에만 적용이 있지(규정 문언에서는 이를 "계약에 동의"라고 표현한다), 제29조 제1항과 달리 계약의 유효성(예컨대, 취소나 무효)에는 적용이 없다.

Ⅳ. 계약(효력)의 준거법

1. 계약준거법의 선택(제25조)

제25조에서 우선적으로 중요한 일은 「본계약(Hauptvertrag)」과 「준거법선택 계약」을 구분하는 것이다. 예컨대, 제25조 제1항의 계약은 채권계약으로서 준거법선택의 적용을 받는 "채권계약 일반"인데 반해, 준거법선택계약이란 "준거법을 선택하는 합의 자체"를 의미하며 제25조 제3항과 제5항에서는 이를 "당사자의 합의"라고 표현하고 있다. 전자의 계약이 당사자들에게 권리와 의무를 발생시키는 통상적인 계약인 데 반해, 후자의 준거법선택계약은 준거법선택만을 내용과 목적으로 하는 계약으로서 국제사법 자체에서 허용된 국제사법상의 계약이다. 계약준거법에서 사용하는 준거법선택이란 곧 이 준거법선택계약을 의미한다. 따라서 아래에서는 이 준거법선택계약에 관해 설명하기로 한다.

1) 준거법선택(계약)의 성립

준거법선택계약은 당사자 간의 명시적 또는 묵시적 의사표시에 의해 성립한다(제25조 제1항 본문). 다만, 묵시적인 선택은 계약의 내용 그 밖의 모든 사정으로부터 합리적으로 인정할 수 있는 경우에 한한다(제25조 제1항 단서). 이 단서의 의미는, 종래 준거법선택을 추정적(또는 가정적) 의사표시에 의해서도 성립할 수 있다고 보았었는데[93] 이 견해를 명시적으로 배척한 것이다. 이때, 묵시적 선택은 예컨대, 어느 국가의 법 규정을 계약에 적용한 경우, 또는 재판관할로 어느 국가의 법원이나 중재 법원을 합의한 경우, 또는 공통의 이행지에 대해 합의한 경우 등에서 인정될 가능성이 있으며, 또 당사자 간의 종래 계약들에서 적용되어 온 준거법선택 규정 등에서도 도출될 수 있을 것이다.

준거법선택계약은 언제든지 체결할 수 있다. 물론, 계약체결 시에 준거법선택계약도 함께 체결되는 것이 보통일 것이다. 그러나 계약체결 이전이든 이후든 언제나 별도의 준거법선택계약도 체결이 가능하다. 계약체결 이후에 이루어지는 준거법선택을「사후적 준거법선택」이라고 하는데, 이에 대해서는 제25조 제3항이 언급하고 있다. 즉, 당사자는 합의에 의해 제25조 또는 제26조의 규정에 의한 준거법을 변경할 수 있다는 것이다. 다만, 계약체결 후에 이루어진 준거법의 변경은 계약 방식의 유효성과 제3자의 권리에 영향을 미치지 않는다(제25조 제3항 단서). 이를 반대로 해석하면, 계약준거법의 변경은 계약체결 시점까지 거슬러 올라가 소급효가 있다는 의미가 된다. 이처럼 소급효를 전제로 했기 때문에 소급효가 허용된다면 부당해 보이는 계약 방식의 유효성과 제3자의 권리를 명시적으로 배제했다고 보는 것이다. 물론, 준거법 변경의 효력에 소급효가 있다고 볼 것인지 아니면 장래효만 인정할 것인지는 우선은 당사자의 의사에 달려 있다. 그러나 그러한 의사가 없거나 불분명하다면 원칙적으로 소급효가 있는 것으로 보아야 할 것이다. 이러한 사후적 준거법선택은 특히 소송과정에서 행해질 가능성이 높다.

---

93) 이를 "추정자치 "라고 불렀다. 이에 대해서는 김용한/조명래,『국제사법(전정판)』, 1992, 269면; 서희원,『국제사법강의(개정신판)』, 1998, 213면 이하.

그러면 준거법선택계약의 준거법은 무엇인가? 즉, 준거법선택계약의 성립과 유효성은 어느 법에 따라 판단할 것인가 하는 것이다. 준거법선택계약이 한국의 국제사법에서 허용한 계약이므로 법정지법인 한국법에 의한다고 볼 수도 있겠지만, 우리 국제사법은 주된 계약의 준거법에 의하는 것으로 규정하고 있다. 즉, 제25조 제5항에서 준거법선택에 관한 당사자의 합의의 성립 및 유효성은 제29조를 준용하도록 하고 있는데, 제29조는 계약의 성립 및 유효성은 그 계약이 유효하게 성립하였을 경우 적용될 준거법에 의하도록 하고 있으므로, 결국 준거법선택의 적용을 받는 주된 계약의 준거법에 의하게 된다. 이렇게 정한 이유는, 당사자들이 준거법선택을 하는 시점에서는 장차 어느 국가에서 소송이 제기될는지 알 수 없어 법정지법을 알 수 없는 데 반해, 계약준거법 자체는 준거법선택으로 정해지므로 그 준거법선택계약의 성립 및 유효성도 준거법선택 시점에서 판단할 수 있게 되어 예견 가능성이 확보되기 때문이다.

그 외에도 준거법선택계약의 방식은 제17조에 따라 준거법선택계약의 준거법(즉, 본계약의 준거법) 또는 준거법선택계약의 체결지법에 의할 것이다. 그러나 주된 계약이 국제소비자계약인 경우에는 그 준거법선택계약의 방식도 국제소비자계약의 방식 규정에 의해야 하므로 제17조가 아니라 제27조 제3항에 따라 소비자의 상거소지법에 의해 판단되어야 할 것이다.[94]

---

94) 이런 내용은 로마협약 제9조 제5항(=독일 구국제사법 제27조 제4항)이 명시하고 있다.

2) 준거법선택(계약)의 대상

국제계약에서는 준거법선택의 대상에 제한이 없다. 따라서 사안과 아무 관련이 없는 국가의 법(즉, 중립적인 법)도 준거법으로 선택이 가능하다. 이때, 여기서 선택되는 준거법은 한국법 또는 외국 어느 국가의 법이어야 한다(제5조 내지 제10조 참조). 즉, 완결된 법체계를 가진 법을 의미하지 법의 일반원칙이나 상인법(lex mercatoria)은 원칙적으로 준거법의 대상이 될 수 없다. 또한 어느 국가의 법이란 그 국가의 실질법을 의미하는 것이 일반적이다. 그러면 어느 국가의 국제사법도 당사자들의 선택이 가능할까? 우리법에서는 부정되어야 한다고 본다. 제9조 제2항 2호에서 계약의 준거법으로 지정되는 경우(준거법선택에 의해서든 객관적 연결에 의해서든)에는 반정을 인정하지 않기 때문에, 당사자들에 의해 선택된 계약준거법은 실질법이어야지 국제사법이 될 수 없기 때문이다.

당사자는 계약의 일부에 대해서도 준거법을 선택할 수 있다(제25조 제2항). 예컨대, 계약의 성립과 이행에 대해 각각 별개의 준거법을 선택할 수도 있고, 어느 하나에 대해 준거법을 선택하고 나머지는 객관적 연결에 맡겨도 된다는 의미이다.[95] 특히 혼합계약의 경우에는 준거법의 일부선택이 존재할 가능성이 크다. 그러나 실무적으로는 특별한 이유가 없는 한 계약준거법을 분할하는 것은 바람직하지 못하다. 규범의 충돌과 「내적(또는 국내적) 판단의 불일치」를

---

95) 이에 관한 판례로는 대판 2016.6.23., 2015다5194가 있다; 한국의 매도인이 터키의 매수인에게 물품을 선박으로 보내기 위해 미국의 보험회사와 그 물품에 대한 적하보험계약을 체결하면서 "본 보험증권에 따라 발생하는 책임에 관한 모든 문제는 영국의 법률과 관습이 적용된다"는 준거법약관을 두었다. 대법원은 이를 보험계약 전부에 대한 준거법을 지정한 것이 아니라 보험자의 '책임' 문제에 한정하여 영국의 법률과 관습에 따르기로 한 것이므로 보험자 책임에 관한 것이 아닌 사항에 관하여는 제26조 제1항에 따라 이 사건 보험계약과 가장 밀접한 관련이 있는 우리나라 법이 적용된다고 보았다.

가져올 수 있기 때문이다. 따라서 계약 일부에 대한 준거법선택만 존재하는 경우에도 묵시적 의사표시의 해석에 의해(제25조 제1항) 계약 전부에 대한 준거법선택으로 판단될 수 있을지 검토해볼 필요가 있다.[96)]

3) 준거법선택(계약)의 효력

국제계약에서 준거법선택계약에 의해 준거법선택이 가능한 것을 국제사법에서는 "당사자자치"라고 부른다. 이것은 객관적 연결에 의해 본래 적용되어야 할 어느 국가의 법이 모두 배척되고 선택된 그 국가의 법이 모두 적용되는 것을 의미한다. 따라서 배척되는 어느 국가의 법에는 그 법의 강행규정도 함께 포함되어 배척되기 마련이다. 이것을 "준거법선택의 저촉법적 효력"이라고 부르며, 이러한 준거법지정을 가리켜 "준거법의 저촉법적 지정"이라고 부른다. 이에 반해, 국내 실질사법에서 당사자의 합의에 의해 임의규정의 적용을 배척하는 것을 "사적 자치"라고 부르는데, 이 사적 자치에서는 국내 실질법상의 강행규정은 배척할 수 없다는 한계를 갖는다. 이런 측면에서 국제사법상의 당사자자치와 실질법상의 사적 자치는 유사하기는 하지만 서로 대비되고 구별된다.

그런데 국제사법상의 준거법선택에서도 외면적으로는 준거법선택인 것이 분명한데 내용상으로는 배척되는 법의 임의규정만 배제

---

96) 같은 이유에서, 계약의 일부에 대해 준거법을 선택한 내용이 준거법의 저촉법적 지정(이는 곧 부분지정임)인지 아니면 준거법의 실질법적 지정인지를 판단하기 어려울 때에는, 원칙적으로 실질법적 지정으로 이해하는 것이 옳을 것으로 본다. 이러한 관점에서 필자는, 앞의 각주에서 언급한 적하보험계약에서 보험자의 책임에 대해 영국법에 의하기로 하는 준거법약관을 준거법의 일부선택(부분지정)으로 이해하는 판례와 달리, 준거법의 실질법적 지정으로 이해하는 석광현 교수의 견해(석광현, 「해상적하보험증권상의 영국법 준거약관에 따라 영국법이 규율하는 사항의 범위」, 『판례연구』 제15집 하, 2001, 119면 이하)에 찬성한다.

하지 강행규정은 배제하지 못하고 그대로 적용해야 하는 준거법선택도 존재한다. 이것을 "준거법선택의 실질법적 효력"이라고 부르며, 이러한 준거법지정을 가리켜 "준거법의 실질법적 지정"이라고 부른다.

물론, 국제사법에서 준거법선택은 준거법의 저촉법적 지정이, 그 효력은 준거법선택의 저촉법적 효력이 기본이고 원칙이다. 그러나 이러한 원칙적인 준거법선택과 달리 그 준거법선택의 효력이 제한되는 두 가지 경우가 우리 법에 존재한다. 하나는 제25조 제4항이고, 다른 하나는 특수한 계약인 국제소비자계약(제27조 제1항)과 국제근로계약(제28조 제1항)에서 나타난다.

우선, 모든 요소가 오로지 한 국가와 관련이 있음에도 불구하고 당사자가 그 외의 다른 국가의 법을 선택한 경우에 관련된 그 국가의 강행규정은 그 적용이 배제되지 않는다(제25조 제4항). 이 의미는, 순수하게 내국에 관련된 계약문제에 대해서도 당사자들은 외국법을 준거법으로 선택할 수 있지만, 그럼에도 불구하고 내국법상의 강행규정은 적용이 배척되지 않고 내국법의 임의규정에 대해서만 준거법으로 선택한 외국법의 규정이 적용된다는 것이다. 따라서 여기서 준거법선택의 효력은 실질법적 효력을 가지게 되며, 그 지정은 실질법적 지정에 불과하게 된다. 이때, 단지 외국법을 준거법으로 선택했다는 사실은 제25조 제4항의 순수한 내국 관련성에 아무 영향을 미치지 않는다.

다음에, 뒤에 별도로 다룰 국제소비자계약(제27조)과 국제근로계약(제28조)은 국제사법에서 약자인 소비자와 근로자를 보호하기 위해 둔 특별규정이다. 이들 계약에서도 원칙적으로 준거법선택은 대상에 제한 없이 어느 국가의 법이나 선택이 가능하다. 그러나 본래 객관적 연결에 의해 소비자나 근로자에게 적용되었어야 할 객관적 준거법에서 그 강행규정에 의해 소비자나 근로자에게 부여되는 보호는 선택된 준거법에 의해서도 박탈될 수 없도록 하고 있다(제27조 제1항과 제28조 제1항). 따라서 이들 특수한 계약에서 준거법선택은 제25조 제4항과 달리 저촉법적 효력을 가지며 그 지정은 저촉법적 지정이지만, 이 준거법선택은 오직 소비자나 근로자를 위하는 방향으로만 저촉법적 효력이 발생한다는 점이 특이한 것이다. 이에 대해 좀 더 자세히는 뒤에 특수한 계약에서 설명하기로 한다.

2. 계약준거법의 객관적 연결(제26조)

제25조에 의한 명시적 또는 묵시적 준거법선택이 존재하지 않는 경우에는 제26조에 따라 객관적으로 준거법이 정해진다. 제26조의 객관적 연결은 3개의 조항으로 이루어져 있다. 제1항은 객관적 연결의 기본원칙으로 「가장 밀접한 관련의 원칙」을 표명하고 있다. 제2항과 제3항은 둘 다 제1항의 원칙을 구체화하고 있는 추정규정이다. 다만, 차이는 제2항에서는 특징적 이행(또는 급부)을 전제로 하는 추정규정인 반면에, 제3항은 부동산관련 계약에 대한 특별한 추정규정이다. 이때 유의할 점은, 여기서 추정은 사실에 대한 추정이 아니라 법률에 대한 추정이므로 입증을 전제로 하는 국내법상의 용어와는 다른 의미이다. 따라서 상대방의 입증과 관계없이 법관은 직권으로 준거법을 결정해야 한다.[97]

이 3개 조항들의 적용순서는 다음과 같은 순서에 의한다. 우선 제3항이 검토되어야 하고, 제3항의 적용이 없는 경우에는 제2항이 검토되어야 하며, 마지막으로 계약에서 특징적 이행이 밝혀지지 않거나 또는 제2항과 제3항의 추정이 사안에 부적절하다고 판단되면 최종적으로 제1항의 원칙 규정이 적용되어야 한다. 그러나 아래에

---

97) Kropholler, IPR, S. 467; Junker, IPR(1), 옆 번호 358.

서 설명은 법 규정의 순서대로 기술하기로 한다.

1) 가장 밀접한 관련의 원칙(제1항)

당사자가 준거법을 선택하지 않은 경우에 계약은 그 계약과 가장 밀접한 관련이 있는 국가의 법에 의한다는 제26조 제1항은 국제계약법에서 객관적 준거법을 결정하는 기본원칙이다. 따라서 이 규정의 가장 밀접한 관련의 원칙이 적용될 수 있는 사례(즉, 이 규정의 기능)는 크게 두 가지가 있다고 본다.

첫째, 계약에는 교환계약이나 혼합계약처럼 특징적인 급부가 다수 존재하여 어느 하나로 확정할 수 없는 경우도 있다. 이런 경우에는 제2항은 적용될 수 없으므로 원칙 규정인 제1항에 의해 준거법을 결정해야 한다.

둘째, 제2항과 제3항의 추정규정에 의한 준거법보다 명백히 밀접한 관련이 있는 국가의 법이 존재한다고 판단되는 경우에도 제2항과 제3항은 적용하지 말고 제1항의 원칙으로 돌아가야 한다. 이러한 해석은, 제2항과 제3항은 제1항을 구체화한 것이기는 하지만 동시에 사안에 따라 그 추정준거법이 제1항의 기본원칙인 가장 밀접한 관련의 원칙에 배치된다면 적용될 수 없다고 보아야 하기 때문이다. 즉, 제2항과 제3항은 제1항의 통제 아래 있어야 하는 것이다. 따라서 제2항과 제3항의 추정준거법보다 밀접한 관련이 있는 국가의 법이 명백히 존재하는 경우에는 결국 그 법이 「그 계약에 가장 밀접한 관련이 있는 국가의 법」이 될 것이므로 규정상의 추정준거법이 아니라 이 밀접한 관련이 있는 국가의 법이 준거법으로 되어야 할 것이다.[98]

---

98) 이렇게 해석함으로써 로마협약 제4조 제5항 2문("전체적인 사정으로 보아 계약이 다른 국가와 보다 밀접한 관련을 가지는 때에는 제2항, 제3항, 제4항의 추정은 적

여기서 「그 계약과 가장 밀접한 관련이 있는 법」이란 사안의 전체적인 사정을 판단하여 결정해야 할 것이다. 그러한 사정으로는 예컨대 당사자의 상거소, 영업소, 국적 등과, 계약체결의 장소와 이행의 장소, 계약에 사용된 언어, 합의된 지급외화 등이 고려될 수 있을 것이다.

2) 특징적 급부(이행)에 근거한 준거법(제2항)

제26조 제2항은 명시적인 언급은 없지만 특징적 급부(이행)를 전제로 한 규정으로 알려져 있다.[99] 즉, 계약준거법의 객관적 결정 기준을 그 계약의 특징적 급부에서 찾는 것이다. 특징적 급부란 「계약의 법적 형태를 부여하는 급부 또는 계약 유형을 결정하는 급부」로서, 쌍무계약(유상계약)의 경우에는 보통 금전지급 급부의 반대급부인 목적물이나 용역을 제공하는 급부를 가리킨다. 이처럼 계약준거법의 결정 기준을 계약의 특징적 급부에 두는 근거는, 이럼으로써 저촉법상의 계약을 실질법상의 계약과 동일하게 다루게 되며 또한 밀접한 관련을 찾는 국제사법적 목적에도 부합하기 때문이다. 더구나 특징적 급부를 통해서 계약준거법에 예견 가능성을 확보할 수 있다는 장점도 생긴다.[100]

제26조 제2항의 추정규정은 문언상 조금 복잡한데, 그 내용을 정리하면 다음 세 가지 측면으로 나누어진다. 첫째, 문제 된 계약에서 특징적 급부가 무엇인지 찾아야 한다. 둘째, 특징적 급부가 발견되

용되지 아니한다") 및 독일 구국제사법 제28조 제5항("제2항, 제3항 및 제4항에 의한 추정은 전체적 사정으로부터 계약이 다른 나라와 보다 밀접한 관련을 가지고 있음이 명백한 경우에는 행하여지지 아니한다")과 동일한 결론에 이르게 된다고 필자는 본다.

99) 법무부, 『국제사법 해설』, 95면.

100) Kropholler, IPR, S. 468.

면 그 특징적 급부자의 상거소 또는 주된 사무소 또는 영업소 중의 어느 한 곳이 기준이 된다. 특징적 급부자가 개인이면 상거소지법이, 법인이나 단체면 주된 사무소 소재지법이, 직업 또는 영업활동을 하는 자면 영업소 소재지법이 추정된 준거법이 된다. 셋째, 그 연결시점은 계약체결 시이다. 따라서 계약체결 후에 상거소나 영업소가 바뀌더라도 객관적 준거법에는 영향이 없다.

제26조 제2항은 위의 세 가지 측면 중에서 첫 번째인 특징적 급부가 무엇인가에 대해 계약의 유형에 따라 좀 더 자세히 제시하고 있다. 첫째, 양도계약의 경우에는 양도인의 이행(급부)이 특징적 급부이다(1호). 따라서 매매에서는 매도인의 이행이, 증여에서는 증여자의 이행이 특징적 급부가 된다. 둘째, 이용계약의 경우에는 물건 또는 권리를 이용하도록 하는 자의 이행이 특징적 급부이다(2호). 따라서 임대차에서는 임대인의 이행이, 소비대차에서는 대주의 이행이 특징적 급부가 된다. 다만, 부동산 임대차의 경우에는 이 조항이 아니라 제26조 제3항이 적용된다는 점에 유의해야 한다. 셋째, 위임, 도급 및 이와 유사한 용역제공계약의 경우에는 용역제공자의 이행이 특징적 급부가 된다(3호). 따라서 위임에서는 수임인의 이행이, 도급에서는 수급인의 이행이 특징적 급부가 된다. 그러나 근로계약에 대해서는 제28조에 별도의 규정이 있으므로 원칙적으로 제26조 제2항은 적용되지 않을 것이다.

그러나 위의 세 가지 명시된 예는 단지 열거적인 예시에 지나지 않는다. 그 외에도 모든 계약에서 특징적 급부를 찾을 수 있다면 그 특징적 급부자의 계약체결 당시의 상거소지법 또는 영업소 소재지법이 그 계약의 객관적 준거법으로 추정된다. 예컨대, 보증계약에서는 보증인의 이행이, 대리상계약이나 중개계약에서는 대리상이나 중개인의 이행이, 보험계약에서는 그것이 소비자계약(제27조)에 해당하지 않는 한 보험회사(보험자)의 이행이 특징적 급부가 되어

그들의 상거소지법 또는 영업소 소재지법이 추정된 준거법으로 될
것이다.

여기서 우리는 국제계약을 전제로 하므로 특징적 급부자의 장소
적 기준은 상거소지나 주된 사무소보다는 주로 영업소소재지로 나
타날 가능성이 크다. 그렇다면 이 규정에서의 영업소는 어떤 곳인
가가 중요해지는데 우리 법에 명시적인 정의는 보이지 않는다. 외
국의 사례에서는 단순한 영업소가 아니라 "제3자와 직접 거래를 할
수 있는 실질적인 조직을 갖추고, 지속적으로 거래행위를 하는 영
업활동의 중심지"라는 정의가 보인다.[101]

끝으로, 이 규정은 특징적 급부를 전제로 제26조 제1항의 가장
밀접한 관련의 원칙을 구체화한 추정규정이라는 점에 유의해야 한
다. 따라서 그 추정된 준거법이 제1항의 원칙에 합치하지 않는 경
우에는 그 적용이 배척될 수 있다는 점이다. 물론, 법적 안정성을
위해서는 이 규정의 추정을 쉽게 배척해서는 안 되겠지만, 그렇다
고 규정상의 추정준거법보다 밀접한 관련이 확실한 준거법이 존재
하는데도 이 추정준거법을 고수할 필요도, 이유도, 근거도 없다. 그
러한 예로 특히 국제물품운송계약을 들 수 있는데, 이유는 이미 로
마협약에서는 이에 대해 별도의 규정을 두어 제26조 제2항의 추정
규정의 적용을 배제하고 있기 때문이다.[102][103] 이에 관한 보다 깊
은 논의는 연구논문에 맡기기로 하고, 여기서는 이러한 사례가 존
재한다는 사실을 언급하여 주의를 환기시키는데 그치기로 한다.

---

101) 이에 대해서는 Junker, IPR(1), 옆 번호 364.

102) 로마협약 제4조 제4항.

103) 그러나 국제여객운송계약에는 원칙대로 제26조 제2항이 적용된다. 특히 국제운송
　　계약에는 국제통일법이 다수 존재하므로 국제사법을 적용할 때 주의하여야 한다.

3) 부동산에 대한 권리를 대상으로 하는 계약의 준거법(제3항)

부동산에 대한 권리를 대상으로 하는 계약의 경우에는 그 부동산의 소재지법이 가장 밀접한 관련이 있는 것으로 추정한다. 따라서 예컨대, 부동산 매매계약이나 부동산 증여계약 또는 부동산 임대차계약은 그 부동산소재지법이 채권계약의 준거법으로 추정된다. 그러나 부동산 위의 건축계약은 부동산에 대한 권리를 대상으로 하는 계약이 아니라 일의 완성을 목적으로 하는 계약이므로(민법 제664조) 제26조 제3항이 아니라 제26조 제2항이 적용될 것이다.[104]

그러나 예컨대 인도네시아에 소재하는 부동산에 대해 한국인들끼리 한국에서 매매계약이나 임대차계약을 체결하였고 이에 대한 분쟁으로 한국 법원에 소가 제기된 경우에도, 제26조 제3항에 따라 채권계약의 준거법으로 추정된 인도네시아법을 적용하는 것이 과연 옳은 것인지는 의문이다. 이때에는 계약의 준거법으로 오히려 한국법이 더 타당하리라고 보며, 그 적용근거로는 제26조 제1항의 "계약에 가장 밀접한 관련이 있는 법"을 들 수 있을 것이다.

---

104) 한국법에서 보면 이러한 결론이 쉽게 이해되지만, 대부분의 외국법은 토지 위의 건물을 별도의 부동산이 아니라 토지의 일부로 보고 있으므로 이러한 논쟁이 발생한다.

§37 특수한 계약

Ⅰ. 국제소비자계약(제27조)

1. 서론

제27조는 소비자를 보호하기 위한 둔 특별규정이다. 약자인 계약 당사자를 국제사법적으로 보호하는 규정이다. 그 보호의 모습은 두 가지 측면에서 나타난다. 하나는 준거법 문제에서의 보호이고, 다른 하나는 국제재판관할 문제에서의 보호이다. 전자에 대해서는 제1항 내지 제3항이, 후자에 대해서는 제4항 내지 제6항이 규율하고 있다.

준거법 문제에서 소비자보호도 세 가지 측면에서 나타난다. 첫째, 국제소비자계약의 객관적 준거법은 제26조의 원칙과 달리 소비자의 상거소지법이라는 점(제27조 제2항). 둘째, 국제소비자계약에서도 준거법선택은 가능하지만, 이 선택된 준거법이 객관적 준거법의 강행규정이 소비자에게 부여하는 보호를 박탈할 수 없다는 점(제27조 제1항). 셋째, 국제소비자계약의 방식도 제17조의 선택적 연결의 원칙이 적용되지 않고 소비자의 상거소지법에 의한다는 점(제27조 제3항)이다.

국제재판관할에서도 소비자보호는 세 가지 측면에서 나타난다. 첫째, 소비자인 원고는 그의 상거소지국의 법원에도 소를 제기할 수 있다는 점(제27조 제4항). 둘째, 소비자의 상대방이 제기하는 소는 소비자의 상거소지국의 법원에서만 제기할 수 있다는 점(제27조 제5항). 셋째, 국제소비자계약의 당사자 간의 관할합의는 서면으로 하되, 분쟁이 발생한 후에 사후적으로 하든지 아니면 사전에 하는 경우에는 추가관할의 합의인 경우에만 유효하다는 점(제27조 제6항)이다. 그러나 이 책의 목적은 법적용법의 설명에 있으므로 국제재판관할에 대해서는 더 이상 들어가지 않기로 한다.

2. 적용요건

제27조의 규정이 적용되기 위해서는 모든 국제소비자계약이 아니라 제27조 제1항에 규정된 요건이 충족되는 국제소비자계약이어야 한다. 다음 세 가지 요건이 필요하다. 첫째, 일방 당사자가 직업 또는 영업활동 외의 목적(즉, 개인적 목적)으로 계약을 체결하는 소비자이어야 한다. 둘째, 계약체결 시점에 일정한 상황이 존재해야 한다. 셋째, 우리 법 규정에는 언급이 없지만 모든 유형의 소비자계약이 아니라 일정한 유형의 소비자계약만 제27조의 적용범위에 들어간다. 이 세 가지 요건에 대해 아래에서 좀 더 자세히 보기로 한다.

1) 소비자와 사업자 간의 계약

일방은 소비자이고 타방은 사업자이어야 한다. 이때, 소비자는 직업 또는 영업활동 외의 목적(즉, 개인적 목적)을 갖고, 상대방인 사업자는 직업 또는 영업활동의 목적을 갖고 계약을 체결하는 자이다. 따라서 쌍방이 모두 직업 또는 영업 외의 목적으로 거래행위를 하는 경우에는 이 규정의 적용이 없다. 이들 간의 계약에 제27조를 적용하여 특별히 어느 소비자를 보호할 이유가 없기 때문이다. 예컨대, 중고물품에 대한 개인 간의 국제매매계약은 제27조가 아니라 원칙 규정인 제26조가 적용될 것이다.

여기서 계약체결의 목적이 중요해지는데, 그 목적은 당사자의 내적 의사가 아니라 객관적 상황으로 결정된다. 따라서 개인사업자나 상인이더라도 사무용이나 영업용이 아니라 가정에서 쓸 목적으로 다른 상인에게서 물건을 구입하는 것이 객관적으로 나타난다면 제27조의 국제소비자계약 규정이 적용될 수 있다.

2) 계약체결의 상황

제27조는 국제소비자계약이 어느 곳에서 이루어지든 소비자를 모두 보호하지는 않는다. 소비자라 하더라도 외국에서 계약을 체결하는 경우에는 소비자의 자국법이 아니라 구입한 외국의 법을 적용받는다고 생각하는 것이 일반적이며 원칙이다. 따라서 제27조의 국제소비자계약에서 소비자가 준거법의 측면에서 특별히 보호를 받아야 하는 경우는, 소비자에게 그럴 이유가 있으며 또한 소비자의 상대방인 사업자가 그런 소비자를 위해 준거법의 측면에서 불이익을 받아도 합당한 상황에 있었을 때이어야 한다.

이를 위해 제27조 제1항에서는 소비자가 계약체결 당시 다음 세 가지 중 어느 하나의 상황에 있었을 것을 요구한다. 이 세 가지 경우는 모두 소비자의 상대방(이행보조자, 대리인을 모두 포함한다)이 소비자와 계약체결을 위해 적극적으로 나섰던 데 대해 소비자는 자기의 상거소지에서 수동적으로 이에 응함으로써 나중에 소비자의 상거소지법의 보호를 받으리라고 생각했다는 상황을 공통으로 가지고 있다. 첫째, 소비자의 상대방이 계약체결에 앞서 「소비자의 상거소지국에서」 또는 「외국에서 소비자의 상거소지국으로」 광고에 의한 거래의 권유 등의 영업활동을 했고, 이에 대해 소비자가 자기의 상거소지국에서 계약체결에 필요한 행위(예컨대, 청약 또는 승낙)를 한 경우이다(제27조 제1항 1호). 둘째, 소비자의 상대방이 소비자의 상거소지국에서 소비자의 주문을 받은 경우이다(제27조 제1

항 2호). 셋째, 소비자의 상대방이 소비자로 하여금 외국에 가서 주문을 하도록 유도한 경우이다(제27조 제1항 3호).

오늘날 국제소비자계약에서 크게 문제로 되고 있는 것은 인터넷에 의한 전자상거래이다. 그러나 이런 계약 역시 제27조의 적용을 받는 것으로 본다. 즉, 외국사업자가 인터넷에 올린 광고는 제27조 제1항 1호의 「외국에서 소비자의 상거소지국으로」 보낸 광고로 보며, 이에 응해 소비자가 그의 상거소지국에서 계약체결의 의사표시를 했다고 보는 것이다.

3) 소비자계약의 유형

우리 법에는 명시적인 언급이 없지만, 소비자계약에서도 일정한 유형의 소비자계약만 제27조의 적용대상이 된다. 그러한 소비자계약이란, 특별히 소비자를 보호하기 위해 제26조의 객관적 연결의 원칙 규정을 배척하고 소비자의 상거소지법을 소비자를 위한 준거법으로 정해야 할 필요가 있는 소비자계약을 말한다. 이에 대해서는 로마협약이 몇 가지 내용을 제시하고 있으므로 이것을 참고하여 설명하기로 한다.

첫째로 동산 인도계약이고,[105] 둘째로 용역제공계약이며, 셋째로 이들 계약에 대한 금융제공계약이 제27조의 소비자계약유형에 속한다(로마협약 제5조 제1항). 첫째, 동산인도계약의 전형적인 계약은 동산매매계약이다. 따라서 순수한 동산임대차계약은 동산인도계약이 아니므로 여기에 속하지 않는다. 둘째, 용역제공계약에는 위임계약과 도급계약이 여기에 속한다. 또한 단체여행계약도 여기에 속한다(로마협약 제5조 제5항). 그러나 운송계약은 소비자계약의

---

105) 부동산 인도계약은 원칙적으로 제26조 제3항에 의한다.

유형에 속하지 않으며(로마협약 제5조 제4항 1호), 또한 용역제공
계약이라 하더라도 그 용역이 소비자의 상거소지국 이외의 외국에
서 배타적으로 제공되는 계약인 경우(예컨대, 스키레슨계약이나 골
프레슨계약)에는 제27조의 소비자계약에 속하지 않는다(로마협약
제5조 제4항 2호). 셋째, 이들 계약에 대한 금융제공계약은 전형적
인 것이 할부계약이다. 할부매매계약이나 할부리스계약 등이 여기
에 속할 것이다. 따라서 순수한 소비대차계약은 동산인도나 용역제
공계약에 대한 금융제공계약이 아니므로 여기에 속하지 않는다.

3. 국제소비자계약의 준거법

1) 준거법선택과 그 제한(제1항)

제27조 제1항의 소비자계약에 속하더라도 제25조에 따른 준거법
선택에는 지장이 없다. 따라서 소비자계약에서의 준거법선택도 저
촉법적 효력(또는 저촉법적 지정)을 갖는다. 그러나 이 준거법선택
은「유불리의 비교」를 통해 그 저촉법적 효력이 제한된다. 즉, 여기
서 선택된 준거법은 소비자의 상거소지법의 강행규정에 의해 소비
자에게 부여되는 보호를 박탈할 수 없다(제27조 제1항 1문). 이는
국제소비자계약에서는 소비자의 상거소지법의 강행규정이 소비자
보호의 최소한도를 확보해준다는 의미이다. 따라서 선택된 준거법
이 객관적 준거법인 소비자의 상거소지법의 강행규정보다 더 소비
자에게 유리하다면 그 선택된 준거법의 강행규정이 적용된다. 결국,
객관적 준거법과 선택된 법의 비교를 통해 소비자에게 유리한 쪽으
로 결정될 것이므로 이 규정은 소비자에 대한 수혜원칙(Guenstigkeitsprinzip)
을 표명하고 있는 것이다.
여기서 소비자의 상거소지법의 강행규정은 국제적 강행규범(제7

조 참조)이 아니라, 제25조 제4항과 마찬가지로 국내법상의 강행규범을 의미한다. 법률에 규정된 강행규정뿐만 아니라 관습법이나 판례에 의해 인정된 강행규범도 여기에 속할 것이다.

2) 객관적 준거법(제2항)

제27조 제1항의 소비자계약에 속하면서 당사자 간에 명시적이든 묵시적이든 준거법선택이 존재하지 않으면, 제27조 제2항에 따라 계약체결 당시 소비자의 상거소지법이 소비자계약의 준거법이 된다. 원래는 보통 소비자의 계약상대방이 특징적 급부를 할 것이므로 원칙 규정인 제26조에 따르면 소비자의 계약상대방의 법(즉, 매도인의 영업소 소재지법)이 준거법으로 되겠지만 제27조 제2항은 이를 배척한 것이다. 그럼으로써 소비자를 위해 그에게 가장 친숙한 법을 준거법으로 정해준 것이며 또한 이를 통해 비록 국제거래일지라도 원래 내국거래에서 받아야 할 보호를 소비자에게 보장해 준 것이다.

3) 국제소비자계약의 방식의 준거법(제3항)

제27조 제3항에서는 역시 소비자를 보호하기 위해 국제소비자계약의 방식에 대한 특칙을 두고 있다. 따라서 계약의 방식준거법은 본래 제17조에 따르면 계약의 준거법 또는 계약의 체결지법 중 어느 법에 의해서든 방식의 요건을 충족하고 있으면 그 계약은 방식상 유효하지만, 국제소비자계약에서는 오로지 국제소비자계약의 준거법인 소비자의 상거소지법의 방식을 충족해야만 그 계약은 방식상 유효하다.

II. 국제근로계약(제28조)

1. 서론

제28조의 국제근로계약 역시 제27조의 국제소비자계약과 마찬가지로 약자인 계약당사자로서 근로자를 국제사법적으로 보호하기 위해 특별히 둔 규정이다. 따라서 규정의 구조상 제27조의 국제소비자계약과 거의 비슷하다. 즉, 국제근로계약의 제28조도 기본적으로 두 가지 측면의 보호로 구성되어 있다. 하나는 준거법 문제에서의 보호(제1항과 제2항)이고, 또 하나는 국제재판관할 문제에서의 보호(제3항 내지 제5항)이다. 또한 그 보호의 내용도 국제소비자계약과 거의 동일하다. 다만, 일단 눈에 띄는 차이는 국제소비자계약과 달리 국제근로계약에서는 방식준거법에 관한 특별규정이 없다는 점이다. 따라서 국제근로계약의 방식은 원칙 규정인 제17조의 방식준거법 규정이 적용된다.

2. 근로계약의 개념

제28조는 근로계약을 전제로 하고 있지만 이것이 어떤 계약인지에 대해서는 언급이 없다. 외국의 사례에서는 "일정기간 타인의 지시에 따라 그를 위해 노무급부를 행하며 이에 대해 반대급부로서 보수를 받는" 내용의 계약으로 알려져 있다.106) 따라서 「타인의 지시에 구속된다는 점(Weisungsgebundenheit)」이 근로계약의 본질적 요소가 된다. 주의할 점은, 근로계약이 취소 또는 무효로 되는 경우에도 그 계약관계에 제28조가 그대로 적용된다는 점이다.107)

---

106) Kropholler, IPR, S. 487.

3. 국제근로계약의 준거법

1) 준거법선택과 그 제한(제1항)

제27조의 국제소비자계약과 동일하게 제28조의 국제근로계약에서도 근로자보호를 위해 준거법선택은 「유불리의 비교」를 통해 제한된다. 즉, 국제근로계약에서도 준거법선택은 자유롭게 인정되므로 그 효력은 저촉법적 효력(또는 저촉법적 지정)을 갖는다. 다만, 이 선택된 준거법은 제2항의 객관적 준거법의 강행규정이 근로자에게 부여하는 보호를 박탈할 수는 없다. 따라서 객관적 준거법의 강행규정이 근로자에게 최소한도의 보호를 확보해주는 것이다. 이때, 강행규정은 여기서도 국제적 강행규범이 아니라 국내법상의 강행규범을 의미한다. 특히 국제근로계약에서 이 준거법선택의 제한은 국제소비자계약에 비해 훨씬 큰 의미를 갖는다. 이유는 국내의 노동법은 대부분 강행규정으로 이루어져 있기 때문이다.

여기서도 유불리의 비교는 객관적 준거법과 선택된 준거법의 강행규정을 비교하여 근로자에게 보다 유리한 규정이 적용된다. 그러나 주의할 점은, 준거법으로 되는 각국 노동법의 개별적인 강행규정들 간에는 근로자에 대한 유불리의 차이가 서로 교환적이라(예컨대, 일국은 장기의 근로기간을 보장해주지만 임금이 낮고, 타국은 임금이 높지만 단기의 근로기간만을 보장하는 등) 개별규정들끼리 서로 비교해 근로자에게 유리한 규정만을 골라 적용하는 것은 타당하지 않다. 따라서 보통 넓게 「그룹별」(예컨대, 해고보호법 규정 전체)로 강행규정을 비교하여 근로자에게 유리함을 결정한다고 한다 (이를 「그룹비교」라고 한다).

---

107) 로마협약 제6조에서는 이 사실을 밝혀주기 위해 근로계약 외에 "근로관계"를 명시적으로 포함시키고 있다.

2) 객관적 준거법(제2항)

국제근로계약에서는 당사자 간에 준거법선택이 존재하지 않으면 객관적 준거법으로 두 가지 가능성이 존재한다.

첫째, 근로자가 어느 국가에 일상적인 노무제공지를 갖는다면 그 일상노무제공지국의 법이 준거법으로 된다(제28조 제2항 전단). 근로관계는 일상노무제공지의 근로환경 속에서 이루어지므로 근로자를 위해 일상노무제공지법을 준거법으로 정한 것이다. 그러나 종종 문제로 되는 것은, 외국에서 파견근무를 하는 경우에 일상노무제공지가 어디냐 하는 것이다. 파견근무를 하고 있는 국가인지 아니면 파견을 보낸 국가인지 하는 것이다. 원칙적으로, 파견기간이 끝난 후에 파견했던 회사로 다시 돌아오는 것으로 되어 있다면 파견기간이 얼마가 되었든 파견한 회사의 소재지가 일상노무제공지로 되는 것이 옳을 것이다.[108]

둘째, 만약 어느 국가에도 그러한 일상노무제공지가 존재하지 않는 경우에는 사용자가 근로자를 고용한 영업소 소재지국법이 국제근로계약의 준거법으로 된다(제28조 제2항 후단). 이는 한 국가에 고정되지 않고 여러 국가를 돌아다니는 근로자에게 발생할 수 있는데, 이 경우에 노무제공지를 준거법으로 정하게 되면 준거법이 계속 변경되기 때문에 사용자의 영업소 소재지국법을 준거법으로 정한 것이다. 여기서 영업소의 의미는 제26조에서 설명한 영업소와 동일하며, 이때 사용자의 영업소 소재지는 근로자와의 근로계약 체결지가 될 가능성이 높다.

그러나 국제근로계약관계는 나타나는 양상이 너무 다양하기 때문에 제28조 제2항의 객관적 준거법만으로는 모든 문제가 합리적

---

108) Junker, IPR(1), 옆 번호, 380.

으로 결정되리라 기대하기는 어렵다. 그래서 로마협약에서는 별도의 예외규정을 두어 "다만, 전체적인 사정으로부터 당해 계약이 다른 국가와 보다 밀접한 관련을 가지는 것이 명백한 때에는 그 계약은 그 다른 국가의 법에 의한다"[109]고 규정하고 있다. 그러나 우리 법에서는 이 문제를 제8조의 예외조항을 통해 해결할 수 있을 것으로 본다. 요컨대, 제28조에서 국제근로계약의 객관적 준거법을 결정할 때에는 법에 규정된 원칙적 연결에 쉽게 안주하지 말고 개개의 국제근로계약관계에 나타난 상황을 종합적으로 면밀히 검토하여 준거법을 결정할 필요가 있다는 것이다.

4. 논란문제 - 선원근로계약의 준거법

선원근로계약 역시 외국적 요소를 가지는 한 제28조의 국제근로계약 규정의 적용을 받는다. 따라서 당사자 간에 준거법 합의가 존재한다면 제28조 제1항이 적용될 것이다. 그러나 제28조 제1항이 적용되든 아니면 준거법 합의가 존재하지 않아 제28조 제2항이 적용되든 일단 객관적 준거법이 결정되어야 하는데, 해양선을 타는 선원의 객관적 준거법을 어떻게 정할지가 문제로 된다. 두 가지 가능성이 있기 때문이다.[110] 첫째, 선원의 일상노무제공지를 선박의 선적국으로 보아 선적국법을 준거법으로 하는 방법이다(제28조 제2항 전단). 둘째, 선원의 일상노무제공지가 없다고 보아 사용자가 근로자를 고용한 영업소 소재지국법을 준거법으로 하는 방법이다(제28조 제2항 후단).

해양선박의 선원근로계약에서 선적국법을 준거법으로 정하는 데

---

109) 로마협약 제6조 제2항 단서.
110) 석광현, 『국제사법 해설』, 360면 참조.

에는 그 선박들이 많은 경우 편의치적선이라는 점 때문에 어려움이 있는 것은 사실이다. 그렇다 하더라도 국제사법상 편의치적이 허용되고 있는 한 제28조의 원칙으로 보든, 해상에 관한 우리의 준거법 원칙이 선적국법이라는 점(제60조)으로 보든 선원근로계약의 준거법은 일단 선적국법으로 정하는 것이 무리가 없어 보인다.[111] 물론, 이때 국제적 강행규범(제7조)의 적용이나 공서조항(제10조)의 적용 가능성은 염두에 두고 있어야 할 것이다. 그러나 사안에서 볼 때 선적국법은 근소한 관련을 가질 뿐이고 가장 밀접한 관련을 가진 다른 국가의 법이 명백히 존재한다면, 우리는 제8조의 예외조항을 두고 있으므로 이를 적용하여 준거법을 달리 정해야 할 것이다.

---

[111] 우리 판례(대판 2007.7.12., 2005다39617) 역시 선적국법으로 보고 있다.

제2절 법정채권

실질법에서 법정채권은 약정채권인 계약과 달리 법률의 규정에 의해 발생한다는 특징을 갖는다. 이에 응해, 국제사법에서도 법정채권의 준거법은 계약과 구별하여 별도로 정하고 있다. 물론, 법정채권도 그 발생 원인이 사무관리인지, 부당이득인지, 불법행위인지에 따라 구별되므로 국제사법에서도 이에 따라 별도의 규정을 둔다. 그러나 이들 각각에 대해 설명하기 전에, 이 세 제도에서 공통적으로 유의해야 할 점을 먼저 언급해두기로 한다.

첫째, 세 제도 모두 장소를 준거법결정의 기준으로 삼고 있다. 예컨대, 사무관리는 사무관리지를, 부당이득은 부당이득지를, 불법행위는 불법행위지를 준거법결정의 원칙으로 삼는다. 이러한 준거법은 양 당사자 어느 쪽에도 기울어지지 않으며 또 확인이 용이하다는 장점이 있다. 더구나 실질법상 이 세 제도의 경계가 그렇게 명확한 것이 아니고 서로 교환도 가능하기 때문에 국제사법에서도 이들에 대해 모두 일정한 장소를 기준으로 하게 되면 성질결정이 달라지더라도 동일한 장소의 법이 준거법으로 된다.

둘째, 그러나 장소를 기준으로 하는 사무관리지나 부당이득지 또는 불법행위지는 우연히 정해진다는 문제가 있다. 따라서 각 제도가 포섭하고 있는 매우 다양한 사안에 직면해서는 국제사법이 추구하는 밀접한 관련을 지닌 법에 종종 배반하게 된다. 그래서 법정채권관계의 준거법에서는 장소를 기준으로 하는 준거법결정 원칙의 엄격성을 완화해야 할 필요가 널리 인정되어 왔다. 그 예가 바로 「종속적 연결」과 「공통의 상거소지법」에 의한 완화이다. 물론, 종속적 연결은 우리 법에서 세 제도가 모두 규정하고 있으나, 공통상거소지법은 불법행위에 대해서만 규정하고 있다(제32조 제2항). 그러나 사무관리와 부당이득에 대해서도 공통상거소지법에 의한 완화는 가능할 것이며, 그 법적 근거로는 제8조의 예외조항을 이용할 수 있을 것이다. 다만, 이미 불법행위법(제32조 제3항)에 규정되어 있듯이 공통상거소지법은 적용순서에 있어 종속적 연결보다 후순위가 되는 것이 원칙이다.

셋째, 사무관리, 부당이득, 불법행위 모두에 대해 우리 법은 사후적으로 준거법 선택을 인정하고 있다(제33조). 물론, 이 준거법선택은 계약에서와 달리 제한적이다. 사후적인 선택만 가능하며, 그것도 법정지법인 한국법만 선택할 수 있다. 이러한 제한은 법정채권관계는 법에 규정된 책임문제이어서 그것이 갖는 보호적 성격에 기인한 것이다. 또 실제 법정지에서 선택하는 준거법은 주로 법정지법인 한국법이 될 것이므로 한국법만 선택할 수 있도록 한 것도 그리 부당한 것은 아닐 것이다. 이때, 유의할 점은 이 사후적 선택은 굳이 서면으로 할 것을 요구하지 않으므로 묵시적으로도 가능하다는 점이다. 따라서 한국 법원에 제기된 사무관리, 부당이득, 불법행위에 관한 국제소송에서 양 당사자가 한국법을 원용한다면 묵시적 준거법 선택을 했다고 볼 가능성이 있다. 그러나 이때의 묵시적 의사표시도 제25조 제1항 단서와 마찬가지로 "모든 사정으로부터 합리적으로 인정할 수 있는 경우에 한"해야 할 것이다.

넷째, 법정채권에서는 계약과 달리 반정이 인정된다(제9조 제1항). 그러나 법정채권의 준거법이 계약준거법에 종속적으로 연결되는 경우에는 계약준거법 자체가 반정을 인정하지 않으므로(제9조 제2항 2호) 이러한 법정채권에서도 반정을 부정하게 될 것이다. 또 제33조의 사후적인 준거법선택의 경우에도 준거법선택은 일반적으로 반정이 부정되므로 반정이 인정되지 않을 것이다(제9조 제2항 1호).

다섯째, 법정채권에서도 제8조의 예외조항의 적용 가능성을 항상 염두에 두어야 한다. 특히, 국제불법행위에서는 워낙 다양한 사안이 포섭되므로 예외조항의 적용 가능성은 매우 크다. 예컨대, 국제제조물책임이나 국제환경책임, 국제인격권침해(명예훼손) 사건 등에서 불법행위 규정(제32조)에 의한 준거법과는 다른 국가의 법이 사안에 가장 밀접한 관련을 가질 가능성이 종종 있을 것이기 때문이다.

§38 사무관리

Ⅰ. 사무관리 준거법의 원칙(제30조 제1항 본문)

사무관리의 준거법은 사무관리가 행해진 장소의 법이 된다(제30조 제1항 본문). 만약 사무관리가 여러 나라를 거쳐 행해진 경우(예컨대, 인명 구조 행위에서)에는 흔히 사무관리의 착수지국과 종료지국이 다르게 된다. 이때에는 착수지의 법이 준거법으로 되는 것이 원칙이다. 종료지는 사무관리자가 의도적으로 정할 수 있어서 부적절하기 때문이다.

사무관리는 종종 해난 구조에서 발생하는데 이에 대해서는 제62조가 별도로 규정하고 있다. 즉, 영해에서 구조행위가 이루어진 경우에는 그 행위지인 영해국의 법이 적용되고, 공해에서 이루어진 경우에는 구조한 선박의 선적국법을 적용한다.

II. 사무관리 준거법의 특칙(제30조 제1항 단서와 제2항)

그러나 사무관리가 당사자 간의 법률관계에 기하여 행하여진 경우에는 그 법률관계의 준거법이 사무관리의 준거법이 된다(제30조 제1항 단서). 예컨대, 위임계약이나 임치예약에서 수임인이나 수치인이 위임인이나 임치인을 위하여 계약에 정해져 있지 않은 필요한 조치를 취한 경우에 이로 인한 비용상환청구 등은 성질결정상 사무관리이지만 사무관리지법이 아니라 그들 간의 계약의 준거법에 의한다는 것이다. 이러한 「종속적 연결」은 그 사무관리가 계약과 내적 관계를 갖고 있기 때문에 합리적이며, 또한 사무관리의 준거법과 계약준거법을 구분할 필요가 없게 되어 실제적이기도 하다.

또 타인의 채무를 대신 변제함으로써 발생하는 사무관리, 즉 구상문제는 그 변제되는 채무의 준거법에 의한다(제30조 제2항). 원래 타인 채무의 변제인 경우에 사무관리 준거법의 원칙에 따르면 사무관리지인 변제지(변제하는 장소)의 법이 적용되어야 할 것이다. 그러나 변제지는 변제자인 사무관리자가 마음대로 바꿀 수 있기도 하고 또 종종 우연히 정해진다는 점에서 타당하지 않다. 오히려 변제자의 구상청구권은 변제된 채무와 밀접하게 관련되어 있다고 보기 때문에, 타인 채무의 변제에 관한 준거법을 특별히 변제된 채무에 연결시킨 것이다.

§39 부당이득

I. 부당이득 준거법의 원칙(제31조 본문)

부당이득은 그 이득이 발생한 곳의 법에 의한다(제31조 본문). 따라서 종종 부당이득자의 상거소지(또는 주된 사무소)가 기준이 된다. 이렇게 정한 이유는, 착오로 인해 채권자가 아닌 자에게 변제한 경우처럼 부당이득에서는 흔히 부당이득자의 의지와 상관없이 이득이 발생하므로 부당이득의 청구자보다는 부당이득자에게 유리하도록 준거법을 정한 것이다.

II. 부당이득 준거법의 특칙(제31조 단서)

그러나 부당이득이 당사자 간의 법률관계에 기하여 행해진 이행으로부터 발생한 경우에는 부당이득지법에 의하지 않고 그 법률관계의 준거법에 의한다(제31조 단서). 이는 부당이득에서 종속적 연결의 규정이다. 여기서의 부당이득을 급부부당이득이라고 부르는데, 실질법상 그 특징이 「법률상 원인 없이 행한 급부를 되돌려주는 것」이므로 국제사법에서도 급부부당이득에 대한 준거법은 그 부당이득과 내적관계를 지닌 급부 또는 그 법률관계에 연결시켜 준 것이다. 그럼으로써 급부의 이행에 관한 준거법과 법률상 원인이 없어서 이행한 급부를 되돌려주는 부당이득에 관한 준거법에 대해 동일한 법을 적용할 수 있도록 한 것이다.

이때 생각해보아야 할 점은, 실질법에서 계약의 취소, 무효 시에 이미 이행한 것을 반환하는 문제는 실질법에서는 급부부당이득에 해당하는 것으로 보고 있는데, 국제사법에서도 동일하게 볼 것이냐 하는 것이다. 이 문제는 급부부당이득의 준거법에 의한다고 볼 수도 있지만, 넓게 계약의 준거법에 의한다고 볼 수도 있다.112) 그러나 어느 쪽으로 보든 결국 계약준거법에 의하게 되므로 결과에는 차이가 없을 것이다. 그럼에도 불구하고 계약의 취소나 무효에서 나오는 문제는 계약으로 일원적으로 성질결정 해주는 것이 보다 실제적이고 합리적인 것으로 보인다. 그렇지 않고 계약 이외의 것으로 성질결정 하게 되면 부당이득, 사무관리, 불법행위의 어느 쪽에서도 문제가 제기될 수 있어서 문제가 복잡해지기 때문이다.113)

이렇게 보면, 우리 국제사법에서 급부부당이득의 인정범위는 그리 넓지 않을 것이다. 결국, 부당이득에서 종속적 연결의 예로 생각해볼 수 있는 것은 계약상의 급부를 초과 이행한 경우나 또는 계약 이전단계에서 행해진 지출이나 급부의 반환관계 정도일 것이다. 이때에는 부당이득지법이 아니라 전제로 되어 있는 그 계약적 법률관계의 준거법을 적용할 가능성이 높을 것이다.

§40 불법행위

Ⅰ. 불법행위 준거법의 원칙(제32조 제1항)

우리 법은 불법행위의 준거법으로 불법행위지법을 원칙으로 정

---

112) 1980년의 유럽 계약채무의 준거법협약(일명 로마협약)에는 이 문제를 명시적으로 계약준거법의 적용범위에 넣고 있다(로마협약 제10조 제1항 e호). 다만, 각국이 유보를 선언할 수 있도록 허용하고 있으며(제22조 제1항 b호), 이에 따라 유보를 선언한 국가로는 이탈리아와 영국이 있다.

113) 이에 대해서는 앞에서 설명한 「계약준거법의 범위」 참조.

하고 있다(제32조 제1항). 이는 가해자 또는 피해자 어느 쪽에도 치우치지 않고 양자에게 공통적이면서 동시에 객관적인 기준이 된다. 더구나 종종 불법행위지에서 소송이 제기되므로 관할과 준거법을 일치시킨다는 장점도 있다. 다만, 어느 국가에도 속하지 않은 영역에서 불법행위가 발생하는 경우에는 행위지법을 정할 수 없으므로 다른 기준이 필요하다. 예컨대, 공해상의 선박이나 높은 고도에서 운항하는 항공기 내에서 불법행위가 발생한 경우에는 전자의 경우에는 그 선적국법이, 후자의 경우에는 항공기의 국적국법이 불법행위의 준거법이 된다고 본다.

특히 문제는 가해행위와 그 결과가 서로 다른 국가에서 발생하는 소위「격지 불법행위」의 경우에 불법행위지를 어디로 할 것이냐 하는 것이다. 가해지는 확인이 용이하며 또 불법행위에는 가해지의 행태규범이 적용되어야 한다는 점에서 장점이 있다. 반면에, 가해지국에는 가해행위에 대해 피해자가 모르는 면책규정이 존재할 수 있어서 피해자에게 불리하다. 이에 반해, 결과지[114]는 민사책임의 근거가 가해행위가 아니라 법익보호에 있다는 점에서, 그리고 위험책임(무과실책임)도 거부감 없이 함께 포섭할 수 있다는 점에서 장점이 있다. 그러나 결과지는 우연히 정해진다는 점에서 가해자가 예견할 수 없어서 불리하다.

예전부터 불법행위 준거법으로 피해자를 위한다는 이유에서 가해지와 결과지 모두를 행위지로 인정하는 소위 도처원칙(Ubiquitaetsprinzip)[115]이 존재한다. 우리 판례 역시 이에

---

114) 그러나 결과지는 침해된 법익의 종류에 따라 다시「침해지」와「손해지」로 나누어진다는 점을 주의해야 한다. 침해지는 불법행위로 신체나 물건의 침해가 발생하는 경우에 인정되는 장소이고, 손해지는 순수재산(또는 경제적) 손해를 입는 경우에 인정되는 장소이다. 즉, 불법행위의 보호법익이 무엇이냐에 따라 결과지의 의미가 달라진다는 것이다. 신체나 물건의 침해의 경우에는 손해지가 아니라 침해지만 결과지로 인정되고, 순수재산손해의 경우에는 침해지 대신 손해지가 결과지로 된다.

기해 불법행위지법으로 가해지법과 결과지법 중에서 피해자가 선택할 수 있는 것으로 하고 있다.[116] 그러나 이 도처원칙에 대해서는 비판도 크다. 국제사법에서 불법행위의 피해자를 특별히 보호할 이유도, 반대로 가해자를 특별히 불리하게 할 이유도 없다는 것이다. 오히려 이 원칙은 법정지법을 적용하고자 하는 의도가 주된 것이라는 점이다.[117] 타당한 지적으로 보인다. 그래서 우리 판례가 도처원칙을 계속 유지한다고 하더라고 적어도 결과지를 준거법으로 허용하는 것은 행위자가 이를 예견할 수 있었을 때로 제한하여야 할 것이다. 결과지는 종종 우연히 정해지기 때문에 행위자가 전혀 예견할 수 없었던 결과지국의 법을 준거법으로 허용하는 것은 부당하기 때문이다.

II. 공통상거소지법(제32조 제2항)

불법행위 당시 가해자와 피해자의 상거소가 동일한 국가에 존재하는 경우에는 불법행위의 준거법으로 불법행위지의 법이 아니라 이 공통상거소지의 법이 적용된다(제32조 제2항). 이런 경우에는 일시적인 접촉만을 갖는 불법행위지보다는 공통의 상거소지가 불법행위의 당사자들에게 보다 지속적이며 밀접한 관계를 형성한다고 보기 때문이다. 즉, 양 당사자는 외국에서의 우연한 사고 후에 공통상거소지로 돌아올 것이며, 따라서 그들 간의 손해배상 역시 낯선 불법행위지법보다는 모두에게 익숙한 공통상거소지법에 의하는 것이 청산을 용이하게 한다고 보기 때문이다.

---

115) 석광현 교수는 이를 편재원칙으로 번역한다.

116) 대판 2013.7.12., 2006다17539.

117) Kropholler, IPR, S. 525.

만약 불법행위의 당사자가 자연인이 아니라 법인이나 단체인 경우는 제26조 제2항에 규정된 것과 같이 그 주된 사무소가 존재하는 장소, 또는 영업소와 관련된 경우에는 그 영업소의 소재지가 상거소에 해당할 것이다.

III. 종속적 연결(제32조 제3항)

가해자와 피해자 간에 존재하는 법률관계가 불법행위에 의해 침해되는 경우에는 불법행위지법이나 공통상거소지법보다 먼저 그들 간의 법률관계의 준거법에 의한다(제32조 제3항). 이를 종속적 연결이라고 부르는데, 그러나 이 내용은 종종 오해를 불러일으키므로 주의해야 한다. 이 규정의 의미는 단순히, 존재하는 법률관계를 제3자가 침해하는 것을 의미하지 않는다. 그것은 누구도 부정할 수 없이 불법행위이며 준거법은 이 제3항이 아니라 원칙 규정인 제1항이나 제2항이 적용될 뿐이다. 제3항의 의미는 「가해자와 피해자 간에 존재하는 법률관계에서 나오는 일방의 의무를 타방이 불법행위로 침해하는 경우」를 말한다. 그들 간의 법률관계는 계약일 수도 있고 다른 법률관계일 수도 있다.

만약 계약인 경우에는 전형적으로 청구권 경합의 문제가 된다. 예컨대, 국제운송계약이나 국제근로계약에서 그 계약위반으로 인적 또는 물적 침해가 발생한 경우에 이를 계약위반에 기한 손해배상 문제로 볼 수도 있고 불법행위에 기한 손해배상 문제로 볼 수도 있다. 이때에 동일한 사안에 대해 서로 다른 준거법이 결정되면 문제가 복잡하고 어려워지며 당사자들에게도 부당한 결과를 가져오게 된다. 따라서 어느 쪽으로 해결하든 동일한 준거법에 의해 해결하도록 하는 것이 타당하다. 그런 목적으로 나온 것이 바로 종속적

연결인 것이다. 또 만약 계약이 아니라 다른 법률관계, 예컨대 부부
관계나 친자관계인 경우에도 그들 간에 존재하는 의무를 위반하여
불법행위를 행할 수 있다(예; 그들 간의 폭행 사건). 이때에도 불법
행위의 준거법은 행위지법이나 공통상거소지법이 아니라 양자 간의
법률관계, 즉 부부관계의 준거법 또는 친자관계의 준거법이 적용된
다는 것이다.

결국, 종속적 연결이 다른 준거법보다 우선하는 이유는, 불법행
위라 하더라도 존재하는 법률관계에서 나오는 의무를 타방 당사자
가 침해하는 경우에는 이 불법행위가 다른 무엇보다도 그들 간에
존재하는 법률관계와 가장 밀접한 관계를 갖고 있다고 보기 때문이
다. 그럼으로써 당사자 간에 법 적용에 대한 신뢰를 보호해주며 또
한 두 사건을 별개의 준거법에 의하기보다는 하나의 준거법으로 처
리하여 성질결정이나 청구권 경합과 같은 어려운 문제를 회피할 수
있게 해준다.

Ⅳ. 특별공서(제32조 제4항)

제32조 제4항에서는, 불법행위의 준거법이 외국법인 경우에 그
외국법에 의한 불법행위상의 손해배상청구권이 그 성질상 명백히
피해자의 적절한 배상을 위한 것이 아니거나 또는 그 범위가 본질
적으로 피해자의 적절한 배상을 위하여 필요한 정도를 넘는 때에는
이를 인정하지 않는다고 규정하고 있다. 이는 외국법에는 민사상의
손해배상책임에 형벌적 성격의 손해배상이나 또는 다액배상이라는
제도가 존재하는데, 만약 우리 법원에서 불법행위의 준거법으로 이
러한 외국법을 적용하여 손해를 배상하는 판결을 내리게 되는 경우
에 그러한 성격의 손해배상을 인정하지 않거나 또는 적절한 손해배

상액 이상은 인정하지 않는다는 의미이다. 예컨대, 미국의 여러 주의 법에서 민사책임상 인정하고 있는 징벌적 손해배상제도가 그것이다. 이러한 외국법의 제도는 형벌적 성격을 띠고 있으므로 우리 책임법의 기본원칙인 민형사책임의 구별과 실손해전보의 원칙에 배치되므로 이를 인정하지 않겠다는 것이다. 따라서 국제사법 총칙에 들어 있는 공서조항(제10조)과 맥을 같이하는 규정이므로 이를 「특별공서조항」이라고 부른다.

V. 불법행위 준거법의 적용범위

1. 원칙

불법행위의 요건과 효과는 모두 원칙적으로 불법행위 준거법의 적용영역에 속한다. 이때, 그것이 과실책임이든 위험책임(무과실책임)이든 모두 포함된다.

불법행위의 요건에는 불법행위능력, 과책, 위법성, 인과관계, 보호법익의 범위가 이에 속하고, 사용자책임과 책임무능력자의 감독자책임도 이에 속한다. 그 외에 당사자 간의 입증분배 문제나 불법행위청구권의 소멸시효도 이에 속한다.

불법행위의 효과에는 특히 손해배상의 종류, 범위, 액수 등이 이에 속한다. 따라서 어떤 손해가 배상되는지, 위자료가 인정되는지 아닌지, 손해배상의 산정은 어떻게 하는지, 위자료는 어떻게 산정되는지, 그 범위는 어디까지인지 등은 모두 불법행위 준거법에 의한다. 다만, 제32조 제4항의 특별공서조항은 이에 대한 제한이 될 것이다.

2. 예외

그러나 불법행위에 해당하면서도 불법행위 준거법이 원칙대로 적용되지 않는 중요한 예외를 두 가지만 언급해두고자 한다.

첫째, 불법행위 사고에서 행태규범은 그 준거법이 어느 법이 되더라도 원칙적으로 행위지의 행태규범이 적용된다. 예컨대, 교통사고나 스키장사고에서 준거법이 행위지법이 아닌 다른 법, 예컨대 종속적 연결로 또는 공통상거소지법으로 결정된 경우에도 그 사고의 행태규범(예; 좌측통행인가, 우측통행인가)이나 안전규범(예; 안전띠를 매야 하나, 안 매도 되는가)은 그 행위지의 규범이 적용된다. 이러한 행태규범이나 안전규범의 적용 문제는 불법행위 준거법이 행위지법의 원칙에서 벗어나 다양하게 완화되어 가는 현 상황에서 더욱 의미가 커질 것으로 본다.

둘째, 불법행위 사고로 인한 손해배상을 피해자는 가해자가 아니라 보험회사에 직접 청구할 수 있는가 하는 문제이다. 이 문제는 현대의 불법행위 사고는 대부분 보험을 통해 해결되고 있기 때문에 매우 중요하다. 이 문제 역시 일단 불법행위준거법에 의한다는 데에는 이의가 없다. 그러나 각국 법에 따라서는 피해자가 보험회사에 직접 청구할 수 있는 국가도 있지만 할 수 없는 국가도 있다고 한다. 따라서 후자의 경우에 피해자를 보호하기 위해, 보험회사에 대한 피해자의 직접청구권은 불법행위 준거법에 한정하지 않고 선택적으로 보험계약의 준거법에도 의할 수 있도록 하는 것이 외국의 일반적인 경향이다.[118]

---

118) 이에 대해서는 Kropholler, IPR, S. 534; Junker, IPR(1), 옆 번호 462.

제3절 채권과 채무

§41 채권양도와 채무인수

Ⅰ. 채권양도의 준거법(제34조 제1항)

1. 서론

채권양도는 채권이 동일성을 유지하면서 양도인에서 양수인에게 이전되는 양도인과 양수인 간의 계약이다. 즉, 채권의 내용을 그대로 유지한 채 채권자만 바뀌는 계약인 것이다. 이러한 채권양도 제도의 기본 정신은 채권자가 변경됨으로써 채무자의 법적 지위가 악화되어서는 안 된다는 것이다. 이는 국제사법에서도 그대로 적용되는데, 그 결과 국제사법에서 채권양도의 준거법은 양도되기 전에 채무자에게 적용되었던 법이 양도 후에도 원칙적으로 그대로 적용되어야 한다는 것이다. 더구나 국제사법에서는 권리의 발생, 내용, 변경, 소멸 등은 그 권리를 지배하는 법에 의해 함께 판단되는 것이 일반적이다. 따라서 채권의 양도 역시 채권자의 변경에 불과하므로 그 채권의 준거법에 의하는 것이 타당한데, 앞에서 언급한 채권양도의 기본정신에 따르면 이 채권은 양도되는 채권이 된다. 결국, 채권양도의 준거법은 양도되는 채권의 준거법이 되는 것이 원칙이다. 그러나 이러한 원칙은 국제사법상의 채권양도에서 발생하는 법률관계의 특수성에 따라 상황에 맞게 조정될 필요가 있다. 어떤 면에서 어떤 이유로 어떻게 조정이 필요한가에 대해 아래에서 검토해보기로 한다.

2. 국제사법에서 채권양도의 법률관계

국제사법에서도 채권양도의 법률관계는 일단 3면 관계를 생각해 볼 수 있다. 첫째, 채권자와 채무자 간에 채권의 발생에 관한 법률관계이다. 둘째, 양도인(구채권자)과 양수인(신채권자) 간에 채권의 양도에 관한 법률관계이다. 셋째, 채무자와 양수인(신채권자) 간에 채권자의 이행청구 또는 채무자의 이행에 관한 법률관계이다.

첫째, 채권자와 채무자 간에 채권의 발생에 관한 법률관계는 여기서 발생하는 채권의 준거법을 결정한다. 예컨대, 양자 간에 계약에 의해 발생하는 채권은 그 계약준거법에 따르게 된다. 따라서 매매계약에 의해 발생한 대금채권은 매매계약의 준거법을 따르게 되며, 위임계약에 기해 발생한 보수채권은 위임계약의 준거법에 따르게 된다. 또한 불법행위에 기해 발생한 손해배상채권은 불법행위의 준거법에 따르게 된다. 결국, 여기서 채권의 준거법이란 그 채권의 발생원인인 법률관계의 준거법을 의미한다. 이 문제는 원칙적으로 채권양도의 문제가 아니다.

둘째, 채권의 양도인과 양수인 간에 그 채권의 양도에 관한 법률관계도 두 가지로 나눌 수 있다. 하나는 채권양도의 원인이 되는 법률관계이고, 다른 하나는 그 원인관계에 기한 채권양도 자체의 법률관계(준물권계약)이다. 예컨대, 양도인과 양수인 간에 채권의 매매를 통해 채권을 양도하는 경우에, 매매계약은 채권양도의 원인행위이고 이에 기해 채권양도라는 계약이 이루어짐으로써 채권이 양도되는 것이다. 또 양도인과 양수인 간에 소비대차를 담보하기 위해 채권을 양도하는 경우에, 소비대차계약은 채권양도의 원인행

위이고 이를 담보하고자 채권양도라는 계약이 이루어짐으로써 채권
이 양도되는 것이다.

셋째, 채무자와 양수인 간에 채권의 청구 또는 채무의 이행에 관
한 법률관계도 두 가지로 나누어볼 수 있다. 하나는 양수인과 채무
자 간의 법률관계이고, 다른 하나는 채무자와 제3자 간의 법률관계
이다. 이 후자의 문제는 예컨대, 이중 양도에 의해 채권의 양수인이
복수로 존재하거나, 또는 양도인의 채권자가 양도인의 채권을 두고
그 채권의 양수인과 다투는 경우에 이들 간의 우열관계의 문제인
것이다.

국제사법의 채권양도에서 문제가 되는 것은 주로 두 번째와 세
번째의 문제이다. 아래에서는 이에 대해 설명하기로 한다.

3. 양도인과 양수인 간의 법률관계의 준거법

먼저, 양도인과 양수인 간의 법률관계에 대해서는 채권의 준거법
에 의하기보다는 그들 간의 법률관계의 준거법에 의하는 것이 보다
타당할 것이다. 여기서 채권은 단순히 그들 간의 법률관계의 목적
물에 불과할 뿐 그들 간에 발생하는 상호의 법률문제는 그들 간의
법률관계의 준거법에 의하는 것이 보다 밀접할 것이기 때문이다.
그래서 우리 국제사법도 그들 간의 법률관계에는 그들 간의 계약의
준거법에 의한다고 규정한다(제34조 제1항 본문). 따라서 매매를
통해 채권양도가 이루어지거나 소비대차를 담보하기 위해 또는 팩
토링계약에 의해 채권양도가 이루어진 경우에 양도인과 양수인 간
의 법률관계는 매매계약의 준거법 또는 소비대차계약 또는 팩토링
계약의 준거법에 의한다는 데에는 의문이 없다. 즉, 그들 간의 계약
관계에서 문제가 발생하거나, 더 나아가 양도된 채권의 존재 여부

나 채권의 지급능력이 문제로 되었다면 이 문제는 그들 간의 매매계약 또는 소비대차계약 또는 팩토링계약의 준거법에 의해 해결할 일이다.

그러나 문제는 준물권계약으로서 처분행위인 채권양도계약 자체의 문제는 어느 준거법에 의하는가 하는 것이다. 가능한 방법으로는, 양도인과 양수인 간의 계약 준거법에 함께 포섭시킬 수도 있고 별도로 분리해 생각해볼 수도 있을 것이다. 생각건대, 현행법의 해석으로는 채권양도계약 자체도 원칙대로 제34조 제1항 본문이 적용되어 양도인과 양수인 간의 법률관계의 준거법에 의한다고 보는 것이 옳을 것이다.119) 제34조 제1항 단서가 적용되어야 할 특별한 이유가 없기 때문이다. 따라서 예컨대, 매매계약에 의한 채권양도에서 채권양도계약의 준거법은 매매계약의 준거법에 따르게 될 것이다.

4. 채무자의 채무이행에 관한 법률관계의 준거법

다음으로, 채권양도에서 가장 중요한 문제가 채무자의 채무 이행에 관한 문제이다. 이미 앞에서 보았듯이 여기에는 채무자와 양수인 간의 문제와 채무자와 제3자 간의 문제라는 두 가지 문제가 존재하는데, 국제사법적으로도 이를 나누어 준거법을 결정하는 것이 좋을지 아니면 두 문제를 통합하여 하나의 준거법으로 정하는 것이 좋을지 하는 문제가 놓여 있다. 그러나 우리 국제사법은 두 문제 모두 채권양도의 효력 문제이며, 더구나 양자를 별도로 구분하여 준거법을 정하게 되면 서로 다른 준거법이 적용됨으로써 발생하는 준거법의 충돌문제가 생길 수 있으므로 이를 피하기 위해 하나의

---

119) 석광현, 『국제사법 해설』, 424면.

준거법으로 통일하여 정하였다. 그것이 곧 양도되는 채권의 준거법이다(제34조 제1항 단서).

따라서 양도되는 채권 자체의 준거법이 적용되는 범위는 상당히 넓다. 먼저, 채권의 양도 가능성 문제에 대해 채권의 준거법이 적용된다. 따라서 장래채권의 양도 가능성 문제, 담보를 위한 채권양도의 가능성 문제 등이 채권의 준거법에 의할 것이다. 또한 채권양도의 채무자에 대한 통지 등도 채권양도의 요건이며 동시에 채무자보호가 필요하다는 측면에서도 채권의 준거법에 의한다. 더 나아가 채권양도의 채무자에 대한 효력뿐만 아니라 제3자에 대한 효력에 대해서도 채권의 준거법에 의한다. 그 외에도 채권의 내용은 채권이 양도된 후에도 여전히 채권의 준거법에 의하게 된다. 따라서 채권의 소멸시효나 항변권에 대해서는 모두 채권의 준거법에 의한다.

II. 채무인수의 준거법(제34조 제2항)

채무인수란 채무가 동일성을 유지하면서 본래의 채무자에서 제3자(인수인)에게로 이전되는 계약이다. 따라서 채무인수는 동일한 내용의 채무가 채무자만 바뀌는 것이며, 그 결과 면책적 채무인수를 의미한다. 이러한 채무인수는 채권이 동일성을 유지하면서 채권자가 바뀌는 채권양도와 대응관계에 있다. 그래서 우리 국제사법은 채무인수의 준거법도 채권양도에 준하도록 규정하고 있다(제34조 제2항).

그 결과, 채무인수의 준거법은 원칙적으로 인수된 채무의 준거법에 의할 것이다. 따라서 채무의 인수 가능성, 채무인수가 면책적으로 효력을 가지는 여부, 그러한 채무인수의 요건(예컨대, 채무인수에 채권자의 승낙을 요하는지 등), 채무인수인의 이행문제 등은 원칙적으로 채무의 준거법에 의하게 된다.

이에 반해, 채무인수계약인 채무자와 인수인 간의 계약 또는 채권자와 인수인 간의 계약은 그들 계약의 준거법에 의할 것이다.

§42 법률에 의한 채권의 이전

채권의 법률상의 이전 문제는 실무상 중요하다. 보증계약이나 보험계약과 관련되어 있기 때문이다. 우리 국제사법은 이 문제에 대해 두 가지로 나누어 규율하고 있다. 법률에 의해 이전되는 채권에서 신구 채권자 간에 법률관계가 존재하는 경우와 존재하지 않는 경우이다.

Ⅰ. 신구 채권자 간에 법률관계가 존재하는 경우(제35조 제1항)

먼저, 법률에 의해 이전되는 채권의 신구 채권자 간에 법률관계, 예컨대 보증계약이나 보험계약[120]이 존재한다면 법률에 의한 채권의 이전 문제에는 그 계약의 준거법이 적용된다(제35조 제1항 본문). 따라서 보증인이나 보험회사가 채무자를 대신하여 채권자에게 변제함으로써 채권자가 채무자에 대해 갖고 있는 권리가 법률상 보증인이나 보험회사로 이전되느냐의 여부, 이전되는 범위 등은 그들 간의 계약의 준거법에 의한다. 이처럼 법률에 의해 이전되는 채권

---

120) 여기의 보험계약은 보험회사가 채권자와 보험계약을 체결하는 손해보험을 의미한다. 만약 책임보험인 경우에는 보험회사와 채무자 간에 법률관계가 존재하고 채권자와는 이행관계만 있을 뿐이다. 따라서 책임보험에서는 채무자와 보험회사와의 계약의 준거법에 의해 법률에 의한 채권의 이전문제를 규율하게 된다 (Siehr, IPR, S. 236).

문제에 대해 채권이 이전되는 원인의 준거법에 의하도록 한 이유는, 법률상의 채권의 이전 문제가 신구 채권자 간의 이익을 조정하는 본질적인 내용을 이루기 때문이다. 더구나 여기서 채권의 이전은 당사자의 의사에 의해서가 아니라 법률상으로 이전되는 것이므로 채권양도와 달리 채권 자체와 크게 관련되지도 않는다.

이때, 보증계약이나 보험계약의 준거법은 제25조 이하에 의해 결정될 것이며, 흔히 보증인이나 보험회사가 특징적인 급부를 하게 되므로 일단은 보증인이나 보험회사의 상거소지법 또는 영업소 소재지법이 준거법으로 추정될 것이다(제26조 제2항).

그러나 여기서도 채권양도의 경우와 마찬가지로 채권의 이전으로 인해 채무자의 법적 지위가 악화되어서는 안 된다. 따라서 채권의 내용이나 채무자보호 규정은 신구 채권자 간의 준거법이 아니라 채권의 준거법에 의할 것이다. 그래서 국제사법은, 이전되는 채권의 준거법에 채무자보호를 위한 규정(예컨대, 구채권자에게 이행하는 경우 면책규정, 채권의 이전에 대해 통지받지 못한 데 대한 항변권 규정 등)이 있는 경우에는 그 규정이 적용된다고 명시하고 있다(제35조 제1항 단서). 그 이유는, 법률에 의한 채권의 이전 문제는 오로지 신구 채권자 간의 법률관계의 준거법에 의하도록 함으로써 채무자가 여기에 관여할 기회가 없었으므로 채무자 보호를 위해서 채무자가 관여되어 있는 채권의 준거법으로 이를 보완하고자 한 것이다.

그러나 이때 주의할 점은, 이 의미는 신구 채권자 간의 법률관계의 준거법과 채권의 준거법을 「누적적으로 적용」하라는 것이 아니다. 채권준거법의 채무자보호 규정을 「고려」해야 한다는 것이다. 예컨대, 채권의 준거법은 법률상의 채권의 이전을 알지 못하고 반대로 신구 채권자 간의 법률관계의 준거법은 법률에 의한 채권의 이전을 인정하고 있는 경우에 채무자를 보호한다고 채권준거법의 규정을 바로 적용할 것은 아니다. 오히려 채무자 및 신채권자의 법적 지위

를 면밀히 검토하여 합리적으로 조정할 필요가 있을 것이다.121)

한편, 제35조 제1항은 채무자가 다수 있는 경우, 예컨대 연대채무에 관한 준거법에도 적용된다.122) 따라서 연대채무자 중 한 사람이 채권자에게 변제한 경우에 채무자에 대한 채권자의 권리가 법률상 이전하는가에 대해서는 채권자와 변제한 연대채무자 간의 법률관계의 준거법에 의할 것이다. 연대채무의 경우에는 보통 채권자와 연대채무자들이 함께 계약을 맺으므로 공통의 동일한 계약준거법을 가지게 되지만, 만약 변제한 연대채무자가 다른 연대채무자와 별개의 계약에 의해 연대채무자가 되었다면 그 변제한 연대채무자의 계약준거법에 의하게 된다.

II. 신구 채권자 간에 법률관계가 존재하지 않는 경우 (제35조 제2항)

신구 채권자 간에 법률관계가 존재하지 않는 경우에는 그들 법률관계의 준거법에 의할 수 없으므로 다른 기준을 찾아야 한다. 법률에 의한 채권의 이전이란 곧 채무 변제의 효력에 해당하므로 그 이행된 채권과 관련을 가진다고 볼 수 있을 것이다. 이에 따라, 신구 채권자 간에 법률관계가 존재하지 않는 경우에 법률에 의한 채권의 이전은 그 이행된 채권의 준거법에 따르는 것이 옳을 것이다. 이것

---

121) 우리의 이 규정이 참조한 스위스 국제사법 제146조 제2항에서도 문언은 채권준거법의 채무자보호 규정은 "유보된다"고 규정하고 있지 우리 법처럼 "적용된다"고 규정하고 있지 않다. 따라서 이 스위스법 규정에 대한 스위스 학자들의 해석도 누적 적용의 의미가 아니라고 보고 있다(예컨대, Heini/Keller/Girsberger, IPRG Kommentar, Art 146, 옆 번호 14 이하). 더구나 채무 준거법에 관한 로마협약에서는 채무자보호 규정에 대한 언급이 없다. 다만, 학자들은 해석상 채권준거법의 채무자보호 규정이 여기에 개입할 필요가 있다고 보는 것이 일반적이지만, 그 개입의 여지는 그리 큰 것이 아니라고 보고 있다.

122) 석광현, 『국제사법 해설』, 431면.

을 국제사법에서는 「이전되는 채권의 준거법」이라고 표현하고 있다 (제35조 제2항). 예컨대, 물상보증인인 제3자가 채권자에게 변제한 경우가 이에 해당할 것이다.

III. 구상권 문제

변제한 제3자가 채무자에게 행사하는 구상권에 대해서는, 법률에 의한 채권의 이전 문제와 별개로 규율할 수도 있고, 법률에 의한 채권의 이전 문제와 동일하게[123] 규율할 수도 있다. 스위스 국제사법이 전자의 입장을 취하고 있다면, 1980년의 유럽채무준거법에 관한 로마협약은 후자의 입장을 취하고 있다.[124] 우리 법에는 명시적인 언급이 없으나, 법률에 의한 채권이전이 구상권을 확보하는 하나의 수단으로 이해한다면 구상관계와 법률에 의한 채권의 이전문제는 원칙적으로 별개의 법률관계이므로 준거법도 별도로 결정할 필요가 있다고 본다.

---

123) 이 의미는 변제한 보증인이나 보험회사와 채권자와의 법률관계(즉, 계약)의 준거법이 변제자와 채무자 간의 구상관계도 규율한다는 것이다.

124) 이에 대해서는 Heini/Keller/Girsberger, IPRG Kommentar, Art 146, 옆 번호 2; Siehr, IPR, S. 236.

§43 기타의 채권채무관계

Ⅰ. 채권자취소권의 준거법

채권자취소는 우리 실질법상(민법 제406조와 제407조) 채권자를 해치는 것을 알면서 행한 채무자의 사해행위를 취소하고 재산을 회복하는 것을 목적으로 하는 제도로서, 반드시 법원에 소송으로 제기해야 한다. 따라서 두 가지가 문제로 된다. 하나는, 이것이 실체법상의 제도인지 아니면 소송법상의 제도인지 하는 성질결정의 문제이다. 우리 국제사법에서는 실체법상의 제도로 인정하는 것이 통설과 판례이다. 이 제도가 소송상의 제기와 행사를 필요로 하는 이유는 채권자취소가 제3자의 이해관계에 크게 영향을 미치기 때문이며, 따라서 소송은 단지 권리행사의 방식에 불과하다고 보기 때문이다.

그러나 또 하나의 문제인 준거법에 대해서는 조금 복잡하다. 채권자취소권은 보통 채권의 효력으로 이해하므로 채권자취소권의 준거법은 채권의 준거법에 따라야 하는 것이 원칙일 것이다. 그러나 이 경우에 수익자라고 불리는 제3자의 보호가 문제로 된다. 사실 채무자의 사해행위라고 말하지만 채무자의 행위가 사해행위인지 아닌지는 준거법을 적용한 후에야 판단할 수 있는 문제이다. 그 전까지는 그저 사해행위로 보이거나 사해행위라고 주장하는 것뿐이므로, 이 단계에서 채권자취소의 준거법을 정하는 데에는 제3자를 보호하기 위한 장치를 마련할 필요가 있다.[125] 그래서 제시되는 견해

---

125) 이에 반해, 필자는 채권자대위권에 대해서는 제3자의 보호 필요성이 있다고 보지 않는다. 따라서 채권자대위권의 준거법으로는 채권의 준거법에 따르는 것으로 족할 것으로 본다.

가 채권(즉, 피보전채권)의 준거법과 사해행위의 대상인 법률행위의 준거법을 누적적으로 적용해야 한다는 견해(누적적용설)와 단순히 사해행위의 준거법에 따른다는 견해로 나누어진다. 이에 대해, 최근 대법원은 채권자취소권의 준거법으로 후자인 사해행위의 준거법에 의하는 것으로 판단을 내렸다.[126]

그러나 필자는 누적적용설이 타당하다고 생각한다. 그 이유는, 채권자취소권의 준거법은 기본적으로 채권의 준거법에 따라야 하는데, 다만 제3자를 보호하기 위해서는 불가피하게 사해행위의 대상인 법률행위의 준거법도 함께 적용하지 않을 수 없다고 보기 때문이다. 얼핏 사해행위의 준거법만 적용하면 제3자가 보호될 것 같지만 그렇지는 않다. 예컨대, 채권의 준거법에서 채권자취소권의 성립요건이 엄격하고 사해행위의 준거법은 성립요건이 완화되어 있다고 하자. 만약 누적적용설에 의하면 채권자취소권은 부정되는 데 반해, 사해행위의 준거법설에 의하면 채권자취소권이 인정될 가능성이 있다. 따라서 이 경우에 제3자의 보호는 누적적용설에 의할 때 가능해진다. 더구나 사해행위의 준거법설에 의하게 되면 채권의 준거법에서는 인정되지 않는 채권자취소권을 채권자에게 부여하는 결과가 나올 수 있는데 제3자를 해치면서까지 그렇게 채권자를 보호해야 할 특별한 이유는 보이지 않는다.[127]

---

126) 대판 2016.12.29., 2013므4133. 이 사안의 내용은 다음과 같다; 러시아인 부부가 혼인 중 남편의 이름으로 한국의 부동산을 취득하였는데, 그 후 이 부동산을 남편이 내연관계에 있는 한국에 거주하는 러시아인 여자에게 매도하여 이전등기까지 마쳤다. 그 후 이 부부는 이혼을 하였고, 러시아인 처는 남편에 대해서는 재산분할청구를, 매수인에게는 채권자취소권을 주장하였다. 원심은 전자에 대해 원고의 청구를 인정하였으나, 후자에 대해서는 채권자취소권의 준거법으로 누적적용설에 입각하여 러시아법에는 채권자취소권이 존재하지 않는다는 이유로 원고의 채권자취소권을 부정하였다. 이에 대해 원고가 상고하자, 대법원은 채권자취소권의 준거법으로 누적적용이 아니라 사해행위의 준거법(즉, 매매계약의 준거법으로 제26조 제3항에 의해 부동산 소재지법인 한국법)에 의하면 된다는 이유로 파기환송하였다.

채권자취소권의 준거법에서 한 가지 특히 주의할 점이 있다. 앞에서 언급한 대법원 판결에서 보이는 점인데, 채권자취소권을 법적 용법(저촉법) 내에서도 어떻게 성질결정 할 것인가가 우선적으로 문제가 된다는 것이다. 이 대법원 판결에 대한 평석에서 장준혁 교수가 지적하고 있듯이,[128) 대법원은 사안에서 채권자취소권의 문제보다 먼저 부부재산제를 검토하는 것이 옳았으리라고 필자도 생각한다. 그러나 어떤 이유 때문인지는 모르겠으나 이 판결에서 부부재산제에 대한 언급은 보이지 않고 채권자취소권만 부각되어 있다. 결국, 여기서 보듯이 채권자취소권은 그 기능과 역할의 측면에서 보아 다른 법률관계의 일부일 가능성도 있음을 주의해야 한다는 것이다. 물론, 이는 비단 채권자취소권에만 해당하는 문제가 아니고, 국제사법에서 일반적으로 문제가 되는 「올바른 성질결정」의 문제일 것이다.

---

127) 최근에는 채권자취소권의 준거법에 대해 사해행위의 대상인 재산의 소재지법을 주장하는 견해가 대두하고 있다(이헌묵, 「채권자취소권의 준거법에 관한 연구」, 『비교사법』 제23권 2호, 2016, 487면 이하; 장준혁, 「부부재산제와 채권자취소권의 준거법 결정과 그 적용」, 『판례실무연구』 [XII], 2017, 913면). 그러나 필자로서는 이에 대해서도 부정적이다. 재산소재지는 사실 우연히 결정되는 것인데 그에 따라 채권자취소권의 준거법이 정해진다는 점, 여러 국가에 재산이 존재하는 경우에는 소재지법에 따라 채권자취소권이 인정되거나 부정되어 일관성이 없다는 점, 재산의 종류도 다양한데(이헌묵 교수는 부동산, 동산, 채권, 지재권, 도메인 이름을 든다) 이 다양한 재산에 대해 각각 소재지를 어떻게 보느냐도 의견이 엇갈리는 점 등이 문제이다.

128) 장준혁, 「부부재산제와 채권자취소권의 준거법 결정과 그 적용」, 『판례실무연구』 [XII], 2017, 918면. 다만, 장준혁 교수가 다양하게 전개한 여러 가지 논리전개에 대해서 필자로서는 의문이 없지 않다.

II. 상계의 준거법

우리 실질법에서 상계는 상계적상에 있는 자기의 채권(자동채권)을 가지고 일방적 의사표시에 의해 상대방의 채권(수동채권)을 소멸시키는 제도이다. 그러나 각국 법에서 상계제도는 상당히 다양하다. 예컨대, 우리 법과 유사한 독일법계의 법이 있는 반면에, 프랑스법계에서는 의사표시 없이 자동적으로 상계되는 자동상계 제도를 두고 있다. 물론, 실무상으로는 이를 소송에서 원용해야 그 효력을 인정받는다고 한다. 더구나 영미법상의 상계는 실체법이 아니라 소송법상의 제도로서, 상계의 효력도 우리와 달리 소급효가 없고 장래효만 있다.129) 이처럼 실질법상 차이가 크므로 저촉법에서도 문제가 발생하지 않을 수 없다. 우리 국제사법의 입장에서는 두 가지가 문제로 된다. 하나는 상계의 성질결정 문제이고, 다른 하나는 준거법결정 문제이다.

첫째로 성질결정 문제에서는 상계를 실체법적 문제로 볼 것인지 아니면 소송법적 문제로 볼 것인지 하는 것이다. 소멸시효의 국제사법적 문제와 동일한 문제인데, 성질결정에 관한 법정지법설 및 기능적 성질결정에 의해 상계 역시 소멸시효와 마찬가지로 실체법적 제도로 성질결정 하는 데 대해서는 이의가 없다.130)

두 번째로 더 어려운 문제는 상계의 준거법결정 문제이다. 상계는 한 개의 채권이 아니라 두 개의 채권을 전제로 하므로 채권준거법에 따른다고 하더라도 이를 자동채권의 준거법에 따르게 할지, 수동채권의 준거법에 따르게 할지, 아니면 양 채권의 준거법을 중

---

129) 이에 대해서는 이헌묵, 「국제적 상계에 대한 준거법」, 『국제거래법연구』 제18집 제1호, 2009, 133면; 박영복, 「매매협약(CISG) 적용 사안에 있어서의 상계」, 『국제거래법연구』 제19집 제1호, 2010, 129면 이하.

130) 대판 2015.1.29., 2012다108764.

첩적으로 적용할지 하는 문제가 생긴다. 우선, 상계의 준거법을 자동채권의 준거법에 따르도록 하는 것은 상계의 의사표시를 하는 자만 보호하는 결과가 되므로 이는 부당하다. 따라서 현재 우리 법에서는 나머지 두 견해가 대립하고 있는데, 양 채권의 준거법을 중첩적으로 적용한다는 견해131)132)와 수동채권의 준거법에 따른다는 견해133)이다. 최근의 경향은 후자인 수동채권의 준거법에 따른다는 견해가 많아지고 있는데, 필자 역시 원칙적으로 이에 찬성한다. 이유는, 중첩적용설은 국제거래에서 상계의 성립을 어렵게 만들고 상계의 효력도 복잡하게 만들므로 부적절하다고 본다. 또한 수동채권자는 상계의 의사표시를 하는 자동채권자의 일방적 의사표시에 의해 자기의 채권이 소멸당하는 처지에 있으므로 수동채권자를 보호할 필요가 있기 때문이다.

물론, 상계도 계약에 의해 성립할 수 있다. 이때, 상계계약의 준거법은 계약준거법 규정인 제25조와 제26조에 의할 것이다. 따라서 준거법선택이 없는 한, 상계계약은 특징적 급부가 존재하지 않으므로 상계계약과 가장 밀접한 관련을 가진 국가의 법이 준거법으로 될 것이다(제26조 제1항). 그러나 상계계약은 종종 본계약과 함께 행해지기도 한다고 한다. 이런 경우에 상계계약의 준거법은 그 본계약의 준거법에 종속적으로 연결될 가능성이 클 것이다.

---

131) 신창선/윤남순, 『신국제사법』, 336면; 김연/박정기/김인유, 『국제사법』, 353면; 신창선, 『국제사법』, 272면.

132) 우리 판례(대판 2015.1.29., 2012다108764)도 이런 입장인 것으로 보인다.

133) 이헌묵, 앞의 논문, 138면; 박영복, 앞의 논문, 136면 이하; 석광현, 『국제사법 해설』, 435면.

Ⅲ. 소멸시효와 실효의 원칙의 준거법

1. 소멸시효의 준거법

소멸시효에 대해 주된 국제사법적 문제는 두 가지이다. 하나는 소멸시효에 대한 성질결정문제이고, 다른 하나는 소멸시효의 준거법결정 문제이다.

먼저, 소멸시효의 성질결정 문제는 이미 총론의 성질결정에서 언급한 것처럼 대륙법계에서는 소멸시효를 실체법적 문제로 보는 데 반해, 영미법계에서는 소송법적 문제로 보기 때문에 발생한다. 그러나 우리 국제사법에서는 통설과 판례가 소멸시효를 실체법적 문제로 성질결정 하고 있다. 더구나 소멸시효에 대해서는「성질결정에 의한 반정」(예컨대, 우리 국제사법에 의해 준거법이 영미법으로 정해졌는데 이것이 총괄지정인 경우에 영미 국제사법이 소멸시효를 절차문제로 성질결정 한다고 해서 절차문제는 법정지법을 적용하는 것이 원칙이므로 현재 소가 제기되어 있는 법정지국의 법으로 반정하고 있다고 보는 것)도 허용되지 않는다는 점을 주의해야 한다. 왜냐하면 소멸시효에 대해 성질결정에 의한 반정을 허용하게 되면, 소멸시효가 자신의 본체인 채권과 분리되어 준거법이 각각 달리 적용되게 되며 또한 동일한 사건이 법정지에 따라 달리 판단될 수 있게 되므로 결국은 국제적 판단일치를 포기하는 결과가 되기 때문이다.

따라서 소멸시효를 실체법적 문제로 보는 한, 소멸시효에 대한 준거법은 그 주장된 청구권을 지배하는 법, 즉 소멸시효를 주장하는 그 채권의 준거법에 의하게 된다. 이때 이 채권은 다양한 법적 근거(예컨대, 계약 또는 불법행위)에 기해 발생하는데 채권의 준거법은 별도의 준거법이 없고 그 발생원인의 준거법, 예컨대 계약준거법 또는 불법행위 준거법 등에 따르므로, 결국 계약상의 채권의 소멸시효의 준거법은 계약준거법이 되고 불법행위상의 채권의 소멸시효의 준거법은 불법행위 준거법이 된다.

2. 실효의 원칙의 준거법

실질법에서는 소멸시효가 완성되기 이전이라도 신의칙에 기해 권리가 실효하는 실효의 원칙이 존재한다. 이에 대해서도 실질법들 간의 차이로 준거법의 결정 문제가 발생하는데, 소멸시효와 똑같이 실효가 주장되는 그 채권에 적용되는 준거법, 즉 그 채권의 발생원인인 계약의 준거법 또는 불법행위의 준거법 등이 실효 원칙의 준거법이 된다. 실효의 원칙도 소멸시효가 그러듯이 자신의 채권과 밀접하게 관련되어 있기 때문이다. 따라서 어느 권리에 실효의 원칙이 인정되는지 인정되지 않는지, 인정된다면 그 요건은 무엇인지 등은 모두 이 실효 원칙의 준거법이 결정하게 된다. 더구나 실효 원칙은 소멸시효보다 적용이 앞서기도 하거니와 적용범위가 넓기도 한데, 소멸시효는 청구권에만 적용되지만 실효의 원칙은 청구권 이외의 권리에 대해서도 넓게 인정되기 때문이다.

제5장 친족

제1절 혼인관계

실질법에서 혼인의 법률관계는 보통 혼인의 성립, 혼인의 효력, 혼인의 해소(효력의 소멸)로 나누어진다. 혼인의 성립도 다시 혼인의 실질적 성립요건과 형식적 성립요건으로 나누어지며, 혼인의 효력은 다시 일반적 효력과 재산적 효력으로 나누어진다. 그러나 우리 국제사법에서는 실질법과 약간의 차이를 보인다. 예컨대, 제36조 제1항이 혼인의 실질적 성립요건을, 제36조 제2항이 형식적 성립요건을, 제37조가 혼인의 일반적 효력을, 제38조가 혼인의 재산적 효력 중에서 부부재산제만을, 마지막으로 제39조가 혼인의 해소를 규율하고 있다.

이러한 우리의 혼인관계의 준거법 규정에는 몇 가지 특징이 눈에 띈다. 첫째, 실질법과 마찬가지로 법적용법에서도 혼인관계에서는 남녀평등의 원칙을 실현하고자 한다. 둘째, 그래서 종래 연결주체를 남자로만 하던 준거법을 배척하고 남녀 모두에게 공통된 연결점을 준거법으로 택하고 있다. 셋째, 그로 인해 국제 혼인관계에서는 이국적 남녀 간의 혼인으로 공통된 연결점이 존재하지 않을 가능성이 많을 것이므로 이에 대비하여 순차적으로 준거법을 제시하는 단계적 연결방법을 채택하고 있다. 넷째, 혼인관계의 준거법을 가능한 한 일치시키려고 한다. 예컨대, 혼인의 일반적 효력의 준거법과 부부재산제의 준거법, 더 나아가 혼인의 해소인 이혼의 준거법까지 동일하게 준거법을 결정하고 있다. 이들 법률관계는 서로 연결되어 있다고 보아 그 통일성을 기하고자 하며, 그럼으로써 어려운 성질 결정의 논란도 피하고자 한 것이다.

그러나 오늘날 국제 혼인관계에서 특히 주목해야 할 점은 새롭게 발생하는 혼인관계 또는 혼인 유사관계의 존재이다. 예컨대, 동성 혼관계나 혼인하지 않고 생활하는 생활동반자관계가 그것이다. 물론, 우리의 국내법상 이러한 혼인관계 또는 혼인 유사관계는 아직 허용되지 않는다. 그러나 외국에는 동성혼을 인정하는 국가도 존재하며, 동성혼까지는 아니더라도 적어도 동성 간의 생활동반자관계를 인정하는 국가도 많아지고 있다. 국제사법이란 그 속성상 한국을 넘어 타국과의 관계에서 발생하는 문제에 적용해야 할 법률이므로 우리 국내법이 이를 부정한다고 해결될 일이 아니다. 따라서 국제사법에서는 이들 문제에 대한 적극적인 논의와 열린 자세가 필요하다.

§44 혼인의 성립

국제사법상 혼인의 성립요건은 실질적 성립요건과 형식적 성립요건으로 나누어진다. 그러나 어떤 요건이 실질적 성립요건이고 어떤 요건이 형식적 성립요건인지는 성질결정문제로서 판단이 쉽지 않을 때가 있다. 이들 요건 중 어느 하나라도 충족하지 못하면 결함 있는 혼인이 된다. 아래에서는 이들의 준거법 문제에 대해 살펴보기로 한다. 또 우리 국제사법은 혼인의 성립에 대해서는 규정을 두고 있지만 약혼에 대해서는 규정이 없다. 이를 어떻게 해결할 것인가에 대해서도 알아보기로 한다.

I. 혼인의 실질적 성립요건(제36조 제1항)

혼인의 실질적 성립요건은 각 당사자의 본국법에 의한다(제36조 제1항). 실질적 성립요건이란, 특히 혼인능력(예컨대, 혼인연령), 근친혼금지나 중혼금지 같은 혼인장애사유, 혼인의사의 흠결, 제3자의 동의, 대리의 금지 등이 여기에 속한다.

이 규정의 연결시점은 명시적인 언급은 없으나 「혼인 직전」으로 해석해야 하며, 따라서 여기서 본국법은 혼인 직전의 본국법을 의미한다. 혼인 직후의 본국법이 아닌 이유는 각국의 국적법상 혼인 직후에 본국법이 변경될 가능성(즉, 국적의 취득 또는 상실)이 있기 때문이다.

여기서 각 당사자의 본국법에 의한다는 것은 혼인하고자 하는 양 당사자의 실질적 성립요건은 각각 자신의 본국법에 의한다는 의미로, 이를 「배분적 연결」이라고 부른다. 그러나 이 실질적 성립요건에도 일면적 요건과 양면적 요건이 있다. 예컨대, 혼인연령은 각자 자신의 본국법에 따라 판단하면 되므로 일면적 요건이 된다. 그러나 중혼 금지라는 요건은 자신뿐만 아니라 상대방에도 적용되어야 하므로 양면적 요건이 된다. 따라서 양면적 요건이 되는 경우에는 일방의 본국법 요건이 양 당사자 모두에게 적용된다. 더구나 국적이 서로 다른 당사자들인 경우에 일방의 본국법(예컨대, 한국법)의 요건뿐만 아니라 타방의 본국법(예컨대, 외국법)의 요건에서도 양면적 요건이 나올 수 있으므로 주의해서 검토해야 한다. 어느 요건이 일면적 요건인지 양면적 요건인지는 그 요건의 의미와 내용을 검토하여 결정해야 할 것이다.

혼인의 실질적 성립요건에서는 선결문제도 중요한 문제로 된다. 예컨대, 중혼 금지가 문제로 된 경우(본문제)에 먼저 이전의 혼인이 여전히 유효하게 성립해 있는 것인지 또는 이혼이 유효하게 행해진 것인지 등이 선결문제로 제기될 수 있으며, 이 선결문제가 해결되어야 비로소 본문제인 중혼문제가 해결될 것이다. 이 선결문제는 원칙적으로 독립적 연결에 의해 우리 국제사법의 해당 규정(제36조와 제39조)에 의해 판단될 것이다.

혼인 성립의 준거법이 각 당사자의 본국법이므로 특별한 이유가 없는 한 반정이 인정된다(제9조 제1항). 따라서 한국에 상거소를 둔 외국인의 혼인 성립이 문제로 된 경우에 준거법이 외국법이 되는데 그 외국의 국제사법이 준거법을 본국법으로 정하고 있다면 그 외국의 실질법을 적용하게 되겠지만, 만약 상거소지법이나 주소지법으로 정하고 있다면 한국의 실질법을 적용할 가능성이 높을 것이다.[134]

혼인의 성립에서는 특히 공서문제(제10조)가 제기될 가능성이 크다. 오늘날 각국 법에서 혼인의 실질적 요건은 그리 크게 차이가 나지 않는다. 주로 문제는 여전히 종교혼을 유지하고 있는 국가의 법이나 또는 새로운 문제로서 동성혼을 인정하고 있는 국가의 법 때문에 발생하는데, 이것이 모두 국제사법상 공서위반과 연결되어 있다. 그 예로, 외국의 사례를 변형하여 들어보기로 한다.[135] 그리스 정교회를 믿는 이스라엘 여자가 유대교를 믿는 이스라엘 남자와 한국에서 혼인하고자 한다. 이 혼인이 유효한지를 묻는 문제라면, 먼저 혼인의 실질적 성립요건에 대한 우리 국제사법 제36조 제1항에 의해 이스라엘법이 준거법으로 될 것이다. 그런데 이스라엘 국제사법도 본국법으로 정하고 있어서 결국 우리 법원은 이스라엘의 실질법인 혼인법을 적용하게 된다. 그러나 이스라엘 혼인법에는 유

---

134) 주소의 경우에는 반드시 한국법이 적용된다는 보장은 없다. 이때 중요한 것은 그 외국법의 주소 개념이다. 즉, 그 외국법에서 주소를 어떻게 이해하고 있느냐에 따라 달라진다.

135) 이 사례의 원형은 독일 고등법원의 판결(OLG Hamm 3.9.1976, FamRZ 1977, 323)로 Siehr, IPR, S. 4에 소개되어 있다.

대교인은 비유대교인과 혼인할 수 없다고 규정하고 있다고 한다. 그렇다면 우리 법원은 이 혼인을 허용하지 말아야 한 것인가 하는 문제이다. 물론, 법 규정대로 적용하면 이스라엘 남녀 간의 혼인은 허용되지 않는다. 그러나 유대교인은 비유대교인과 혼인할 수 없다는 이스라엘 혼인법 규정을 적용할 결과는 우리 헌법상 평등(차별금지)의 원칙에 위배된다. 따라서 제10조의 공서위반에 해당하므로 이스라엘 혼인법의 이 규정(이스라엘 혼인법 전부가 아님)의 적용을 배척해야 할 것이다.

II. 혼인의 형식적 성립요건(제36조 제2항)

1. 선택적 연결(제36조 제2항 본문)

혼인의 형식적 성립요건은 혼인의 방식을 의미한다. 혼인의 방식에는 혼인의 거행지법 또는 당사자 일방의 본국법에 의한다(제36조 제2항 본문). 따라서 혼인의 방식준거법도 국제사법에서 방식준거법이 흔히 그렇듯 선택적 연결을 취하고 있다. 나중에 형식적 요건에 불과한 혼인의 방식 때문에 혼인이 무효화되는 것을 막기 위해서이다. 그러나 혼인의 경우에는 방식준거법의 원칙(제17조)보다 요건을 더 완화하여 특별히 규정을 둔 것이다. 즉, 혼인거행지법 또는 국적이 다른 당사자들의 혼인에는 각 당사자의 본국법 중 어느 하나의 방식규정에 따라 유효하면 그 혼인의 방식은 유효하다. 이때, 지정되는 각 준거법은 외국법이 되더라도 그 외국의 국제사법이 아니라 실질법을 가리킨다. 선택적 연결에는 반정을 부정하는 것이 일반적 견해이기 때문이다(제9조 제2항 6호 참조).

여기서 형식적 성립요건인 방식이란「혼인 합의의 의사를 외부에 표시하는 방법」을 가리킨다. 어떤 혼인의 요건이 방식에 속하는지 아니면 내용에 속하는지에 대해서는 기능적 성질결정의 방법에 의해 판단해야 할 것이다. 따라서 우리 법의 혼인신고나 외국법의 공무원 면전에서 선언하기 또는 종교지도자 앞에서 서약하기 등은 모두 혼인의 방식에 속한다.

외국의 혼인제도에는 장갑혼인(Handschuhehe)이라고 불리는 흥미로운 제도가 있다. 이는 혼인이 성립하려면 혼인을 법적으로 인정해주는 주관자(이는 공무원일 수도 있고 종교지도자일 수도 있다) 앞에 혼인 당사자가 직접 나타나야 하는데, 당사자가 나올 수 없을 때에는 타인을 보내 이를 대신하는 제도이다. 우리 법원에서 혼인의 성립준거법으로 이 장갑혼을 허용하고 있는 국가의 법이 지정되었을 때에 이것이 혼인의 내용인지 아니면 혼인의 방식인지 문제로 될 수 있다. 혼인의 내용으로 보면 제36조 제1항이 적용될 것이고, 혼인의 방식으로 보면 제36조 제2항이 적용될 것이기 때문이다. 본래 이것은 혼인의 대리문제가 아닌가 해서 문제로 된 것인데, 일반적으로는 혼인 당사자를 대신하는 자가 혼인의 대리인이 아니라 단순히 혼인의사의 전달자라고 보아 장갑혼을 혼인의 방식으로 이해한다.[136)137)] 따라서 한국인 남녀가 장갑혼을 인정하는 국가에서 장갑혼을 행한 경우에는 혼인의 거행지법에 의한 방식으로서 그 혼인은 방식상으로 유효할 것이다. 더구나 미국에는 혼인에 방식을 요구하지 않는 주들도 있다(소위 「Common Law 혼인」이라고 한다). 만약 한국인 남녀가 미국의 이들 주에서 혼인을 하는 경우에는 혼인거행지법에 따라 무방식이어도 되므로 그 혼인은 방식상 유

---

136) Kegel/Schurig, IPR, S. 809.

137) 반면에, 아직도 종교법에는 부모가 자녀를 대신해 혼인계약을 맺을 수 있는 경우가 있는데 이는 진정으로 혼인을 대리하는 것이므로 혼인의 방식이 아니라 혼인의 실질적 성립요건에 해당한다고 본다.

효한 혼인이 된다.

2. 내국인조항(제36조 제2항 단서)

그러나 제36조 제2항 단서는 혼인 당사자의 일방이 한국인이고 한국에서 혼인을 하는 경우에는 한국법의 방식에 따르도록 하고 있다. 즉, 혼인신고(민법 제812조)를 해야 그 혼인이 유효하다는 것이다. 이를 「내국인조항」이라고 하는데, 그 목적은 한국에서 이루어지는 혼인의 경우에는 외국인과의 혼인이라 하더라도 한국인이 관여되어 있는 한 그 혼인 사항을 가족등록부에 공시하기 위해서이다. 그러나 이 규정은 문제가 없지 않다. 혼인의 성립문제는 보통 부양이나 상속 등 본문제의 선결문제로서 제기되는 경우가 많은데, 한국인이 포함된 이국적 부부의 경우에 혼인의 실질적 성립요건은 모두 충족되었고 부부 중 일방의 방식요건도 충족되었는데, 한국에서 혼인을 하면서 혼인신고를 하지 않았다는 이유로 나중에 부양청구권이나 상속권이 인정되지 않는다는 것은 너무 부당해 보인다.[138]

III. 결함 있는 혼인

앞에서 든 요건 중 어느 하나라도 충족하지 못한 소위 결함 있는 혼인에서는 국제사법적으로 크게 세 가지 문제가 제기된다. 첫째, 결함 있는 혼인의 효력 문제. 둘째, 결함 있는 혼인의 효력범위에

---

138) 결국, 잘못은 한국에서 혼인했다는 것이 될 것이다. 외국에서 혼인했다면 한국의 혼인신고 없이도 유효한 혼인이 될 가능성이 있었기 때문이다. 한국에서 한국인과 외국인 간의 혼인에 혼인신고를 유도하고자 한다면 굳이 이 내국인조항 말고 다른 방법을 사용하는 것이 더 좋을 것으로 생각한다.

관한 문제. 셋째, 준거법 변경 시에 결함 있는 혼인의 사후적 치유의 문제이다.

1. 결함 있는 혼인의 효력

결함 있는 혼인도 실질적 요건의 결함이 있는 경우와 형식적 요건의 결함이 있는 경우가 준거법이 다르므로 각각의 결함 있는 혼인의 효력에도 차이가 생긴다.

1) 실질적 요건의 결함인 경우

위에서 보았듯이 실질적 요건의 준거법은 각 당사자의 본국법이다(제36조 제1항). 따라서 실질적 요건을 충족하지 못해 결함 있는 혼인이 된 경우에 그 실질적 결함의 효력이 무효인지 취소인지 등에 관해서는 그 결함된 법에 의해 결정된다. 따라서 만약 이국적 남녀인 경우에는 각각의 본국법에 따라 일국은 무효이고 타국은 취소일 수도 있다. 이런 경우에는 배분적 연결의 특성상 "보다 엄한 법(das aergere Recht)"이 적용된다. 따라서 무효인 혼인이 된다. 배분적 연결은 결과적으로 양측의 법을 모두 적용하게 되므로 이런 결과가 나오는 것이다.

2) 형식적 요건의 결함인 경우

형식적 요건의 준거법은 혼인거행지법 또는 당사자 일방의 본국법이다(제36조 제2항). 따라서 어떤 법에 의하더라도 방식이 유효하지 않을 때 비로소 방식흠결의 혼인이 존재하게 된다. 만약 이국적 남녀인 경우에는 각 본국법과 혼인거행지법에서 방식흠결의 효과나 구제책이 다를 수 있다. 이런 경우에는 선택적 연결의 특성상 "보다 순한 법(das mildere Recht)"이 적용된다. 따라서 일국의 법이 무효이고 다른 일국의 법이 취소인 경우에는 무효혼인이 아니라 취소할 수 있는 혼인이 된다. 선택적 연결은 수혜원칙(Guenstigkeitsprinzip)을 기본정신으로 하므로 당사자에게 유리한 쪽으로 적용하는 것이다.

2. 결함 있는 혼인의 효력범위

결함 있는 혼인이 발생하면 그「주된 효과」는 혼인의 불성립이나 무효 등이 될 것이며, 이것이 혼인 성립의 준거법에 의한다는 데에는 이의가 없다. 문제는, 이 무효 등으로 인해 발생하는「부수적 효과」로서 부양청구권이나 성명, 친자관계 등도 변경될 텐데 이들의 준거법은 어떻게 되느냐 하는 것이다. 즉, 혼인 성립의 준거법에 의해 함께 해결할 것인지, 아니면 각각 해당 규정의 준거법(예컨대, 부양준거법이나 성명준거법 또는 친자관계의 준거법)에 의해 해결할 것인지 하는 문제이다. 결국, 성질결정의 문제로 되겠지만, 이것이 혼인 무효 등의 부수적 효과에 불과하다고 보면 혼인 성립의 준거법보다는 오히려 각각의 해당 준거법에서 판단하는 것이 옳아 보인다.

3. 결함의 사후적 치유

혼인 성립의 연결시점은 혼인 직전의 본국법이다. 따라서 혼인으로 인해 국적이 바뀌거나 또는 혼인 후에 국적을 바꾼다 하더라도 혼인 성립에는 영향이 없다. 그러나 혼인 성립 당시의 본국법으로는 혼인이 불성립 또는 무효였는데 이를 인식하지 못하고 혼인생활을 하는 경우가 종종 있다. 그러다 나중에 분쟁이 생겨 혼인의 불성립이나 무효가 확인되는데, 만약 혼인으로 또는 혼인 후에 국적이 바뀌어 변경된 본국법으로는 혼인이 유효로 된다면 어떻게 판단해야 할까? 당사자의 신뢰보호라는 차원에서 혼인을 무효로 하기보다는 유효로 하는 것이 옳을 것이다. 이것을 「결함의 사후적 치유」라고 부른다.

Ⅳ. 약혼

약혼이란 혼인할 것을 약속하는 당사자 간의 계약이다. 약혼에 대해 민법에는 규정이 있지만 우리 국제사법에는 규정이 없다. 이는 국제사법의 흠결이므로 학설과 판례에 의해 보충되어야 한다. 일반적으로 약혼은 혼인의 전 단계이고 또 실질법에서도 혼인과 함께 규율하고 있으므로 약혼의 준거법은 혼인에 관한 준거법을 준용하는 것이 타당할 것이다.

약혼에 대해서도 혼인과 마찬가지로 성립의 문제와 효력의 문제로 나누어지며, 성립문제도 실질적 성립요건과 형식적 성립요건으로 나누어진다. 먼저, 약혼의 실질적 성립요건은 혼인의 실질적 성립요건(제37조 제1항)과 마찬가지로 각 당사자의 본국법에 의할 것이다. 따라서 약혼하고자 하는 자들이 서로 다른 국적을 갖는 경우에 그들 본국법의 약혼 요건이 서로 다르다면 "보다 엄한 법(das aergere Recht)"이 적용될 것이다. 약혼의 형식적 성립요건도 혼인의 형식적 성립요건(제37조 제2항)과 마찬가지로 약혼거행지법 또는 당사자 일방의 본국법에 의할 것이다. 다만, 약혼에서는 신고가 요구되지 않으므로 내국인조항인 제37조 제2항 단서는 준용할 필요가 없을 것이다.

약혼의 효력에 대해서는 약혼의 강제이행이 불가능하므로(민법 제803조) 약혼의 주된 효력은 별로 의미가 없고, 문제는 주로 약혼의 파기에서 발생한다. 예컨대, 약혼 중 받은 증여물의 반환문제나 약혼파기로 인한 손해배상문제(민법 제806조)이다. 약혼의 성립문제도 주로 약혼파기의 선결문제로서 제기된다. 어쨌든, 약혼의 효력준거법으로는 혼인의 효력준거법(제37조)이 준용될 것이다. 따라서 일차적으로 양 당사자의 동일한 본국법이, 이차적으로는 양 당사자의 동일한 상거소지법이, 이것마저 없을 때에는 양 당사자와 가장 밀접한 관련을 가진 곳의 법이 약혼준거법으로 될 것이다. 혹시 약혼파기로 인한 손해배상을 국제사법상 불법행위로 성질결정한다 하더라도, 불법행위 규정의 종속적 연결(제32조 제3항)에 의하게 될 것이므로 준거법은 결국 약혼의 효력준거법과 동일하게 될 것이다.

§45 혼인의 일반적 효력

Ⅰ. 서론

혼인이 유효하게 성립하면, 다음으로 혼인의 효력이 문제로 된다. 이에 대해 국제사법은 세 개의 별도 규정을 두고 있다. 하나는 혼인의 일반적 효력 규정(제37조)이고, 둘은 부부재산제 규정(제38조)이며, 셋은 이혼 규정(제39조)이다. 이 중에서 혼인의 일반적 효력 규정인 제37조는 부부재산제와 이혼에 모두 준용되는 중요한 기준규정이 된다. 이 기준규정의 특징은 세 가지이다. 첫째, 남녀평등의 원칙에 입각해 있다. 따라서 부부의 일방이 아니라 부부 쌍방을 연결주체로 한다. 둘째, 공통적 연결을 지향한다. 따라서 부부의 동일한 본국법이나 부부의 동일한 상거소지법을 연결점으로 한다. 셋째, 단계적 연결로 구성된다. 공통적 연결에 의하게 되면 공통성의 결여로 인해 준거법이 존재하지 않을 수 있으므로, 이에 대비해 준거법이 존재할 수 있을 때까지 단계적으로 연결을 마련해두고 있다.

II. 규정(제37조)의 적용범위

혼인의 일반적 효력 규정인 제37조는 기본적으로 혼인의 효력에 대해 특별한 연결규정이 존재하는 경우를 제외하고는 혼인의 효력이면 모두 적용된다. 그러한 특별규정으로는 부부재산제 규정(제38조), 이혼 규정(제38조), 부부간의 부양규정(제46조)이 있다.[139]

그 외에는 모든 효력이 적용되므로 인적 효력뿐만 아니라 부부재산제에 속하지 않는 한 재산적 효력도 제37조가 적용된다. 따라서 예컨대 부부간의 의무(민법 제826조), 부부간의 일상가사대리권(민법 제827조)뿐만 아니라, 부부간의 일상가사채무의 연대책임(민법 제832조), 부부간의 생활비용(민법 제833조) 문제도 제37조의 적용대상이 된다.

이처럼 내국법에 존재하는 민법 규정의 성질결정 문제, 즉 이 민법 규정들이 국제사법상 어느 규정에 해당할 것인가를 결정하기도 쉽지 않지만, 더욱 어려운 것은 우리 법이 알지 못하는 외국법 규정들의 성질결정 문제이다. 예컨대, 외국법에는 부부간에 증여계약

---

139) 내국의 실질법상으로는 혼인의 일반적 효력문제일 수 있는 혼인으로 인한 행위능력의 확대(성년의제; 민법 제826조의2)도 현행 국제사법에서는 혼인의 일반적 효력의 준거법이 아니라 독자적인 행위능력 규정(제13조 제1항 2문)에 의해 판단한다.

을 금지하는 규정이나 또는 조합계약을 금지하는 규정이 있다고 한다. 이런 규정이 우리 법원에서 문제로 되었을 때에는 이 규정들이 우리 국제사법상 혼인의 일반적 효력에 해당하는지 아니면 부부재산제에 해당하는지 아니면 다른 쪽(예컨대, 계약)에 해당하는지를 우리 법원이 결정해야 하는 것이다.

제37조의 적용범위에서 논란의 여지가 있는 것은, 혼인으로 인한 성명의 변경문제가 혼인의 일반적 효력에 속하는 것인지 아니면 독자적으로 성명준거법에 의해 판단할 것인지 하는 것이다. 우리 법에는 아직 성명준거법에 대한 규정이 존재하지 않기 때문에 더욱 문제가 된다. 아직 규정은 없지만 성명준거법은 원칙적으로 당사자의 본국법에 의하는 것이 옳다고 보는 필자의 입장에서는, 혼인으로 인한 성명변경이 문제로 되는 경우에 그 준거법은 원칙적으로 당사자의 본국법이지 혼인의 효력준거법에 의하지 않는다고 본다.

III. 준거법

제37조의 준거법은 3단계로 구성되어 있으며, 연결시점은 혼인 성립 시로 고정하지 않고 변경주의에 의하고 있다. 즉, 연결시점은 사안마다 제기되는 문제의 발생시점이 기준이 된다.

단계적 연결의 첫 번째는 부부의 동일한 본국법이다. 만약 부부의 일방 또는 쌍방이 복수 국적자인 경우에는 각자의 본국법은 먼저 제3조 제1항을 통해 결정되어야 한다. 그 결과, 각자의 본국법이 동일하면 그것이 동일한 본국법이 된다. 만약 부부가 동일한 국적을 가졌지만 그 국가가 다수법국인 경우에는 어떻게 될까? 그 국가에 통일된 국제사법이 존재한다면(예컨대, 스페인) 그 통일법을 동일한 본국법으로 볼 수 있지만, 통일된 국제사법이 없다면(예컨대, 미국) 제3조 제3항에 의해 본국법을 결정한 후에 동일한 본국법의 존재 여부를 판단해야 할 것이다.

첫 번째 단계에서 만약 부부의 동일한 본국법이 존재하지 않는다면, 다음 단계인 부부의 동일한 상거소지법에 의한다. 만약 부부의 동일한 상거소지법도 존재하지 않는 경우에는, 마지막으로 부부와 가장 밀접한 관련이 있는 곳의 법에 의한다. 이때, 명시적인 언급은 없지만 공통성을 지향한다는 기본원칙상 부부와 공통적으로 가장 밀접한 관련이 있는 곳의 법이 될 것이다. 이는 결국 사안의 모든 상황을 검토하여 결정될 것이다. 그러나 발생할 수 있는 가능한 예를 들면 다음과 같다. 부부에게 동일한 본국법도 동일한 상거소지법도 없다는 전제하에서, 부부가 동일한 본국법을 가졌다가 일방이 국적을 변경하였지만 타방은 여전히 그 국적을 가지고 있는 경우에는 이전의 그 동일한 본국법, 부부가 동일한 상거소를 가지고 있다가 일방의 상거소가 변경되었지만 타방은 여전히 그 상거소를 가지고 있는 경우에는 이전의 그 동일한 상거소지법, 부부가 동일한 상거소를 가지고 있다가 일방의 상거소가 변경되었지만 부부 중 일방의 국적이 그 상거소지에 존재하는 경우에는 이전의 그 동일한 상거소지법 등이 부부와 공통으로 가장 밀접한 관련이 있는 곳의 법이 될 가능성이 있을 것이다.

Ⅳ. 기타 문제

1. 예외조항(제8조)

첫 단계에서 동일한 본국법으로 결정된 준거법이 해당 법률관계와 근소한 관련이 있을 뿐이고 가장 밀접한 관련을 가진 다른 국가의 법이 존재하는 경우에, 동일한 본국법을 배제하고 그 다른 국가의 법을 적용할 수 있을까? 그것도 여기서 가장 밀접한 관계를 가진 법이 둘째 단계인 동일한 상거소지법이 되는 경우에도 가능할까?

필자는 국제사법 총칙에서 제8조의 예외조항을 두고 있는 우리 법에서는 가능할 수도 있다고 본다. 예컨대, 한국 남자가 한국 및 외국의 복수 국적을 가진 여자와 혼인하여 그 외국에 함께 상거소를 두고 살고 있는 경우에 혼인의 일반적 효력이 문제 되어 한국 법원에 소가 제기되었다고 하자.140) 이때, 준거법은 제37조 1호 및 제3조 제1항 단서에 의해 한국법으로 결정된다. 그러나 이때는 한국법보다는 함께 상거소를 두고 살고 있는 곳의 법이 이 부부간의 법률관계에 가장 밀접한 관련이 있는 것이 명백한 것은 아닐까? 물론, 이 문제는 제3조 제1항 단서가 태생적으로 갖고 있는 문제점 때문에 발생한 것이긴 하지만, 제8조인 예외조항의 요건을 엄격히 해석할 것인지 아니면 보다 유연하게 해석할 것인지에 따라 결론이 달라질 것이다. 필자는 후자의 해석론을 지지한다고 앞에서 이미 언급하였다.

2. 반정(제9조)

제37조에는 반정이 인정된다. 따라서 첫 단계인 본국법이든, 둘째 단계인 상거소지법이든 그 법이 외국법인 경우에는 우선 그 외국의 국제사법을 적용해야 한다. 그러면 마지막 단계인 부부에게 가장 밀접한 관련이 있는 곳의 법인 경우에는 어떻게 될까? 이 경우에도 특별히 반정을 부정해야 할 이유는 없어 보인다. 더구나 더 밀접한 준거법이라고 본 첫째 단계와 둘째 단계에서도 반정을 인정

---

140) 이 예는 Kropholler, IPR, S. 347에 제시된 것을 우리에게 맞게 변형한 것이다.

했는데 셋째 단계에 와서 반정을 부정하는 것은 타당하지 않아 보인다.

3. 공서(제10조)

혼인의 일반적 효력에 대해 준거법인 외국법 적용의 결과로 공서 문제가 나타나는 경우는 많지 않을 것이다. 그러나 준거법인 그 외국법의 규정에 부부 중의 일방, 특히 여자에게만 지나치게 불평등한 부부간의 의무규정을 두고 있다면 이 규정의 적용으로 우리의 공서에 반하는 결과가 나타날 수도 있을 것으로 본다.

§46 부부재산제

I. 서론

국제부부재산제의 규정인 제38조는 세 가지로 나뉘어 있다. 준거법의 객관적 연결(제1항), 주관적 연결(제2항), 그리고 거래보호 규정(제3항과 제4항)이다. 이 규정의 특징은 부부재산을 통일적으로 규율한다는 점이다. 즉, 부동재산과 동적 재산[141]을 구별하지 않고

---

141) 우리는 부부재산이나 상속재산을 보통 부동산과 동산으로 구분하지만 엄밀하게는 부동재산과 동적 재산으로 구분해야 할 것이다. 이 재산 개념은 총괄재산을 의미하므로 물건인 부동산과 동산 외에 채권과 채무도 포함하고 있기 때문이다. 개념 정의상 부동재산이 아니면 모두 동적 재산이 되는데, 부동재산이란 보통 부동산을 기초로 한 재산이므로 이를 부동산이라고 이해해도 크게 차이는 나지 않을 것이다. 따라서 우리 법 규정(제38조 제2항 3호와 제49조 제2항 2호)이 그렇게 쓰고 있듯이 부동산이라는 용어도 부동재산과 같은 의미로 사용하기로 한다.

모두 함께 일원적으로 준거법을 연결한다. 그 결과, 한국에 있는 부동산에 외국법이 적용될 수도 있고, 외국에 있는 부동산에 한국법이 적용될 수도 있다. 그러나 우리 법에서도 예외적이긴 하지만 부동재산과 동적 재산의 준거법이 분할되어 적용되는 경우가 없지 않다. 첫째로 반정에 의해서(예컨대, 지정된 외국의 국제사법이 부동재산과 동적 재산을 분리하여 준거법을 정하고 있는 경우), 둘째로 준거법선택에 의해서(즉, 제37조 제2항 3호에 의해)이다.

II. 준거법

부부재산제의 준거법은 객관적 준거법과 준거법선택으로 나누어진다. 선택된 준거법이 있으면 이것이 우선하고, 준거법선택이 없거나 있었어도 무효가 되면 객관적 준거법이 적용된다. 양자의 기본적인 차이는, 준거법선택의 경우에는 반정이 부정되는 데 반해(제9조 제2항 1호) 객관적 준거법의 경우에는 반정이 인정된다는 점이다(제9조 제1항).

1. 객관적 준거법

부부재산제의 준거법에 대해서는 우선, 부부간에 아래에서 언급할 준거법선택이 존재한다면 그 준거법에 의하지만, 존재하지 않는다면 객관적으로 준거법이 결정된다. 부부재산제의 객관적 준거법은 제37조의 혼인의 일반적 효력의 준거법을 준용한다(제38조 제1항). 따라서 일차적으로는 부부의 동일한 본국법이고, 이차적으로는 부부의 동일한 상거소지법이며, 마지막으로 부부와 가장 밀접한 관련이 있는 곳의 법이 된다. 이에 대한 자세한 내용은 제37조에서 설명한 것과 동일하므로 그곳을 참조하기 바란다.

더구나 부부재산제에서도 준거법의 연결시점은 변경주의를 취하고 있다. 따라서 부부의 국적이나 상거소가 변경되면 부부재산제의 준거법이 자동적으로 변경될 수 있다. 이것이 변경주의의 문제점이긴 하지만, 부부재산제를 과거의 법에 고정시키지 않고 변화된 현재의 밀접관련지법에 따르게 한다는 점에서 장점이 있다. 더구나 부부재산제와 혼인의 재산적 효력의 구분이 쉽지 않은 경우에 양자의 준거법이 일치하면 굳이 양자를 구별하고자 애쓸 필요가 없다는 장점도 있다.

2. 준거법의 선택

1) 준거법선택의 개관

부부재산제에서 준거법선택을 인정하는 이유는, 민법에서도 부부가 부부재산계약을 맺어 스스로 재산관계를 형성할 수 있도록 하는 것(민법 제829조)처럼 국제사법에서도 부부가 자기들의 생활관계나 재산관계에 적합한 부부재산제도를 스스로 결정할 수 있도록 해주기 위해서이다. 더구나 부부재산제에서 준거법선택은 우리 법의 변경주의에서 나오는 문제점을 제거하여 준거법의 고정성을 확보할 수 있게 해주며, 또한 앞에서 보았듯이 부부간에는 부부재산제와 상속이 서로 밀접한 관련을 갖기 때문에 양자의 준거법을 일치시킬 수 있는 장점도 있다.

준거법선택은 부부의 합의에 의하며 그런 합의는 언제나 가능하다. 혼인 중뿐만 아니라 혼인 전에도 가능하지만 이때에는 준거법선택의 효력이 혼인이 성립한 후에 발생할 것이다. 혼인 중에 준거법을 선택할 때에는 그 효력은 장래효이지 소급효는 인정되지 않는다.

그 결과, 혼인 중의 부부재산제는 준거법을 선택하기 전에는 객관적 준거법이 적용되고 준거법을 선택한 후에는 선택된 준거법이 적용된다. 다만, 그 선택된 준거법에서 소급효를 허용하고 있다면 부부재산제의 소급이 가능할 것이다.[142] 또한 준거법의 변경이나 취소도 언제나 가능하다. 준거법을 변경하면 그 전에 선택된 준거법은 효력을 잃고, 취소하면 그때부터 객관적 준거법이 적용될 것이다.

준거법선택의 방식은, 서면으로 하고 그 안에 일자와 부부의 기명날인 또는 서명이 있어야 한다(제38조 제2항 단서). 준거법선택을 명확히 하고자 요구하는 요건이다. 그러나 이때 주의할 점이 있다. 준거법선택의 합의는 종종 부부재산계약(또는 혼인계약이라고도 한다)에서 함께 행해지므로 양자가 구분되지 않을 수도 있지만, 엄격하게 보자면 「부부재산계약」과 「준거법선택의 합의」를 구분해야 한다는 것이다. 물론, 이렇게 구분한다 하더라도 양자에 적용되는 준거법은 모두 선택된 준거법이 될 것이다. 그러나 방식문제에서는 조금 다르다. 제38조 제2항에 규정된 방식은 준거법선택을 합의하는 방식에 대한 규정일 뿐 부부재산계약의 방식에 대한 규정은 아니라는 것이다. 따라서 부부재산계약의 방식은 원칙적으로 방식준거법의 규정에 따른다고 한다면, 제17조에 의해 부부재산계약의 준거법(이는 선택된 법이 될 것이다)의 방식 또는 부부재산계약의 체결지의 방식 중 어느 하나의 요건을 충족하면 될 것이다.[143]

---

142) 이탈리아 실질법에서는 부부재산제의 소급적 적용이 가능하다고 한다(Kropholler, IPR, S. 355, 주 35 참조).

143) 이 내용의 차이를 예를 들어 설명하면 다음과 같다. 한국인 부부가 독일에 상거소를 두고 살면서 부부재산계약을 맺고 그 내용을 독일의 부부재산공유제에 의하기로 했다고 하자. 이 부부재산계약은 부부가 일단 상거소지법을 준거법으로 선택하고 다음으로 그 상거소지법에 의한 부부재산제를 선택한 것으로 해석될 것이다. 그러나 독일의 부부재산계약은 독일 실질법상 공증을 받아야 유효한 것으로 되어 있는데 이들 부부는 서면으로만 작성하고 공증은 하지 않았다고 하자. 이들의 부부재산제가 한국 법원에서 문제로 된 경우에 한국 법원은 일단 제38조

2) 준거법선택의 대상

부부재산제에 적용될 수 있는 준거법선택의 대상은 제한되어 있다. 부부 중 일방의 국적국법 또는 부부 중 일방의 상거소지법, 그리고 부동산에 관한 부부재산제에 대하여는 그 부동산의 소재지법이다(제38조 제2항). 따라서 복수 국적자인 경우에는 어느 국적국법이나 선택이 가능하다. 또 전자의 두 가지 선택대상(국적국법 또는 상거소지법)에 대해서는 그중 하나만 선택해야 하지만, 부동산의 경우에는 전자의 두 가지 중 어느 것과 함께 선택할 수도 있다. 더구나 객관적 준거법이 본국법이나 상거소지법이 되더라도 그 본국법이나 상거소지법의 선택이 가능할 뿐만 아니라 거기에는 나름대로 커다란 차이도 있다. 예컨대, 객관적 준거법인 경우에는 반정이 인정되는 데 반해, 본국법이나 상거소지법을 준거법으로 선택한 경우에는 반정이 인정되지 않는다(제9조 제2항 1호).

특히, 부동산에 대해 별도로 준거법선택의 대상으로 한 이유는, 한국에 있는 부동산에 대해 부부재산제의 객관적 준거법이 외국법인 경우에 부동산 소재지법인 한국법을 선택할 수 있게 하면 법적용이 용이해지며, 반대로 외국에 있는 부동산에 대해서도 객관적 준거법이 한국법이더라도 부동산 소재지법인 외국법을 선택할 수 있게 하면 종종 외국의 국제사법이 부동산에 대해서는 부동산 소재지법을 규정하므로 한국에서 내린 판결을 승인 및 집행하기 용이해

제2항 2호에 따라 상거소지법의 준거법선택은 방식요건도 충족되었으므로 유효로 인정할 것이다. 그다음에, 선택된 준거법인 독일 실질법을 적용해야 하는데 독일법에서 부부재산계약은 공증을 받아야 유효한데 공증을 받지 않았으므로 부부재산계약은 효력이 없다(부부재산계약의 체결지에 의한다 해도 체결지가 독일이므로 결과는 같다). 그런데 위에서 설명한 것처럼 부부재산계약과 준거법 합의는 별개이므로 부부재산계약은 무효이지만 준거법선택 자체는 유효로 된다. 따라서 선택된 준거법인 독일 실질법을 적용한 결과 그 부부재산계약은 공증이 없어서 무효가 되므로, 결국 독일의 법정부부재산제로 가게 되어 독일의 법정부부재산제인 부가이익공동제를 한국 법원은 적용하게 될 것이다.

지기 때문이다.

그러나 부동산에 대한 준거법선택에 관해서는 몇 가지 문제가 있다. 첫째, 여기서 부동산 개념은 어느 법에 따라 판단할 것인가 하는 것이다. 부동산의 종류와 범위는 각국마다 다르기 때문이다. 우리의 법 규정이므로 우리 실질법에 따라 판단한다고 볼 수도 있고, 부동산 소재지법에 따라 판단한다고 볼 수도 있다. 필자는 후자처럼 부동산 소재지법, 즉 부동산 소재지의 실질법에 따라 판단하는 것이 타당하리라 본다. 이렇게 하면 어느 국가의 법원에서나 동일하게 판단을 내릴 수 있게 되며(국제적 판단일치), 또 부동산의 종류와 범위에 대해 그 부동산의 소재지법이 인정해야 승인 및 집행도 용이하다고 보기 때문이다. 둘째, 여기서 부동산에는 일국에 있는 모든 부동산에 대해서만 준거법선택이 가능한지 아니면 개별 부동산에 대해서도 준거법선택이 가능한지 하는 것이다. 특별한 언급이 없는 한 당사자자치에 맡기는 것이므로 개별 부동산에 대해서도 준거법선택이 가능하다고 본다. 따라서 일국에 소재하는 어느 부동산에 대해서만 그 소재지법으로 준거법을 선택하고 나머지 부동산은 객관적 준거법에 의할 수도 있을 것이다.

3. 거래보호

부부재산제는 재산적 성격을 가지므로 이들 부부와 거래하는 제3자에게도 영향을 줄 수 있다. 특히, 한국에 소재하는 이들 부부의 재산에 대해 한국에서 거래행위가 이루어지는 경우에 부부재산제의 준거법이 한국법이라면 문제가 없지만, 그 준거법이 외국법일 경우에는 거래하는 제3자에게 예기치 않은 불이익을 줄 수 있다. 이런 경우에 제3자를 보호하기 위해 규정을 둘 필요가 있는데 그것이 제

38조 제3항과 제4항이다.

그러나 제38조 제3항과 제4항은 다음과 같이 나누어진다. 먼저, 부부재산제의 준거법이 준거법선택에 의하든 객관적 연결에 의하든 외국법이 된다는 전제하에서, 이 준거법에 따라 부부재산계약이 체결되었고 그 부부재산계약을 한국에서 등기한 경우에는 한국에서 이들 부부와 거래행위를 한 제3자를 굳이 보호할 필요는 없다. 외국법에 의한 부부재산제라도 한국에서 공시되어 있기 때문이다. 이런 내용의 규정이 제38조 제4항이다.

그러나 외국법에 따라 부부재산계약을 체결했으나 한국에서 등기하지 않았거나 또는 외국법에 의한 법정부부재산제처럼 한국에서 등기하기 어려운 경우에는 이들 부부와 한국에서 거래행위를 하는 선의의 제3자는 보호할 필요가 있다.144) 따라서 한국에서 행해진 법률행위 및 한국에 있는 재산에 관하여는 외국법상의 부부재산제 규정을 주장하는 부부에 대해 거래상대방인 선의의 제3자가 이에 대해 항변할 수 있도록 했다. 이때, 그 항변이 인정받아 제3자와의 관계에서 외국의 부부재산법을 적용할 수 없게 된 때에는 한국의 부부재산법을 적용하도록 하였다. 이것이 제38조 제3항의 내용이다.

이 규정은 내국거래를 보호하는 내용으로 규정되어 있으나, 외국에서의 거래에 대해서도 유추적용할 수 있을 것으로 본다. 즉, 일면적 저촉규정인 이 규정은 전면적 저촉규정으로 확대하여 해석하는 것이 가능할 것으로 본다.

---

144) 이때 선의는 그러한 사실을 단순히 몰랐다는 것만으로는 부족하고, 몰랐지만 무과실 또는 경과실로 모른 경우에만 해당한다고 해석하는 것이 합리적일 것이다. 중과실로 모른 경우까지 보호할 필요는 없다고 보기 때문이다.

4. 부부재산계약의 준거법

우리 실질법에서는 부부별산제를 원칙으로 하며 또 부부재산계약은 법적으로 인정되어 있음에도 불구하고 별로 행해지지 않아서 부부재산계약의 문제가 크게 부각되지 않는다. 그러나 외국에서는 부부간에 부부재산계약(또는 혼인계약)을 체결하는 것이 일반적인 현상이다. 따라서 실제로 부부재산제의 국제사법적 문제는 주로 이 부부재산계약(또는 혼인계약)의 준거법이 무엇이냐 하는 문제로 제기되므로 여기서 간단히 언급하고 넘어가기로 한다.

일단 부부재산계약의 준거법은 부부재산제의 준거법에 따른다. 부부재산계약 역시 부부재산제의 일부이기 때문이다. 따라서 준거법선택이 행해진 경우에는 그 선택된 법이, 그러한 법이 없을 때에는 부부재산계약 체결시점의 부부재산제의 객관적 준거법이 부부재산계약의 준거법이 된다. 이 부부재산계약의 준거법은 부부재산계약이 허용되는지 아닌지, 언제 허용되는지(예컨대, 혼인 전에만 가능한지, 혼인 중에도 가능한지), 어떤 내용을 가질 수 있는지(예컨대, 사인처분의 내용이 가능한지), 특별한 행위능력이 요구되는지, 특별한 유효요건이 필요한지(예컨대, 후견 법원에 의한 동의), 특별한 방식(예컨대, 공증)을 요구하는지 등을 결정한다.[145]

---

145) 이렇게 보면 외견상 부부재산계약의 준거법과 부부재산제의 준거법을 구분할 필요가 없어 보인다. 그러나 연결시점에서는 양자가 차이가 있는 것으로 필자는 본다. 예컨대, 부부재산계약은 부부재산계약의 체결시점의 준거법에 의해 판단하고, 부부재산제는 부부재산제의 문제가 발생한 당시의 준거법으로 판단할 것이다. 따라서 양자의 시점 사이에 부부의 국적이나 상거소가 변경되었다면 준거법은 서로 달라질 것이다.

Ⅲ. 준거법의 적용범위

부부재산제는 혼인의 재산적 효력의 일종이지만 부부간의 특별한 재산제도이다. 이러한 부부재산제의 준거법 규정인 제38조가 적용되는 예로는, 혼인 중인 남녀 간의 재산을 특별히 취급하는 규정과 더 나아가 혼인 해소 시 부부간의 재산을 청산하는 규정들이 여기에 속한다.[146][147] 따라서 혼인의 재산적 효력이라 하더라도 일상가사채무에 대한 부부의 연대책임(민법 제832조)이나 부부의 생활비 부담(민법 제833조) 같은 문제는 모든 혼인에 적용되는 개별적 문제이므로 부부재산제가 아니라 혼인의 일반적 효력으로 성질결정 할 것이다.

일방 배우자의 사망 시에 나타나는 잔존배우자의 재산분할 문제도 이것이 상속준거법에 속하는 것인지 아니면 부부재산제에 속하는 것인지 구분이 쉽지 않을 때가 있다.[148] 혼인 중에 부부가 공동으로 형성한 재산을 특별하게 다루어 청산하는 것이라면 부부재산제로 성질결정 할 것이고, 이와 관계없이 단순히 배우자인 피상속인과 잔존배우자의 긴밀한 결속관계에 근거해 피상속인의 재산이 잔존배우자에게 분배되는 것이라면 상속으로 성질결정 할 것이다.[149]

또 특별재산에서는 항상 문제가 되는 것이지만, 부부재산이라는 특별재산은 그 재산을 이루는 개개 대상물에 적용되는 법과 조화를 이루어야 한다. 따라서 일정한 범위에서는 개별 대상물에 일반적으

---

146) 독일의 통설과 판례이다.

147) 따라서 우리 법의 이혼 시 재산분할청구 규정(제839조의2와 제839조의3)은 이혼으로 성질결정되는 것이 아니라 부부재산제로 성질결정될 것이다.

148) 우리 민법은 부부별산제가 원칙이기 때문에 잔존배우자의 재산분배는 주로 상속으로 성질결정 할 것이며 그래서 크게 문제가 되지는 않을 수도 있다. 그러나 다양한 부부재산제를 두고 있는 외국법이 준거법으로 되는 경우에는 이러한 문제가 발생할 것이다.

149) Kegel/Schurig, IPR, S. 853 f.

로 적용되는 법(개별준거법)이 특별재산에 총괄적으로 적용되는 법
(총괄준거법)에 앞서게 된다. 이를 보통 "개별준거법은 총괄준거법
에 우선한다"고 표현한다. 개별준거법과 조화되지 않는 총괄준거법
은 그 효력이 제한된다는 얘기이다. 예컨대, 부부재산제의 준거법
은 부부의 합유를 규정하지만 개별 대상물의 준거법은 공유만을 인
정하고 있는 경우나, 부부재산제의 준거법은 남편 재산에 대한 처
의 법정저당권을 규정하고 있으나 개별 대상물의 준거법은 약정저
당권만 인정하고 있다면 개별준거법의 효력이 우선하고 총괄준거법
의 효력은 뒤로 물러나게 된다. 그러나 이러한 상황은 오히려 예외
적인 것이므로 준거법 적용 시에 주의해야 한다는 사실에 대해서는
앞에서 이미 언급하였다.[150]

§47 이혼

I. 서론

국제이혼에 관한 규정인 제39조에서 이혼 개념은 넓게 이해되어
야 한다. 「혼인의 결속관계를 장래를 향해 해소시키는 기능」을 한
다면 우리 법이 모르더라도 제39조의 이혼에 해당하기 때문이다.
따라서 합의이혼이나 재판이혼뿐만 아니라, 이슬람국가의 「일방적
인 부인추방」(아랍어로 talaq이라고 한다)도 이혼에 해당한다. 또
우리 법의 사실혼의 해소도 제39조의 이혼에 해당하며, 단순한 동
거관계도 실질법에서는 채권법적 관계로 이해하지만 국제사법에서

---

150) 앞에서 설명한 물권준거법(「§33 물권」)에서 총괄준거법에 관한 설명 참조.

는 가족법적 관계로 이해할 여지도 있다고 보며 따라서 이때에는 동거관계의 종료도 이혼에 해당하는 것으로 보아야 할 것이다. 더구나 우리 법이 모르는 외국의 별거제도는 혼인적 결속관계의 「해소」가 아니라 단지 「완화」를 가져올 뿐이지만 이혼에 준하는 것으로 본다. 그러나 혼인의 무효나 취소는 혼인의 해소문제가 아니라 혼인의 성립문제에 해당하므로 제39조가 아니라 제36조의 혼인의 성립 규정에 의해 판단해야 할 것이다.

II. 이혼준거법

이혼준거법은 혼인의 일반적 효력의 준거법을 준용하고 있다(제39조 본문). 따라서 일차적으로는 부부의 동일한 본국법이 되고, 이차적으로 부부의 동일한 상거소지법이 되며, 마지막으로 부부와 가장 밀접한 관련이 있는 곳의 법이 된다. 여기서도 반정은 혼인의 일반적 효력에서와 마찬가지로 인정된다. 이처럼 준거법상 혼인의 일반적 효력과 이혼을 연결시킨 이유는, 혼인 중인 부부간의 의무와 그 위반의 결과는 내용적으로 서로 연결되어 있다고 보았기 때문이다.[151]

그러나 부부 중 일방이 한국인으로 한국에 상거소를 두고 있는 경우에는 이혼준거법으로 한국법이 우선한다(제39조 단서). 이는 「내국인조항」으로서 일차적인 목적은 특히 협의이혼의 경우에 준거법의 세 번째 단계(즉, 이국적 부부이면서 서로 다른 상거소를 두고 있는 경우)[152]에서 가장 밀접한 관련을 가진 법을 결정해야

---

151) 우리 법(민법 제840조)에서도 부부간의 정조, 협력, 동거의무의 위반은 재판상의 이혼사유가 된다.

152) 부부 중 일방이 한국인으로서 상거소를 한국에 두고 있는 경우이므로, 첫 번째 단

하는데 일반인이든 법률가든 이것이 쉽지 않으므로 그 준거법의
결정을 용이하게 해주기 위한 것이었다. 그러나 여기에는 이혼 부
부 중 일방이 한국인이며 동시에 상거소를 한국에 두고 있으므로
준거법의 제3단계인 가장 밀접한 관련을 가진 법은 보통 한국법
이 될 것이라는 예상도 들어가 있다.

　이혼준거법의 연결시점은 규정에 언급이 없다. 그러나 일반적으
로 이를 우리 법은 고정주의(불변경주의)를 배척하고 변경주의를
취한 것이라고 설명한다.[153] 사실 이혼준거법의 연결시점이 고정주
의인가 변경주의인가의 차이는, 재판이혼의 경우라면 이혼소송의
제기 시점과 사실심 변론 종결의 시점 사이에 부부들의 국적이나
상거소가 변경되는 경우에 발생한다. 고정주의에 의한다면 연결시
점은 소제기 시점으로 고정되므로 이후의 국적이나 상거소의 변경
을 고려할 수 없게 된다. 이에 반해, 변경주의에 의한다면 소제기
시점 이후의 국적이나 상거소의 변경을 고려할 수 있어서 보다 밀
접한 관련을 가진 준거법을 결정할 수 있게 된다(이혼의 경우 상거
소의 변경은 자주 나타날 수 있다). 따라서 변경주의에 장점이 있
는 것은 분명하다. 그러나 반면에 단점도 있는데, 소제기 이후에도
연결점의 의도적 조작을 통해 자기에게 유리한 법을 적용받거나 또
는 불리한 법의 적용을 회피할 가능성이 커지며, 또 의도하지 않았
다 하더라도 소제기 이후나 이혼신청 이후에도 준거법이 변경될 수
있어서 준거법의 결정에 불확실성이 높아진다는 점이다. 어쨌든,
특별한 사정이 없는 한 보통은 재판이혼의 경우에는 소제기 시점,
합의이혼의 경우에는 이혼신청 시점에서 준거법은 판단될 것이다.

　계인 부부의 동일한 본국법인 경우와 두 번째 단계인 부부의 동일한 상거소지법에
서는 문제가 없다. 왜냐하면 이 경우에 첫 번째 단계에 해당한다면 준거법이 한국
법이 될 것이고, 두 번째 단계에 해당하는 경우에도 준거법은 한국법이 될 것이기
때문이다. 따라서 어려운 준거법의 결정 문제는 세 번째 단계에서 나타나게 된다.

153) 법무부, 『국제사법 해설』, 141면.

다만, 그 이후에도 국적이나 상거소 등이 바뀌는 경우에는 우리 법은 이를 고려하여 준거법의 변경이 가능하다고 보면 될 것이다.[154]

III. 이혼준거법의 적용범위

이혼준거법은 이혼의 요건과 효과에 모두 적용되는 것이 원칙이다. 그러나 이 양자 간에 차이가 존재하므로 아래에서는 양자를 구분하여 설명하기로 한다.

1. 이혼의 요건

이혼이 허용되는지 아닌지, 어떤 사유로 이혼이 인정되는지, 별거가 인정되는지 아닌지, 별거의 요건은 무엇인지, 이혼에 유책성이 요구되는지 아닌지, 그 유책성은 어떤 효과를 낳는지 등은 모두 이혼준거법에 의한다.

이혼에 앞서 혼인이 존재하는지의 여부는 이혼의 선결문제로서 이혼준거법과 별개로 제36조의 혼인의 성립 규정에 의한다(독립적 연결). 따라서 본문제인 이혼의 준거법과 선결문제인 혼인성립의 준거법이 달라질 수 있으며, 이때 어려운 조정문제 또는 적응문제가 제기될 수 있을 것이다.

---

154) 입법적으로는 일단 고정성(이혼소송 제기 시점 또는 이혼 신청시점)을 확보해주고, 우리 법에 존재하는 예외조항(제8조)을 통해 그 고정성에서 나오는 문제점을 해결하는 것도 하나의 방법이었을 것으로 생각한다.

2. 이혼의 효과

이혼의 효과도 두 가지로 나누어진다. 먼저, 이혼의 주된 효과이다. 혼인의 해소가 그것인데 이는 당연히 이혼준거법에 의한다.

그러나 이혼의 부수적 효과는 보통 별도의 규정에 의해 다루어진다. 예컨대, 이혼으로 인한 부부간의 재산청산 문제는 부부재산제의 준거법(제38조)에 의하고, 이혼으로 인한 친자간의 문제는 친자간의 법률관계의 준거법(제45조)에 의하며, 이혼으로 인한 부양문제는 부양준거법(제46조 제2항; 그러나 이 부양준거법 규정에 의해서 이혼 부부간의 부양은 이혼준거법에 의하게 된다)에 의한다. 아직 규정은 없지만 이혼으로 인한 성명 변경의 문제에 대해서도 이혼준거법이 아니라 별도의 성명준거법에 의한다고 볼 것이다. 다만, 유책배우자의 「이혼으로 인한 위자료 문제」나 외국법에 존재하는 「이혼으로 인한 부부간의 증여계약의 철회」 등은 이혼의 부수적 효과이지만 이에 대해 별도의 규정이 없다는 점과 또한 이들 문제와 이혼과의 밀접한 관계를 고려하면 이혼준거법에 의한다고 보는 것이 옳을 것이다.

제2절 친자관계

우리 국제사법에서 친자관계의 법률관계는 크게 친자관계의 성립(제40조 내지 제44조)과 친자관계의 효력(제45조)으로 나누어진다. 그중 특히 친자관계의 성립은 다시 친생자관계(제40조 내지 제42조)와 양친자관계(입양; 제43조)로 나누어지며, 그중에서도 친생자관계의 성립은 혼인중의 친자관계의 성립(제40조)과 혼인 외의 친자관계의 성립(제41조와 제42조)으로 나누어진다. 다시 혼인 외의 친자관계의 성립은 기본원칙(제41조 제1항)과 인지(제41조 제2항)로 나누어진다. 그 외의 특수한 모습으로는 인지와 혼인이 결합된 준정(제42조)이 있다.

한편, 혼인 외의 친자관계의 성립과 입양의 성립의 경우에 그 자녀를 보호하고자 자녀나 제3자(부, 모, 법원, 행정기관 등)의 동의를 요구하는 국내법들이 존재한다. 그러나 혼인 외의 친자관계든 입양이든 우리 국제사법은 어느 경우에도 당사자인 자녀의 본국법을 연결점에서 배제하고 있으므로 본국법에 따른 그들의 보호가 미흡할 수 있다. 이를 방지하고자 제44조에서 동의 규정을 두어 자녀나 제3자의 동의에 관해서는 자녀의 본국법을 중첩적으로 적용하도록 하고 있다. 그럼으로써 자녀의 본국에서 친자관계의 성립을 승인받기 쉬워진다는 장점도 있다. 반면에, 중첩 적용으로 인해 친자관계의 성립이 오히려 어려워진다는 문제가 생기기는 할 것이다.155) 그러나 특히 주의할 점은, 여기서 자녀의 본국법은 본국의

---

155) 그래서 독일 국제사법(EGBGB) 제23조(동의 규정; 제1문은 우리 국제사법 제44조와 유사)에는 추가로 제2문을 두고 있다. 이 내용은 "자녀의 복리를 위해 필요한 한도에서 그 법(동의의 준거법인 자녀의 본국법)에 갈음하여 독일법이 적용된다"는 것이다. 자녀를 보호하기 위해 둔 동의 규정이 오히려 자녀의 이익을 해칠 때(예컨대, 친자관계가 성립해야 자녀에게 부양청구권이나 상속권이 인정될 수

실질법으로 보아야 한다는 것이다. 이는 자녀를 보호하기 위한 규정이므로, 본국의 실질법이 직접 적용되어야 하며 반정을 인정하는 것은 이 규정의 지정 취지에 반하기 때문이다(제9조 제2항 6호). 또한 동의나 승낙의 방식은 이들이 순수한 의사표시이므로 방식의 원칙 규정인 제17조에 의하면 될 것이다. 그러나 연결시점에 대해서는 명시적인 언급이 없으나, 적용되는 각 법률관계에 따라 합리적으로 결정해야 할 것이다.

이러한 우리의 친자관계의 준거법 규정에는 다음과 같은 특징이 있다. 첫째, 실질법과 마찬가지로 국제사법에서도 친자관계는 자녀의 복리가 가장 우선시된다. 따라서 국제친자관계의 연결관계나 준거법의 적용도 자녀의 최선의 이익을 위하는 방향으로 가야 할 것이다.[156] 둘째, 그 결과 연결주체도 가능한 한 자녀를 기준으로 하고 있다. 이때, 자녀의 속인법으로는 자녀가 현재 생활하고 있으며 또 자녀에 대한 현실적인 보호 필요성에 부응할 수 있도록 자녀의 상거소지법으로 하고 있다. 셋째, 친자관계를 부모의 혼인관계와 연계시키지 않고 가능한 한 독자적으로 결정하고 있다.[157] 넷째, 친자관계의 성립에 선택적 연결방법을 취하고 있다. 친자관계의 성립은 주로 부양문제나 상속문제의 선결문제로 나타나기 때문에 친자관계의 성립을 용이하게 해주면 자녀에게 크게 도움이 되기 때문이다.

있는데, 자녀의 본국법상 친자관계의 성립에 모나 법원 또는 행정기관의 동의가 필요하다고 되어 있으나 여건상 이들의 동의를 받을 수 없는 경우)는 동의 규정의 적용을 피하고자 둔 내용이다. 우리 국제사법 제44조에는 이런 언급이 없지만 해석상 우리에게도 좋은 참고가 되리라고 생각한다.

156) 앞의 주에서 언급한 독일 국제사법 제23조의 동의 규정에 둔 제2문이 좋은 예가 될 것이다.

157) 그 주된 이유는, 혼인관계의 준거법(제37조)이 명확하지 않을 수 있으므로(예컨대, 세 번째 단계인 가장 밀접한 관련이 있는 곳의 법) 친자관계가 그로 인해 영향을 받는 것은 부당하다는 점과 친자관계에는 친자관계의 목적에 합당한 준거법(예컨대, 선택적 연결)이 필요하다는 점 때문이다(이에 대해서는 최흥섭, 「국제친족법과 국제상속법」, 『국제사법연구』, 제4호, 1999, 272면 이하).

그러나 오늘날 국제 친자관계에서 나타나는 새로운 변화에도 주의를 기울일 필요가 있다. 첫째, 오늘날 선진국에서는 실질법에서 든 국제사법에서든 혼인중의 자녀인지 혼인 외의 자녀인지를 구별하지 않고 동일하게 보호하는 추세에 있다. 물론, 실질법과 국제사법이 함께 바뀌어야 하겠지만, 이에 대해 우리 국제사법에서도 진지하게 검토해볼 필요가 있을 것으로 본다. 둘째, 오늘날 대리모에 의한 자녀의 출산문제는 국내법적으로도 문제가 되지만 외국적 요소를 지닌 경우에는 국제사법적으로도 크게 이슈로 되고 있다. 국가마다 법적으로 이를 인정하는 국가와 부정하는 국가로 나누어지기 때문이다. 특히 여기서는 정자나 난자 등을 제공하는 유전적 부모와 출산하는 부모가 각각 존재하게 되는데, 이때 혼인중의 친자관계가 성립하는지 또는 혼인 외의 친자관계가 성립하는지의 문제, 더 나아가 양측의 부모 중에서 누가 부모가 되는지 등을 결정하기 위해서는 준거법을 결정하고 적용해야 하는데 어떻게 할 것이냐 등 다양한 문제가 제기된다. 앞으로 이런 문제에 대해서도 좀 더 깊은 연구와 검토가 필요하리라 본다.158) 셋째, 국제 친자관계에서는 아동의 실질적 보호를 위해서 국제적 협력이 절실히 필요하다. 따라서 우리도 국제적 협력을 목적으로 하는 국제협약에 시급히 가입할 필요가 있다. 예컨대, 「1993년의 헤이그 국제아동입양협약」이나 「1996년의 헤이그 국제아동보호협약」 등이 그것이다.159) 최근에 「1980년의 헤이그 국제아동탈취협약」에 가입한 것은 그나마 다행스러운 일이다. 이 협약은 준거법 문제와는 직접 관계가 없으나, 국제친자법과 관련해서(특히 친자관계의 효력) 의미가 있으며 또 현

---

158) 이 문제에 관한 국제사법적 연구로는 이병화, 「국제대리모계약에 관한 연구」, 『국제사법연구』 제22권 제1호, 2016, 123면 이하.

159) 주의할 점은, 여기서 아동은 우리 관념과 달리 18세 미만의 자를 의미한다는 점이다. 이에 반해, 뒤에 언급할 「1980년의 헤이그 국제아동탈취협약」에서의 아동은 16세 미만을 가리킨다.

재 우리의 국내법이 되었으므로 뒤에 간단히 소개하기로 한다.

§48 친자관계의 성립

Ⅰ. 혼인중의 친자관계의 성립

1. 혼인중의 친자관계의 성립규정(제40조)의 적용 문제

친생자관계의 성립은 크게 혼인중의 친자관계와 혼인 외의 친자관계로 나누어진다. 혼인중의 친자관계란 혼인관계에 있는 부모와 그 자녀 사이의 친자관계이다. 그 외는 모두 혼인 외의 친자관계로 다루어질 것이다. 혼인중의 친자관계는 다시 두 가지로 나누어진다. 하나는 준정에 의해 이루어지는 특수한 모습의 혼인중의 친자관계이며, 다른 하나는 그 외의 일반적인 혼인중의 친자관계이다. 우리 국제사법은 준정에 대해서는 제42조에 별도로 규율하고 있으므로 제40조의 혼인중의 친자관계는 준정을 제외한 일반적인 모습의 혼인중의 친자관계를 가리킨다.

혼인중의 친자관계에서 부모의 혼인관계의 존부 여부는 선결문제가 된다. 이 선결문제는 혼인 성립의 준거법 규정인 제36조에 의해 별도로 판단될 것이므로, 만약 이에 의해 혼인관계가 존재하지 않는다면 그 자녀는 혼인 외의 친자관계가 될 것이므로 제40조가 아니라 뒤에 설명할 제41조에 의해 그 성립 여부가 판단되어야 한다. 더구나 선결문제에서 혼인이 유효하게 성립했다고 하여도 혼인중의 친자관계로 보고 제40조에 따라 준거법을 결정했는데 그 준거법을 적용한 결과가 혼인중의 친자관계에 속하지 않는 것으로 판단이 나면(각국 법의 친생추정과 친생부인 규정들의 차이 때문에 이런 결과가 생긴다) 그 자녀 역시 혼인 외의 친자관계가 될 것이므로 다시 제41조에 의해 그 성립 여부를 판단해야 할 것이다.[160]

2. 혼인중의 친자관계의 성립의 준거법

혼인중의 친자관계의 성립은 자녀의 출생 당시 부부 중 일방의 본국법에 의한다(제40조 제1항). 따라서 연결시점은 자녀의 출생 당시로 고정되어 있으며, 선택적 연결방식을 취하고 있다. 친자관계의 성립은 친자관계의 효력과 부양 및 상속의 선결문제로서 중요한 의미를 가지므로 가능한 한 친자관계의 성립을 용이하게 해주기 위해서이다.

제40조 제1항의 연결방법은 선택적 연결이다. 즉, 이국적 부부의 경우라면 부부 중 어느 일방의 본국법에 의해 혼인중의 친자관계가 성립하기만 하면 그 자녀는 혼인중의 친자로 된다. 따라서 반정은 원칙적으로 인정되지 않을 것이다. 선택적 연결에는 반정을 부정하는 것이 원칙이기 때문이다.

한편, 아버지가 자녀의 출생 전에 사망할 수 있고 이때에도 혼인중의 친자관계가 성립할 수 있다. 이 경우에 준거법의 연결시점이 자녀의 출생 당시이므로 이때에는 아버지가 존재하지 않는데 어떻게 할 것인가? 이에 대비해둔 규정이 아버지의 사망 당시 본국법을 그의 본국법으로 한다는 제40조 제2항이다. 문제는, 혼인이 이혼 등으로 해소된 이후에 출생한 자녀도 혼인중의 친자관계가 성립할

---

160) 이렇게 복잡하고 기교적인 절차를 피하려면 외국의 예(독일 EGBGB 제19조)처럼 국제사법적으로 친자관계의 성립에서 혼인 중과 혼인 외의 구별을 폐지하고 일원적으로 규율하면 되지 않을까 생각한다.

수 있는데 이때에는 어떻게 할 것인가에 대한 규정이 없다는 것이
다. 이때에도 제40조 제2항을 유추적용하여 혼인 해소 당시의 본국
법을 그들의 본국법으로 하는 것이 옳을 것으로 본다.

3. 준거법의 적용범위

혼인중의 친자관계의 성립에 대해 일단 준거법이 결정되었다면,
다음으로는 그 준거법의 적용범위가 문제로 된다. 보통은 실질법상
으로 혼인중의 친생자 규정(민법 제844조 이하)이 여기에 해당할
것이다. 우리 민법을 포함하여 각국의 민법을 보건대, 이 규정들은
주로 두 가지 종류로 구성되어 있다. 하나는 혼인중의 친생추정의
규정(민법 제844조)이고,[161] 다른 하나는 친생부인의 규정(민법 제
846조 이하)이다. 양자 모두 혼인중의 친자관계의 성립준거법의 적
용범위에 들어간다.[162] 그러나 혼인중의 친생추정(또는 친생결정)
과 친생부인은 내용상 정반대의 의미를 가지는데 여기서 국제사법
상 새로운 문제가 발생한다. 즉, 친생부인의 준거법 문제이다. 이에
대해서는 항을 바꾸어 아래에서 검토해보기로 한다.

4. 친생부인의 준거법

본래 혼인중의 친자관계의 준거법은 친자관계의 성립을 용이하
게 해주기 위해 선택적 연결방법을 택하였다고 했다. 물론, 이는 혼
인중의 친생결정 또는 친생추정에 관해서는 타당하다. 입법자 역시

---

161) 넓게 보면, 민법 제845조를 포함하여 혼인중의 친생결정의 규정이라고 해야 할
    것이다.

162) 법무부, 『국제사법 해설』, 145면.

이를 전제로 선택적 연결방법을 택했을 것이다. 그러나 선택적 연결에 의한 준거법의 적용범위가 혼인중의 친생결정 내지 친생추정을 넘어 그 반대 의미인 혼인중의 친생부인에도 적용된다면 그 친생부인의 준거법은 어떻게 되는 것일까?163) 우리 국제사법 규정에는 별도의 언급이 없다.

필자는 여기에 두 가지 가능성이 있다고 본다. 하나는,164) 친생추정에 대한 선택적 연결을 전제로 그대로 논리를 확대시키는 방법이다. 즉, 친생추정의 문제가 선택적 연결에 의해 결정된다면 그 반대의 의미인 친생부인은 엄격하게 제한되어야 한다는 것이다. 따라서 친생부인은 선택적 연결에 존재하는 모든 준거법에서 친생부인을 인정할 때에만 비로소 친생부인은 인정되는 것이다. 다른 하나는,165) 선택적 연결의 의미를 친생부인에도 적용시키는 방법이다. 즉, 친생부인의 문제에도 선택적 연결을 인정하여 선택되는 어느 법에 의해서든 친생부인을 인정하면 친생부인이 인정된다는 것이다. 다만, 이때 그 친생부인은 친생추정이 인정된 법에서 친생부인이 도출되어야 한다. 친생추정과의 연결 없이 아무 법에서나 독자적으로 친생부인을 끌어오는 것은 법적용의 충돌을 야기할 가능성이 크기 때문이다. 필자는 이 두 가지 가능성 중에서 후자가 타당하다고 생각한다. 친생추정이나 친생결정이 자녀를 위한 것이지만, 한편으로 친생부인도 자녀를 위한 것이다. 혈연관계가 존재하지 않는 친생관계라면 이를 부인하도록 해주는 것이 자녀에게 도움이 된

---

163) 친생부인에 관한 실질법들 사이의 차이는 크게 두 측면에서 나타난다. 하나는 친생부인의 소의 청구권자이고, 또 하나는 제소기간(또는 제척기간)이다. 외국법에서는 친생부인을 우리와 달리 부나 모뿐만 아니라 자녀나 생부도 청구할 수 있으며, 제소기간도 우리(민법 제847조)보다 짧은 나라도 있고 긴 나라도 있다.

164) 이에 대해서는 최흥섭, 「섭외사법 개정법률안의 검토 - 자연인, 친족, 상속 -」, 『국제사법연구』 제6호, 2001, 401면.

165) 이에 대해서는 최흥섭, 「국제친족법과 국제상속법」, 『국제사법연구』 제4호, 1999, 273면.

다. 그것을 굳이 어렵게 만들어 혈연관계가 없는 친생관계를 유지시키는 것은 자녀에게도 그 부나 모에게도 고통이 될 것이다. 더구나 친생부인은 인지 등을 위한 선결문제도 될 수 있을 것이다. 이때, 친생부인이 허용되지 않는다면 인지도 보통 가능하지 않을 터인데 이는 부당해 보인다.

II. 혼인 외의 친자관계의 성립

1. 혼인 외의 친자관계의 성립규정(제41조)의 적용 문제

이미 혼인중의 친자관계의 성립 규정(제40조)의 적용 문제에서 언급했듯이, 혼인의 무효나 불성립 등으로 혼인중의 친자관계가 존재하지 않으면 혼인 외의 친자관계가 되어 제41조의 규정이 적용된다. 또 일단은 혼인중의 친자관계로 인정되어 제40조의 준거법을 적용했는데 그 어느 준거법에 의해서도 혼인중의 친자관계로 인정되지 않았다면 결국 혼인 외의 친자관계가 되어 다시 제41조가 적용된다고 보았다. 따라서 제41조의 혼인 외의 친자관계의 규정은 혼인중의 친자관계를 인정받지 못한 모든 자녀에게 적용되는 최종 규정이 된다.

더구나 혼인 외의 친자관계의 성립에는 인지를 요구하는 인지주의와 인지를 요구하지 않는 혈통주의(사실주의)가 있다. 따라서 이 양자를 포괄하는 혼인 외의 친자관계의 성립 규정이 필요한데 그것이 제41조 제1항이다. 그러나 우리 민법은 인지를 요구하고 있으므로 인지에 대해서도 규정을 둘 필요가 있는데 그것이 제41조 제2항이다.

2. 혼인 외의 친자관계의 성립의 준거법(제41조 제1항)

혼인 외의 친자관계의 성립의 준거법으로 국제사법은 자녀의 출생 당시 모의 본국법을 원칙으로 하고 있다(제41조 제1항 1문). 혼인 외의 친자관계이므로 부를 기준으로 하는 것은 모와 자녀에게 예기치 못한 불이익을 낳을 수도 있기 때문이다. 더구나 혼인 외의 출생관계에서 모의 본국법은 보통 자녀의 본국법과도 일치하므로 모의 본국법은 자녀에게도 도움이 된다. 또한 여기서는 혼인 외의 관계이기는 하지만 어떻든 친자관계의 성립의 문제이므로 상거소지법보다는 본국법이 신분관계의 안정성과 고정성을 확보할 수 있게 될 것이다.

그러나 혼인 외의 친자관계에서 그 성립이 문제가 되는 것은 주로 출생한 자녀와 생부와의 관계이다. 생모와의 관계는 출생과 함께 보통 인정되기 때문에 큰 문제가 없다. 그래서 국제사법은 부와의 친자관계의 성립을 보다 용이하게 해주기 위해 선택적 연결로서 준거법을 추가하고 있다. 즉, 자녀의 출생 당시 부의 본국법 또는 자녀의 현재 상거소지법에 의해서도 부자관계가 인정될 수 있다는 것이다(제41조 제1항 2문). 자녀의 현재 상거소지법이 추가된 것은 연결관계를 확대한다는 측면도 있지만, 특히 여기서 자주 발생하게 될 부양문제의 준거법(제46조 제1항의 부양권리자의 상거소지법)과 일치시키기 위해서이다. 결국, 혼인 외의 부자관계의 성립은 자녀의 출생 당시 모의 본국법이나 부의 본국법 또는 자녀의 현재 상거소지법 중 어느 법에 의해서든 부자관계가 성립하면 그 부자관계는 법적 부자관계로 인정받아 자녀는 생부에 대해 부양청구권이나 상속권을 갖게 될 것이다. 그러나 부가 자녀의 출생 전에 사망한 때에는 사망 당시 본국법을 그의 본국법으로 본다(제41조 제3항 전단).

또한 제41조 제1항의 혼인 외의 친자관계의 성립준거법은 선택적 연결이므로 반정은 원칙적으로 허용되지 않는다.

주의할 점은, 제41조에는 제44조의 동의 규정이 중첩 적용되어야 한다는 것이다(제44조). 따라서 자녀의 본국법에 자녀 또는 제3자의 동의나 승낙을 요구하는 규정이 존재한다면 이 요건도 충족되어야 한다. 다만, 제44조에는 연결시점이 언제인가에 대해서는 언급이 없다. 제41조와 관련하여 그 가능성으로는 자녀의 출생 당시(정확하게는 출생 직후) 또는 현재일 수도 있을 것이다. 그러나 논리적으로는 자녀의 출생 당시(출생 직후)가 합리적으로 보인다. 자녀의 현재의 본국법을 가지고 출생 당시의 혼인 외의 친자관계의 성립에 제한을 가한다는 것은 부당해 보이기 때문이다. 그렇다면 자녀의 출생 당시(출생 직후)의 자녀의 본국법에 자녀 또는 제3자의 동의를 요구하는 규정이 존재한다면 이 요건도 충족되어야 한다는 의미일 것이다. 이때 자녀의 출생 당시(출생 직후)의 본국법은 보통 자녀의 출생 당시 모의 본국법이 될 것이다. 그렇다면 선택적 연결에서 부의 본국법이나 현재의 자녀의 상거소지법을 선택하여 혼인 외의 부자관계의 성립을 결정하는 경우에도 동의 규정에 관한 한, 결국 출생 당시 모의 본국법(즉, 출생 직후의 자녀의 본국법)을 중첩적으로 적용하게 된다는 얘기가 된다. 예컨대, 출생 당시의 부의 본국법이나 자녀의 현재의 상거소지법이 혼인 외의 부자관계에 대해 단순히 혈연의 인정으로 성립을 긍정하는 경우에도, 출생 당시의 자녀의 본국법(즉, 모의 본국법)에서는 모의 동의를 요구하고 있다면 이 요건도 충족되어야 할 것이다. 이 출생 당시 자녀의 본국법(즉, 모의 본국법)은 제44조가 그렇듯이 본국의 실질법을 의미하며, 모의 본국법도 선택적 연결로서 반정이 부정되어 본국의 실질법을 의미하므로 서로 일치할 것이다.

3. 인지(제41조 제2항)

1) 인지의 준거법

우리 민법은 혼인 외의 친자관계의 성립을 인정하기 위해서 인지라는 제도를 두고 임의인지와 강제인지(재판상 인지)를 인정하고 있다(인지주의; 민법 제855조 이하). 따라서 국제사법에서도 인지에 관한 규정이 필요할 수 있다. 인지는 특히 부와의 관계에서 중요한데,[166] 우리 국제사법은 그에 대한 인지의 준거법으로 자녀의 출생 당시 모 또는 부의 본국법 또는 자녀의 인지 당시(규정 문언은 현재로 되어 있음) 상거소지법(제41조 제1항) 또는 부의 인지 당시 본국법(제41조 제2항)의 선택적 연결을 취하고 있다. 국제사법상 인지는 부와 모와 자녀 모두 연결주체로 될 수 있고 또한 연결시점으로는 자녀의 출생 당시와 인지 당시가 모두 가능하므로, 인지 역시 친자관계의 성립문제라는 측면에서 그들 모두의 선택적 연결방법을 택한 것이다. 그러나 부가 자녀의 출생 전에 사망한 때에는 사망 당시의 본국법을 그의 본국법으로 보며, 인지자가 인지 전에 사망한 때(사후인지의 경우; 민법 제864조)에는 역시 사망 당시 본국법을 그의 본국법으로 본다(제41조 제3항).

여기서도 주의할 점은, 제44조의 동의 규정이 중첩적으로 적용되어야 한다는 점이다. 부가 혼인 외의 자녀를 인지하는 경우에 인지의 요건으로 모 또는 자녀의 동의를 요구하는 실질법도 있고 요구하지 않는 실질법도 있다. 인지의 준거법은 선택적 연결로 되어 있기 때문에 인지의 요건이 「가장 순한 법」(즉, 동의를 요구하지 않는 법)을 선택하여 인지해도 무방하다. 그러나 제44조에 의해 적어

---

166) 혼인 외의 자녀의 모와의 관계는 인지 없이도 출생으로 인정된다는 것이 우리의 통설이다.

도 자녀의 본국법이 모나 자녀의 동의를 요구하고 있다면 이 요건은 충족되어야 인지가 성립한다. 이때, 자녀의 본국법의 연결시점은 「인지 당시」로 보아야 할 것이고,[167] 본국법 역시 본국의 실질법을 의미할 것이다. 이 제44조는 인지되는 자녀를 보호하기 위한 규정이긴 하지만, 중첩 적용으로 인해 상황에 따라서는 이 규정 때문에 오히려 자녀가 보호받지 못하는 경우도 있을 수 있다. 그런 경우에는 규정의 취지와 목적에 비추어보아 공서조항(제10조) 등의 적용이 있을 수 있다고 본다.

인지의 준거법에서 또 하나 문제로 되는 것은 임의인지를 부정하는 경우의 준거법 문제이다. 예컨대, 우리 민법상의 인지 이의의 소(민법 제862조)처럼 성립한 임의인지를 부정하는 경우에 준거법이 어떻게 되느냐 하는 것이다.[168] 인지의 준거법이 선택적 연결로 되어 있기 때문에 발생하는 문제이다. 이것은 혼인중의 친자관계의 성립 규정(제40조)에서 언급한 친생부인의 문제와 같은 문제인데, 따라서 여기서도 인지부정에 대해서는 선택적 연결로 된 인지준거법 모두가 인지부정을 인정하는 경우에만 인지부정을 허용할 것이 아니라, 어느 준거법이든 인지가 성립한 준거법에 의해 인지부정이 인정된다면 인지부정을 허용하는 것이 옳을 것으로 본다.

2) 인지준거법의 적용범위

이렇게 결정된 인지준거법의 적용범위는 인지의 성립과 그 효력을 모두 포함한다. 여기서 인지의 성립이란 인지의 성립 요건에 관한 문제들을 의미하며, 그 효력이란 인지로 인해 취득되는 자녀의

---

167) 법무부, 『국제사법 해설』, 2001, 149면 주 94); 최흥섭, 「개정법률과 국제친족 상속법의 제문제」, 『법조』, 2001년 5월호, 161면 이하.

168) 강제인지의 경우에는 재심에 의해서만 인지가 번복될 수 있으므로 준거법문제가 생기지 않는다.

신분적 지위, 인지는 소급되는가 아닌가, 그리고 인지의 취소 또는 철회가 가능한가, 가능하다면 그 요건은 무엇인가 등 인지 자체의 효력을 의미한다. 따라서 인지된 혼인 외의 자녀와 그 부 또는 모와의 친자관계의 효력에 대해서는 인지의 준거법이 아니라 친자관계의 효력 규정인 제45조에 의해 규율된다.

III. 준정

1. 준정의 준거법

준정이란 민법상 혼인 외의 출생자가 그 부모의 혼인에 의해 혼인중의 출생자로 되는 제도이다. 따라서 혼인 외의 출생자와 혼인중의 출생자를 구별하지 않는 법제에서는 준정은 필요 없는 제도이다. 그러나 우리 민법은 여전히 두 제도를 구분하고 있으므로 준정이라는 제도가 존재한다. 그런데 민법은 「혼인에 의한 준정」만 규정하고 있다(민법 제855조 제2항). 그러나 그 외에 혼인중의 준정, 혼인 해소후의 준정, 사망한 자녀에 대한 준정도 인정하는 것이 일반적이다.[169] 예컨대, 혼인에 의한 준정이란 부모의 혼인 전에 출생하여 부로부터 인지를 받고 있는 자녀가 그 부모의 혼인에 의해 혼인중의 출생자로 되는 것이며, 혼인중의 준정이란 부모의 혼인 전에 출생하여 인지를 받고 있지 못하던 자녀가 그 부모의 혼인 후에 인지를 받아 혼인중의 출생자가 되는 것이다. 이때, 혼인중의 출생자라는 준정의 효력은 혼인에 의한 준정의 경우에는 「혼인의 성립 시」에, 혼인중의 준정의 경우에는 「인지의 성립 시」에 생긴다.[170]

---

169) 예컨대 배경숙/최금숙, 『친족상속법강의(개정증보판)』, 2006년, 272면 이하.
170) 혼인 해소 후의 준정과 사망한 자녀에 대한 준정도 마지막 요건은 인지의 성립이다.

즉, 각각의 준정의 요건 완성 시에 생기는 것이다.

이에 따라 우리 국제사법도 준정을 혼인중의 자녀의 문제이자 동시에 인지의 문제라고 보아, 그 준거법도 양자에 모두 적용될 수 있는 부와 모와 자녀를 연결주체로 하고 있다. 또한 그 연결시점은 여러 형태의 준정에 모두 적용될 수 있는「준정 요건의 완성 당시」로 정하고 있다. 즉, 불변경주의이다. 더구나 그 연결방법은 준정 역시 친자관계의 성립문제이므로 그 성립을 용이하게 해주기 위해 선택적 연결방법을 택하고 있다. 그 결과, 준정의 준거법은 그 요건인 사실의 완성 당시의 부 또는 모의 본국법 또는 자녀의 상거소지법 중 어느 것에 의해서도 성립이 가능하다고 한 것이다(제42조 제1항). 다만, 부 또는 모가 그 요건이 완성되기 전에 사망한 때에는 사망 당시의 본국법을 그의 본국법으로 본다(제42조 제2항).

그러나 준정이 성립하기 위해서는 이것만으로는 부족하다. 제44조의 동의 규정에 따르면, 만약 자녀의 본국법에서 준정에 자녀 또는 제3자의 동의를 요구하는 경우에는 이 역시 충족되어야 한다. 연결시점은 준정의 요건 완성 당시로 해석하는 것이 옳을 것이며, 여기서 자녀의 본국법은 본국의 실질법을 의미한다. 결국, 준정의 준거법은 선택적 연결이어서 부 또는 모의 본국법 또는 자녀의 상거소지법 중에 하나의 법에 의해 준정이 성립하면 되지만, 동의 문제에 관한 한은 추가적으로 제44조에 의해 준정의 요건 완성 당시의 자녀의 본국법이 중첩적으로 적용되어야 한다.

준정의 준거법 역시 선택적 연결이므로 결과적으로는 어느 법이든「가장 순한 법」에 의해 판단될 수 있을 것이다. 또한 원칙적으로 반정도 인정되지 않을 것이다. 이때 주의할 점은, 혼인의 성립과 인지의 성립이라는 준정의 요건은 국제사법상 준정의 선결문제가 된다는 점이다.171) 따라서 선결문제인 혼인의 성립은 제36조에 의하고, 인지의 성립은 제41조에 의하게 될 것이다.

2. 준정규정(제42조)과 준정준거법의 적용범위

제42조의 준정규정이 적용되는 범위는 준정의 성립과 그 결과 준정으로 인해 혼인 외의 출생자가 혼인중의 출생자로 되는 효력에만 미친다. 일단 준정에 의해 혼인중의 출생자로 인정받으면 그 자녀의 친자관계는 제42조가 아니라 친자관계의 효력 규정인 제45조에 의하게 되기 때문이다.

한편, 제42조에 의한 준거법의 적용대상은 준정이 가능한지 아닌지, 가능하다면 어느 범위에서 가능한지, 준정의 유형으로는 어떤 것이 허용되는지와 또한 그 준정의 요건 등이 될 것이다.

Ⅳ. 입양

입양준거법에 대해서는 기본적으로 제43조가 규정하고 있지만 제44조의 동의 규정도 중첩적으로 적용된다. 그러나 국제입양의 경우에 입양아동을 보호하기 위해서는 국내의 국제사법만으로는 한계가 있고 국제적 협력이 필요하다. 이를 위해 헤이그 국제사법회의는 「1993년의 헤이그 국제아동입양협약」172)을 만들었고 현재 100여 개 국이 이에 가입하고 있다. 우리나라는 이 협약에 서명은 하였으나 아직 비준하지 않은 상태이다. 그러나 주로 입양아동의 출신국이 되는 우리나라는 이 협약에 가능한 한 빨리 가입하여 한국 출신의 입양아동을 국제적으로 보호할 필요가 있다. 그런 의미에서

---

171) 원래 국제사법에서는 요건의 문제를 부분문제(Teilfrage)라고 부른다. 그러나 그 요건에 관하여 별도의 준거법 규정이 존재하는 경우에는 이는 선결문제(Vorfrage)가 된다.

172) 정식 명칭은 「국제입양에서 아동보호 및 협력에 관한 협약(Convention on Protection of Children and Co-operation in Respect of Intercountry Adoption)」이다.

현행 국제사법의 입양준거법에 대한 설명에 이어, 이 협약에 대해서도 간략하게 소개해두기로 한다.

1. 입양준거법(제43조)

입양 및 파양은 양친의 본국법에 의한다(제43조). 입양이 이루어지면 양자는 양친의 법적·사회적 환경에서 생활하는 것이 보통이라는 이유에서 입양의 준거법을 양친의 본국법으로 정하였다. 또한 입양의 성립부터 효력 및 종료까지 동일한 법에 의해 규율하는 것이 일관적이고 타당하다는 이유에서 파양까지도 양친의 본국법에 의하도록 했다.[173]

연결시점에 대해서는 언급이 없으나 「입양 당시」로 보는 것이 합리적이다. 따라서 파양도 입양 당시의 양친의 본국법에 의해 판단하게 된다(불변경주의). 만약 입양 당시의 양친의 본국법이 파양을 인정하지 않는 경우에는 최종적으로 공서조항(제10조)의 적용 가능성이 남아 있을 것이다. 또 입양의 준거법에서는 반정을 부정할 이유가 없으므로 원칙에 따라 반정도 인정해야 한다(제9조 제1항).

문제가 되는 것은 부부가 입양하는 경우에 준거법이 어떻게 되느냐 하는 것이다. 부부가 입양하는 경우에는 입양아동이 부부의 혼인관계에 편입된다는 의미에서 별도로 혼인의 일반적 효력의 준거법(우리 국제사법에서는 제37조)에 의하도록 하는 입법례[174]가 있다. 그러나 우리는 일단 이러한 태도(즉, 친자관계에 대한 준거법을 부모의 준거법에 종속시키는 태도)를 배척하고 별도의 규정을 두지 않았다.[175] 이때, 부부가 동일한 국적을 갖는 경우에는 문제가 없으

---

173) 법무부, 『국제사법 해설』, 153면 이하.
174) 예컨대, 독일 국제사법(EGBGB) 제22조 제1항 2문.

나 이국적 부부인 경우에는 문제가 될 수도 있을 것이다. 그러나 우리 국제사법은 민법(민법 제874조 제1항과 제908조의2 제1항)과 달리 부부 공동으로 입양하는 것을 요건으로 하지 않으므로 해석상으로는 부부가 입양하는 경우에도 부부 중 입양을 요청하는 일방당사자의 본국법에 의하면 되지 않을까 생각한다. 물론, 입양준거법인 양친의 본국법에서 부부의 공동입양을 요건으로 하고 있다면 그에 따라 부부가 공동으로 입양해야 할 것이다.

2. 동의(제44조)

입양의 경우에도 제44조의 동의 규정은 중첩적으로 적용되어야 한다. 따라서 입양 당시 자녀의 본국법(앞에서 여러 번 언급했듯이 실질법을 의미한다)에서 자녀의 입양에 대해 자녀나 모의 동의나 승낙을 요구하는 경우에는 이 요건도 갖추어야 입양이 유효하게 성립할 수 있다. 그러나 친자관계의 성립에 대해서만 동의 규정이 적용되므로 입양의 효력이나 파양의 경우에는 이 규정이 적용되지 않는다.

이 동의준거법은 입양의 성립요건으로서의 자녀나 부모의 동의나 승낙, 법원이나 행정기관의 승낙이나 허가, 동의가 없는 경우의 대체방법, 동의가 없는 경우의 효과 등에 적용된다. 그러나 자녀의 본국법에서 법정대리인의 동의를 요구하는 경우에, 누가 법정대리인이 되는가에 대해서는 선결문제로서 국제사법 제45조에 의할 것이다.

특히 입양의 경우에는 동의 문제가 자주 발생하며 종종 동의를 얻기 어려울 때도 있다. 예컨대, 외국 국적의 자녀를 한국에서 입양

---

175) 법무부, 『국제사법 해설』, 155면.

하는 경우에 그렇다. 물론, 우리나라는 주로 입양아동의 출신국이 되고 수령국이 되는 경우는 아직은 드물지만, 장래 상황이 역전되지 않으리라는 보장은 없다. 그럴 경우에는 앞에서 이미 언급했듯이 이 동의 규정을 입양아동의 이익을 위하는 방향으로 유연하게 처리할 필요가 있을 것이다.

3. 입양준거법의 적용범위

입양준거법은 입양의 성립, 효력, 파양에 원칙적으로 모두 적용된다. 따라서 입양의 요건, 즉 입양의 연령제한과 연령차이, 동의요건, 부부의 경우 공동으로 입양해야 하는지와 아닐 경우 어떤 때 단독으로도 가능한지 등이 입양준거법에 의한다. 또 입양 성립의 방법, 예컨대 법원의 허가에 의하는지 아니면 당사자들 간의 계약으로도 가능한지에 대해서도 입양준거법에 의한다. 또한 입양 성립시의 하자 문제와 그 무효 또는 취소도 입양준거법에 의할 것이다.

입양의 효력도 원칙적으로 입양준거법에 의한다. 예컨대, 입양이 성립하면 양자와 양친 사이에 설정되는 신분적 지위문제, 양자와 생부모와의 법적 친자관계의 단절 여부 등이 입양준거법에 의해 결정된다. 따라서 입양이 생부모와의 단절을 가져오는 완전입양(full adoption)의 효과를 갖는지 아니면 여전히 생부모와의 관계가 존속하는 단순입양(simple adoption)으로 그치는지는 입양준거법에 의한다. 이를 입양 자체의 효력이라고 부를 수 있을 것이다.

그러나 일단 입양이 성립하면 그에 따라 발생하는 양자와 양친 간의 친자관계의 문제는 입양준거법이 아니라 친자관계의 효력준거법인 제45조에 의하고, 입양아동과 양친 간의 부양문제는 부양준거법(제46조)에 의하며, 입양 후 양자의 성명문제도 입양준거법이 아니라 독자적인 성명준거법에 의할 것이다. 또한 양자의 상속문제도 원칙적으로 상속준거법인 제49조에 의한다. 따라서 양자가 양친에게 상속권이 있는지 없는지, 양자가 생부모에 대해서도 상속권을 가지는지 아닌지 등은 상속준거법에 의한다. 그러나 만약 그 상속준거법에서 양자가 생부모에게 상속권이 있기 위해서는 우리 법상의 보통양자(단순입양과 유사)일 것을 요구하고 있다면, 양자가 보통양자인지 친양자(완전입양과 유사)인지는 입양준거법에 의해야 한다. 그 결과, 만약 입양준거법에서 양자의 입양이 친양자로서 성립했다면 이 양자는 상속준거법이 생부모에 대한 상속권을 인정하고 있다고 해도 결국 생부모에 대한 상속권이 없게 된다. 이것이 입양준거법과 상속준거법이 겹치는 문제인데, 실제로 발생하는 사건은 훨씬 더 복잡하다.[176]

4. 1993년의 헤이그 국제아동입양협약[177]

1) 서론

국제입양에서는 단순히 외국적 요소를 근거로 국내의 국제사법에 의하는 것만으로는 입양아동을 보호하기 어렵다. 국제적으로 입양아동을 보호하기 위해서는 입양아동의 출신국(State of origin)과 수령국(receiving State) 모두에서 입양아동의 복리를 최우선으로 하는 실질법적 요건을 설정하고 이것이 국제적으로 이행되도록 협력하는 것이 필요하다. 이런 목적을 위해 헤이그 국제사법회의는 1993년에 헤이그 국제아동입양협약을 작성하였고, 현재 100여 개

---

176) 이에 대해서는 상속준거법(「§54 상속」)에서도 다시 한번 언급할 것이다.
177) 자세히는 석광현/이병화(공저), 『헤이그 국제아동입양협약에 관한 연구』, 법무부, 2010 참조.

국이 이를 비준하여 적용하고 있다.[178] 우리나라는 이 협약에 서명하였으나 아직 비준은 하지 않은 상태이다.

이 협약은 국제입양의 관할권 문제에 대해서도, 준거법 문제에 대해서도 관여하지 않는다. 오로지 입양아동의 보호조치를 위해 최소한의 실질적 요건을 정하고, 국제적 협력체제를 확보하며, 여기서 이루어진 입양을 각 체약국이 승인하도록 할 뿐이다(협약 제1조). 따라서 협약의 규정은 최소한의 보호조치 및 절차에 머물러 있을 뿐이며, 그 이외의 법적 문제에 대해서는 각국에 일임하고 있다. 따라서 국제입양에 관한 법적 판단이 필요한 경우에 어느 국가의 법에 따라 판단할 것인가는 체약국의 국제사법이 지정하는 준거법에 따르게 된다. 국제관할 문제 역시 각 체약국이 자국법의 원칙에 따라 관할권 유무를 스스로 판단할 뿐이다. 다만, 이 협약을 통해 성립한 국제입양에 대한 승인에 대해서는 자동승인의 원칙을 규정하고 있어서 승인 문제만은 공통적으로 해결하고 있다.

2) 적용범위

협약은 18세 미만의 입양아동(협약 제3조)과 그 양친 될 자가 서로 다른 체약국에 상거소를 두고 있는 경우에 적용되며, 또 입양결정을 입양아동의 출신국에서 하든 수령국에서 하든 상관없이 모두 적용된다(협약 제2조 제1항). 따라서 국적은 전혀 관계가 없다. 입양아동과 양친 될 자가 동일 국적이더라도 입양할 때 서로 상거소지국을 달리하고 있으면 이 협약이 적용되며, 서로 국적이 다르더라도 동일한 상거소지국에 있다면 그들 간의 입양에는 이 협약이 적용되지 않는다.

---

178) 「1965년의 입양에 관한 관할권, 준거법 및 결정의 승인에 관한 헤이그협약」도 있지만 이 협약은 성공하지 못한 것으로 평가된다.

또 협약은 지속적인 친자관계를 형성하는 입양에만 적용된다(협약 제2조 제2항). 따라서 일시적인 후견관계나 친권양도의 경우에는 적용되지 않는다. 그러나 지속적인 친자관계를 형성하는 한 그 입양이 생부모와의 관계를 단절시키는 완전입양(full adoption)이든, 그렇지 않은 단순입양(simple adoption)이든 모두 적용된다.

3) 실질적 요건

협약은 입양아동과 생부모 그리고 양친 될 자에 대해 입양아동의 출신국과 수령국의 권한 있는 당국이 입양 전에 각각 취해야 할 보호조치를 실질적 요건으로 규정해두고 있다. 예컨대, 입양아동의 출신국의 당국은 아동이 법적으로 입양 가능하다고 인정했을 것, 국제입양이 아동에게 최선의 이익이 된다고 결정했을 것, 생부모 측을 상담하고 동의를 받았을 것, 또 아동의 희망과 의견을 고려했으며 필요한 경우 아동의 동의까지 받았을 것, 이러한 동의에는 어떠한 금전지급이나 대가에 의한 것이 아닐 것을 요구한다(협약 제4조). 한편, 입양아동의 수령국의 당국은 양친 될 자가 입양자격이 있으며 입양하기에 적합하다고 결정했을 것, 그에 필요한 상담을 받았을 것, 아동이 입국하여 영주할 수 있다는 것을 결정했을 것을 요구한다(협약 제5조). 따라서 양측의 요건이 모두 충족되어야 비로소 협약상의 입양이 가능하다. 그러나 이는 협약이 요구하는 국제입양을 위한 최소한의 요건이며, 체약국의 법에 의해 추가적인 요건이 부과될 수도 있다.

4) 입양절차

체약국은 이 협약이 부과하고 있는 의무를 이행하기 위해 중앙당국을 지정해야 하며(협약 제6조), 양친 될 자가 자신의 상거소지국의 중앙당국에 입양을 신청함으로써 절차가 시작된다(협약 제14조). 그러나 양친 될 자가 입양아동의 출신국의 중앙당국에 직접 입양을 신청하는 것은 허용되지 않는다. 따라서 입양절차는 원칙적으로 입양아동의 출신국과 수령국의 중앙당국 사이에서 이루어진다.

5) 입양의 승인과 그 효과

입양이 이 협약에 따라 행해졌다고 입양국의 권한 있는 당국에 의해 증명되는 경우에, 그 입양은 법률상 당연히 다른 체약국에서 승인된다(협약 제23조). 다만, 체약국은 아동의 최선의 이익을 고려하여 입양이 자국의 공서에 명백히 반하는 경우에 한해 입양의 승인을 거절할 수 있다(협약 제25조).

중요한 것은, 협약이 구체적으로 이러한 입양 승인의 효과를 규정하고 있는 점이다. 예컨대, 협약상의 입양의 승인은 특히 아동과 양친 사이의 법적 친자관계를, 양친의 아동에 대한 부모로서의 책임을, 또한 입양이 이루어진 국가에서 생부모와의 단절효과를 가진다면 그 단절효과를 승인한다는 의미이다(협약 제26조 제1항). 더구나 이러한 승인 효과는 앞에서 보았듯이 모든 체약국에서 자동적으로 승인된다(협약 제23조). 이러한 협약 제26조 규정의 목적은 파행적 입양이 생길 가능성을 막으며, 또한 입양아동의 수령국에서 입양의 법적 효과를 얻기 위해 다시 재입양절차를 하는 번거로움을 덜어주기 위한 것이다.

§49 친자관계의 효력

Ⅰ. 친자관계의 효력의 준거법(제45조)

친자관계의 효력의 준거법은 원칙적으로 자녀의 상거소지법이다. 다만, 부와 모와 그 자녀의 본국법이 모두 동일할 때에는 그 본국법에 의한다(제45조). 따라서 부모 중 일방이 사망한 경우에는 자녀의 상거소지법에 의하게 된다. 이렇게 해석하는 이유는, 다른 규정과 달리 부나 모의 사망 시에 관한 규정이 여기에는 없기 때문이기도 하며 또 가능한 한 자녀의 상거소지법 원칙에 의하도록 하기 위해서이다. 여기서 각자의 본국법은 먼저 제3조에 의해 결정하고 그들의 본국이 모두 동일할 때에만 동일한 본국법이 된다.

연결시점은 고정된 시점이 없으므로 변경주의에 입각하고 있는 것으로 해석한다. 따라서 자녀의 상거소지가 다른 국가로 변경되는 경우에는 준거법도 변경된다. 그 결과, 예컨대 친권의 내용이 바뀔 수 있는 것이다. 따라서 문제가 발생할 여지가 없지 않은데, 일단 국제사법상의 신뢰보호의 원칙에 따라 해결하는 것이 옳다고 본다. 즉, 종전의 상거소지법에서 인정했던 친권의 내용을 새로운 상거소지국에서도 가능한 한 인정해주도록 하는 것이다.[179]

Ⅱ. 친자관계의 효력규정(제45조)과 그 준거법의 적용범위

우리 국제사법은 친자관계의 성립에 대해서는 다양하게 나누어

---

[179] 이에 관한 논의에 대해 좀 더 자세히는 Siehr, IPR, S. 48 f.

규정을 두었지만 이 규정들에 의해 성립된 친자관계의 효력에 대해서는 그것이 혼인중의 친자관계이든 혼인 외의 친자관계이든 동일하게 제45조라는 하나의 규정에 의해 해결하고 있다.

그러나 친자관계의 효력을 이렇게 하나의 규정에 포괄시키고는 있지만 외관과 달리 그 적용범위는 그리 넓지 않다. 친자관계의 효력에 관한 중요한 문제들에 대해서는 각각 별도의 규정을 두고 있기 때문이다. 예컨대, 친자관계의 중요한 효력인 친자 간의 부양은 부양준거법 규정(제46조)이 적용되고, 친자 간의 상속문제는 상속준거법 규정(제49조)이 적용된다. 또 친자관계의 중요한 효력으로 자녀의 성명문제가 있는데, 규정은 없으나 필자처럼 성명준거법을 독자적으로 이론 구성하는 입장에서는 자녀의 성명문제도 친자 간의 효력준거법이 아니라 성명준거법에 의해 해결한다.

따라서 제45조에 의한 준거법의 적용대상은 주로 친권문제에 관한 것이다. 즉, 친권이 누구에게 있는지,[180] 친권의 상실과 제한 문제, 친권의 내용으로서 자녀의 신상에 대한 권리와 의무, 자녀의 재산에 대한 권리와 의무 등이다. 그 외에도 중요한 문제로는 법정대리의 문제와 면접교섭권 등이 있다.

III. 총론상의 문제들

제45조의 친자관계의 효력문제에서 볼 때 친자관계의 성립에 관한 제40조 내지 제43조는 선결문제가 된다. 따라서 이 선결문제에는 독립적으로 제40조 내지 제43조가 적용될 것이다.

---

180) 외국법에서는 이혼 자녀의 경우나 혼인 외의 자녀의 경우에도 우리 법과 달리 공동친권을 규정하는 경향이 있다. 이때에도 그 인정 요건에 대해서는 각국마다 서로 다르다.

또 제45조에서 자녀의 상거소지법에 의하든 부모와 자녀의 동일한 본국법에 의하든 반정이 인정된다(제9조 제1항). 따라서 한국에 상거소를 둔 동일 국적의 외국인 가족의 친자 간의 법률관계는 준거법이 외국법이 되더라도 그 외국의 국제사법에 의해 상거소지법으로 반정한다면 이를 받아 한국의 친자관계법이 적용될 것이다.

마지막으로, 친자 간의 법률관계의 준거법으로서 외국 준거법의 적용 결과가 우리의 공서에 반할 때에는 그 외국법 규정은 적용되지 않는다(제10조). 이때 특히 주의할 점은, 우리가 1989년의 유엔 아동권리협약(Convention on the Rights of the Child)의 가입국이라는 점이다. 따라서 이 협약의 내용을 준수해야 할 국제법적 의무를 지고 있다. 그 결과, 만약 친자관계의 효력의 준거법이 외국법인 경우에 그 적용의 결과가 이 협약에 위반될 경우에는 공서 위반에 해당되므로 그 외국법의 적용을 배척해야 할 것이다.

§50 1980년의 헤이그 국제아동탈취협약

Ⅰ. 서론

친권이 없거나 공동친권을 가진 부모의 일방이 특히 이혼이나 별거 중에 타방의 동의 없이 자녀를 외국에서 자신의 본국으로 데려오거나, 또는 자녀가 방문한 후에 되돌려주지 않는 경우가 국제적으로 자주 발생한다. 이것을 자녀의 국제적 탈취라고 부르는데, 이렇게 하는 이유는 탈취 후 일정기간이 지나면 자녀의 현 소재지국에서 탈취한 부 또는 모에게 유리하게 법이 적용될 가능성이 크기 때문이다. 이러한 불법탈취의 유인을 감소시키기 위해서 헤이그 국제사법회의는 「1980년의 헤이그 국제아동탈취협약」을 만들었으며, 현재 100여 개 국이 이에 가입하고 있다. 우리나라는 2012년에 이 협약에 가입하여 2013년 3월 1일부터 발효했으며, 협약의 이행을 위해 「헤이그 국제아동탈취협약 이행에 관한 법률」도 제정하였다.

이 협약의 핵심 내용은 불법으로 탈취된 자녀를 가능한 한 신속하게 원래 있었던 탈취 직전의 상거소지국으로 반환시키기 위해 체약국 간의 국제적 협력을 규정하고 있는 것이다. 따라서 그 전제로 탈취된 자녀에 대한 부모의 친권 또는 양육권과 면접교섭권을 다루고 있는데, 그 결과 언뜻 보기에는 우리 국제사법 제45조의 친자 간의 법률관계의 효력과 겹칠 여지가 있어 보인다. 그러나 이 협약은 국제사법상의 국제친자관계에 관한 국제재판관할이나 준거법을 정하고 있는 협약이 아니라는 점을 특히 유의해두어야 한다. 단지, 불법으로 탈취된 자녀를 가능한 한 신속하게 원래 있었던 탈취 직전의 상거소지국(아동반환의 요청국)으로 반환시키기 위해 체약국 간(요청국과 피요청국)의 국제적 협력을 목적으로 하고 있을 뿐이다. 그 결과, 이 협약에 기한 결정은 보전처분과 유사한 성질을 가질 뿐이다.181) 따라서 국제사법상의 국제친자관계의 국제재판관할이나 준거법은 각 체약국의 국내법에 맡겨져 있다고 보아야 한다.182) 다만, 이 협약이 우리의 국내법으로서 자녀의 불법탈취에 관

---

181) Kropholler, IPR, S. 404.

182) 그러나 석광현 교수는 국제재판관할에 관한 한 이 협약에서 국제양육권에 관한 자녀의 상거소지국 관할을 인정하고자 하는 듯하다(석광현, 「국제아동탈취의 민사적 측면에 관한 헤이그협약과 한국의 가입」, 『법학(서울대)』 제54권 제2호, 2013, 94면과 110면 참조). 그러나 필자로서는 이러한 해석에 의문이 든다. 자녀가 원래의 상거소지국으로 돌아가면 보통 그 상거소지국에서 본안 판결을 받겠지만 협약은 그러한 국제재판관할을 규정하고 있지는 않다. 더구나 협약 제16조

한 한 국제사법상의 국제친자법 규정보다 일단은 우선적으로 적용되기 때문에, 이 협약의 적용을 통해 우리 국제사법상의 국제친자법에 잠정적이며 간접적으로 영향을 줄 수 있다고 본다.

II. 협약의 주요 내용[183]

1. 협약의 목적 및 사항적 적용범위

협약의 목적은 첫째, 어느 체약국에서 불법으로 이동되거나 혹은 유치되어 있는 아동의 신속한 반환을 확보하는 것이고, 둘째로 일방 체약국의 법률에 기한 양육권 및 면접교섭권이 타방 체약국에서 유효하게 존중되도록 하는 것이다(협약 제1조). 이는 협약의 사항적 적용범위를 의미하기도 한다.

2. 협약의 장소적 · 인적 적용범위

협약은 양육권 또는 면접교섭권이 침해되기 직전의 체약국에 상거소를 두고 있던 16세 미만의 아동에게 적용된다(협약 제4조). 따

에서는 자녀의 현 소재지국에서 본안 판결을 받는다는 전제하에서 규정을 두고 있으며, 그것도 당분간 결정을 중지하도록 하고 있지 아예 관할권이 없다는 것이 아니다. 또 협약 제19조에서는 이 협약에 기한 아동반환의 결정이 양육권에 관한 본안 결정에 영향을 주지 않는다는 선언으로 보아, 양육권의 본안 사건에 관한 국제재판관할이나 준거법은 각국의 국내법에 맡기고 있다고 보는 것이 옳을 것이다.

183) 좀 더 자세한 논문으로는 석광현, 「국제아동탈취의 민사적 측면에 관한 헤이그협약과 한국의 가입」, 『법학(서울대)』 제54권 제2호, 2013, 79면 이하가 있고, 더 자세한 저서로는 이병화, 『국제아동탈취의 민사적 측면에 관한 헤이그협약 연구』, 법무부, 2009가 있다.

라서 이 내용은 협약의 장소적 적용범위 및 인적 적용범위를 알려
주고 있다.

3. 아동반환의 요건

우선, 불법탈취된 아동의 직전 상거소지국의 중앙당국이 아동의
현소재지국의 중앙당국에 아동의 반환을 요청할 것이다. 그러면 피
요청국(아동의 현 소재지국)의 중앙당국의 요구로(협약 제7조 제2항
f호), 이 국가의 사법기관 또는 행정기관은 다음 두 가지 요건이 충
족되면 즉시 아동의 반환을 명령해야 한다. 첫째, 아동의 이동 또는
유치가 그 이동 또는 유치되기 직전의 아동의 상거소지국의 법률(실
질법뿐만 아니라 국제사법을 포함하는 의미임)에 의하면 양육권이
침해되었어야 한다(협약 제3조; 불법한 이동 또는 유치). 둘째, 사법
기관 또는 행정기관의 절차 개시일이 불법한 이동 또는 유치로부터
1년이 경과하지 않은 경우에는 무조건 반환을 명령하며, 1년이 지난
경우에도 아동이 현재 새로운 환경에 정착했음을 증명하지 못하는
한 반환을 명령한다(협약 제12조; 경과기간에 따른 구별).
우리의 이행법률에 의하면, 행정적 처리기관인 중앙당국은 법무부
장관으로 하고 있고(이행법률 제4조), 아동의 반환을 판단하는 기관
으로는 사법기관인 서울가정법원으로 하고 있다(이행법률 제11조).

4. 아동반환의 거부사유

그러나 다음 5가지 사실 중 하나가 증명되는 경우에는 피요청국
의 사법기관 또는 행정기관이 아동의 반환을 거부할 수 있다. 첫째,
양육권을 가진 자가 아동의 이동 또는 유치 당시 양육권을 행사하

지 않은 사실 또는 이동 또는 유치에 동의하거나 추인한 사실(협약 제13조 제1항 a호). 둘째, 아동의 반환이 아동에게 중대한 위험을 초래한다는 사실(협약 제13조 제1항 b호). 셋째, 연령과 성숙도에 있어서 의견 표명이 가능한 아동이 반환되기를 거부하는 사실(협약 제13조 제2항). 넷째, 아동의 반환이 피요청국의 인권보호 및 기본적 자유에 관한 기본원칙에 의해 허용되지 않는다는 사실(협약 제20조). 다섯째, 앞에서 이미 언급한 사실이지만 아동의 불법한 이동 또는 유치로부터 이미 1년이 지났고 또한 아동이 현재 새로운 환경에 정착하고 있다는 사실을 증명한 경우(협약 제12조 제2항)이다. 이 중 실무상 자주 나타나는 중요한 사례는 두 번째와 다섯 번째이다.

제3절 부양과 후견

§51 부양

Ⅰ. 서론

종래 부양에 대해서는 별도의 부양준거법 규정이 없었고 보통 개개 법률관계의 준거법에 따른다는 것이 일반적인 견해였다. 예컨대, 자녀에 대한 부양은 친자관계의 준거법에 따르고, 부부간의 부양은 혼인의 일반적 효력의 준거법에 따르며, 이혼으로 인한 부양은 이혼준거법에 따른다는 것이었다. 그러나 2001년 국제사법의 개정으로 부양준거법에 대한 독자적인 규정인 제46조가 만들어졌고, 여기서는 부양준거법을 일원적으로 해결하고 있다. 따라서 현행법상 부양준거법 규정인 제46조는 원칙적으로 모든 부양에 대해 적용된다. 다만, 이혼으로 인한 부양의 경우에는 특별조항(제46조 제2항)을 두어 이혼준거법에 따르게 하고 있다.

제46조의 기본정신은 사회적 약자인 부양권리자를 보호하고자 한다는 점이다. 따라서 부양의무자가 아니라 부양권리자를 중심으로 준거법을 정하며, 또 그 준거법에서 부양권리자에게 부양청구권을 인정하지 않으면 2차적으로 보충적인 준거법을 부여하여 부양권리자를 보호하고 있다(제46조 제1항 단서).

본래 제46조는 「1973년 헤이그 부양준거법협약」(이하 1973년 부양준거법협약)의 기본적인 내용을 받아들인 것이다. 우리나라가 이 협약의 가입국은 아니지만 협약의 내용이 합리적이었고 또 다수의 국가[184)가 가입했기 때문에 이 협약의 내용을 받아들이면 준거법에 관한 한 판결의 국제적 일치도 도모할 수 있다고 보았기 때문이다. 그 결과, 협약에서 반정을 부정한 것처럼 제46조에서도 반정이 부정된다(제9조 제2항 3호). 따라서 제46조에서 말하는 준거법은 그 지정된 국가의 실질법을 의미한다. 또한 부양준거법으로 지정된 국가가 다수법국인 경우에는 이 협약 제16조가 그렇게 규정하듯이 우리 국제사법 제3조 제3항에 의하면 될 것이다.[185)

그러나 우리는 이 협약의 가입국도 아니며 또 협약의 내용 전부를 받아들인 것도 아니라는 사실에 유의해야 한다. 따라서 제46조의 해석과 적용에서 이 협약의 내용과 해석을 참고하고 존중할 필요는 있지만, 꼭 동일하게 해석하고 적용해야 할 의무가 있는 것은 아니다. 최근 헤이그 국제사법회의는 이 1973년 협약의 문제점을 제거하고 현대화시킨 「2007년 헤이그 부양준거법의정서」(이하 2007년 부양준거법의정서)[186)를 새로 내놓았고, 유럽연합과 세르비아가 비준하여 이들 국가(유럽연합의 국가 중에서 덴마크와 영국을 제외한 26개국과 세르비아)에서는 현재 1973년 부양준거법협약 대신에 2007년 부양준거법의정서를 적용하고 있다는 사실도 유의할 필요가 있다.

---

184) 14개국(에스토니아, 프랑스, 독일, 그리스, 이탈리아, 일본, 리투아니아, 룩셈부르크, 네덜란드, 폴란드, 포르투갈, 스페인, 스위스, 터키). 그러나 이 국가들 중에서 유럽연합에 속하는 국가들은 현재 1973년 부양준거법협약 대신에 2007년 부양준거법의정서를 적용하고 있음에 주의해야 한다.

185) 이것은 우리가 계약준거법 규정으로 받아들인 1980년의 유럽 채무준거법협약(일명 로마협약)과는 다른 태도라는 점을 앞에서(국제채권계약 참조) 이미 언급하였다.

186) 이에 대해서는 김문숙, 「부양사건과 성년후견사건의 국제재판관할권에 관한 입법론」, 『국제사법연구』 제19권 제2호, 2013, 159면 이하 참조.

II. 부양준거법

1. 원칙(제46조 제1항 본문)

부양준거법의 기본원칙은 부양권리자의 상거소지법이다. 이 법은 부양권리자가 현재 생활하고 있는 곳의 법이다. 부양권리자가 생활하고 있는 곳에 따라 부양의 필요성과 정도가 다를 것이므로 그의 상거소지법이 부양문제를 결정하는 것은 부양권리자를 보호하는 것이 된다. 또 부양권리자의 상거소지법을 부양준거법으로 하게 되면 동일한 국가에서 생활하는 모든 부양권리자에게 동일한 준거법을 적용할 수 있는 장점도 있다.

부양준거법의 연결시점은 사안에서 제기되는 문제의 그때그때의 시점이다. 즉, 변경주의이다. 따라서 부양권리자의 상거소지국이 바뀌면 부양준거법도 바뀐다. 부양준거법을 일정 시점에 고정시키는 것(불변경주의)은 부양권리자의 필요와 수요에 따라 부양문제를 결정한다는 기본원칙과 맞지 않기 때문이다. 따라서 상거소지국을 변경한 부양권리자가 이전의 부양비와 현재의 부양비를 함께 청구하는 경우에는 이전의 부양비는 이전의 상거소지법에 의해 판단하고 현재의 부양비는 현재의 상거소지법에 의해 판단하게 된다. 그러나 부양권리자의 상거소지국이 변경되었다고 바로 부양준거법이 바뀌어 부양의 내용이 달라지지는 않는다. 당사자의 청구로 소송 등에 의해 새로운 상거소지국법에 의한 부양의 판단이 내려져야 비로소 부양의 내용이 변경된다.

2. 이혼 부양의 특칙(제46조 제2항)

제46조 제2항에 의하면, 한국에서 이혼이 이루어지거나(예컨대, 한국 법원에서 이혼판결을 받는 경우) 또는 외국에서 이혼이 이루어졌으나 한국에서 승인된 경우(예컨대, 외국에서 받은 이혼판결이 한국에서 승인된 경우)에는 이혼한 당사자 간의 부양에는 부양권리자의 상거소지법이 아니라 이혼에 실제로 적용된 이혼준거법에 따른다. 즉, 그 이혼준거법국의 부양법에 따라 부양문제를 해결한다. 이처럼 이혼 부양의 경우에 부양준거법과 분리하여 이혼준거법에 따르게 한 이유는, 이혼으로 인한 부양이 이혼에 대한 보상적 성격을 가지고 있으며 이혼사유와 밀접한 관련이 있다고 보았기 때문이다.

그러나 오늘날 이 규정은 부당하다는 비판을 받고 있다. 이혼사유가 유책주의에서 파탄주의로 옮겨갔다는 점, 동일한 상거소지국에서 생활하는데도 이혼을 전후로 하여 부부간의 부양준거법이 갑자기 변경되며 또 부모와 자녀 간의 부양준거법도 갑자기 달라진다는 점, 이혼준거법이 불변경주의인 경우에는 부양준거법도 이에 따르게 되므로 과거의 장소를 기준으로 현재의 부양문제가 결정된다는 점 등이 주된 비판 이유이다.[187] 그래서 2007년 부양준거법의정서에서는 1973년 부양준거법협약에 있던 이 규정을 삭제하고 이혼 부양도 부양준거법의 원칙에 따르는 것을 전제로 하여 새롭게 개정하였다.

3. 예외

부양준거법은 부양권리자의 상거소지법이라는 기본원칙에 대해

---

187) Kropholler, IPR, S. 381 f.

제46조는 여러 가지 예외를 두고 있다.

1) 제46조 제1항 단서

먼저 부양권리자의 상거소지법을 적용하지만 이 법에 의하면 부양권리자에게 부양청구권이 없는 경우에는 이차적으로 양 당사자의 공통본국법을 적용한다. 이는 부양권리자를 보호하기 위해 둔 보충적 연결이다. 이러한 취지를 존중하여 여기서 공통 본국법은 복수국적자인 경우에 유효한 국적(제3조 제1항 본문)으로 이해하지 않고 모든 국적 중에서 일치하는 국적이 존재하면 공통본국법이 된다고 해석한다. 1973년의 부양준거법협약 역시 이렇게 해석하고 있다. 그러나 부양권리자가 부양받을 수 없어야 하므로 적게나마 부양받을 수 있는 때에는 보충적 연결을 원용할 수 없다. 물론, 너무 적은 경우에는 공서조항(제10조)의 적용 가능성이 있을 것이다.

문제는, 이 규정에 의해서도 부양받을 수 없는 경우에는 어떻게 할 것인가 하는 것이다. 예컨대, 공통본국법이 없거나 또는 공통본국법에 의해서도 부양청구권이 없는 경우이다. 부양준거법협약에서는 이 경우에 대비하여 3차적인 준거법으로 법정지법을 규정하고 있으나, 우리는 이에 대해 침묵하고 있다. 우리로서는 공서조항(제10조)의 적용 가능성이 남아 있을 것이다.

2) 제46조 제3항

방계혈족간 또는 인척간에는, 부양준거법에 의해 부양권리자에게 부양청구권이 인정되더라도 양 당사자의 공통본국법에 의하면 부양의무가 없다는 주장을 할 수 있고, 만약 공통본국법이 없는 경우에는 부양의무자의 상거소지법에 의하면 부양의무가 없다는 주장을 할 수 있다. 이는 부양의무자에게 인정되는 이의제기권이다. 따라서 법원의 직권조사 사항이 아니라 당사자가 주장해야 할 항변사유이다. 이 규정을 둔 이유는, 방계혈족간이나 인척간에는 부양의무를 인정하지 않는 국가들이 있어서 이 국가들을 위해 둔 예외조항이다.

3) 제46조 제4항

부양권리자와 부양의무자가 모두 한국인이고 또 부양의무자의 상거소지가 한국에 있는 경우에는 부양준거법은 부양권리자의 상거소지법이 아니라 한국법이 된다. 밀접한 내국 관련성을 이유로 예외를 둔 것이다. 복수 국적자인 경우에도 우선적으로 한국인으로 본다(제3조 제1항 단서).

III. 부양준거법 규정(제48조)과 부양준거법의 적용범위

일반적으로 부양준거법 규정은 부양에 관한 한 모두 적용된다. 예컨대, 가족 간의 부양, 친인척 간의 부양, 부부간의 부양, 혼인 외의 출생자도 포함하는 친자 간의 부양에 적용된다. 오늘날 문제가 되는 것은 동성혼이나 동성파트너 간의 부양에 대해서도 이 협약이 적용될 수 있느냐 하는 것이다. 1973년 부양준거법협약에서는 부정적으로 해석하지만 우리는 이 협약의 당사국이 아니므로 긍정적으로 해석하는 것이 가능하고 또 그것이 보다 타당할 것으로 필자는 생각한다. 물론, 공서문제(제10조)는 남아 있을 것이다. 또 이 규정은 법정 부양에 대해서뿐만 아니라 약정 부양에 대해서도 적용된다. 따라서 부양준거법이 약정 부양을 인정하는 경우에는 그 합의의 요건과 제한도 그 준거법에 의할 것이다.

부양준거법의 구체적인 적용범위에 대해서는 우리 법에 언급이 없다. 이에 반해, 1973년 부양준거법협약에는 그 적용범위를 예시하고 있으므로(협약 제10조)[188] 우리에게 참고가 될 것으로 본다. 구체적으로 부양준거법은 부양권리자가 부양을 주장할 수 있는지 없는지(부양청구권의 존재와 요건), 누구에게 주장할 수 있는지(부양의무자), 어느 정도를 주장할 수 있는지(부양액수)를 결정한다. 그러나 부양액에 대해서는 각국마다 차이가 클 수 있다. 따라서 부양권리자가 부양액을 높게 책정하는 국가로 상거소를 옮기면 부양의무자가 불리해질 수 있다. 그래서 1973년 부양준거법협약에서는 별도의 규정을 두어 이 문제를 조정하고 있다. 즉, 부양액의 결정에 대해서는 준거법에 달리 규정되어 있을지라도 부양권리자의 수요와 부양의무자의 자력을 고려하도록 요구하는 것이다(협약 제11조 제2항). 우리로서도 참고할 내용으로 본다. 물론, 공서조항에 맡겨도 되므로 없어도 된다는 비판이 있지만,[189] 공서조항의 엄격성에 비추어볼 때 이런 내용은 주의적 규정이라고 해도 명시하는 것이 더 낫다고 필자는 본다.

또 부양소송을 진행할 자가 누구인지(예컨대, 미성년자의 경우 친권자 또는 후견인 등)와 그 소송의 제기기간(우리 법의 시효기간) 등을 결정한다. 그러나 부양의무자가 사망한 경우에 그 부양의무가 상속되는지는 부양준거법이 아니라 상속준거법에 의해야 할 것이다.

특히 문제로 되는 것은 선결문제이다. 친자 간에 부양의무가 있

---

188) 1973년 부양준거법협약 제10조는 다음과 같다; "부양의무의 준거법은 특히 다음의 사항을 결정한다. (1) 부양권리자가 부양을 주장할 수 있는가와 누구에게 주장할 것인가, 어느 정도를 주장할 것인가. (2) 부양소송을 제기할 자와 이 소송의 제기기간. (3) 공공기관이 부양권리자에게 제공한 급부의 상환을 구하는 경우에 부양의무자의 의무의 정도."

189) Kropholler, IPR, S. 385.

다고 해도 그들 간에 과연 친자관계가 존재하는 것인지, 부부간에 부양의무가 있다고 해도 그들 사이에 과연 혼인이 유효하게 성립하였는지, 입양자녀에게 부양청구권이 있다고 해도 과연 입양이 유효하게 성립하였는지 등이 선결문제가 되는데, 이에 대해서는 우리 법에도, 협약에도 언급이 없다. 따라서 일반원칙에 따라 해결하게 되는데 원칙적으로는 독립적 연결, 즉 우리의 국제사법에 의할 것이다.[190)]

§52 후견

I. 후견규정(제48조)의 적용범위

후견제도는 제한능력자나 그 밖의 보호가 필요한 사람을 보호하는 제도이다. 후견은 일반적으로 미성년자 후견과 성년자 후견으로 나누어진다. 미성년자 후견(민법 제928조)은 미성년자에게 친권자가 없는 경우에 친권자를 대신하는 후견인을 두어 미성년자를 보호하는 제도이고, 성년자 후견은 성년자가 고령 또는 정신능력의 미약 등으로 정상적인 법적 행위를 하지 못하는 경우에 이 성년자를 법적으로 도와줄 후견인을 두어 성년자를 보호하는 제도이다. 우리 민법에서 성년자 후견에는 후견계약(민법 제959조의14 이하)과 법정후견제도가 있으며, 법정후견제도에는 성년후견(민법 제929조), 한정후견(민법 제959조의2 이하), 특정후견(민법 제959조의8 이하)의 세 종류를 인정하고 있다.

따라서 국제사법 제48조의 후견에서도 원칙적으로 이 모든 후견이

---

190) 그러나 비독립적 연결도 타당할 수 있다는 사례로는 Siehr, IPR, S. 55 참조.

적용대상이 된다.191) 다만, 후견계약을 어떻게 성질결정 할 것인가(계약인가 후견인가)가 문제로 될 수 있으나, 후견계약 역시 후견의 일종이므로 후견준거법, 즉 제48조에 의한다는 것이 일반적인 견해이다.192)

II. 후견의 준거법

1. 원칙(제48조 제1항)

후견은 원칙적으로 피후견인의 본국법에 의한다(제48조 제1항). 후견에서는 피후견인을 보호해야 한다는 의미에서 연결주체를 피후견인으로 한 것이다. 연결점을 본국법으로 할 것인가 아니면 상거소지법으로 할 것인가가 문제로 되나, 우리 국제사법상 개인의 신분관계는 본국법이 기본이라는 점과 후견은 행위능력의 제한문제와도 연결되어 있어서 행위능력의 준거법인 본국법과 일치시킬 필요가 있다는 점을 고려하여 본국법으로 정하였다고 한다.193) 연결시점에 대해서는 언급이 없으나 후견문제가 제기된 시점에서의 본국법일 것이다. 즉, 변경주의에 입각하고 있는 것이다. 따라서 후견준거법이 변경되면 그때부

---

191) 미성년자후견이 친권의 기능적 유사물이라는 이유에서 후견 규정이 아니라 친자관계의 효력 규정(제45조)에 의하는 것이 옳다는 견해가 있다(석광현, 『국제사법 해설』, 544면). 필자 역시 원칙적으로 이에 찬동하지만, 어느 쪽으로 보든 결과적으로는 대부분 상거소지법인 한국법을 적용하게 된다는 측면에서는 큰 차이가 없어 보이며(최흥섭, 「새로운 성년후견제의 도입에 따른 국제사법 규정의 개정 문제와 적용 문제」, 『법학연구(인하대)』 제16집 제3호, 2013, 11면과 26면 참조), 미성년자 후견뿐만 아니라 성년자 후견도 앞으로는 상거소지법에 의하는 방향으로 나가야 한다는 필자의 입장에서 보면 양자를 함께 규율하는 것도 가능하다고 본다.

192) 이병화, 「성년후견제도의 도입에 따른 국제후견법의 재고찰」, 『비교사법』 제13권 제3호, 2006, 128면; 석광현, 『국제사법 해설』, 2013, 546면; 최흥섭, 앞의 논문, 21면.

193) 법무부, 『국제사법 해설』, 168면.

터 준거법 변경의 효력이 발생한다. 또한 후견준거법에도, 반정이 인정되는 것은 물론이다.

2. 예외(제48조 제2항)

그러나 한국에 상거소 또는 거소가 있는 외국인에 대한 후견은 다음 세 가지 경우에는 예외적으로 한국법에 의한다(제48조 제2항). 첫째, 그 외국인의 본국법에 의하면 후견개시의 원인이 있더라도 그 후견사무를 행할 자가 없거나 또는 후견사무를 행할 자가 있더라도 후견사무를 행할 수 없는 경우(1호). 둘째, 한국에서 한정후견개시, 성년후견개시, 특정후견개시 및 임의후견감독인 선임의 심판을 한 경우(2호). 셋째, 그 밖에 피후견인을 보호해야 할 긴급한 필요가 있는 경우(3호)이다.

우선, 두 번째 예외의 경우(2호)는 민법에서 2013년부터 성년후견제도가 시행된 결과로 문언이 변경된 사례이다. 이때, 주의할 점은 이 조항은 제14조의 적용을 전제로 한다는 점이다. 제14조에 의하면, 법원은 한국에 상거소 또는 거소가 있는 외국인에 대하여 한국법에 의하여 한정후견개시, 성년후견개시, 특정후견개시 및 임의후견감독인 선임의 심판을 할 수 있다고 한다. 이 제14조는 후견에 관한 국제재판관할 규정은 아니고, 한국 법원에 소가 제기되어 있다는 전제하에서 한국에 상거소 또는 거소를 둔 외국인에 대해 한국법194)에 따라 후견개시심판을 할 수 있다는 규정이다. 이어서, 이 후견개시심판이 행해진 후의 그 심판의 내용과 효력 등에 대해서는 제48조 제2항 2호가 적용되어 여기에도 한국법195)이 적용된다. 결

---

194) 예컨대, 후견개시심판의 요건인 민법 제9조, 제12조, 제14조의2 등이 적용될 것이다.

195) 예컨대, 민법 제10조, 제11조, 제13조, 제14조 및 친족법상의 후견 규정들이 적

국, 외국인의 성년자 후견에 대해서는 제14조와 제48조 제2항 2호에 의해 후견준거법의 본국법 원칙을 배제하고 전적으로 한국법을 적용할 수 있게 된 것이다.[196)

따라서 위의 첫 번째와 세 번째 예외의 경우(제48조 제2항 1호와 3호)에는 특히 미성년자 후견의 경우에 의미가 있을 것이다. 그러나 첫 번째 경우(1호)는 후견준거법의 원칙인 피후견인의 본국법을 적용한 후에 나타나는 피후견인의 보호 필요성 때문에 둔 규정이고, 세 번째 경우(3호)는 피후견인의 본국법 적용을 전제하지 않고도 나타날 수 있는 피후견인의 보호 필요성 때문에 둔 규정이라는 차이가 보인다. 그런 의미에서 볼 때, 3호의 문언을 "긴급한 필요가 있는 경우"로 한정한 것은 범위가 너무 좁아 보이므로 좀 더 넓게 해석할 필요가 있다고 본다. 이렇게 보면 결국, 미성년자 후견의 경우에도 많은 경우 후견준거법의 원칙인 피후견인의 본국법이 아니라 예외인 한국법이 적용될 가능성이 크다.

3. 후견준거법 원칙(제48조 제1항)의 의의

그렇다면 후견준거법의 원칙인 피후견인의 본국법은 의미가 없는 것일까? 그렇지는 않다. 예컨대, 외국에 상거소를 둔 한국인이 한국 법원에 후견을 신청하는 경우에 한국법을 적용한다는 점에서 의미가 있고, 또 외국인의 경우에도 본국에서 후견을 인정받은 경우에는 한국에서도 이를 그대로 받아들일 것이라는 측면에서 의미가 있을 것이다. 그러나 후견준거법에서 원칙인 피후견인의 본국법보다 예외인 한국법의 적용이 대다수가 될 것이라는 것은, 후견의

용될 것이다.

196) 필자는 제14조를 없애고 이를 후견조항에서 통합하여 규정해도 문제가 없다고 본다(이에 대해서는 최흥섭, 앞의 논문, 15면).

성격상 피후견인의 보호는 그의 상거소지국에서 행해질 것이 요구되고 또 필요하다는 이유 때문이다. 그런 의미에서 후견준거법은 성년자 후견이든 미성년자 후견이든 피후견인의 본국법보다는 상거소지법으로 점차 바뀔 가능성이 크다고 필자는 본다.

III. 후견준거법의 적용범위

후견준거법은 후견 성립의 요건과 후견개시심판의 요건에 모두 적용된다. 그러나 피후견인이 미성년자인가 성년자인가, 피후견인에게 친권자가 있는가 없는가는 후견의 선결문제로서 제13조와 제45조에 의해 독립적으로 판단된다. 또 후견준거법은 후견의 변경과 종료에도 적용된다. 한편, 후견인의 선임, 후견인의 권리와 의무, 후견인의 권한 제한과 해임 등도 모두 후견준거법에 의할 것이다.

§53 그 밖의 친족관계

I. 그 밖의 친족관계의 준거법 규정(제47조)의 적용 문제

제47조에 의하면, 이 법에 특별한 규정이 없는 경우에 친족관계의 성립 및 친족관계에서 발생하는 권리와 의무에 관하여는 각 당사자의 본국법에 의하는 것으로 되어 있다. 문제는, 이 규정이 어떤 경우에 적용되느냐 하는 것이다.

보통 친족관계는 배우자관계, 혈족관계, 인척관계로 나누어진다 (민법 제767조). 일반적으로 혈족관계는 친자관계가 성립함으로써 형성되고, 배우자관계와 인척관계는 혼인이 성립함으로써 형성된다. 따라서 국제사법에서도 혈족관계의 성립은 친자관계의 성립에 따르며, 인척관계의 성립은 혼인의 성립에 따르도록 하는 것이 일단 옳아 보인다. 그러나 친자관계나 혼인관계의 성립에 관한 우리 국제사법에 의하면 이들 준거법이 자녀의 출생 시 또는 혼인 당시로 연결시점이 고정되어 있고 또 선택적 연결로 되어 있기 때문에 혈족관계나 인척관계가 현재 발생한 사건에서 과거의 관계에 의해 해결하게 되거나(즉, 고정주의의 문제점) 또는 혈족관계나 인척관계가 불확정적일 수도 있다(즉, 선택적 연결의 문제점). 그래서 혈족관계와 인척관계의 준거법으로는 차라리 「발생된 법률관계의 준거법」에 따라 해결하는 것이 오히려 더 타당할 수 있으리라고 생각한다. 예컨대, 친자관계의 효력의 준거법에서 친권이 방계친족에게 부여되는 경우에 그 방계친족관계의 성립 및 범위는 그 친자관계의 준거법에 따르며, 부양준거법이 방계친족에게 부양의무가 있다고 인정하는 경우에 그 방계친족관계의 성립 및 범위도 부양준거법에 의하며, 상속준거법에서 방계친족에게 상속권이 있다고 인정하는 경우에도 그 방계친족관계의 성립 및 범위는 그 상속준거법에 의해 결정한다는 것이다.

그렇다면 국제사법 제47조의 기타의 친족관계의 성립 및 그 효력의 준거법 규정은 어디에 적용될까? 위에서 보았듯이, 친족관계의 성립뿐만 아니라 그 "친족관계에서 발생하는 권리와 의무"까지도, 예컨대 친권의 경우에는 친자관계의 준거법(제45조)이, 부양의 경우에는 부양준거법(제46조)이, 상속의 경우에는 상속준거법(제49조)이 적용된다면 사실 이 규정의 의미는 별로 없어 보인다.

II. 제47조의 내용

만약 제47조의 친족관계의 준거법이 적용될 수 있는 국제사법적 법률관계가 존재한다면, 그 친족관계의 준거법은 각 당사자의 본국법에 의한다(제47조). 따라서 이는 배분적 연결에 의한다는 의미이다. 그러나 친족관계는 보통 양면적 관계일 것이므로 결국 각 당사자의 준거법이 중첩적으로 적용될 것이다. 그 결과, 일방 당사자의 본국법에 의하면 법적 친족관계에 들어가지만(예컨대, 이 법이 친족을 8촌 이내로 규정하는 경우) 타방 당사자의 본국법에 의하면 법적 친족관계의 범위에 들어가지 않는다면(예컨대, 이 법이 친족을 4촌 이내로 규정하는 경우) 이들 간에는 법적 친족관계가 성립하지 않을 것이다.

제6장 상속

국제상속법에서 법적용법은 사람의 사망으로 인한 재산의 승계에 관해 이를 어느 국가의 법에 따라 판단할지를 정해준다. 이에 대해 우리 국제사법은 제49조와 제50조 두 개의 규정을 두고 있다. 제49조는 상속에 관해 전반적으로 적용되는 상속준거법을 규정하고 있으며, 제50조는 상속 문제의 일부인 유언에 대해, 그것도 「유언의 의사표시」에 대해서만 별도로 규정하고 있다.

§54 상속

I. 상속준거법(제49조)

제49조의 상속준거법은 두 개의 조항으로 이루어져 있다. 상속은 피상속인의 본국법에 의한다는 객관적 연결(객관적 준거법) 조항(제1항)과, 피상속인이 명시적으로 준거법을 지정할 수 있는 주관적 연결(준거법선택) 조항(제2항)이다. 따라서 법적용 순서로는 제2항의 준거법선택이 존재하지 않을 때에 한해서 제1항의 객관적 준거법이 적용된다.

1. 객관적 연결(제49조 제1항)

상속은 사망 당시 피상속인의 본국법에 의한다(제1항). 이러한 우리의 상속준거법은 다음 네 가지 기본원칙에 입각하고 있다. 첫째, 연결점에서 본국법주의. 둘째, 연결시점에서 불변경주의. 셋째, 지시원칙으로서 총괄지정. 넷째, 연결대상에서 상속재산의 통일주의가 그것이다.

첫째, 본국법주의이다. 즉, 상속준거법은 피상속인의 본국법에 의하며, 따라서 피상속인의 국적이 기준이 된다. 만약 피상속인이 복수 국적자인 경우에는 제3조 제1항에 따라 본국법을 정하며, 무국적자인 경우에는 제3조 제2항에 따라 본국법을 정한다.

둘째, 불변경주의이다. 즉, 피상속인의 본국법은 사망 당시를 기준으로 한다. 그 결과, 준거법 변경의 문제는 발생하지 않는다. 피상속인의 국적이 생존 중에 변경된 적이 있더라도 상속준거법은 사망 당시에 국적을 가진 법에 의할 뿐이다.

셋째, 상속준거법의 지정은 총괄지정이다. 즉, 피상속인이 외국인인 경우에 본국법을 적용하라는 지시는 그 외국의 국제사법을 적용하라는 총괄지시를 의미한다. 제49조 제1항의 상속준거법에는 제9조 제1항의 원칙이 적용되고, 제9조 제2항 6호에도 해당하지 않기 때문이다. 따라서 상속준거법을 주소지법에 의하도록 하는 국가들(예컨대, 북구 국가들)이 존재하는데, 우리의 상속준거법이 이들 국가의 법을 지시하는 경우에 그 외국인인 피상속인의 주소가 한국에 있다면 직접반정이 되어 우리 법원은 이 국제상속사건에서 결국 한국의 상속법을 적용하게 될 것이다.

넷째, 상속통일주의를 취한다. 피상속인이 남긴 상속재산은 부동재산이든 동적 재산이든 구별 없이 모두 피상속인의 사망 당시의 본국법에 의한다.197) 이를 상속통일주의라고 한다. 이에 반해, 재산상속에 대해 그 재산이 부동재산인지 동적 재산인지에 따라 준거법을 달리하는 국가들이 있는데, 이것을 상속분할주의라고 한다.198) 이들 국가는 부동재산에 대해서는 부동산의 소재지법을, 동적 재산에 대해서는 보통 피상속인의 마지막 주소지법을 준거법으로 한다 (예컨대, 영국, 미국, 프랑스 등). 그 결과, 우리의 상속준거법이 통일주의에 입각해 있다 하더라도 반정에 의해 우리에게도 상속준거법의 분할이 발생할 수 있다. 예컨대, 우리가 지정하는 외국의 상속준거법국의 국제사법이 분할주의를 택하고 있다면 우리의 반정 규정(제9조 제1항)에 의해 부동재산과 동적 재산 중 어느 하나에 대해 한국법이 적용될 수 있기 때문이다.

2. 주관적 연결(제49조 제2항)

1) 상속준거법에서 준거법선택의 의의

우리의 국제상속법은 피상속인의 일방적인 지정에 의한 상속준거법의 선택을 허용하고 있다(제49조 제2항). 그러나 국제상속법에서 준거법선택을 허용하는 데 대해서는 국제적으로도 논란이 있다. 실질법상 유언의 자유가 있기 때문에 국제사법적으로도 준거법선택

---

197) 상속재산은 부부재산과 동일하게 총괄재산이다. 따라서 물건인 부동산과 동산만 있는 것이 아니라 채권과 채무도 존재하므로 상속재산은 부동재산과 동적 재산으로 구별하는 것이 타당하다. 개념상 부동재산이 아니면 모두 동적 재산이 된다. 여기서 부동재산은 부동산을 기초로 한 재산이므로 우리 국제사법 규정에서 사용하는 부동산도 같은 의미로 이해할 수 있을 것으로 본다.

198) 우리 학자들은 보통 상속통일주의와 상속분할주의라고 부른다. 그러나 이것은 상속재산이 부동재산인지 동적 재산인지에 따라 준거법의 결정기준이 달라지는 것이므로 엄밀하게는 상속재산 통일주의와 상속재산 분할주의라고 부르는 것이 옳을 것이다.

이 가능하다고도 볼 수 있지만, 상속법상의 강행규정인 유류분권 규정이나 또는 상속재산의 채권자에 대한 상속인의 책임규정 등을 회피할 수도 있기 때문이다. 그러나 국제상속법에서 준거법선택을 허용하는 데에는 피상속인이 미리 자기 사후의 재산계획을 정할 수 있다는 점, 상속준거법을 부부재산준거법과 일치시킬 수 있다는 점, 상속재산의 청산이 용이할 수 있다는 점, 법정지법을 선택함으로써 외국법의 적용을 피할 수 있다는 점 등의 장점이 있기 때문에 외국의 학설에서는 준거법선택에 호의적이다. 그러나 입법례로서 상속준거법에서 당사자자치를 허용하는 경우는 아직 소수에 지나지 않는다. 우리 법 역시 이러한 장점과 문제점을 감안하여 극히 제한된 범위에서만 준거법선택을 허용하고 있다. 그러나 제49조 제2항의 준거법선택 규정은 전면적 저촉규정이다. 따라서 법에 규정된 요건이 충족되는 한 한국법뿐만 아니라 외국법도 준거법으로 선택할 수 있다.

2) 준거법선택의 유효요건

상속준거법의 선택이 우리 법원에서 그 유효성을 인정받으려면 먼저 준거법선택의 유효요건을 충족해야 한다. 이에는 우리 국제사법이 요구하는 유효요건도 있지만 준거법선택이라는 법률행위 자체의 유효요건도 있다. 아래에서는 이를 나누어 설명하기로 한다.

(1) 우리 법이 요구하는 유효요건(제49조 제2항)

우리 법은 준거법선택의 유효요건으로 세 가지를 규정해두고 있다.

첫째, 준거법선택이 명시적이어야 한다. 따라서 묵시적 선택은 인정하지 않는다.

둘째, 준거법선택의 방식은 피상속인이 유언에 적용하는 방식을 따라야 한다. 물론, 많은 경우 유언 등의 사인처분 속에서 준거법선택이 함께 행해지겠지만 꼭 유언과 함께 준거법선택을 할 필요는 없다. 준거법선택만 별도로 하는 것도 가능하다. 다만, 이때에도 준거법선택의 방식에는 유언에 적용되는 방식에 따를 것을 요구한다. 따라서 유언의 방식을 규정하고 있는 제50조 제3항에 의해 판단하게 되는데, 제50조 제3항이 다양한 선택적 연결을 인정하고 있기 때문에 준거법선택이 방식의 흠결 때문에 무효가 되는 경우는 드물 것이다.

셋째, 선택이 가능한 대상은 두 가지이다. 하나는 지정(또는 일방적 선택) 당시의 피상속인의 상거소지법인데, 다만 그 상거소지는 피상속인이 사망할 때까지 유지되었어야 한다. 또 하나로 부동산에 관한 상속에 대해서는 부동산의 소재지법을 선택할 수 있는데, 이는 앞의 상거소지와 관계없이 독자적으로 선택할 수 있다. 이때, 준거법선택의 대상이 부동산인지 아닌지는 법정지법인 한국법이 아니라 그 소재지법에 따라 판단해야 할 것이다. 문제는 부동산 소재지에 존재하는 부동산 전부를 함께 선택해야 하는지 아니면 개별 부동산에 대해서 선별하여 선택할 수도 있는지 하는 것인데, 준거법선택의 원칙상 전자를 명시하는 규정이 없는 한 후자처럼 해석하는 것이 타당할 것이다. 따라서 부동산 소재지에 존재하는 다수의 부동산 중에서 어느 하나의 부동산에 대해서만 준거법을 선택해도 무방할 것이다. 유의할 점은, 이렇게 부동산 소재지법의 선택으로 인해 우리 법에서도 상속준거법은 분할되게 된다는 점이다.

(2) 준거법선택이라는 법률행위 자체의 유효요건

상속준거법에서 준거법선택은 설사 유언 등과 함께 행해진다고 해도 이 유언 등과 같은 사인처분행위와는 구별되는 독자적인 법률행위이다(채권계약의 준거법선택에서 준거법선택 자체의 문제를 채권계약과 구별하여 판단하는 점을 상기할 것). 따라서 준거법선택이라는 법률행위 자체의 유효성 판단은 어느 법에 따라 결정하느냐 하는 문제가 제기된다(이것을 「준거법선택의 준거법」이라고 한다). 예컨대, 상속준거법에 대한 피상속인의 선택행위에 대해 그 의사표시의 능력, 의사흠결, 철회 가능 여부, 기타 무효사유 등에 대해 문제가 발생한 경우에 이것은 어느 법에 따라 판단할 것인가 하는 것이다.

이에 대해서는 채권계약상의 준거법선택 규정인 제25조 제5항 및 제29조를 유추적용하여 선택하는 국가의 법에 따라 판단하는 것이 타당할 것이다. 그래야 선택하는 자에게도 선택의 유효 여부에 관한 예견 가능성이 확보되며 또한 나중에 법정지가 어디가 되더라도 동일한 결론을 얻을 수 있기 때문이다.

3) 준거법선택의 효력

준거법선택의 유효요건이 충족되면 그에 따라 선택된 준거법이 적용되겠지만, 유효요건이 충족되지 못하면 그 준거법선택은 무효가 된다. 무효가 되면 제49조 제1항의 객관적 연결에 의한 상속준거법이 적용된다.

이때, 준거법선택의 무효에도 전부무효와 일부무효가 있게 된다. 예컨대, 우리 법이 규정한 상거소지법의 요건을 어느 하나라도 충족하지 못하면 그 준거법선택은 전부무효가 된다. 그러나 예컨대, 부동산에 대해서만 그 소재지법을 준거법으로 선택할 수 있는데도 불구하고 동일 국가에 소재하는 동산과 부동산 모두에 대해 소재지법을 준거법으로 선택했다면 부동산에 대해서는 유효하지만 동산에 대해서는 무효가 되어 일부무효가 존재하게 된다. 그러나 일부무효인 경우에도 그 전부가 무효로 되는지 아니면 잔존부분에 대해서는 유효로 보는지에 대해서는 선택한 준거법에 의해 판단하는 것이 옳을 것이다.

II. 상속준거법의 적용범위

1. 상속 관련문제

제49조의 상속준거법은 상속과 관련된 모든 문제에 적용되는 것이 원칙이다. 유언 역시 상속에 관련된 문제이므로 상속준거법의 적용범위에 들어간다. 그러나 유언의 의사표시에 대해서는 제50조에 예외적으로 별도의 규정을 두고 있다.

상속준거법의 적용범위에는 우선 상속개시의 문제가 이에 해당한다. 보통, 사망으로 인해 상속이 개시되지만, 사망의 판단문제는 선결문제로서 원칙적으로 권리능력의 준거법에 의한다. 그러나 만약 권리능력의 준거법인 외국법에 의하면 실종선고 등에 의해 사망으로 인정되지 않는다고 하더라도, 상속준거법이 실종선고에 의한 상속을 인정한다면 상속이 가능하도록 하는 것이 옳을지도 모른다.[199)

상속능력 역시 상속준거법에 의해 결정된다. 따라서 태아나 법인에게 상속능력이 있는지 여부는 권리능력이나 행위능력의 준거법이 아니라 상속준거법이 판단한다.

상속인이 누가 되는지, 상속인의 순위, 상속분은 얼마인지, 상속

---

199) 이런 점이 선결문제의 해결방법이 원칙적으로는 독립적 연결이라고 보지만 항상 그런 것은 아닐 수도 있다는 예가 될 수 있을 것이다. 또한 앞에서 실종선고에 관한 설명에서 외국실종선고의 효과와 한국에서의 실종선고의 효과에 차이를 두게 되는 이유가 여기에 있다고 보는 것이다.

의 승인과 포기, 유류분권, 공동상속의 형태(공유인지 합유인지)와 그 내부적 및 외부적 권리와 의무, 상속인의 책임, 상속재산관리인이나 유언집행자의 법적 지위,200) 상속회복청구권 등은 모두 상속준거법의 적용범위에 속한다. 따라서 예컨대, 배우자에게 상속권이 있는지 여부는 상속준거법에 의한다. 그러나 당사자가 배우자인지 여부는 선결문제로서 혼인성립의 준거법에 의한다.

상속재산의 범위 역시 상속준거법에 의한다. 그러나 개개의 목적물과 재산이 상속재산에 속하는지는 별도의 선결문제가 된다. 예컨대, 생명보험청구권이 피상속인에게 귀속하는지 아니면 다른 타인에게 귀속되는지는 보험계약의 준거법에 의한다. 또한 적극재산이 피상속인의 것인지, 소극재산이 피상속인의 채무인지, 그 적극재산 또는 소극재산이 피상속인의 사망으로 상속인에게 이전하는지 등은 개개 재산의 준거법에 의한다.

2. 상속인 없는 상속재산의 귀속문제

자주 언급되는 문제로 상속인 없는 상속재산의 귀속 문제가 있다. 즉, 상속인 없는 재산은 각국 법이 종국적으로는 국가의 재산이 되는 것으로 규정하고 있는데, 이것이 과연 상속준거법의 적용영역인가 하는 문제이다. 일견 어려움 없이 상속준거법의 적용영역에 속하는 것으로 생각되지만, 각국 상속법에서는 이에 관한 규정의

---

200) 영미법계 국가에서 상속과정은 우리처럼 피상속인의 사망과 동시에 재산이 상속인에게 넘어가는 것이 아니라, 일단 유언집행자(executor)나 유산관리인(administrator)에게 넘어가서 관리, 청산되고 남은 잔여재산이 상속인에게 분배되고 이전된다. 따라서 영미법에서는 국제사법적으로도 「상속재산의 관리 및 청산」과 「잔여재산의 분배 및 이전」을 구분하여, 전자는 재산관리지법에 의하고 후자만 상속준거법에 의한다. 그러나 우리를 포함한 대륙법계 국제사법에서는 양자 모두 상속준거법에 의해 해결한다.

법적 성격이 판이해서 국제사법적으로도 논란이 되는 것이다. 이를 달리 표현하면, 실질법상의 상속인 없는 상속재산의 귀속에 관한 규정(우리 법에서는 국가 귀속을 정하고 있는 민법 제1058조와 1059조)을 어떻게 성질결정 할 것인가 하는 문제이다. 상속의 일부로 볼 것인지 아니면 상속과는 속성이 다른 별개의 법률관계로 볼 것인지, 다르다면 어떤 준거법이 타당한지 하는 것이다.201) 결론적으로, 이에 대해서는 상속과 속성이 다른 법률관계로 보아 별개의 준거법으로 상속재산(부동산이든 동적 재산이든)의 소재지법(lex rei sitae)을 취하는 우리의 일반적인 견해202)가 국가 간의 협약이 없는 현재로서는 그나마 제일 무난할 것으로 필자는 본다.203)

---

201) 이에 대해 좀 더 자세히는 최흥섭, 「한국 국제사법에서 상속인 없는 상속재산의 국가 귀속」, 『법학연구(인하대)』, 제21집 제1호, 2018, 141면 이하.

202) 신창선/윤남순, 『신국제사법』, 387면 이하; 윤종진, 『현대국제사법』, 489면; 김연/박정기/김인유, 『국제사법』, 401면 이하; 신창섭, 『국제사법』, 332면 이하.

203) 그러나 이에 관해 몇 가지 유의점을 언급해두고자 한다. 첫째, 외국 실질법상으로는 이 문제에 대해 취하는 태도가 크게 두 가지로 나누어진다. 하나는 자연인으로서의 상속인이 없는 경우에 국가가 최종 상속인이 되는 법제(예컨대, 독일, 이탈리아, 스페인)가 있고, 또 하나는 자연인인 상속인이 없으면 영토고권에 기해 상속재산을 국가에 귀속시키는 법제(예컨대, 프랑스, 영국, 오스트리아)가 있다. 전자를 흔히 상속주의(또는 상속권주의)라 하고 후자를 선점주의(또는 선점권주의)라고 부르지만, 특히 선점주의라는 호칭은 오해를 일으킬 여지가 있다. 여기의 선점은 물권법상의 선점을 의미하는 것이 아니라 주권적(영토고권적) 선점권(hoheitliches Aneignungsrecht)을 의미하기 때문이다. 따라서 오해를 피하고자 한다면 적어도 선점주의라는 명칭은 차라리 주권주의(또는 국가주권주의)로 바꾸어 쓰는 것이 타당하리라 본다(따라서 주권주의는 상속주의와 대립되는 용어이며 이하에서는 이 용어를 사용하기로 한다). 둘째, 그러면 우리 실질법의 규정은 양자 중에서 어느 쪽에 해당할까? 이것이 중요한 이유는 우리 실질법 규정(민법 제1058조)의 법적 성격을 어느 쪽으로 보느냐에 따라 국제사법적인 관점과 판단 그리고 외국법과의 법률관계 설정이 달라지기 때문이다. 일단, 우리 상속법의 태도는 독일법의 상속주의가 아닌 것은 분명하다. 따라서 우리 학설은 분명하게 표현하지는 않지만 우리 법 규정의 내용으로 보아서는 주권주의로 해석해야 할 것이다. 그렇다면 우리는 국제사법적으로도 주권주의를 전제로 논의를 전개할 필요가 있다. 셋째, 이런 전제하에서 국제사법적으로는 「상속문제」와 「상속인 없는 상속재산의 국가 귀속 문제」를 별개로 성질결정 하여 준거법을 결정해야 한다. 즉, 전자는 상속준거법에 의하지만, 후자는 주권적(영토고권의) 문제

III. 상속준거법과 다른 준거법의 관계

사망으로 인한 상속문제이기 때문에 상속준거법의 적용범위에 들어갈 것 같아도 다른 준거법의 적용범위에서도 사망으로 인한 상속문제에 영향을 주는 요소가 존재할 때는 양자 간의 관계를 어떻게 보고 어떻게 결정할 것인가 하는 문제가 제기된다. 논란이 되는 여러 문제 중에서 두 가지만 아래에서 언급해보기로 한다.

1. 상속준거법과 부부재산준거법

부부의 혼인생활 중에 일방이 사망한 경우에 피상속인의 재산이 잔존배우자에게 분여되는 문제는 일단 상속으로 성질결정 하여 상속준거법에 의하면 문제가 없는 것으로 생각하기 쉽다. 그러나 이

로서 그 재산의 소재지법이 결정한다는 것이다. 이때 조심할 것은 피상속인에게 상속인이 존재하는지 존재하지 않는지의 문제는 상속문제이기 때문에 먼저 상속준거법에 의해 판단해야 한다. 그 결과 상속인이 없다는 결론이 났다면 그때 비로소 상속인 없는 상속재산의 귀속문제가 제기되어 그 재산의 소재지법이 적용되고 결국에는 영토고권상 그 재산소재지국의 국가에 귀속하게 된다는 것이다. 따라서 예컨대, 외국인인 피상속인의 재산이 한국에 존재하는 경우에 피상속인의 본국법(직접반정에 의해 한국법일 수도 있다)에 의해 상속인이 없다고 결론이 났으면, 한국에 소재하는 피상속인의 유산은 소재지법인 한국법이 적용되고, 결국 민법 제1058조에 의해 한국의 국고에 귀속된다. 거꾸로 외국에 재산을 두고 있는 한국인이 본국법인 한국의 상속법상 상속인이 없다고 결론이 나면, 한국에 있는 재산은 한국의 국고에 귀속되지만 외국에 있는 재산은 한국의 국고에 귀속되지 못할 것이다. 넷째, 「상속문제」와 「상속인 없는 상속재산의 국가 귀속 문제」를 별개로 보는 경우에도 그 구분상의 문제로 예컨대, 특별연고자에 대한 상속재산 분여 규정(민법 제1057조의2)이 전자에 해당하는지 아니면 후자에 해당하는지의 문제가 발생할 수 있다. 종종 후자의 문제로 보아 상속재산의 소재지법에 의한다고 하지만(신창선/윤남순, 『신국제사법』, 388면; 윤종진, 『현대국제사법』, 489면), 오히려 상속의 문제로 보아 상속준거법의 영역에 속한다고 보는 것이 더 타당하지 않을까 생각한다. 이는 상속재산이 국가에 귀속되기 이전단계에서 피상속인과 생전에 긴밀한 관계를 가지고 있었고 또 상속재산을 분배받을 합리적 이유가 있는 사람에게 피상속인의 재산을 분배하는 문제이기 때문이다. 다만, 이때에도 예외조항(제8조)의 적용 가능성이 없지는 않을 것으로 본다.

경우에 잔존배우자의 재산분배 문제는 상속문제가 되기도 하지만 동시에 부부재산제의 문제가 될 수도 있다. 우리가 이 문제를 상속문제로 쉽게 판단해버리는 이유는 우리의 부부재산제가 별산제를 전제로 하고 있으며 일방배우자의 사망 시에 잔존배우자에 대한 재산분할 규정이 별도로 존재하지 않기 때문이다. 그러나 외국법에서는 이 문제를 오로지 부부재산제의 문제로 보아 부부재산법에 규정하는 국가도 있고(예컨대, 헝가리), 우리처럼 오로지 상속의 문제로 보아 상속법에 규정하는 국가도 있으며, 심지어 부부재산제와 상속의 복합문제로 보아 부부재산법과 상속법으로 나누어 규정을 두고 있는 국가(예컨대, 독일)도 있다. 이러한 상황은 일국의 국내법 내에서는 어느 곳에 위치하든 일단 잔존배우자의 재산분배 규정이 존재하므로 법적용에 문제가 없지만, 국제사법적으로는 심각한 문제가 발생할 수 있다. 국제사법에서는 부부재산제(제38조)와 상속(제49조)을 서로 별개의 법률관계(연결대상)로 분리하여 독자적인 규정을 두고 있으며, 더구나 그 준거법의 결정기준이 서로 달라 실제로 지정되는 준거법이 동일하지 않을 수 있기 때문이다(예컨대, 이국적 부부의 경우에 우리 국제사법상 부부재산의 준거법은 상거소지법이 되고, 상속준거법은 피상속인의 본국법이 된다). 이 경우에는 국제사법 총론에서 설명한 어려운 적용문제가 발생하게 될 것이다. 따라서 부부간에 사망으로 인한 잔존배우자의 재산분배 문제에서 국제사법적으로는 상속뿐만 아니라 부부재산제에도 주의를 할 필요가 있다.

2. 상속준거법과 입양준거법

국제사법상 입양아동의 상속문제에서도 입양준거법과 상속준거법의 내용이 충돌할 수 있다. 일단, 상속준거법은 누가 상속인이 될 수 있는지, 즉 입양아동도 상속인이 될 수 있는지 없는지를 결정한다. 이와 달리, 상속의 선결문제로서 그 아동의 입양이 유효하게 성립되었는지는 입양준거법이 결정한다. 여기까지는 크게 문제가 없다. 어려운 문제는, 입양준거법은 입양의 성립뿐만 아니라 입양의 내용과 효력까지 결정하는데 각국의 입양법은 입양의 유형에 따라 입양의 효력을 달리하고 있다는 점이다. 예컨대, 단순입양(simple adoption)을 인정하는 국가에서는 생부모에 대한 상속권을 인정하는 대신에 보통 양친에 대한 상속권을 부정한다. 따라서 상속준거법과 입양준거법이 서로 다른 국가의 법으로 지정되는 경우에, 상속준거법에서는 입양아동의 상속권을 인정하고 있으나 입양준거법에서는 입양의 성립은 인정하지만 그 입양을 단순입양으로 보고 있는 경우라면 이 입양아동에게 상속권을 인정해야 할 것인가 하는 문제가 제기된다. 이에 대해 독일의 판례[204]와 학설은 상속준거법과 입양준거법을 함께 고려해볼 것을 요구한다. 따라서 일단 상속준거법에서 입양아동의 상속이 인정되어 있다면 이를 인정하되 입양준거법에서 나오는 입양의 상속법적 효력을 고려해야 한다는 것이다. 그 고려방법으로는 국제사법 총론에서 설명한 대체제도(Substitution)를 이용한다.[205] 즉, 입양아동의 상속을 인정하고 있는 상속준거법에서 의미하는 입양이 입양준거법에서 인정하고 있는 입양과 같은 의미인지를 비교해보는 것이다. 앞의 예에서, 같거나 적어도 유사한 의미의 입양이라면 상속권을 인정하지만, 다른 의미(상속준거법에서는 완전입양을 전제하고 있는데, 입양준거법에서는 단순입양을 전제하는 경우)라면 상속권을 부정하는 것이다.

---

204) BGH NJW 1989, 2197 = IPRax 1990, 55.
205) Kropholler, IPR, S. 442; Junker, IPR(1), 옆 번호 585.

§55 유언

Ⅰ. 국제사법에서 유언 규정(제50조)의 의의

제50조는 유언이라는 이름 아래 제49조의 상속준거법과는 결정 기준을 조금 달리 정하고 있다. 본래 유언은 실질법에서 보듯이 상속문제의 일부이므로 상속준거법의 적용범위에 포함되어도 될 것으로 보인다. 그런데도 불구하고 별도의 준거법기준을 정해둔 이유는 무엇일까? 짐작건대 일반적인 상속문제와는 구별되는 특수한 문제가 제기되기 때문일 것이다. 그렇지 않다면 굳이 별도의 규정을 두어 상속의 법률관계를 분할할 이유가 없기 때문이다. 그렇다면 유언에서 상속과 구별되는 특수한 문제는 무엇일까?

그것은 유언이라는 의사표시에 관한 문제이다. 유언의 의사표시는 피상속인이 사망하기 전에 이루어진다. 이에 반해, 상속은 피상속인의 사망으로 인해 행해진다. 따라서 피상속인의 유언의 의사표시와 사망 사이에는 시간적인 간격이 존재하기 마련이다. 따라서 그사이에 국제사법적으로는 준거법의 변경이 발생할 가능성이 있다. 이 가능성 때문에 유언의 의사표시에 대해서는 상속준거법에서 분리하여 별도의 준거법을 정하고 있는 것이다. 생각해보자. 피상속인이 유언을 해둔 후에 어떤 이유에서든 국적이 바뀐 상태에서 사망하였을 경우에, 예전에 해둔 유언의 의사표시 자체의 유효성이나 구속력 문제를 유언 당시에는 전혀 알 수 없어 나중에 변경된 사망 당시의 법(즉, 상속준거법)에 따라 판단한다는 것은 불합리하다. 오히려 이 문제는 유언 당시의 법에 따라 판단하는 것이 합리적일 것이다. 그래야 유언자도 자기의 유언행위가 유효한지 아니면 무효나 취소가 될지를 유언행위 당시에 판단하여 조정할 수 있을 것이기 때문이다.

요컨대, 제50조의 유언 규정은 유언에 관련된 모든 문제에 적용되는 규정이 아니다. 오직 「유언의 의사표시」 자체의 문제에 대해서만 적용되는 규정이다. 따라서 그 「유언의 내용」에 대해서는 이 규정이 적용되지 않는다. 이때에는 유언의 내용도 다양하므로 일률적으로 정할 수는 없고 각기 그 내용의 준거법에 따르는 것이 합리적이라고 보고 있다. 예컨대, 유언에 의한 증여(유증)나 유언에 의한 유언집행자의 지정은 상속문제이므로 상속준거법에 의하며, 유언에 의한 인지는 인지문제이므로 인지준거법에 의하고, 유언에 의한 후견인의 지정은 후견준거법에 의한다. 따라서 유언에 의하여 증여가 가능한지, 유언집행자의 지정이 가능한지, 인지가 가능한지, 후견인 지정이 가능한지도 각 법률관계의 준거법에 의하는 것이 타당하며, 제50조의 유언의 준거법에 의할 것이 아니다.

그러나 제50조가 적용되는 유언의 의사표시 자체의 문제도 크게 두 가지로 나누어진다. 하나는 그 의사표시의 성립 및 유효성 문제이고, 또 하나는 그 의사표시의 방식 문제이다. 전자에 대해서 우리 법은 제50조 제1항과 제2항을 두고 있고, 후자에 대해서는 제50조 제3항을 두고 있다. 아래에서 양자에 대해 각각 설명하기로 한다.

II. 유언의 의사표시(법률행위)의 준거법과 적용범위

1. 준거법

이미 앞에서 그 이유가 언급되었듯이, 유언의 의사표시는 유언 당시 유언자의 본국법에 의한다(제50조 제1항). 유언이라는 의사표시는 유언의 내용과 달리 유언의 의사표시라는 동일한 형태를 가질 것이므로 유언이라는 의사표시 자체에는 모두 동일하게 하나의 준거법이 적용되어도 무방하다.

마찬가지 이유로, 유언의 철회도 철회의 의사표시 당시 유언자의 본국법에 의하며, 유언의 변경 역시 철회와 동시에 새로운 유언의 의사표시가 합쳐진 것으로 보아 변경 당시 유언자의 본국법에 의한다(제50조 2항). 흔히 철회의 의제(간주)의 문제, 예컨대 먼저의 유언과 나중의 유언이 서로 다르거나 생전행위가 유언과 다른 경우 또는 유언자가 유언서나 유증의 목적물을 파손한 경우에는 유언을 철회한 것으로 간주하는 문제(민법 제1109조, 1110조)에 대해 이를 유언의 실질적 내용으로 보아 뒤에 설명할 개개 유언 내용의 법률관계의 준거법에 의한다는 것이 우리의 일반적인 견해이다.206) 그러나 유언 문제를 의사표시의 문제와 내용문제로 구분할 때, 유언 철회의 의제(간주) 문제는 유언의 내용이 아니라 오히려 유언의 의사표시에 해당할 것으로 필자는 본다. 이 문제는 나중의 유언이나 유언과 다른 생전행위를, 또는 유언서나 유증목적물의 파손을 철회의 의사표시로 볼 것인가 말 것인가의 문제이기 때문이다. 더구나 이 문제를 유언 내용에 따른 각각의 준거법으로 나누어 판단해야 할 이유가 없으며 오히려 통일적으로 해결하는 것이 타당할 것이다. 따라서 유언 철회의 의제(간주)문제는 제50조 제2항의 유언 철회의 준거법에 따라 그러한 행위(나중의 유언행위, 유언과 다른 생전행위, 유언서나 유증목적물의 파손행위)가 행해진 당시의 유언자의 본국법에 의해 판단하는 것이 옳을 것으로 생각한다.

---

206) 예컨대 윤종진, 『현대국제사법』, 493면; 신창선/윤남순, 『신국제사법』, 393면; 신창섭, 『국제사법』, 336면.

2. 적용범위

유언이라는 의사표시 자체의 준거법이 적용되는 범위에는 일단 유언의사의 흠결문제와 유언에 대한 대리의 허용 여부, 유언의 구속력 등이 이에 속할 것이다. 주의할 것은, 유언은 우리 법의 개념으로 개인에게 유일하게 허용된 일방적 사인처분행위(즉, 단독행위)이지만, 외국법은 이러한 유언 이외에도 별도의 사인처분행위를 인정하고 있다는 점이다. 예컨대, 많은 국가가 인정하고 있는 공동유언과 독일법계 특유의 상속계약이 그것이다. 이들 역시 유언과 마찬가지로 사인처분행위에 해당하므로 국제사법상으로는 유언의 의사표시(법률행위)를 규정하고 있는 제50조 제1항이 적용되어야 한다. 따라서 우리 법원에서 외국법의 공동유언이나 상속계약이 문제로 된 경우에 이들 사인처분행위의 허용 여부나 유효성 문제, 구속력 문제 등은 원칙적으로 그 사인처분행위 당시 처분자의 본국법에 의해야 할 것이다.[207)]

또한 유언능력의 문제도 행위능력의 준거법(제13조)에 의하기보다는 유언의 의사표시의 준거법에 의할 것이다. 유언능력은 일반적 행위능력이 아니라 개별적 행위능력이기 때문이다. 유언능력을 일반적 행위능력의 문제로 보아 제13조를 적용하든 유언의 의사표시

---

207) 다만, 공동유언에 대해서는 논란이 있다. 공동유언은 보통 부부 양자가 동일한 유언서에 서로 상대방이 사망하면 잔존배우자가 상속인이 된다는 내용을 기재하는 유언이다. 문제는 공동유언을 금지하는 국가들이 다수 존재하고(프랑스, 이탈리아 등. 한국도 여기에 속함) 그 국가들의 금지조항의 성격을 국제사법상 유언의 유효성 문제로 볼 것인지 아니면 유언의 방식 문제로 볼 것인지 하는 것이다. 뒤에서 보듯이 어느 쪽으로 성질결정 하느냐에 따라 준거법이 달라진다. 전자로 보면 제50조 제1항이 적용되어 공동유언의 성립이 어려워지는 데 반해, 후자로 보면 제50조 제3항이 적용되어 공동유언의 성립이 용이해진다. 이에 대해 Kropholler(IPR, S. 447)는 그 금지규범의 의미와 기능을 검토하여 판단할 것을 주장한다.

문제로 보아 제50조 제1항을 적용하든, 양자 모두 결국 유언 당시의 본국법이 되므로 결과가 동일해 보이지만 사실 그렇지가 않다. 양자 모두 반정이 허용되어 있는 영역이기 때문에 준거외국의 국제사법의 태도에 따라 결과가 달라질 수 있다. 예컨대, 준거외국의 국제사법이 행위능력에서는 한국법으로 반정하지 않는데, 유언능력에서는 한국법으로 반정할 수도 있는 것이다. 따라서 유언능력을 어느 쪽으로 성질결정 하느냐는 의미가 있는 것이다. 이와 더불어 유언능력에서 특히 주의할 점은 명시적인 언급이 없더라도 이미 취득한 유언능력은 국적의 변경에 의해 상실되거나 제한되지 않는다고 해석할 필요가 있다는 점이다. 이는 일반적으로 인정되고 있는 「일단 취득한 행위능력의 보호원칙」에 따른 것으로 이에 대해서는 제13조 제2항을 유추적용할 필요가 있다. 그러나 제15조의 거래보호 조항은 유언능력에 적용되지 않는다(제15조 제2항).

III. 유언 방식의 준거법과 적용범위

1. 준거법

국제사법적으로 법률행위의 방식에는 선택적 연결을 취하는 것이 원칙이다(예컨대, 제17조). 이미 이루어진 법률행위에 대해 사후에 가서 방식이라는 형식적 요건의 미비를 이유로 그 법률행위가 무효화되는 사태를 가능한 한 막기 위해서이다. 유언이라는 사인처분행위는 더욱 그러하다. 유언이 공개되는 시기에는 유언자가 이미 사망했을 것이므로 그 형식적 요건을 교정할 방법이 없다. 국제사법에서는 이러한 문제를 해결하기 위해 유언의 방식에 대해서는 일반적인 법률행위의 방식보다 더 완화된 태도를 취하려고 한다. 그 모습이 우리 법에서는 제50조 제3항에서 6가지의 선택적 연결 규정으로 나타난 것이다. 첫째, 유언자의 유언 당시 국적을 가진 법이다. 따라서 유언자가 복수 국적자인 경우에는 제3조 제1항에 의하지 않고 국적국가의 법이 모두 인정된다, 둘째, 유언자의 사망 당시 국적을 가진 법이다. 셋째, 유언자의 유언 당시 상거소지법이다. 넷째, 유언자의 사망 당시 상거소지법이다. 다섯째, 유언 당시 행위지법이다. 마지막 여섯째, 부동산에 관한 유언의 방식에 대하여는 그 부동산의 소재지법이다. 이때, 목적물이 부동산인지 아닌지는 법정지법인 한국법이 아니라 그 소재지법에 의해 판단한다.

물론, 이 규정은 2001년에 우리 국제사법을 개정할 때 「1961년의 헤이그 유언방식의 준거법협약」의 핵심적인 내용을 받아들인 것이다. 그렇다고 우리 법의 해석을 이 협약과 동일하게 할 필요는 없다. 우리는 이 협약의 비준국이 아니므로 이 협약을 그대로 따를 국제법적 의무가 없다. 더구나 우리가 받아들인 것은 협약의 핵심적인 내용일 뿐 그 외에 이 협약과 다른 점도 여럿 있다.[208] 따라서 제50조 제3항은 협약에 따른 내용인 것이 아니라 독자적인 우리 법의 내용일 뿐이므로 그 해석도 우리 법의 독자적인 해석에 의하는 것이 옳다. 다만, 우리 국제사법의 해석상 문제가 없다면 가능한 한 협약을 고려하여 해석하는 것이 옳은 방향일 것으로 본다. 이를 통해 유언 방식에 관한 준거법결정에 국제적 판단일치가 얻어질 것이며 그것이 입법자의 의사였으리라 보기 때문이다.

---

[208] 예컨대, 헤이그협약에서 준거법의 선택 가능성은 우리보다 두 가지가 더 많은 8가지이다. 즉, 유언자의 유언 당시와 사망 당시의 주소가 추가되어 있다(1961년 헤이그 유언방식의 준거법협약 제1조 제1항 c호). 국제사법적으로 주소와 상거소는 개념적으로든 실제적으로든 차이가 있으므로 우리 국제사법은 헤이그협약과 달리 주소에 대한 연결을 인정하지 않고 있다고 해석해야 한다.

2. 적용범위

유언의 방식으로는, 우리 실질법(민법 제1065조)의 예를 보면 5
가지 유언의 방식(자필증서, 녹음, 공정증서, 비밀증서, 구수증서)이
인정되는데 이 방식들이 여기에 해당할 것이다. 따라서 유언이 구
두로 가능한지, 서면을 필요로 하는지, 녹음으로도 가능한지, 구두
로 가능하다면 어떤 요건이 필요한지, 서면인 경우에는 어떤 사항
이 기재되어야 하는지 등에 대해서 모두 유언의 방식준거법에 의해
판단할 것이다. 그 외에 앞에서 이미 언급했듯이, 외국에서는 단독
행위로서의 유언 이외에도 공동유언과 상속계약을 인정하므로 이들
의 방식 문제도 제50조 제3항의 적용을 받을 것이다. 또 제50조 제
2항의 유언의 변경과 철회의 경우에도 그 방식은 제50조 제3항의
적용을 받을 것이다.

또한 유언에 요구되는 증인 문제도 실질법에서 보듯이 방식 문제
에 속할 것이다. 따라서 증인의 결격사유(민법 제1072조)에 대해서
도 유언의 방식에 해당한다고 보아야 할 것이다. 이 문제에 대해서
헤이그협약은 명시적인 규정209)을 두고 있으나 우리 국제사법에는
언급이 없다. 그러나 국제사법에서 유언의 방식 문제인지 아니면
유언의 유효성 문제인지의 구분은 중요하다. 전자에는 다수의 선택
적 연결이 인정되는 데 반해(제50조 제3항), 후자에는 유언 당시
유언자의 본국법(제50조 제1항)으로 단일하게 연결되기 때문이다.
헤이그협약에서는 이미 이런 논란을 불식시키고자 이에 대해 명시
적 규정을 두었다는 점과 우리의 실질법상으로도 방식에 속한다는

---

209) 1961년 헤이그 유언방식의 준거법협약 제5조; "이 협약의 적용상, 허용된 유언의
방식을 유언자의 연령, 국적 또는 다른 인적 자격에 따라 제한하는 법 규정은 방
식에 속하는 것으로 본다. 유언의 유효성을 위해 요구되는 증인의 자격도 마찬가
지이다."

점(우리 민법에서 제1072조는 유언의 방식규정들 속에 규정되어 있다)을 고려하면 우리도 헤이그협약과 동일하게 해석하는 것이 타당할 것이다.

제5편

국제사법의 과거와 미래

§56 국제사법의 역사

국제사법이 전개되어 온 과정을 탐구하는 작업은 우리에게 매우 중요하다. 현행 국제사법의 용어와 제도가 그 역사 속에 고스란히 담겨 있기 때문이다. 국제사법이 왜, 그리고 어떻게 생기게 되었는지, 국제사법에 대한 관념과 논리는 어떻게 변화해왔는지, 각국의 발전과정은 국제성을 특징으로 하는 국제사법에 서로 어떤 영향을 주었는지 등을 알아보는 것은 현행 국제사법을 이해하는 데 매우 유용할 뿐만 아니라, 앞으로 국제사법이 나아갈 방향을 예측하는 데에도 크게 도움이 되리라고 본다. 우리 국제사법은 유럽 대륙법을 받아들였기 때문에 그 역사 역시 여기서 시작하지 않을 수 없다.

I. 고대와 중세의 유럽법

본래 고대 그리스에서는 외국인에 대해 원칙적으로 법적 보호가 부여되지 않았다고 한다. 반면에, 고대 로마에서는 로마시민 사이에는 시민법(ius civile)이 적용되고 외국인들 사이에는 만민법(ius gentium)이 적용되었고, 로마시민과 외국인 사이의 거래에서도 이 만민법이 적용되었다고 한다. 물론, 로마제국 후기에 가서는 노예를 제외하고 로마제국 거주자를 모두 로마시민으로 인정함으로써 이 구분은 무의미하게 된다.

로마제국이 멸망한 후 중세 초기에는 자기의 출생부족에 따라 그 부족법이 적용되었으나(속인법 원칙), 부족이 일정 지역에 오랫동안 거주하면서 부족법이 지방법으로 바뀌게 되자 중세 중기 이후에는 이들에게도 출생부족이 무엇이냐에 관계없이 그 지방법이 적용되었다고 한다(속지법 원칙).

II. 국제사법의 탄생과 법규분류론(Statutentheorie)

1. 북부 이탈리아

오늘날 의미의 국제사법이 처음 발생한 것은 중세 후기 북부 이탈리아에서였다. 당시 북부 이탈리아에는 여러 도시국가들(예컨대, 모데나, 피사, 볼로냐 등)이 존재했는데 이들은 각자 자신의 지방 관습법을 법규(이를 statuta라고 한다)로 가지고 있었다. 그러나 이 도시민들 간에 교류가 빈번해지면서 그들 간에 법적 분쟁이 생기자 이 분쟁에 어느 도시국가의 법을 적용할 것이냐 하는 문제가 제기된 것이다. 이에 대해, 당시 이탈리아에서 동로마황제 유스티니아누스의 로마법대전을 주석했던 주석학파 학자들은 각기 다른 견해를 내놓았었다.

우선, 주석학자였던 Aldricus는 1180년에 이미, 법관은 자기에게 보다 중요하고 유용해 보이는 법을 적용해야 한다고 보았다. 역시 주석학파였던 Accursius는 법정지법을 적용하는 것을 선호했지만, 1250년의 주석서에서 「모데나국에서 볼로냐인에게 소송이 제기되는 경우에 볼로냐인에게는 모데나법에 따라 판결을 내릴 수 없다」고 보았다. 볼로냐인은 모데나법의 적용을 받지 않기 때문이라는 것이다. 그러나 그렇다면 어느 법을 적용할 것이냐에 대해서 그는 언급하지 않았다.

Accursius가 대답하지 않은 문제에 답을 내놓은 것은 주해학파 (후기 주석학파라고도 한다)의 학자였던 Bartolus(1314-1357)였다. 그는 두 가지 문제를 제기했다.[1] 첫 번째 문제는, 도시법규(statuta)

는 외국인에게도 적용되는가 하는 것이었다. 이에 대해 그는 Accursius의 견해에 따라 모데나에서 소송이 제기된 볼로냐인은 모데나법의 적용을 받지 않는다고 보았다. 그렇다면 이 경우에 어느 법을 적용할 것이냐에 대해서는 적용되는 법을 여럿으로 나누었다. 예컨대, 계약의 방식은 체결지법을 적용하고, 계약의 내용은 이행지법을 적용한다는 것이었다. 두 번째 문제는, 도시법규는 도시국가의 영역 밖에서도 효력을 갖는가 하는 것이었다. 이에 대해서는 이미 첫 번째 문제의 대답에서 결론이 나왔다. 즉, 효력을 갖는다는 것이었다. 법정지에서 외국인에 대해 법정지법이 적용되지 않는다면 그 법정지에서 외국법이 효력을 갖지 않을 수 없기 때문이었다. 이후, 이 두 번째 문제에 중점이 두어지고 이 문제에 대답하는 과정에서, 우선 도시법규에서 출발하면서 그 법규가 적용을 허용하는 특성을 가졌는지 아니면 금지하는 특성을 가졌는지에 따라 그 도시법규의 적용 여부를 결정하게 되었다(법규분류론의 시작). 그 결과, 저촉법은 도시법규를 해석하는 기술로 바뀌게 되었다.

이어서 Bartolus의 제자 Baldus(1327-1400)는 도시법규를 사람에 관한 법(인법), 물건에 관한 법(물법) 또는 행위에 관한 법(혼합법)으로 분류하고 해석을 통해 도시법규의 적용영역을 결정하였다(법규3분설). 이후, 법규3분설은 발전을 거듭해 뒤에 언급할 프랑스의 d'Argentre에 의해 법규분류설의 기초로 확립되었다. 여기서 인법(statuta personalia)은 사람에 관련된 규범(예컨대, 행위능력)이다. 인법은 사람이 어디를 가든 사람을 쫓아간다. 따라서 밀라노인은 그의 인적 문제에 대해서는 플로렌스에서도 밀라노법의 적용을 받는다. 물법(statuta realia)은 오로지 부동산에만 적용되는 법으로, 그 국가영역에 소재하는 부동산에 대해서만 적용된다. 이에 반해, 동산

---

1) Junker, IPR(2), §4 옆 번호 6 f.

은 인법에 속하는 것으로 분류되었다. 한편, 인법과 물법에 속하지 않는 법은 모두 혼합법(statuta mixta)으로 분류되었다. 특히 인간의 행위, 예컨대 계약의 체결과 이행, 불법행위는 혼합법에 속했고 원칙적으로 행위지법이 적용되었다.

2. 프랑스

16세기에 저촉법 연구의 중심지가 된 곳은 프랑스였다. 특히 Dumoulin(1500-1566)과 d'Argentre(1519-1590)가 새로운 기풍을 일으켰는데, 이들의 특징은 법규분류론을 지방관습법인 프랑스 관습법에 응용한 것이었다.

우선, Dumoulin은 법규분류론을 뛰어넘는 업적을 이룬 사람이었다. 예컨대, 파리 관습법상 리용에 소재하는 토지도 부부재산에 속하는지를 묻고, 파리 관습법은 인법적 성격을 가지므로 부부의 첫 번째 주소가 파리에 있었다면 그들의 부부재산 전체에 파리 관습법이 적용된다고 해석하였다. 이로써 인법에 대해 지금까지 그래왔던 출생지법으로 보지 않고 주소에 연결시킨 것이었다. 더구나 프랑스 국제사법에서는 그를 준거법결정에서 최초로 당사자자치를 인정한 사람으로 받아들이고 있다. 다만, 이에 대해서는 의문을 표시하는 독일 학자들이 많다.[2]

Dumoulin이 파리라는 도시를 대변하며 프랑스왕의 법을 옹호한 데 반해, d'Argentre는 브르타뉴 지방의 봉건귀족으로서 지방 귀족의 권한을 강화하기 위해 지방 관습법의 적용영역을 확대하려고 노력하였다. 예컨대, 부동산에 관련된 모든 계약은 부동산 소재지법의 적용을 받도록 했으며, 모든 물권적 문제(다만, 동산은 주소지법을

---

2) 예컨대, Kegel/Schurig, IPR, S. 173.

주장)는 원칙적으로 속지주의에 따르도록 하였다. Dumoulin이 인법을 우선시킨 데 반해, d'Argentre는 가족관습법과 상속관습법까지도 물법으로 분류할 정도였다. 그 결과, 그는 물법의 확대와 법의 속지성을 주장한 대변자로 여겨지고 있다. 더구나 지금까지 여러 논자에 의해 다양하고 혼란스럽게 분류되어 왔던 법규의 분류기준을 인법, 물법, 혼합법이라는 3분법으로 정착시킨 사람이었다는 사실은 앞에서 이미 언급하였다. 물론, 이 중에서 물법을 지나치게 강조하긴 했지만 말이다.

3. 네덜란드

17세기에는 네덜란드가 저촉법 연구의 새로운 강자로 떠올랐다. d'Argentre의 영향을 크게 받은 네덜란드 학자들의 특징은 법규분류론을 당시 새로운 이론이었던 자연법이론 및 국가주권이론에 결합시킨 것이었다. 이들은 법규분류론을 보다 정치하게 연구하기보다는 자국에서 외국법 적용의 근거와 한계가 무엇인가를 논하는 데 치중하였다. 그 결과, 주권개념을 전제로 하여 자국에서 외국법을 적용할 법적 의무는 없다고 부정하면서, 그 대신 외국법 적용의 근거를 예양(comitas)에서 찾았다(예양이론).

예컨대, 네덜란드학파에서 가장 유명했던 Ulricus Huber(1636-1694)는 자기의 이론을 다음과 같은 세 가지 원칙으로 요약하였다. 첫째, 일국의 법률은 그 국가의 영역 내에서만 효력이 있고, 모든 영역민을 구속한다. 둘째, 영역민이란 지속적이든 잠정적이든 상관없이 그 국가의 영역 내에 체류하는 모든 사람을 말한다. 셋째, 국가의 지도자는 자국 영역 내에서 다른 국가의 법이 효력이 있다는 사실을 예양으로 받아들여야 한다.

외국법 적용의 근거로서 자연법적 원칙인 예양이론은 이후 영국과 미국의 국제사법에 커다란 영향을 주었고, 독일의 사비니에게도 영향을 준 것으로 알려져 있다.

4. 법규분류론에 대한 평가

Accursius에서 시작해 근 600년간 유지되어 온 법규분류론은 법규를 셋으로 나누고 그중 어디에 소속되었는가에 따라 법규의 장소적 적용영역을 결정하였다. 그 결과, 법규의 내용이 흔히 법규의 적용영역도 결정했다. 즉, 실질규범이 동시에 저촉규범도 포함하고 있다고 본 것이다.

그러나 이러한 법규3분설은 너무 단순한 대분류이어서 구체적인 사건에 이를 적용한 결과는 종종 전혀 수긍할 수 없는 것이었다. 그래서 세 종류의 법규 중 어디에 귀속시키느냐는 항상 다툼의 원인이 되었고, 또한 수많은 예외가 이 이론체계의 밖에 존재했었다. 법규분류론이 지배하던 시기에 정립됐다고 보는 오늘날의 여러 원칙들, 예컨대 "장소가 행위의 방식을 지배한다"거나 "부동산에 대한 권리는 그 소재지법에 의한다"거나 또는 소송법과 실질법 간의 근본적인 구분 등은 모두 법규분류론의 예외로서 형성된 것이었다.3)

그렇다고 법규분류론이 오늘날의 국제사법에서 전혀 의미가 없는 것은 아니다. 이미 사비니가 그의 저서에서도 긍정하고 있었듯이, 법규에서 출발해 법규 자체에서 그 적용영역을 결정하는 영역이 오늘날의 유럽대륙의 국제사법에도 여전히 존재한다. 뒤에 자세히 언급할 국제적 강행규범(제7조)이 바로 그 전형적인 예이다.

---

3) v. Hoffmann/Thorn, IPR, S. 51; Junker, IPR(2), §4 옆 번호 19.

III. 법규분류론의 극복

법규분류론을 극복하고 근대 국제사법의 이론에 기초를 놓은 사람으로 흔히 세 사람을 든다.[4] 미국의 Joseph Story, 독일의 Savigny 그리고 이탈리아의 Mancini이다.

1. 미국의 Joseph Story(1779-1845)

네덜란드학파인 Huber의 예양이론에 크게 영향을 받은 Story는 1834에 간행된 그의 저서(Commentaries on the Conflict of Laws)에서 저촉법에 관한 영국과 미국 그리고 스코틀랜드의 판결을 광범위하게 모아 상세하고 체계적으로 분석하고 정리하였다. 여기서 특징적인 것은 이 판결들을 분류할 때 법규분류설처럼 법규에 따라 분류한 것이 아니라 사안 영역별로 분류한 것이었다. 예컨대, 행위능력, 혼인, 이혼, 채권계약, 동산, 부동산 등으로 분류하여 분석하고 평가를 내렸던 것이다. 이러한 사안별 분류는 오늘날의 국제사법의 접근방식과 매우 유사한 것이었다.

2. 독일의 Savigny(1779-1861)

1849년 사비니는 70세의 나이로「현대 로마법체계」제8권을 출간했는데 여기에 저촉법에 관한 중요한 논문이 수록되어 있었다. 그 내용은 우선, 각국이 주권을 가졌음에도 불구하고 자국에서 외국법을 적용하는 것은 예양(Comitas)이라는 국제법적 원칙에 근거한 것이므로 이를 허용해야 한다는 것이었다. 이는 네덜란드학파와

---

4) Kropholler, IPR, S. 13; Junker, IPR(2), §4 옆 번호 27.

Story의 예양사상에 영향을 받은 것이었다.

그러나 보다 중요한 것은, 준거법결정을 법규분류설처럼 법률 자체에서 출발하여 적용할 법률을 구분한 것이 아니라, 거꾸로 구체적인 생활관계(법률관계)에서 출발하여 적용할 법률을 찾고자 했다는 점이다. 국제사법의 임무는 각 법률관계마다 이 법률관계에 본래 속하는 법률, 즉「본거」를 갖는 법률을 찾아야 한다는 것이었다. 그럼으로써 내국법과 외국법을 평등하게 적용할 수 있게 되며, 또한 개개 법률관계에 대해 어느 국가에서 판결을 내리든 동일한 판단을 내리게 되는 국제적 판단일치를 얻을 수 있다는 것이었다. 사비니의 이「본거」개념은 오늘날의 국제사법에서는「가장 밀접한 관련성」등으로 바뀌었다고 볼 수 있을 것이다.

3. 이탈리아의 Mancini(1817-1888)

사비니의 책이 출간된 지 2년 후에 Mancini는 대학 강연("국제법적 기초로서 민족에 대하여")에서 민족을 국제법의 주체로 강조하면서 다른 민족의 법을 적용하는 것은 국제법적 의무라고 주장하였다. 이러한 주장이 국제사법에서는 민족이 국적으로 바뀌게 되었고, 이후 인법 및 친족상속법 영역에서는 지금까지(사비니를 포함하여) 연결점으로 인정해왔던 주소지법이 본국법으로 바뀌는 계기가 되었다. 그 영향으로 유럽 대륙 각국은 이후 자국의 국제사법 입법에서 본국법주의를 채택하게 되었다(예컨대, 1865년의 이탈리아 민법, 1889년의 스페인 민법, 1896년의 독일 민법시행법 등).

그러나 본국법주의는 주소지법주의에 비해 자국에서 외국법을 빈번하게 적용하지 않을 수 없게 된다. 그래서 이탈리아학파는 그 대응책으로 공서(ordre public) 사상에 매우 큰 의미를 부여하였다.

그 결과, 사비니에게는 단순히 예외에 지나지 않았던 공서제도가 이탈리아학파에서는 도가 지나칠 정도로 국제사법의 주된 원리로 다루어졌다.

Ⅳ. 미국의 국제사법이론

19세기에는 유럽과 동일하게 전개되어 가던 미국의 저촉법 이론이 20세기부터는 각기 길을 달리하기 시작하였다. 미국에서 유럽의 고전적인 저촉법을 비판하고 나선 것은 우선 Beale 교수[5]의 「획득된 권리 이론(vested rights theory)」[6][7]이었다. 본래 이 이론은 1896년 영국의 Dicey에 의해 제시된 이론이었다. 당시의 지배적 이론이었던 예양이론이 모호하며 법적 확실성이 결여됐다는 문제점을 해결하기 위해 제시된 것이다. 그 내용은, 외국법에 의해 획득된 개인의 권리는 하나의 사실(fact)이므로 외국에서 일어난 사실을 자국에서 인정하듯이 외국법에 의해 획득된 권리도 자국에서 승인해야 한다는 것이다. 이 이론을 당시 미국에서 저촉법의 권위자였던 Joseph Beale이 열렬히 받아들였던 것이다. 그러나 이에 대해 Walter Wheeler Cook은 「지역법 이론(local law theory)」을 주장하면서 이를 비판하였다. 그의 주장은 외국관련 사안에도 항상 내국

---

5) Beale은 미국의 「제1차 저촉법 Restatement」의 작성자로서도 유명하다. 통일법이 없는 미국에서는 여러 법 영역(계약법, 불법행위법, 저촉법 등)에서 Restatement가 나와 있는데 이는 비정부기구인 미국법률가협회(the American Law Institut; ALI)의 주도 아래 작성된 것으로 법률이 아니며 규범적 효력도 없지만, 권유적 효력은 큰 것으로 알려져 있다.

6) 보통 「기득권론」이라고 번역하지만 기득권이라는 용어가 종종 부정적으로 사용되고 있어서 중립적인 용어로 바꾸어보았다.

7) 이에 대해서는 Basedow, "Vested rights theory", in: Encyclopedia of PrivateInternational Law Vol. 2, 2017, p. 1813.

법을 적용해야 한다는 것이었다. 다만, 결과에 있어서는 가능한 한 외국법에 따라 판단하는 것과 동일하게 판단할 것을 요구하였다.

이후 미국에서는 소위 「저촉법 혁명(Revolution)」이라고 불릴 정도로 급진적인 견해와 주장들이 다양하게 튀어나왔다. 이들은 Cook의 지역법 이론을 출발점으로 삼으면서[8] Beale이 1933년에 완성한 기계적이고 엄격한 「제1차 저촉법 Restatement」의 내용을 주된 비판의 대상으로 삼았다. 그중 여전히 미국에서 중요하고 의미 있는 몇 가지 이론과 해결방식을 소개하면 다음과 같다.

1. Beale의 「제1차 저촉법 Restatement」[9]

Beale이 1933년 완성한 제1차 저촉법 Restatement는 두 가지 기본원리를 밑바탕에 두고 있었다. 하나는 이미 앞에서 언급한 「획득된 권리 이론」이고, 다른 하나는 「속지법 원칙(territoriality)」이다. 이 속지법 원칙에 따라 준거법은 계약의 경우에는 계약체결지법, 불법행위의 경우에는 불법행위지법, 물권의 경우에는 목적물 소재지법으로 규정하였다. 더구나 이에 대한 예외도 거의 허용하지 않았다. 장소적 연결만 존재한다면 기계적이고 엄격하게 준거법을 적용했고, 그래서 이후 미국의 저촉법혁명을 초래하게 된 결정적인 원인이 되었던 것이다.

사실 이 Restatement의 내용은 미국의 법원 판결들보다는 오히려 Beale 개인이 지지했던 이론에 기반을 두고 작성된 것으로 평가되고 있다. 물론, 이후 수십 년 동안 이 Restatement는 미국 법원에 의해 대부분 받아들여졌지만, 그 이유는 내용의 타당성 때문이 아

---

8) Junker, IPR(2), §4 옆 번호 28.

9) 이에 대해서는 Symeonides, "Restatement(First and Second) of Conflict of Laws", in: Encyclopedia of Private International Law Vol. 2, 2017, p. 1546.

니라 당시 원용할 수 있는 유일한 근거였기 때문이라고 한다.

그러나 처음으로 뉴욕주 법원이 1954년에는 계약 사건10)에서, 1963년에는 불법행위 사건11)에서 이 Restatement에 따르기를 명백히 거부한 이후 그 공고했던 지위는 무너지기 시작했다. 그래도 1980년대 초까지는 많은 주의 법원이 이 Restatement를 따르고 있었으나, 오늘날에는 10여 개 주의 법원에서만 아직도 이 Restatement를 근거로 하여 판결을 내리고 있다고 한다.

2. Currie의 「정책적 이익분석(governmental interest analysis)」[12]

Currie는 미국의 주제사법의 저촉이라는 준국제사법적 문제를 전제로 했긴 하지만 저촉법의 전통적인 규범체계를 아예 불신했다. Beal의 엄격하고 고정적인 규범체계를 비판하면서 그는 「정책적 이익분석」 방법을 준거법결정의 기준으로 제시하였다. 이 방법은 첫째, 법원이 법정지법이 아닌 외국법의 적용을 요청받는 경우에는 각자의 법에 나타난 법정책과 그 정책을 적용하면 이익을 얻을 국가의 합리적 상황을 검토해보아야 한다. 둘째, 당해 사안에서 어느 한 국가만 그 국가의 법정책을 적용하면 이익을 얻게 될 것으로 판단되면 법원은 그 국가의 법을 적용해야 한다. 셋째, 두 국가의 정당한 이익이 충돌하는 것을 피할 수 없다고 판단하면 법원은 법정지법을 적용해야 한다는 것이었다.

Currie의 이익분석 방법은 실질법상의 정책을 직접 실행할 수 있다는 장점이 있으며, 특히 준거법결정에서 성질결정, 반정, 공서 등

---

10) Auten v Auten, 124 N.E.2d 99(N.Y. 1954).

11) Babcock v Jackson, 191 N.E.2d 279(N.Y. 1963).

12) 이에 대해서는 Reimann, "Interest and policy analysis in private international law", in: Encyclopedia of Private International Law Vol. 2, 2017, p. 980.

과 같은 기교적인 논리를 필요로 하지 않는 그 단순성이 최대의 매력이었다. 그러나 사실 이 방법은 미국 주들 간의 불법행위 사건에만 큰 영향을 미쳤지 다른 사건에는 별로 영향을 주지 않았다고 한다. 그럼에도 불구하고 많은 주법원이 오늘날에도 여전히 Currie의 정책 및 이익분석 방법을 준거법결정의 중요한 요소로 사용하고 있어서, 이 방법을 무시하고는 오늘날 미국 저촉법의 이론과 실무를 이해할 수 없을 정도라고 한다. 더구나 뒤에 설명할 「제2차 저촉법 Restatement」에도 법정지 및 다른 국가의 법정책이 준거법결정을 위한 중요한 고려요소로 열거되어 있다.

3. Ehrenzweig의 「법정지법론(lex-fori Theorie)」

필자가 이해하는 한도에서 Ehrenzweig의 법정지법론을 간략하게 정리하면 다음 세 가지로 요약될 수 있을 것으로 본다.[13] 첫째, 그는 관할과 준거법이 밀접하게 연관되어 있다고 보고, 법정지에 「적절한 관할권(forum conveniens)」이 있다고 인정되는 한(그래서 그는 forum non conveniens를 중요시했다) 그 준거법은 원칙적으로 법정지법이 된다. 둘째, 법정지에 공식화됐든(formulated) 또는 비공식적이든(unformulated) 저촉규범이 존재한다면 이 규범을 적용해야 한다. 그러나 미국에는 이러한 저촉법규범이 많지 않으므로, 만약 그러한 규범들이 존재하지 않는 경우에는 원칙적으로 법정지법을 적용한다. 셋째, 첫 번째와 두 번째에서처럼 법정지법을 적용하는 경우에도 예외적으로 외국법을 적용시켜야 할 때가 있다. 예컨대, 법정지법의 적용이 당사자들의 의도에 어긋나는 경우 또는

---

13) Siehr, "Ehrenzweig, Albert A.", in: Encyclopedia of Private International Law Vol. 1, 2017, p. 384; Isidro, "Lex fori", in: Encyclopedia of Private International Law Vol. 2, 2017, p. 1104.

법정지법을 적용하면 부당한 결과가 발생하는 경우 등이다.

4. Leflar의 「'더좋은법' 방식(better law approach)」[14]

더좋은법 방식의 기본적인 내용은, 준거법결정을 위해서는 법원이 각국(또는 각 주)의 법규범의 내용을 고려하여 결과적으로 보다 좋은 법을 적용해야 한다는 것이다.

이러한 논리는 이미 12세기 이탈리아의 주석학자 Aldricus에 의해 제시된 적이 있었으나 곧 잊혀졌었다. 그러나 1930년대와 40년대에 와서 미국에서 Beale 교수가 작성한 제1차 저촉법 Restatement의 엄격한 속지주의(territorialism)에 대항하는 과정에서 다시 부활하였다. 그 최종적인 정점에 Leflar가 있었는데, 그는 원래 준거법결정에 영향을 주는 고려사항으로 다섯 가지를 들었다(five choice influencing considerations). 첫째, 결과의 예측 가능성. 둘째, 주제적 및 국제적 질서의 유지. 셋째, 법관 업무의 단순화. 넷째, 법정지이익의 촉진. 다섯째, 보다 좋은 법의 적용이다. 따라서 「보다 좋은 법의 적용」은 그에게 다섯 가지 고려사항 중의 하나에 불과했었다. 그러나 곧 학자들과 법원이 무엇보다도 이 다섯 번째 고려사항에 논의를 집중시키면서 더좋은법은 Leflar 이론의 특징이 되어버렸던 것이다.

Leflar의 더좋은법이라는 요소는 학자들 사이에 매우 격렬한 논쟁을 불러일으켰는데 거기에는 두 가지 이유가 있었기 때문이라고 한다. 첫째, 새로운 방법론 중에서 가장 내용 지향적이었던 Leflar의 주장이 「결과맹목적인 전통적 이론들」과 「결과의식적인 새로운 이

---

14) 이에 대해서는 Reimann, "Better Law Approach", in: Encyclopedia of Private International Law Vol. 1, 2017, p. 170.

론들」간의 대립을 뚜렷하게 부각시켰기 때문이다. 둘째, Leflar가 금기를 깼기 때문이다. 즉, 법원이 종종 관련된 법률의 내용을 고려한다는 사실은 이미 대부분의 사람들이 알고 있었지만 이를 감추어 왔었는데 이 사실을 공개적으로 터트린 사람이 Leflar였다는 것이다.

그러나 20세기 말부터 Leflar의 더좋은법 방식에 대한 인기는 줄기 시작했으며, 오늘날에는 과거 열렬했던 환호성이 별로 보이지 않는다고 한다. 거기에는 이 방식에 대한 여러 가지 비판 때문인 것으로 보인다. 예컨대, 각국 법들 간에 우열을 가리기가 쉽지 않으며 그 구별기준이 모호하다는 점, 개별 사안마다 판단해야 하므로 결과를 예측하기 어렵고 비용과 노력도 많이 든다는 점, 법정지법이 우월하다고 주장하게 되면 쉽게 법정지법을 적용할 가능성이 높게 된다는 점, 법관이 과연 각국 입법의 우열을 판단할 자격이나 능력이 있는지에 대한 의문 등이 제기되고 있다.

5. Reese의 「제2차 저촉법(Restatement)」[15]

제2차 저촉법 Restatement는 앞에 설명한 새로운 이론들의 종결점을 보여준다. Reese 교수가 1969년에 작성을 완료한 이 내용의 관통 원리는 크게 두 가지이다. 첫째, 준거법의 결정 목표를 「가장 밀접한 관계(the most significant relationship)」를 찾는 데 두고 있다. 둘째, 이를 위해 법원이 준거법을 결정하는 데 고려해야 할 요소를 다수 제시하고 있다. 예컨대, 국제적 체제의 요구, 법정지의 관련 정책, 다른 국가의 관련 정책 및 관련 이익, 정당한 기대의 보호, 결과의 확실성·예측 가능성·일관성, 적용할 법의 결정 및 적

---

15) 이에 대해서는 Symeonides, "Restatement(First and Second) of Conflict of Laws", in: Encyclopedia of Private International Law Vol. 2, 2017, p. 1549.

용의 용이성, 특별한 분야의 법에서는 그 밑바탕에 깔려 있는 기본
정책 등을 고려하여 준거법을 결정해야 한다는 것이다. 따라서 제2
차 저촉법 Restatement는 준거법을 지정해주고 있는 것이 아니라
법원이 준거법을 결정하는 데 필요한 고려요소를 열거하고 있을 뿐
이므로 앞의 다른 이론들과 마찬가지로 규범(rule)이 아니라 방법론
(approach)이라고 보아야 한다. 다만, 앞의 다른 이론들과는 달리,
법정지가 아니라 중립적인 법원을 염두에 두면서 어느 일면을 강조
하기보다는 의도적으로 신구 이론 간에 그리고 새로운 이론들 간에
타협과 종합을 이루려고 노력하였다고 한다.16)

6. 평가

유럽에서는 1960년대와 1970년대에 앞에 설명한 미국의 다양한
저촉법적 이론과 해결방식에 대해 찬반으로 나뉘어 많은 논의가 있
었다. 그러나 결국 미국의 해결방식들은 미국적 특성인 각 주 사이
의 법 차이의 해결을 위한 준국제사법을 전제로 한 해결방식이기
때문에 국가 간의 법 차이를 전제로 하는 유럽의 국제사법의 해결
방식으로는 타당치 않다고 보았다. 특히 미국의 해결방식은 규범
(rule)이 아니라 지도원칙(Leitlinien) 또는 방법론(approach)으로 나
온 것이기 때문에 법적 안정성을 확보할 수 없다는 이유로 부정되
었다. 더구나 미국의 이론들은 그 밑바탕에 법정지법을 우선시키고

---

16) 이들 해결방식에 대한 미국 각 주 법원의 태도는 각기 다르며 다양하다고 알려져
있다. 전통적인 해결방식부터 위에 제시된 여러 가지 방식들까지 모두 여전히 유
효하며, 주 법원이 어디냐(뉴욕주인지 캘리포니아주인지)에 따라 또 법 영역(계약
인지 불법행위인지)에 따라 이 이론들이 각기 채택되어 사용되고 있다고 한다. 현
재는 특히 「제2차 저촉법 Restatement」가 넓게 인정을 받아 미국 전체의 반 정도
의 주에서 법원이 이를 적용하고 있다고 한다(Symeonides, 앞의 글, p. 1551).

있다는 점도 문제로 되었다.

그럼에도 불구하고 미국의 이론과 해결방식은 유럽의 국제사법에 제한적이긴 하지만 무시할 수 없는 영향을 주었다고 보아야 할 것이다. 특히, 고정된 연결방식에서 벗어나 유연하고 다양한 연결에 대한 안목을 제시해준 점과 저촉법에도 실질법적 고려가 필요하다는 사실을 일깨워준 점은 유럽이 미국의 저촉법적 해결방식에 대해 논쟁을 벌이면서 얻어진 소득으로 보아야 할 것이다.17) 결국, 이러한 소득은 1980년을 전후로 이루어지는 유럽 국제사법의 입법 및 개정작업에서 고전적 국제사법의 모습을 유지한 채 법규에 반영되는 결과를 가져오게 된다.

§57 현대 국제사법의 전개방향

여전히 사비니의 고전적 국제사법의 틀 안에 있다고 평가되는 현대 국제사법이지만 그동안 수많은 발전과 변화를 거듭해왔다. 예컨대, 1870년대 말 반정문제의 발견, 1890년대 성질결정 문제의 발견, 1930년대 선결문제의 발견 등으로 이어지다가 1960년대 이후 미국 저촉법이론의 충격을 딛고 각국에서는 지금까지 새로운 모습으로 국제사법의 입법화가 이루어지고 있다. 이러한 흐름을 바탕으로 국제사법은 앞으로 어떻게 전개되어 나갈 것인가에 대해 넓은 의미의 국제사법(국제사법 전반)과 좁은 의미의 국제사법(법적용법)

---

17) 이에 대해서는 Jayme, The American Conflicts Revolution and its Impact on European Private International Law, in: Forty Years On: The Evolution of Post War Private International Law in Europe, 1990, p. 19.

으로 나누어 간략하게나마 그 특징적인 모습을 제시해보고자 한다.

I. 국제사법 전반에서

1. 국제사법의 국제화

국제사법은 점점 더 국제화되어 갈 것으로 본다. 국제사법이 국제화되리라는 전망은 동어번복으로 이상하게 들릴지 모르지만, 국제사법의 속성이 본래 국내법이기 때문에 나올 수 있는 전망이다. 사실 각국의 국내실질법을 국제적으로 통일하기는 쉽지 않다. 반면에, 각국의 저촉법은 국제적 통일이 훨씬 용이하다. 간접법으로서 지시법을 원칙으로 하기 때문에 당사자의 이해관계에도, 각국의 역사와 전통에도 간접적으로 영향을 주기 때문이다. 따라서 국제적으로 인적·물적 거래가 빈번해지면서 거래의 확실성을 위해 통일된 법의 적용이 필요해지는데, 실질법의 통일은 어려우므로 대신 국제사법의 통일을 시도하고 있으며 그러한 노력의 결과가 이미 여러곳에서 나타나고 있다. 더구나 이러한 노력과 그 산물은 시간이 갈수록 더 증가하리라는 것이다. 이와 관련하여 우리가 특히 기억해야 할 것은 「헤이그 국제사법회의」18)의 중요성이다. 이 기구에서는 국제사법의 통일된 입법들을 끊임없이 만들어내고 있으며, 최근에는 우리를 비롯하여 이 협약들에 가입하는 국가가 점차 늘어나고 있기 때문이다.

그러나 국제사법의 국제화는 국제사법의 입법적 통일에 그치지 않는다. 국제사법에 관련된 각국의 이론과 판례도 서로 교류되고

---

18) 이에 대해서는 앞에서 설명한 「§4 국제사법의 존재형식」 참조.

논의될 필요가 있는 것이다. 국제사법은 국내법이지만 국제적 관련성을 기본 요소로 하고 있기 때문에 외국의 입법뿐만 아니라 그 판례와 이론도 국내에서의 분쟁해결에 크게 영향을 미치게 된다. 과거에는 상황과 여건상 어쩔 수 없었다고 해도, 지금처럼 국제적 교류가 비약적으로 늘어나고 또한 외국법에 대한 접근도 용이하게 된 시대에 외국의 판례와 이론에 대한 연구는 필수적이며 또 외국에서는 실제로 활발하게 행해지고 있다. 결국, 이를 통해 국제사법의 국제화도 함께 이루어질 것으로 보며, 앞으로 이런 추세는 더욱 확대될 것으로 본다.

2. 국제민사소송법의 약진

국제사법에서 국제관할법과 법적용법을 함께 다룬다고 해도 양자는 그 목적과 목표 및 지배원리 등이 동일하지는 않다. 그럼에도 불구하고 양자가 서로 밀접한 관계를 지닌 것을 또한 부정할 수 없다. 우선, 양자는 모두 국내법으로서 규범의 연결대상(계약, 불법행위, 혼인, 이혼) 등 구성요건이 아주 유사하다. 또한 무엇보다도 준거법을 적용하기 위한 전제가 법정지에 국제관할권이 있어야 한다는 것이다. 반대로, 국제관할이 결정되기 위해서는 먼저 준거법이 결정되어야 할 때도 있다(예컨대, 계약이행지의 관할에서 이행지 결정).

이처럼 국제관할법과 법적용법이 밀접한 관계를 가지고 있었음에도 불구하고 종래 국제사법은 주로 법적용법에 중점을 두었었다. 그것은 국제관할법이 법적용법보다 중요하지 않았기 때문이 아니라 국제관할법의 원칙이나 규범이 분명하게 정립되지 못했기 때문이었다. 그러나 최근 특히 국제협약을 통해 국제민소법에 관한 통일법들이 만들어지고 논의되면서 국제민소법에도 이론적 원칙과 규범이 적잖이 확립되고 있다. 2018년에 우리 국제사법에 국제재판관할에 관한 상세한 규정을 둔 개정안[19])이 나왔다는 데에서도 이를 알 수 있다. 물론, 국제가사소송과 국제가사비송에 대해서는 아직 부족하기는 하지만 좀 더 논의가 진척되면 이 분야에서도 확립된 원칙이 나오리라고 본다.

국제사법에서 국제민소법의 확립과 약진은 중요한 의미를 가질 것이다. 무엇보다, 지금까지 대부분의 국제사법 문제를 거의 혼자 떠맡아온 법적용법의 부담이 덜어지고 그 대신 국제관할법이 많은 부분 이를 분담하게 되리라고 보는 것이다. 그러나 문제도 없지는 않다. 법적용법은 일단은 내외국법평등의 원칙 아래 차별 없이 준거법을 결정하고자 하는 데 반해, 국제민소법은 자국의 법정지를 원칙으로 하여 규정하지 않을 수 없다는 점이다. 따라서 자칫 법정지 우선으로 흐르거나 아니면 거꾸로 관할권의 부재를 낳을 위험이 있을 지도 모른다. 또한 관할규정과 준거법 규정 간의 부조화를 가져올 가능성도 없지 않을 것이므로 입법 시에는 주의가 필요하리라고 본다.

3. 연결의 세분화와 다양화

종래 국제사법의 규범은 상당히 단순하였었다. 그나마 법적용법에서나 여러 가지 원칙과 규범이 존재했었지, 국제관할법이나 승인집행법에서는 아예 없거나 있어도 극히 단순한 상태였다. 그러나 오늘날에는 앞에서도 보았듯이 국제관할규범도 다양하게 제시되고 있고, 조만간 승인집행규범도 좀 더 세분화될지도 모른다.

법적용법에서도 이런 경향은 뚜렷한데, 종래 단순하고 고정적이었던 저촉규범의 연결관계가 오늘날 갈수록 세분화되고 다양화되고

---

19) 이에 대해서는 법무부, 『국제사법 전부개정법률안』, 공청회 자료집, 2018 참조.

있기 때문이다. 이는 사안에 가장 밀접한 관계를 가진 법을 찾아야 한다는 법적용법의 임무를 충실하게 수행해온 결과일 것이다.

연결대상에 관해서는 계약준거법 규정을 보면 금방 알 수 있다. 이미 소비자계약과 근로계약으로 세분화되었고, 앞으로는 운송계약과 보험계약 등으로 더욱 세분화될 것이다. 불법행위 준거법도 마찬가지이다. 현행법의 규정에는 별로 보이지 않지만 앞으로는 제조물책임, 인격권침해, 환경침해 등으로 세분화되어 갈 것이다.

연결대상뿐만 아니라 연결방법에서도 마찬가지이다. 공통적 연결, 단계적 연결, 선택적 연결, 보충적 연결 등 다양한 연결방법들은 국제사법적 방식으로 좀 더 밀접한 관계를 가진 법, 더 나아가 구체적 타당성을 가진 법을 찾고자 노력해온 소산들이다. 앞으로 이런 현상은 갈수록 확대될 것으로 본다.

4. 당사자자치의 확대

국제사법에서 당사자자치란 관할 결정이든 준거법의 결정이든 이를 국가가 관여하지 않고 당사자들에게 맡기겠다는 것이다. 오늘날 관할 결정에서 관할합의는 현행 국제사법에도 규정이 존재할 뿐만 아니라 국제적으로도 초미의 관심사로 떠오르고 있다. 따라서 헤이그 국제사법회의는 「헤이그 재판관할합의협약」을 성안하여 2015년 발효되었으며 우리도 조만간 이에 가입할 가능성이 있다.[20]

법적용법에서도 마찬가지이다. 종래 적어도 준거법결정에서는 당사자자치를 실질법이 인정하는 범위에 한정하여 극히 제한적으로 허용해왔었다. 그러나 오늘날 유럽의 국제사법에서는 당사자자치의

---

20) 이에 대해서는 법무부, 「헤이그 재판관할합의협약 가입과 관련한 주요쟁점」, 공청회 자료, 2019 참조.

인정 범위를 크게 확대해가고 있다. 이미 국제가족법(심지어 국제이혼법에서도)과 국제상속법에서 다양하고 폭넓게 당사자자치를 허용하고 있으며, 국제물권법에서도 학설상으로 유력하게 주장되고 있다. 지금까지 각국이 입법적으로 시도해왔던 객관적인 준거법결정이 불만족스럽고 불충분하다고 느끼게 되자, 국제사법에서 개인의 인권에 대한 의식과 함께 차라리 개인들에게 맡기는 것이 보다 합리적인 결과를 가져온다고 보았기 때문일 것이다. 물론, 국제사법에서 당사자자치의 확대는 장점만 있는 것이 아니라 문제점도 있다. 그러나 이 문제점을 적절히 통제할 수만 있다면 앞으로 당사자자치는 실질법에서보다 더 폭넓고 중요한 제도로 국제사법에서 자리매김할 가능성이 높다.

II. 특히 법적용법에서

1. 법적용법의 실질법화

과거에는 법적용법(저촉법)과 실질법을 명확히 구분하고, 양자는 근본적으로 법적 정의가 다르다는 견해가 오랫동안 지배했었다. 법적용법은 실질법과 달리 장소적으로 가장 밀접한 관계를 지닌 법을 찾아주기만 하면 된다고 본 것이다. 그래서 법적용법을 「암흑으로 뛰어드는(Sprung ins Dunkel)」 법이라고 부정적으로 불렸었다. 그러나 오늘날 법적용법을 이렇게 보는 사람은 드물다. 오히려 법적용법과 실질법은 같은 국내법으로서 양자는 서로 영향을 주고받는다는 것이 일반적인 생각이다. 이미 오래전에 외국의 국제사법학자는 "국제사법은 실질법을 보충하고, 실질법은 다시 국제사법을 구체화한다"[21]고 말할 정도였다.

이런 법적용법이 오늘날에는 갈수록 실질법적 경향을 강하게 띠는 것으로 보인다. 물론, 법적용법은 원칙적으로 실질법이 아니다. 다만, 실질법의 영향을 강하게 받아 변모하고 있다는 것이다. 우리 국제사법의 국제소비자계약 규정(제27조)이나 국제근로계약 규정(제28조)을 보면 당장 알 수 있다. 헌법상의 남녀평등의 원칙, 이혼의 자유, 자녀의 복리, 약자보호라는 실질법적 정의가 법적용규범에도 그대로 반영되어 있다. 물론, 국제사법적 방식을 통해서이긴 하지만 말이다. 더구나 외국의 국제사법에서는 실질법적 규정이 국제사법에 직접 자리를 차지하고 있는 것도 생소한 모습은 아니라는 점을 유의할 필요가 있다.22)

2. 예외조항(회피조항)의 역할 증대

법적용법의 연결대상이 세분되지 않고 광범위하거나 또는 연결방법이 단순하고 고정적인 경우에는 그러한 법적용규범에 의해 지정된 준거법을 적용하면 종종 부당한 결과를 낳게 된다. 종래는 여기서 발생되는 문제를 주로 공서조항(제10조)에 의해 해결해왔다. 그러나 문제는 연결대상이나 연결방법 자체에 있다는 사실이 드러나면서, 그 해결방법으로 먼저 기존의 연결대상이나 연결방식의 예외를 인정하여 문제 된 사안에 적합한 준거법을 정하는 방식을 택하게 되었다. 이런 사례가 쌓이고 정리되면서 하나의 새로운 원칙이 정립되면, 결국 연결대상의 세분화가 이루어지고 연결방식의 변화가 오게 되는 것이다. 따라서 이러한 현상을 인정해주기 위한 기

---

21) Siehr, Wechselwirkung zwischen Kollisionsrecht und Sachrecht, RabelsZ 1973, S. 481.

22) 예컨대, 독일의 국제사법(EGBGB) 제10조 제2항 3문(자녀의 성명)과 구국제사법 (EGBGB) 제18조 제7항(부양료 산정).

본 원리가 필요한데, 법적용법에서는 「가장 밀접한 관계를 가진 법을 찾는다」는 원칙 아래 묵시적으로 인정해오던 이 원리를 최근에는 각국이 회피조항 또는 예외조항(제8조)으로 명시화하였다.

그동안 많이 발전했다고는 하지만 오늘날에도 법적용법은 여전히 연결대상이 광범위하고 연결방법도 그렇게 다양하지 못한 상태이다. 따라서 앞으로도 예외조항은 국제사법의 중요한 규정이자 제도로서 그 역할을 하게 될 것이다. 더구나 연결대상이 세분화되면 될수록 세분화된 규범의 적용범위는 좁아지므로 이 적용범위에 들어가지 못하는 문제에 대해서는 새로운 준거법을 찾아야 할 것이다. 그렇다면 연결대상의 세분화로 인해 오히려 예외조항의 개입이 보다 빈번하게 요구될지도 모른다.

3. 국제적 강행규범의 부상

이미 앞에서 보았듯이, 국제적 강행규범이란 외국적 요소를 가진 사안에 대해 준거법이 어느 법으로 지정되든 상관없이 이 사안에 적용하겠다는 의사를 가진 일국의 강행규범으로서, 개인적 이익을 넘어 공동체의 이익 또는 공적 이익을 추구하는 내용의 규범을 말한다. 이러한 규범은 법적용법의 전형적인 지시규범과 구별되는 규범으로서, 이미 사비니도 인정하고 있었으나 주목받지 못하다가 독일에서는 1940년대에 와서 그 의미가 부각되기 시작하였다. 그 후 유럽대륙 각국에서도 치열한 논란을 거쳐 「1980년 유럽채무준거법협약(일명 로마협약)」에서 명시적인 규정을 보게 되었다.

국제적 강행규범은 법정지의 국제적 강행규범과 외국의 국제적 강행규범으로 나누어진다. 우리 법에 제7조를 두었듯이 법정지의 국제적 강행규범에 대해서는 학자들 사이에 이를 인정하는 데 거의 이의가 없다. 그러나 외국(특히 제3국)의 국제적 강행규범을 법정지에서 인정하는 데 대해서는 1980년의 유럽채무준거법협약과 스위스 국제사법에서 명시적으로 인정했음에도 불구하고[23) 여전히 그 인정 여부와 인정 요건 그리고 인정 근거와 인정 범위에 대해 상당한 견해차가 존재한다. 따라서 앞으로 이 문제에 대해서는 좀 더 분명하고 명확한 이론적 정립이 필요할 것이다. 그럼에도 불구하고 현대법이 공법과 사법의 융합을 특징으로 하고 있기 때문에 국제사법에서 국제적 강행규범의 의미와 중요성은 더욱 커질 것으로 본다.

4. 국적에서 상거소로 연결점의 변화

법적용법에서는 속인법의 연결점으로 전통적으로 국적과 주소가 다투어왔다. 그러나 영미법계 국가와 달리 유럽 대륙에서는 근대국가의 발전과 함께 Mancini 이후 연결점으로서 주소 대신 국적이 득세하기 시작하였다. 이미 앞에서 설명되었듯이, 연결점으로서의 국적과 주소는 각각 서로 대립하는 장단점을 가지고 있다.[24) 그러나 국경을 초월하는 물적·인적 교류가 폭증하고 있는 오늘날의 상황에서는 법적용법상 오히려 본국법주의의 문제점이 두드러지는 반면에 주소지법주의의 장점이 명확히 드러나는 것으로 보인다. 이러한 실제적인 장점과 더불어, 앞에서 언급한 다양한 현대 국제사법의 변화 현상도 주소 내지 상거소의 의미와 중요성을 높이는 데 상승효과를 낼 것으로 보인다. 예컨대, 주소 개념의 문제점을 개선한 상거소개념이 등장했다는 점, 상거소개념을 애용하는 국제협약이

---

23) 이에 대해서는 앞에서 설명한 「§28 국제적 강행규범」 참조.

24) 이에 대해서는 앞에서 설명한 「§17 중요한 연결점」 참조.

증가하고 이 국제협약에 가입하는 국가가 늘어난다는 점, 특성상 상거소를 기본적이고 핵심적인 요소로 하는 국제관할법의 역할이 증대하고 있다는 점, 당사자자치에 의해 상거소의 문제점이 제거될 수 있는데 당사자자치가 갈수록 확대된다는 점 등으로 인해 법적용법에서는 앞으로 국적에서 상거소로의 전환이 더욱 늘어날 것으로 보는 것이다.

부록

국제사법

제1장 총칙

제1조(목적) 이 법은 외국적 요소가 있는 법률관계에 관하여 국제재판관할에 관한 원칙과 준거법을 정함을 목적으로 한다.

제2조(국제재판관할) ①법원은 당사자 또는 분쟁이 된 사안이 대한민국과 실질적 관련이 있는 경우에 국제재판관할권을 가진다. 이 경우 법원은 실질적 관련의 유무를 판단함에 있어 국제재판관할 배분의 이념에 부합하는 합리적인 원칙에 따라야 한다.

②법원은 국내법의 관할 규정을 참작하여 국제재판관할권의 유무를 판단하되, 제1항의 규정의 취지에 비추어 국제재판관할의 특수성을 충분히 고려하여야 한다.

제3조(본국법) ①당사자의 본국법에 의하여야 하는 경우에 당사자가 둘 이상의 국적을 가지는 때에는 그와 가장 밀접한 관련이 있는 국가의 법을 그 본국법으로 정한다. 다만, 그 국적중 하나가 대한민국인 때에는 대한민국 법을 본국법으로 한다.

②당사자가 국적을 가지지 아니하거나 당사자의 국적을 알 수 없는 때에는 그의 상거소(常居所)가 있는 국가의 법(이하 "상거소지법"이라 한다)에 의하고, 상거소를 알 수 없는 때에는 그의 거소가 있는 국가의 법에 의한다.

③당사자가 지역에 따라 법을 달리하는 국가의 국적을 가지는 때에는 그 국가의 법 선택규정에 따라 지정되는 법에 의하고, 그러한 규정이 없는 때에는 당사자와 가장 밀접한 관련이 있는 지역의 법에 의한다.

제4조(상거소지법) 당사자의 상거소지법(常居所地法)에 의하여야 하는 경

우에 당사자의 상거소를 알 수 없는 때에는 그의 거소가 있는 국가의 법에 의한다.

제5조(외국법의 적용) 법원은 이 법에 의하여 지정된 외국법의 내용을 직권으로 조사·적용하여야 하며, 이를 위하여 당사자에게 그에 대한 협력을 요구할 수 있다.

제6조(준거법의 범위) 이 법에 의하여 준거법으로 지정되는 외국법의 규정은 공법적 성격이 있다는 이유만으로 그 적용이 배제되지 아니한다.

제7조(대한민국 법의 강행적 적용) 입법목적에 비추어 준거법에 관계없이 해당 법률관계에 적용되어야 하는 대한민국의 강행규정은 이 법에 의하여 외국법이 준거법으로 지정되는 경우에도 이를 적용한다.

제8조(준거법 지정의 예외) ①이 법에 의하여 지정된 준거법이 해당 법률관계와 근소한 관련이 있을 뿐이고, 그 법률관계와 가장 밀접한 관련이 있는 다른 국가의 법이 명백히 존재하는 경우에는 그 다른 국가의 법에 의한다.

②제1항의 규정은 당사자가 합의에 의하여 준거법을 선택하는 경우에는 이를 적용하지 아니한다.

제9조(준거법 지정시의 반정(反定)) ①이 법에 의하여 외국법이 준거법으로 지정된 경우에 그 국가의 법에 의하여 대한민국 법이 적용되어야 하는 때에는 대한민국의 법(준거법의 지정에 관한 법규를 제외한다)에 의한다.

②다음 각호중 어느 하나에 해당하는 경우에는 제1항의 규정을 적용하지 아니한다.

1. 당사자가 합의에 의하여 준거법을 선택하는 경우
2. 이 법에 의하여 계약의 준거법이 지정되는 경우
3. 제46조의 규정에 의하여 부양의 준거법이 지정되는 경우
4. 제50조제3항의 규정에 의하여 유언의 방식의 준거법이 지정되는 경우
5. 제60조의 규정에 의하여 선적국법이 지정되는 경우
6. 그 밖에 제1항의 규정을 적용하는 것이 이 법의 지정 취지에 반하는 경우

제10조(사회질서에 반하는 외국법의 규정) 외국법에 의하여야 하는 경우에 그 규정의 적용이 대한민국의 선량한 풍속 그 밖의 사회질서에 명백히 위반되는 때에는 이를 적용하지 아니한다.

제2장 사람

제11조(권리능력) 사람의 권리능력은 그의 본국법에 의한다.

제12조(실종선고) 법원은 외국인의 생사가 분명하지 아니한 경우에 대한민국에 그의 재산이 있거나 대한민국 법에 의하여야 하는 법률관계가 있는 때, 그 밖에 정당한 사유가 있는 때에는 대한민국 법에 의하여 실종선고를 할 수 있다.

제13조(행위능력) ①사람의 행위능력은 그의 본국법에 의한다. 행위능력이 혼인에 의하여 확대되는 경우에도 또한 같다.

②이미 취득한 행위능력은 국적의 변경에 의하여 상실되거나 제한되지 아니한다.

제14조(한정후견개시, 성년후견개시 심판 등) 법원은 대한민국에 상거소 또는 거소가 있는 외국인에 대하여 대한민국 법에 의하여 한정후견개시, 성년후견개시, 특정후견개시 및 임의후견감독인선임의 심판을 할 수 있다.

제15조(거래보호) ①법률행위의 성립 당시 동일한 국가안에 있는 경우에 그 행위자가 그의 본국법에 의하면 무능력자이더라도 법률행위가 행하여진 국가의 법에 의하여 능력자인 때에는 그의 무능력을 주장할 수 없다. 다만, 상대방이 법률행위 당시 그의 무능력을 알았거나 알 수 있었을 경우에는 그러하지 아니하다.

②제1항의 규정은 친족법 또는 상속법의 규정에 의한 법률행위 및 행위지 외의 국가에 있는 부동산에 관한 법률행위에는 이를 적용하지 아니한다.

제16조(법인 및 단체) 법인 또는 단체는 그 설립의 준거법에 의한다. 다만, 외국에서 설립된 법인 또는 단체가 대한민국에 주된 사무소가 있거나 대한민국에서 주된 사업을 하는 경우에는 대한민국 법에 의한다.

제3장 법률행위

제17조(법률행위의 방식) ①법률행위의 방식은 그 행위의 준거법에 의한다.

②행위지법에 의하여 행한 법률행위의 방식은 제1항의 규정에 불구하고 유효하다.

③당사자가 계약체결시 서로 다른 국가에 있는 때에는 그 국가중 어느 한 국가의 법이 정한 법률행위의 방식에 의할 수 있다.

④대리인에 의한 법률행위의 경우에는 대리인이 있는 국가를 기준으로 제2항에 규정된 행위지법을 정한다.

⑤제2항 내지 제4항의 규정은 물권 그 밖에 등기하여야 하는 권리를 설정하거나 처분하는 법률행위의 방식에 관하여는 이를 적용하지 아니한다.

제18조(임의대리) ①본인과 대리인간의 관계는 당사자간의 법률관계의 준거법에 의한다.

②대리인의 행위로 인하여 본인이 제3자에 대하여 의무를 부담하는지의 여부는 대리인의 영업소가 있는 국가의 법에 의하며, 대리인의 영업소가 없거나 영업소가 있더라도 제3자가 이를 알 수 없는 경우에는 대리인이 실제로 대리행위를 한 국가의 법에 의한다.

③대리인이 본인과 근로계약 관계에 있고, 그의 영업소가 없는 경우에는 본인의 주된 영업소를 그의 영업소로 본다.

④본인은 제2항 및 제3항의 규정에 불구하고 대리의 준거법을 선택할 수 있다. 다만, 준거법의 선택은 대리권을 증명하는 서면에 명시되거나 본인 또는 대리인에 의하여 제3자에게 서면으로 통지된 경우에 한하여 그 효력이 있다.

⑤대리권이 없는 대리인과 제3자간의 관계에 관하여는 제2항의 규정을 준용한다.

제4장 물권

제19조(물권의 준거법) ①동산 및 부동산에 관한 물권 또는 등기하여야 하는 권리는 그 목적물의 소재지법에 의한다.

②제1항에 규정된 권리의 득실변경은 그 원인된 행위 또는 사실의 완성 당시 그 목적물의 소재지법에 의한다.

제20조(운송수단) 항공기에 관한 물권은 그 국적소속국법에 의하고, 철도차량에 관한 물권은 그 운행허가국법에 의한다.

제21조(무기명증권) 무기명증권에 관한 권리의 득실변경은 그 원인된 행위 또는 사실의 완성 당시 그 무기명증권의 소재지법에 의한다.

제22조(이동중의 물건) 이동중의 물건에 관한 물권의 득실변경은 그 목적지법에 의한다.

제23조(채권 등에 대한 약정담보물권) 채권·주식 그 밖의 권리 또는 이를 표창하는 유가증권을 대상으로 하는 약정담보물권은 담보대상인 권리의 준거법에 의한다. 다만, 무기명증권을 대상으로 하는 약정담보물권은 제21조의 규정에 의한다.

제24조(지식재산권의 보호) 지식재산권의 보호는 그 침해지법에 의한다.

제5장 채권

제25조(당사자 자치) ①계약은 당사자가 명시적 또는 묵시적으로 선택한 법에 의한다. 다만, 묵시적인 선택은 계약내용 그 밖에 모든 사정으로부터 합리적으로 인정할 수 있는 경우에 한한다.

②당사자는 계약의 일부에 관하여도 준거법을 선택할 수 있다.

③당사자는 합의에 의하여 이 조 또는 제26조의 규정에 의한 준거법을 변경할 수 있다. 다만, 계약체결후 이루어진 준거법의 변경은 계약의 방식의 유효성과 제3자의 권리에 영향을 미치지 아니한다.

④모든 요소가 오로지 한 국가와 관련이 있음에도 불구하고 당사자가 그 외의 다른 국가의 법을 선택한 경우에 관련된 국가의 강행규정은 그 적용이 배제되지 아니한다.

⑤준거법 선택에 관한 당사자의 합의의 성립 및 유효성에 관하여는 제29조의 규정을 준용한다.

제26조(준거법 결정시의 객관적 연결) ①당사자가 준거법을 선택하지 아니한 경우에 계약은 그 계약과 가장 밀접한 관련이 있는 국가의 법에 의한다.

②당사자가 계약에 따라 다음 각호중 어느 하나에 해당하는 이행을 행하여야 하는 경우에는 계약체결 당시 그의 상거소가 있는 국가의 법(당사자가 법인 또는 단체인 경우에는 주된 사무소가 있는 국가의 법)이 가장 밀접한 관련이 있는 것으로 추정한다. 다만, 계약이 당사자의 직업 또는 영업활동으로 체결된 경우에는 당사자의 영업소가 있는 국가의 법이 가장 밀접한 관련이 있는 것으로 추정한다.

1. 양도계약의 경우에는 양도인의 이행
2. 이용계약의 경우에는 물건 또는 권리를 이용하도록 하는 당사자의 이행
3. 위임·도급계약 및 이와 유사한 용역제공계약의 경우에는 용역의 이행

③부동산에 대한 권리를 대상으로 하는 계약의 경우에는 부동산이 소재하는 국가의 법이 가장 밀접한 관련이 있는 것으로 추정한다.

제27조(소비자계약) ①소비자가 직업 또는 영업활동 외의 목적으로 체결하는 계약이 다음 각호중 어느 하나에 해당하는 경우에는 당사자가 준거법을 선택하더라도 소비자의 상거소가 있는 국가의 강행규정에 의하여 소비자에게 부여되는 보호를 박탈할 수 없다.

1. 소비자의 상대방이 계약체결에 앞서 그 국가에서 광고에 의한

거래의 권유 등 직업 또는 영업활동을 행하거나 그 국가 외의 지역에서 그 국가로 광고에 의한 거래의 권유 등 직업 또는 영업활동을 행하고, 소비자가 그 국가에서 계약체결에 필요한 행위를 한 경우

2. 소비자의 상대방이 그 국가에서 소비자의 주문을 받은 경우

3. 소비자의 상대방이 소비자로 하여금 외국에 가서 주문을 하도록 유도한 경우

②당사자가 준거법을 선택하지 아니한 경우에 제1항의 규정에 의한 계약은 제26조의 규정에 불구하고 소비자의 상거소지법에 의한다.

③제1항의 규정에 의한 계약의 방식은 제17조제1항 내지 제3항의 규정에 불구하고 소비자의 상거소지법에 의한다.

④제1항의 규정에 의한 계약의 경우에 소비자는 그의 상거소가 있는 국가에서도 상대방에 대하여 소를 제기할 수 있다.

⑤제1항의 규정에 의한 계약의 경우에 소비자의 상대방이 소비자에 대하여 제기하는 소는 소비자의 상거소가 있는 국가에서만 제기할 수 있다.

⑥제1항의 규정에 의한 계약의 당사자는 서면에 의하여 국제재판관할에 관한 합의를 할 수 있다. 다만, 그 합의는 다음 각호중 어느 하나에 해당하는 경우에 한하여 그 효력이 있다.

1. 분쟁이 이미 발생한 경우

2. 소비자에게 이 조에 의한 관할법원에 추가하여 다른 법원에 제소하는 것을 허용하는 경우

제28조(근로계약) ①근로계약의 경우에 당사자가 준거법을 선택하더라도 제2항의 규정에 의하여 지정되는 준거법 소속 국가의 강행규정에 의하여 근로자에게 부여되는 보호를 박탈할 수 없다.

②당사자가 준거법을 선택하지 아니한 경우에 근로계약은 제26조의 규정에 불구하고 근로자가 일상적으로 노무를 제공하는 국가의 법에 의하며, 근로자가 일상적으로 어느 한 국가안에서 노무를 제공하지 아니하는 경우에는 사용자가 근로자를 고용한 영업소가 있는 국가의 법에 의한다.

③근로계약의 경우에 근로자는 자신이 일상적으로 노무를 제공하거나 또는 최후로 일상적 노무를 제공하였던 국가에서도 사용자에 대하여 소를 제기할 수 있으며, 자신이 일상적으로 어느 한 국가안에서 노무를 제공하지 아니하거나 아니하였던 경우에는 사용자가

그를 고용한 영업소가 있거나 있었던 국가에서도 사용자에 대하여 소를 제기할 수 있다.

④근로계약의 경우에 사용자가 근로자에 대하여 제기하는 소는 근로자의 상거소가 있는 국가 또는 근로자가 일상적으로 노무를 제공하는 국가에서만 제기할 수 있다.

⑤근로계약의 당사자는 서면에 의하여 국제재판관할에 관한 합의를 할 수 있다. 다만, 그 합의는 다음 각호중 어느 하나에 해당하는 경우에 한하여 그 효력이 있다.

1. 분쟁이 이미 발생한 경우
2. 근로자에게 이 조에 의한 관할법원에 추가하여 다른 법원에 제소하는 것을 허용하는 경우

제29조(계약의 성립 및 유효성) ①계약의 성립 및 유효성은 그 계약이 유효하게 성립하였을 경우 이 법에 의하여 적용되어야 하는 준거법에 따라 판단한다.

②제1항의 규정에 의한 준거법에 따라 당사자의 행위의 효력을 판단하는 것이 모든 사정에 비추어 명백히 부당한 경우에는 그 당사자는 계약에 동의하지 아니하였음을 주장하기 위하여 그의 상거소지법을 원용할 수 있다.

제30조(사무관리) ①사무관리는 그 관리가 행하여진 곳의 법에 의한다. 다만, 사무관리가 당사자간의 법률관계에 기하여 행하여진 경우에는 그 법률관계의 준거법에 의한다.

②다른 사람의 채무를 변제함으로써 발생하는 청구권은 그 채무의 준거법에 의한다.

제31조(부당이득) 부당이득은 그 이득이 발생한 곳의 법에 의한다. 다만, 부당이득이 당사자간의 법률관계에 기하여 행하여진 이행으로부터 발생한 경우에는 그 법률관계의 준거법에 의한다.

제32조(불법행위) ①불법행위는 그 행위가 행하여진 곳의 법에 의한다.

②불법행위가 행하여진 당시 동일한 국가안에 가해자와 피해자의 상거소가 있는 경우에는 제1항의 규정에 불구하고 그 국가의 법에 의한다.

③가해자와 피해자간에 존재하는 법률관계가 불법행위에 의하여 침해되는 경우에는 제1항 및 제2항의 규정에 불구하고 그 법률관계의 준거법에 의한다.

④제1항 내지 제3항의 규정에 의하여 외국법이 적용되는 경우에

불법행위로 인한 손해배상청구권은 그 성질이 명백히 피해자의 적절한 배상을 위한 것이 아니거나 또는 그 범위가 본질적으로 피해자의 적절한 배상을 위하여 필요한 정도를 넘는 때에는 이를 인정하지 아니한다.

제33조(준거법에 관한 사후적 합의) 당사자는 제30조 내지 제32조의 규정에 불구하고 사무관리·부당이득·불법행위가 발생한 후 합의에 의하여 대한민국 법을 그 준거법으로 선택할 수 있다. 다만, 그로 인하여 제3자의 권리에 영향을 미치지 아니한다.

제34조(채권의 양도 및 채무의 인수) ①채권의 양도인과 양수인간의 법률관계는 당사자간의 계약의 준거법에 의한다. 다만, 채권의 양도가능성, 채무자 및 제3자에 대한 채권양도의 효력은 양도되는 채권의 준거법에 의한다.

②제1항의 규정은 채무인수에 이를 준용한다.

제35조(법률에 의한 채권의 이전) ①법률에 의한 채권의 이전은 그 이전의 원인이 된 구채권자와 신채권자간의 법률관계의 준거법에 의한다. 다만, 이전되는 채권의 준거법에 채무자 보호를 위한 규정이 있는 경우에는 그 규정이 적용된다.

②제1항과 같은 법률관계가 존재하지 아니하는 경우에는 이전되는 채권의 준거법에 의한다.

제6장 친족

제36조(혼인의 성립) ①혼인의 성립요건은 각 당사자에 관하여 그 본국법에 의한다.

②혼인의 방식은 혼인거행지법 또는 당사자 일방의 본국법에 의한다. 다만, 대한민국에서 혼인을 거행하는 경우에 당사자 일방이 대한민국 국민인 때에는 대한민국 법에 의한다.

제37조(혼인의 일반적 효력) 혼인의 일반적 효력은 다음 각호에 정한 법의 순위에 의한다.

1. 부부의 동일한 본국법
2. 부부의 동일한 상거소지법
3. 부부와 가장 밀접한 관련이 있는 곳의 법

제38조(부부재산제) ①부부재산제에 관하여는 제37조의 규정을 준용한다.

②부부가 합의에 의하여 다음 각호의 법중 어느 것을 선택한 경우에는 부부재산제는 제1항의 규정에 불구하고 그 법에 의한다. 다만, 그 합의

는 일자와 부부의 기명날인 또는 서명이 있는 서면으로 작성된 경우에
한하여 그 효력이 있다.

1. 부부중 일방이 국적을 가지는 법
2. 부부중 일방의 상거소지법
3. 부동산에 관한 부부재산제에 대하여는 그 부동산의 소재지법

③외국법에 의한 부부재산제는 대한민국에서 행한 법률행위 및 대
한민국에 있는 재산에 관하여 이를 선의의 제3자에게 대항할 수
없다. 이 경우 그 부부재산제에 의할 수 없는 때에는 제3자와의 관
계에 관하여 부부재산제는 대한민국 법에 의한다.

④외국법에 의하여 체결된 부부재산계약은 대한민국에서 등기한 경
우 제3항의 규정에 불구하고 이를 제3자에게 대항할 수 있다.

제39조(이혼) 이혼에 관하여는 제37조의 규정을 준용한다. 다만, 부부중 일
방이 대한민국에 상거소가 있는 대한민국 국민인 경우에는 이혼은
대한민국 법에 의한다.

제40조(혼인중의 친자관계) ①혼인중의 친자관계의 성립은 자(子)의 출생 당시
부부중 일방의 본국법에 의한다.

②제1항의 경우 부(夫)가 자(子)의 출생전에 사망한 때에는 사망
당시 본국법을 그의 본국법으로 본다.

제41조(혼인 외의 친자관계) ①혼인 외의 친자관계의 성립은 자(子)의 출생
당시 모의 본국법에 의한다. 다만, 부자간의 친자관계의 성립은 자
(子)의 출생 당시 부(父)의 본국법 또는 현재 자(子)의 상거소지법에
의할 수 있다.

②인지는 제1항이 정하는 법 외에 인지 당시 인지자의 본국법에
의할 수 있다.

③제1항의 경우 부(父)가 자(子)의 출생전에 사망한 때에는 사망
당시 본국법을 그의 본국법으로 보고, 제2항의 경우 인지자가 인지
전에 사망한 때에는 사망 당시 본국법을 그의 본국법으로 본다.

제42조(혼인외 출생자에 대한 준정(準正)) ①혼인외의 출생자가 혼인중의 출
생자로 그 지위가 변동되는 경우에 관하여는 그 요건인 사실의 완성
당시 부(父) 또는 모의 본국법 또는 자(子)의 상거소지법에 의한다.

②제1항의 경우 부(父) 또는 모가 그 요건인 사실이 완성되기 전에
사망한 때에는 사망 당시 본국법을 그의 본국법으로 본다.

제43조(입양 및 파양) 입양 및 파양은 입양 당시 양친(養親)의 본국법에 의한다.

제44조(동의) 제41조 내지 제43조의 규정에 의한 친자관계의 성립에 관하

여 자(子)의 본국법이 자(子) 또는 제3자의 승낙이나 동의 등을 요건
으로 할 때에는 그 요건도 갖추어야 한다.

제45조(친자간의 법률관계) 친자간의 법률관계는 부모와 자(子)의 본국법이
모두 동일한 경우에는 그 법에 의하고, 그 외의 경우에는 자(子)의
상거소지법에 의한다.

제46조(부양) ①부양의 의무는 부양권리자의 상거소지법에 의한다. 다만, 그
법에 의하면 부양권리자가 부양의무자로부터 부양을 받을 수 없는
때에는 당사자의 공통 본국법에 의한다.

②대한민국에서 이혼이 이루어지거나 승인된 경우에 이혼한 당사
자간의 부양의무는 제1항의 규정에 불구하고 그 이혼에 관하여 적
용된 법에 의한다.

③방계혈족간 또는 인척간의 부양의무의 경우에 부양의무자는 부
양권리자의 청구에 대하여 당사자의 공통 본국법에 의하여 부양의
무가 없다는 주장을 할 수 있으며, 그러한 법이 없는 때에는 부양
의무자의 상거소지법에 의하여 부양의무가 없다는 주장을 할 수
있다.

④부양권리자와 부양의무자가 모두 대한민국 국민이고, 부양의무자가
대한민국에 상거소가 있는 경우에는 대한민국 법에 의한다.

제47조(그 밖의 친족관계) 친족관계의 성립 및 친족관계에서 발생하는 권리
의무에 관하여 이 법에 특별한 규정이 없는 경우에는 각 당사자의
본국법에 의한다.

제48조(후견) ①후견은 피후견인의 본국법에 의한다.

②대한민국에 상거소 또는 거소가 있는 외국인에 대한 후견은 다
음 각호중 어느 하나에 해당하는 경우에 한하여 대한민국 법에 의
한다.

1. 그의 본국법에 의하면 후견개시의 원인이 있더라도 그 후견사무
   를 행할 자가 없거나 후견사무를 행할 자가 있더라도 후견사무
   를 행할 수 없는 경우
2. 대한민국에서 한정후견개시, 성년후견개시, 특정후견개시 및 임
   의후견감독인선임의 심판을 한 경우
3. 그 밖에 피후견인을 보호하여야 할 긴급한 필요가 있는 경우

제7장 상속

제49조(상속) ①상속은 사망 당시 피상속인의 본국법에 의한다.

②피상속인이 유언에 적용되는 방식에 의하여 명시적으로 다음 각 호의 법중 어느 것을 지정하는 때에는 상속은 제1항의 규정에 불구하고 그 법에 의한다.

1. 지정 당시 피상속인의 상거소가 있는 국가의 법. 다만, 그 지정은 피상속인이 사망시까지 그 국가에 상거소를 유지한 경우에 한하여 그 효력이 있다.
2. 부동산에 관한 상속에 대하여는 그 부동산의 소재지법

제50조(유언) ①유언은 유언 당시 유언자의 본국법에 의한다.

②유언의 변경 또는 철회는 그 당시 유언자의 본국법에 의한다.

③유언의 방식은 다음 각호중 어느 하나의 법에 의한다.

1. 유언자가 유언 당시 또는 사망 당시 국적을 가지는 국가의 법
2. 유언자의 유언 당시 또는 사망 당시 상거소지법
3. 유언당시 행위지법
4. 부동산에 관한 유언의 방식에 대하여는 그 부동산의 소재지법

제8장 어음·수표

제51조(행위능력) ①환어음, 약속어음 및 수표에 의하여 채무를 부담하는 자의 능력은 그의 본국법에 의한다. 다만, 그 국가의 법이 다른 국가의 법에 의하여야 하는 것을 정한 경우에는 그 다른 국가의 법에 의한다.

②제1항의 규정에 의하면 능력이 없는 자라 할지라도 다른 국가에서 서명을 하고 그 국가의 법에 의하여 능력이 있는 때에는 그 채무를 부담할 수 있는 능력이 있는 것으로 본다.

제52조(수표지급인의 자격) ①수표지급인이 될 수 있는 자의 자격은 지급지법에 의한다.

②지급지법에 의하면 지급인이 될 수 없는 자를 지급인으로 하여 수표가 무효인 경우에도 동일한 규정이 없는 다른 국가에서 행한 서명으로부터 생긴 채무의 효력에는 영향을 미치지 아니한다.

제53조(방식) ①환어음, 약속어음 및 수표행위의 방식은 서명지법에 의한다. 다만, 수표행위의 방식은 지급지법에 의할 수 있다.

②제1항의 규정에 의하여 행위가 무효인 경우에도 그 후 행위의 행위지법에 의하여 적법한 때에는 그 전 행위의 무효는 그 후 행위의 효력에 영향을 미치지 아니한다.

③대한민국 국민이 외국에서 행한 환어음, 약속어음 및 수표행위의 방식이 행위지법에 의하면 무효인 경우에도 대한민국 법에 의하여

적법한 때에는 다른 대한민국 국민에 대하여 효력이 있다.

제54조(효력) ①환어음의 인수인과 약속어음의 발행인의 채무는 지급지법에 의하고, 수표로부터 생긴 채무는 서명지법에 의한다.

②제1항에 규정된 자 외의 자의 환어음 및 약속어음에 의한 채무는 서명지법에 의한다.

③환어음, 약속어음 및 수표의 소구권을 행사하는 기간은 모든 서명자에 대하여 발행지법에 의한다.

제55조(원인채권의 취득) 어음의 소지인이 그 발행의 원인이 되는 채권을 취득하는지 여부는 어음의 발행지법에 의한다.

제56조(일부인수 및 일부지급) ①환어음의 인수를 어음 금액의 일부에 제한할 수 있는지 여부 및 소지인이 일부지급을 수락할 의무가 있는지 여부는 지급지법에 의한다.

②제1항의 규정은 약속어음의 지급에 준용한다.

제57조(권리의 행사·보전을 위한 행위의 방식) 환어음, 약속어음 및 수표에 관한 거절증서의 방식, 그 작성기간 및 환어음, 약속어음 및 수표상의 권리의 행사 또는 보전에 필요한 그 밖의 행위의 방식은 거절증서를 작성하여야 하는 곳 또는 그 밖의 행위를 행하여야 하는 곳의 법에 의한다.

제58조(상실 및 도난) 환어음, 약속어음 및 수표의 상실 또는 도난의 경우에 행하여야 하는 절차는 지급지법에 의한다.

제59조(수표의 지급지법) 수표에 관한 다음 각호의 사항은 수표의 지급지법에 의한다.

1. 수표가 일람출급을 요하는지 여부, 일람후 정기출급으로 발행할 수 있는지 여부 및 선일자수표의 효력

2. 제시기간

3. 수표에 인수, 지급보증, 확인 또는 사증을 할 수 있는지 여부 및 그 기재의 효력

4. 소지인이 일부지급을 청구할 수 있는지 여부 및 일부지급을 수락할 의무가 있는지 여부

5. 수표에 횡선을 표시할 수 있는지 여부 및 수표에 "계산을 위하여"라는 문구 또는 이와 동일한 뜻이 있는 문구의 기재의 효력. 다만, 수표의 발행인 또는 소지인이 수표면에 "계산을 위하여"라는 문구 또는 이와 동일한 뜻이 있는 문구를 기재하여 현금의 지급을 금지한 경우에 그 수표가 외국에서 발행되고 대한민국에

서 지급하여야 하는 것은 일반횡선수표의 효력이 있다.

6. 소지인이 수표자금에 대하여 특별한 권리를 가지는지 여부 및 그 권리의 성질
7. 발행인이 수표의 지급위탁을 취소할 수 있는지 여부 및 지급정지를 위한 절차를 취할 수 있는지 여부
8. 배서인, 발행인 그 밖의 채무자에 대한 소구권 보전을 위하여 거절증서 또는 이와 동일한 효력을 가지는 선언을 필요로 하는지 여부

제9장 해상

제60조(해상) 해상에 관한 다음 각호의 사항은 선적국법에 의한다.

1. 선박의 소유권 및 저당권, 선박우선특권 그 밖의 선박에 관한 물권
2. 선박에 관한 담보물권의 우선순위
3. 선장과 해원의 행위에 대한 선박소유자의 책임범위
4. 선박소유자·용선자·선박관리인·선박운항자 그 밖의 선박사용인이 책임제한을 주장할 수 있는지 여부 및 그 책임제한의 범위
5. 공동해손
6. 선장의 대리권

제61조(선박충돌) ①개항·하천 또는 영해에서의 선박충돌에 관한 책임은 그 충돌지법에 의한다.

②공해에서의 선박충돌에 관한 책임은 각 선박이 동일한 선적국에 속하는 때에는 그 선적국법에 의하고, 각 선박이 선적국을 달리하는 때에는 가해선박의 선적국법에 의한다.

제62조(해양사고구조) 해양사고구조로 인한 보수청구권은 그 구조행위가 영해에서 있는 때에는 행위지법에 의하고, 공해에서 있는 때에는 구조한 선박의 선적국법에 의한다.

최흥섭(Choi Heung Sub; 崔興燮) ─────────────────

고려대학교 상과대학 무역학과 졸업(경영학사)
인하대학교 법정대학 법학과 졸업(법학사 및 법학석사)
독일 오스나브뤼크대학교 법학부 졸업(법학박사)
현재 인하대학교 법학전문대학원 교수(민법, 비교법, 국제사법)

〈저서 및 논문〉
『유엔국제매매법』(1997, 인하대학교출판부)
『국제물품매매계약에 관한 유엔협약 해설』(2005, 법무부)
『국제사법의 현대적 흐름』(2005, 인하대학교출판부)
그 외 논문 다수

❶
한국 국제사법
- 법적용법을 중심으로

초판인쇄 2019년 8월 30일
초판발행 2019년 8월 30일

지은이 최흥섭
펴낸이 채종준
펴낸곳 한국학술정보㈜
주소 경기도 파주시 회동길 230(문발동)
전화 031) 908-3181(대표)
팩스 031) 908-3189
홈페이지 http://ebook.kstudy.com
전자우편 출판사업부 publish@kstudy.com
등록 제일산-115호(2000. 6. 19)

ISBN 978-89-268-9565-8 93360